Weiterführend empfehlen wir:

Gesetze für Sozialwesen und Wirtschaft
Ergänzbare Sammlung
ISBN 978-3-8029-8201-9

Das gesamte Sozialgesetzbuch SGB I bis SGB XII – Mit SGG
ISBN 978-3-8029-7424-3

Der aktuelle BAföG-Ratgeber
ISBN 978-3-8029-3779-8

400-Euro-Jobs
ISBN 978-3-8029-3339-4

Gesetze der Bundesrepublik Deutschland
Ergänzbare Sammlung
ISBN 978-3-8029-7150-1

Gewaltschutzgesetz
ISBN 978-3-8029-3793-4

Musterbriefe zur Bewerbung
ISBN 978-3-8029-3593-0

Schenken und Erben ohne Finanzamt
ISBN 978-3-8029-3669-2

Wir freuen uns über Ihr Interesse an diesem Buch. Gerne stellen wir Ihnen zusätzliche Informationen zu diesem Programmsegment zur Verfügung.

Bitte sprechen Sie uns an:

E-Mail: WALHALLA@WALHALLA.de
http://www.WALHALLA.de

Walhalla Fachverlag · Haus an der Eisernen Brücke · 93042 Regensburg
Telefon (09 41) 5 6 84-0 · Telefax (09 41) 56 84-111

Peter Schade

Grundgesetz

mit

Kommentierung

7., vollkommen neu bearbeitete Auflage

Bibliografische Information Der Deutschen Bibliothek

Die Deutsche Bibliothek verzeichnet diese Publikation in der Deutschen Nationalbibliografie;
detaillierte bibliografische Daten sind im Internet über http://dnb.ddb.de abrufbar.

Zitiervorschlag:
Peter Schade, Grundgesetz mit Kommentierung
Walhalla Fachverlag, Regensburg, Berlin 2006

Hinweis: Unsere Ratgeber sind stets bemüht, Sie nach bestem Wissen zu informieren.
Die vorliegende Ausgabe beruht auf dem Stand von Oktober 2006.

7., vollkommen neu bearbeitete Auflage

© Walhalla u. Praetoria Verlag GmbH & Co. KG, Regensburg/Berlin
Alle Rechte, insbesondere das Recht der Vervielfältigung und Verbreitung
sowie der Übersetzung, vorbehalten. Kein Teil des Werkes darf in irgendeiner Form
(durch Fotokopie, Datenübertragung oder ein anderes Verfahren) ohne schriftliche
Genehmigung des Verlages reproduziert oder unter Verwendung elektronischer
Systeme gespeichert, verarbeitet, vervielfältigt oder verbreitet werden.
Produktion: Walhalla Fachverlag, 93042 Regensburg
Umschlaggestaltung: Gruber & König, Augsburg
Druck und Bindung: Westermann Druck Zwickau GmbH
Printed in Germany
ISBN 978-3-8029-7176-1

Nutzen Sie das Inhaltsmenü:
Die Schnellübersicht führt Sie zu Ihrem Thema.
Die Artikelüberschriften führen Sie zur Lösung.

Vorwort 7

Abkürzungen 9

Das Grundgesetz 10

Grundrechte 15

Präambel 16

I.   Grundrechte (Art. 1 bis 19) 17

II.   Der Bund und die Länder
      (Art. 20 bis 37) 85

III. Der Bundestag (Art. 38 bis 49) 125

IV.   Der Bundesrat (Art. 50 bis 53) 145

IVa. Gemeinsamer Ausschuß (Art. 53a) 151

V.   Der Bundespräsident (Art. 54 bis 61) . . 155

VI.   Die Bundesregierung (Art. 62 bis 69) . . 165

Schnellübersicht

Schnellübersicht

VII. Die Gesetzgebung des Bundes
(Art. 70 bis 82) 179

VIII. Die Ausführung der Bundesgesetze und
die Bundesverwaltung (Art. 83 bis 91) . 209

VIIIa. Gemeinschaftsaufgaben
(Art. 91a bis 91b) 227

IX. Die Rechtsprechung (Art. 92 bis 104) . . 231

X. Das Finanzwesen (Art. 104a bis 115) . . 255

Xa. Verteidigungsfall (Art. 115a bis 115l) . . 279

XI. Übergangs- und Schlussbestimmungen
(Art. 116 bis 146) 287

Stichwortverzeichnis 313

Literaturauswahl 319

Hinweis zur neuen Rechtschreibung:

Der Verfassungstext ist nach wie vor in der alten Rechtschreibung abgedruckt, da der Gesetzgeber die amtliche Schreibweise bisher noch nicht auf die neue Rechtschreibung umgestellt hat. Die Kommentierung dagegen ist bereits in der neuen Rechtschreibung dargestellt. Daher stehen Texte mit alter und neuer Schreibweise nebeneinander, bis sich die amtliche Schreibweise der neuen Rechtschreibung angepasst hat.

Anmerkung: Wie auch im GG werden im gesamten Text die Maskulina in der herkömmlichen, die Feminina einschließenden Weise gebraucht.

Beispiele: „Eine Abgeordnete" genießt selbstverständlich denselben Immunitätsschutz wie „ein Abgeordneter" nach Art. 46, und der Bundestag hat bekanntlich 2005 nicht „einen Bundeskanzler" gemäß Art. 63 gewählt, sondern „eine Bundeskanzlerin".

Vorwort zur 7. Auflage

Die zum 1. September 2006 in Kraft getretenen Verfassungsänderungen zur Föderalismusreform sind in dieser Auflage vollständig eingearbeitet und kommentiert. Mit über 40 Einzelteilen ist diese Reform – ob sie diesen Namen verdient, ist eine andere Frage – die umfangreichste Verfassungsänderung seit Gründung der Bundesrepublik Deutschland im Jahre 1949. Artikel, die im Rahmen dieser Reform neu eingefügt oder wesentlich geändert wurden, sind mit einem * gekennzeichnet; betrifft die Änderung nur einen einzelnen Absatz, ist dieser ebenfalls mit einem * versehen.

Neben den durch die politische Entwicklung notwendigen Aktualisierungen, Änderungen bzw. Ergänzungen wurden wieder wichtige Entscheidungen des Bundesverfassungsgerichts (BVerfG) eingearbeitet, zu denen – wie in dieser Kommentierung üblich – auch kritische Stimmen gehören. Dies kann allerdings nur in ausgesuchten Einzelfällen geschehen, umfasst doch das Richterrecht des BVerfG inzwischen über 100 Bände.

Wie bisher wird nicht im trockenen Juristenstil kommentiert, sondern die Bemerkungen enthalten anschauliche Beispiele auch politischen Inhalts – selbstverständlich unter Wahrung der parteipolitischen Neutralität.

Trotz aller gebotenen Sorgfalt lassen sich angesichts der Komplexität und zunehmenden Unüberschaubarkeit des Verfassungsrechts einzelne kleine Unstimmigkeiten nicht mit letzter Sicherheit ausschließen. Unverändert sind deshalb Autor und Verlag für jeden kritischen Hinweis dankbar.

Prof. i. R. Dr. Peter Schade

Aus dem Vorwort zur 1. Auflage

Die revolutionären Umwälzungen in der DDR und damit die Öffnung des Tores zur *Wiederherstellung der staatlichen Einheit Deutschlands* haben eine breite Diskussion um die künftige deutsche Verfassung entfacht.

Jeder politisch Interessierte, der an dem dramatischen Geschehen der deutschen Geschichte Anteil nehmen will, muss deshalb wissen, wie die Grundlagen aussehen, auf denen ein gemeinsames Haus für alle Deutschen errichtet werden soll.

Dieses Buch kommentiert allgemein verständlich. Es erhebt nicht den Anspruch, juristischen Feinheiten zu genügen. Der Verfassungsjurist wird es kaum gebrauchen müssen. Aber jeder, der nicht einschlägig staatsrechtlich vorgebildet ist, kann aus diesem Buch lernen. Die *juristische Sprache* wird stets verwandt, wenn dies zur *Klarheit und Präzision* erforderlich ist. Aber sie wird so gebraucht, dass auch der Nichtjurist sie verstehen kann. Dazu dienen vor allem auch die vielen anschaulichen **Beispiele**.

Konsequenterweise verzichtet das Buch auf vermeidbaren wissenschaftlichen Ballast, wie z. B. ausführliche Quellenangaben, Literaturhinweise, Vermerke auf abweichende und strittige Meinungen. Maßgebend ist immer das Interesse der Leser, die sich rasch und verständlich mit einem Grundgesetzproblem vertraut machen wollen. Im Vordergrund steht nicht der fachjuristische, sondern der didaktische Aspekt mit der Fragestellung: *Was muss man über das Grundgesetz wissen?*

Das Buch enthält deshalb:

– Eine **Einführung** zum Verfassungsverständnis mit kurzem historischen Abriss.

– Ein ausführliches **Stichwortverzeichnis** zur raschen Orientierung.

– Vielfältige **Querverweise**, damit sich der Leser systematisch in eine Verfassungsproblematik einarbeiten kann.

– **Absatzweise Kommentierung**, der der grafisch abgehobene GG-Text unmittelbar vorausgeht.

Die Interessen der Leser im (noch) anderen Teil Deutschlands wurden in Inhalt und Wortwahl besonders berücksichtigt. Gilt es doch, diese Deutschen mit den bewährten Institutionen und Verfahren einer **freiheitlichen demokratischen Ordnung** vertraut zu machen, die ihnen unverschuldet viele Jahrzehnte vorenthalten wurde.

Diese Kommentierung zum **Grundgesetz der Bundesrepublik Deutschland** will einen Beitrag zu dem gemeinsamen, auf Selbstbestimmungsrecht gegründeten Ziel leisten, als Volk unter einem staatlichen Dach in „Einigkeit und Recht und Freiheit" zu leben.

Anerkennung gebührt dem Verlag, der diesen Kommentar kurzfristig erstellte.

Für Kritik und Anregungen sind Autor und Verlag stets dankbar.

Abkürzungen

Abs.	Absatz
Abschn.	Abschnitt
ÄG	Änderungsgesetz (zum GG)
Art.	Artikel
BVerfG	Bundesverfassungsgericht
BVerfGG	Gesetz über das Bundesverfassungsgericht
d. h.	das heißt
einschl.	einschließlich
EU	Europäische Union
gem.	gemäß
GG	Grundgesetz
ggf.	gegebenenfalls
Ggs.	Gegensatz
GVK	Gemeinsame Verfassungskommission
i. d. F.	in der Fassung
i. d. F. d.	in der Fassung des
i. d. R.	in der Regel
i. R.	im Ruhestand
i. S.	im Sinne
i. e. S.	im engeren Sinne
insbes.	insbesondere
i. w. S.	im weiteren Sinne
s.	siehe
sog.	so genannte/n/r
u. a.	und andere/n/m/s
u. Ä.	und Ähnliches
u. U.	unter Umständen
v.	von/m
vgl.	vergleiche
WRV	Weimarer Reichsverfassung
z. B.	zum Beispiel
Ziff.	Ziffer

Das Grundgesetz

Geschichtliche Wurzeln

Die deutsche *Verfassungsgeschichte*, versteht man darunter die Geschichte des geschriebenen Verfassungsrechts, hat ihre Ursprünge in der *Französischen Revolution* (1789), den *Befreiungskriegen* (1813–1815) sowie der *Wiener Bundesakte* von 1815, die den Fürsten der Einzelstaaten des **Deutschen Bundes** die Möglichkeit einräumte, eine „landständische Verfassung" zu geben. So entwickelten sich zunächst vor allem in Süddeutschland Verfassungen der konstitutionellen Monarchie (sog. *Konstitutionalismus*), in Bayern und Baden 1818, in Württemberg 1819 und in Preußen 1848 mit der „oktroyierten", dem Volk aufgezwungenen Verfassung. Diese Verfassungen verbanden das Prinzip der (Erb-)Monarchie mit mehr oder weniger umfassenden Mitwirkungsrechten eines Parlamentes.

Die wichtigsten Etappen der weiteren deutschen Verfassungsgeschichte sind folgende:

- März 1848: Revolution und Einberufung der ersten deutschen *Nationalversammlung* in die Paulskirche in Frankfurt/Main (18. 5. 1848).
- Dezember 1848: Die Paulskirche verabschiedet die **„Grundrechte des deutschen Volkes"**.
- März 1849: Verkündung der **„Verfassung des Deutschen Reiches"**; sie trat nie in Kraft, weil die Revolution scheiterte.
- Januar 1850: **„revidierte" Verfassung Preußens**; sie wurde Grundlage der weiteren deutschen Verfassungsentwicklung und blieb bis 1918 für Preußen in Kraft.
- April 1867: **Verfassung des Norddeutschen Bundes**, der als Bundesstaat nach dem Sieg Preußens über Österreich im „deutschen Krieg" von 1866 gegründet wurde.
- April 1871: Verkündung der **Verfassung des Deutschen Reiches** nach dem Sieg über Frankreich (1870/71). Sie blieb mit kleinen Änderungen bis zur Novemberrevolution von 1918 gültig.
- August 1919: Verkündung der **Weimarer Reichsverfassung**. Formell blieb sie als Ganzes bis 1945 in Kraft, tatsächlich aber war sie seit Hitlers Machtantritt im Januar 1933 rechtlich und politisch mehr und mehr unwirksam geworden.

Mit der bedingungslosen Kapitulation der deutschen Wehrmacht am 8. Mai 1945 hatten die alliierten Siegermächte die „oberste Regierungsgewalt hinsichtlich Deutschlands" übernommen. Deutschland wurde in *vier Besatzungszonen* geteilt. Im Januar 1947 wurden die amerikanische und britische Zone zum Vereinigten Wirtschaftsgebiet (s. Art. 133) zusammengelegt (*Bizone*), zu dem erst 1949 auch die französische Zone trat (*Trizone*). In diesen Zonen waren inzwischen Länder mit frei gewählten Landtagen und Regierungen (mit stark eingeschränkter Kompetenz) gebildet worden (s. Art. 23).

Vor dem Hintergrund der zunehmenden politischen Spannungen (Kalter Krieg) und der damit einhergehenden vertieften Spaltung Deutschlands beschlossen die drei westlichen Siegermächte, im Einvernehmen mit Belgien, den Niederlanden und Luxemburg, für den Teil der drei westlichen Besatzungszonen eine Verfassungsgebung zu genehmigen. Im Juli 1948 überreichten die drei Militärgouverneure den 11 westdeutschen Ministerpräsidenten die sog. *Frankfurter Dokumente*, in denen sie die Schaffung einer demokratischen Verfassung föderalistischer Struktur „empfahlen", deren Genehmigung sie sich allerdings vorbehielten. Die Ministerpräsidenten sahen auf ihrer Koblenzer Tagung desselben Monats die Gefahr einer nun auch staatsrechtlichen Teilung Deutschlands, glaubten aber, den Vorschlag der westlichen Besatzungsmächte annehmen zu müssen, um schwere Nachteile, z. B. Fortdauer der Besatzungsherrschaft, zu vermeiden. Entgegen dem alliierten Rat ließen sie zur Verfassungsausarbeitung aber keine Nationalversammlung wählen, sondern beriefen einen **Parlamentarischen Rat** ein, um die Vorläufigkeit, das zeitliche und räumliche Provisorium des neuen (west-)deutschen (Teil-)Staates zu betonen. Daher auch der Name **„Grundgesetz"** anstelle der von den Alliierten gewünschten „*Verfassung*" (s. Bemerkung zur Präambel).

Der Parlamentarische Rat, gebildet nach den Fraktionsstärken der westdeutschen Landtage, begann seine Arbeit am 1. September 1948. Seine Beratungen basierten auf dem Verfassungsentwurf eines „Ausschusses von Sachverständigen für Verfassungsfragen", der als **Herrenchiemseer Verfassungskonvent** vom 10. bis 23. August 1948 in Klausur tagte.

Am 8. Mai 1949 verabschiedete der Parlamentarische Rat das Grundgesetz mit 53 gegen 12 Stimmen (s. Bemerkung zu Art. 144 und 145).

Der Parlamentarische Rat hat bei der Schaffung des Grundgesetzes an die liberalen Traditionen im Deutschland des 19. Jahrhunderts angeknüpft und diese bereits in der Weimarer Verfassung vorhandenen demokratischen und republikanischen Grundsätze um föderalistische und sozialstaatliche erweitert.

Von allen früheren deutschen Verfassungen unterscheidet sich das Grundgesetz aber durch das (fast) reine *Repräsentativprinzip* und durch eine konsequente *Parlamentarisierung* der Staatsleitung, z. B. dass der rechtlich starke Bundeskanzler nur dem Parlament und nicht dem Staatsoberhaupt verantwortlich ist.

Weltweit einmalig ist bisher der partielle „Eigenschutz der Verfassung", die „Ewigkeitsklausel" nach Art. 79 (s. Bemerkung dort) geblieben.

Das Verfassungsrecht

Eine Verfassung ist die in einem besonderen Dokument, der *Verfassungs-urkunde*, niedergelegte grundlegende Rechtsvorschrift über Aufgaben und Organisation der Staatsgewalt und über die Rechtsverhältnisse des Staates zum Einzelnen.

Der moderne Staat ist in der Regel ein **Nationalstaat**. Er hat drei Merkmale:

1. Das **Staatsgebiet** (Hoheitsgebiet) als eine durch Grenzen markierte Erdoberfläche.

2. Das **Staatsvolk** als organisierte und rechtlich formierte Gesellschaft, die durch gemeinsame Merkmale verbunden ist, z. B. eine gemeinsame Staatsangehörigkeit.

3. Die **Staatsgewalt**, deren alleiniger Träger der Volkssouverän ist (Näheres dazu s. Bemerkung zu Art. 20).

Die *verfassungsgebende Gewalt* liegt beim Staatsvolk. Von dieser ist die *verfassungsgesetzgebende (verfassungsändernde) Gewalt*, d. h. das Parlament, zu unterscheiden, die nur innerhalb bestimmter, verfassungsmäßig festgelegter Grenzen (s. z. B. Art. 79) ausgeübt werden darf.

Die *Verfassungssprache* ist zum erheblichen Teil die Juristensprache, die sich von der Umgangssprache unterscheidet. Der *Bedeutungsgehalt* einzelner Begriffe und ihre Funktion ist insbesondere für den juristischen Laien nicht immer leicht zu erkennen. So hat etwa ein Misstrauensvotum (Art. 67) oder die Vertrauensfrage (Art. 68) mit der herkömmlichen Vorstellung von „Misstrauen" und „Vertrauen" kaum etwas gemein.

Wenn eine Verfassung konsensfähig sein soll, d. h. nicht nur von einer womöglich knappen Mehrheit förmlich „angenommen", sondern von einer breiten Mehrheit aus allen Kreisen des Volkes „getragen" werden soll, muss sie politisch umkämpfte Ansichten in abstrakte Formeln hüllen.

Beispiel: Ein solcher, auch *Leerformel* genannter Begriff ist der „soziale Bundesstaat" nach Art. 20 Abs. 1, mit dem sich viele gänzlich unterschiedliche, ja sogar einander ausschließende Vorstellungen verbinden können.

Gelegentlich verwendet die Verfassung auch traditionelle oder wegen ihrer (oftmals knappen) Stilisierung als ästhetisch geltende Formulierungen, wie z. B. „Alle Menschen sind vor dem Gesetz gleich" (Art. 3 Abs. 1).

Die *Verfassungsauslegung* (Interpretation) folgt den allgemeinen juristischen Regeln, die im Rahmen dieses Kommentars verständlicherweise nicht dargelegt werden können.

Weiterentwicklung des Grundgesetzes

Das Grundgesetz ist seit seinem In-Kraft-Treten am 23. Mai 1949 bis Ende 2006 über fünfzigmal geändert worden. Diese Änderungen betrafen über 200 Einzelbestimmungen. Mehr als die Hälfte aller ursprünglichen Verfassungsbestimmungen sind – wenn man auch geringfügige und unbedeutende Änderungen einbezieht – neu formuliert, ergänzt oder gestrichen worden. Verfassungsänderung ist jede Aufhebung, Hinzufügung und Abänderung von Textteilen des Grundgesetzes.

Die wichtigsten großen Änderungen waren folgende:

1. Die **Wehrverfassung** von 1956 mit der Einführung der Bundeswehr und der allgemeinen Wehrpflicht.

2. Die **Notstandsverfassung** vom Jahre 1968, die von der Großen Koalition aus CDU/CSU und SPD beschlossen wurde, aber bisher niemals angewandt werden musste.

3. Die **Finanzverfassungsreform** von 1967/69.

4. Die **einigungsbedingten Reformen** von 1990 durch den Beitritt der DDR zur Bundesrepublik Deutschland.

5. Die **Verfassungsreform** aufgrund der Vorschläge der *Gemeinsamen Verfassungskommission* (GVK).

6. Die **Föderalismusreform** als bisher größte und umfangreichste Änderung des Grundgesetzes.

Die klare Verständlichkeit, die schlichte und damit prägnante Sprache hat das GG mit seinen vielen Änderungen auch durch kompromisshafte Formulierungen nunmehr weitgehend verloren. Ein besonders abschreckendes Beispiel bietet der 1993 durch die Neufassung des *Asylrechts* eingefügte Art. 16a, vierzigmal so lang wie sein Vorgänger, einer Verwaltungsvorschrift ähnlicher denn einer Verfassungsbestimmung.

Zu diesen *formellen*, ausdrücklich genannten Verfassungsänderungen treten die *informellen* durch die **Verfassungsrechtsprechung**, die einem schleichenden Verfassungswandel gleichkommen.

Seit seinem Bestehen (1951) sind vom Bundesverfassungsgericht (BVerfG) rd. 140 000 Entscheidungen ergangen, die in weit über 100 Bänden auf vielen Tausend Seiten dokumentiert sind.

Diese stille Verfassungsanpassung im Wege der Interpretation beschreitet methodisch vier Wege:

– Konkretisierung einer Verfassungsnorm, z. B. Bestimmung des Familiennamens gem. Gleichberechtigung der Geschlechter

– Fortbildung, etwa das informationelle Selbstbestimmungsrecht als Ausfluss der Menschenwürde

– Aktualisierung wie Zulässigkeit religiöser Symbole in staatlichen Schulen trotz der Neutralitätspflicht des Staates

– Neuauslegung von Normen durch Wertewandel, z. B. die gesetzlich praktische Gleichstellung von (homosexuellen) Lebenspartnerschaften mit der Ehe

„Über dem Bundesverfassungsgericht steht nur noch der liebe Gott", seufzte schon *Konrad Adenauer* 1952. Seitdem ist die Kritik am BVerfG nicht verstummt; immer wieder entzündet sich an mindestens bedenklich zu sehenden Entscheidungen der Widerspruch.

Die schärfsten Kritiker werfen dem Gericht vor, bereits „Anteil an der Staatsleitung" (*Hesse*) usurpiert zu haben, vom Hüter zum Wandler der Verfassung, eine Art „Ersatzgesetzgeber" geworden zu sein, weil es dem allein zuständigen Gesetzgeber auch schon detailliert mit Fristsetzung vorgeschrieben hat, wie und bis wann eine Materie zu regeln ist, z. B. bei der Pflegeversicherung. Ebenso kritisch wird vermerkt, dass das BVerfG gelegentlich zur *Superrevisionsinstanz* tendiert und den Fachgerichten Inhaltsvorgaben macht.

Andererseits muss berücksichtigt werden, dass Regierung und Parlament sich oft scheuen, Gesetze mit konkretisierenden Inhalten zu füllen, die Protest hervorrufen können, etwa beim Arbeitsrecht, sie also bewusst Lücken lassen, die dann notgedrungen von der Rechtsprechung geschlossen werden müssen.

Grundrechte

I

Präambel 16

Grundrechte 17
Art. 1   Schutz der Menschenwürde 18
Art. 2   Persönliche Freiheit 24
Art. 3   Gleichheit vor dem Gesetz 29
Art. 4   Glaubens- und Bekenntnisfreiheit 32
Art. 5   Freie Meinungsäußerung 36
Art. 6   Ehe, Familie, uneheliche Kinder 40
Art. 7   Schulwesen 44
Art. 8   Versammlungsfreiheit 47
Art. 9   Vereinigungsfreiheit 49
Art. 10   Brief- und Postgeheimnis 52
Art. 11   Freizügigkeit 53
Art. 12   Freiheit des Berufes 55
Art. 12a Wehrpflicht, Ersatzdienst 59
Art. 13   Unverletzlichkeit der Wohnung 61
Art. 14   Eigentum, Erbrecht und Enteignung 65
Art. 15   Sozialisierung 70
Art. 16   Ausbürgerung, Auslieferung 70
Art. 16a Asylrecht 72
Art. 17   Petitionsrecht 76
Art. 17a Wehrdienst, Ersatzdienst 77
Art. 18   Verwirkung von Grundrechten 78
Art. 19   Einschränkung von Grundrechten 80

Präambel

Im Bewußtsein seiner Verantwortung vor Gott und den Menschen, von dem Willen beseelt, als gleichberechtigtes Glied in einem vereinten Europa dem Frieden der Welt zu dienen, hat sich das Deutsche Volk kraft seiner verfassungsgebenden Gewalt dieses Grundgesetz gegeben. Die Deutschen in den Ländern Baden-Württemberg, Bayern, Berlin, Brandenburg, Bremen, Hamburg, Hessen, Mecklenburg-Vorpommern, Niedersachsen, Nordrhein-Westfalen, Rheinland-Pfalz, Saarland, Sachsen, Sachsen-Anhalt, Schleswig-Holstein und Thüringen haben in freier Selbstbestimmung die Einheit und Freiheit Deutschlands vollendet. Damit gilt dieses Grundgesetz für das gesamte Deutsche Volk.

Wie alle Präambeln, so enthält auch diese den politischen Appell, die Proklamation und das Selbstverständnis. Die Anrufung Gottes muss als ein Bekenntnis gewertet werden, dass auch der verfassungsgebenden Gewalt Schranken gesetzt sind. Das GG ist prinzipiell religiös-weltanschaulich neutral. Eine bestimmte religiöse Richtung ist mit der *advocatio dei*, der Anrufung Gottes, nicht gemeint. Aber es hat seine Wurzeln, wie alle modernen Verfassungsströmungen, im *Naturrecht*, d. h. in dem im menschlichen Wesen innewohnenden, von Natur her gegebenen Recht (siehe auch Einführung und Vorbemerkung zu Abschnitt I.).

Die ursprüngliche Präambel enthielt ein *Wiedervereinigungsgebot* vom Range eines Verfassungsauftrages gemäß Urteil des BVerfG v. 13. Juli 1973. Danach hatten alle Organe der Bundesrepublik Deutschland die Pflicht, diese Wiedervereinigung anzustreben und alles zu unterlassen, was diese rechtlich oder tatsächlich unmöglich machen könnte.

Die gleichfalls in dem ursprünglichen Vorspruch vorhandene Wendung „für eine Übergangszeit" ist mit der *Wiedervereinigung* von 1990 entfallen.

Mit dem Beitritt der *Deutschen Demokratischen Republik* zur Bundesrepublik Deutschland ist das Verfassungsgebot zur Wiederherstellung der staatlichen deutschen Einheit gegenstandslos geworden. Der Präambeltext von 1949 forderte das deutsche Volk auf, „... in freier Selbstbestimmung die Einheit und Freiheit Deutschlands zu vollenden". Diese Aufforderung ist dank der Revolution der Deutschen in der DDR vom November 1989 politisch erfüllt und mit dem Beitrittsbeschluss der einzigen frei gewählten *Volkskammer der DDR* am 23. August 1990 rechtlich beschlossen worden.

Der Hinweis auf das *Deutsche Volk* als den allein berechtigten *Verfassungsgeber* soll verdeutlichen, dass diese Verfassung nicht aus einem Diktat der ehemaligen Siegermächte hervorgegangen ist und auch nicht das Werk der Länder ist, die bereits vor der Gründung der Bundesrepublik existierten. – Man beachte übrigens, dass hier und in weiteren Artikeln, z. B. Art. 56, stets nur vom „deutschen Volk" gesprochen wird und nicht von einer (multikulturellen) „deutschen Gesellschaft" oder der „Bevölkerung".

I. Grundrechte

Vorbemerkungen:

Der Gedanke, dass es vorgegebene, angeborene Rechte des Menschen gibt, ist so alt wie die Geschichte der Unterdrückung des Menschen. Diese als Naturrecht bezeichnete Vorstellung fand in den ersten Verfassungsurkunden als vorstaatliches Recht Eingang. Einige stellten die *allgemeinen Menschen- und Bürgerrechte* an den Anfang, so die Unabhängigkeitserklärung der USA von 1776 und die französische Proklamation der Menschenrechte von 1789. Auch die Charta der Vereinten Nationen von 1945 spricht in der Präambel vom „Glauben an die Grundrechte des Menschen, an Würde und Wert der menschlichen Persönlichkeit".

Der Grundrechtskatalog dieses Abschnitts gehört zum unverzichtbaren Kernbestand der *freiheitlichen demokratischen Grundordnung* (s. Art. 79 Abs. 2).

Die Grundrechte werden üblicherweise eingeteilt in die:

1. *Freiheitsrechte*, das sind die historisch ältesten, die auch Abwehrrechte (gegen den Staat) genannt werden, z. B. in Art. 2,

2. *Gleichheitsgrundrechte*, z. B. in Art. 3 und die

3. *Leistungsgrundrechte*, z. B. in Art. 6.

Die Grundrechte spiegeln eine *objektive Wertordnung* wider, die als Richtschnur für alles staatliche Handeln gilt. Einige von ihnen sind auch sog. *institutionelle Gewährleistungen*, d. h. der Staat muss die betreffende Rechtsform erhalten und schützen, z. B. das Privateigentum (Art. 14).

Umstritten ist die sog. *Drittwirkung* der Grundrechte, inwieweit gelten sie also nicht nur in den Beziehungen zwischen der öffentlichen Hand und dem einzelnen Bürger, sondern auch im Rechtsverkehr der Privatpersonen untereinander. Das BVerfG geht nur von einer *mittelbaren Drittwirkung* aus. Niemand kann sich in seinen Beziehungen zu anderen Menschen unmittelbar auf die Grundrechte berufen. Man spricht aber von einer *Ausstrahlungswirkung* auch auf Privatverträge etwa des Arbeitsrechts, wenn eine Frau allein auf Grund ihres Geschlechts benachteiligt wird.

Kein Grundrecht gilt absolut und uneingeschränkt. Die wichtigsten Schranken sind:

1. Der *Gesetzesvorbehalt*, nach dem das Nähere durch ein Gesetz geregelt wird, z. B. Art. 4 Abs. 3. Dabei hat der Gesetzgeber den Grundsatz der Verhältnismäßigkeit zu berücksichtigen (s. Bemerkung zu Art. 20

Abs. 3). In diesen Bereich fallen auch Gesetze über „besondere Gewalt-verhältnisse", z. B. bei Beamten und Wehrdienstleistenden.

2. *Verfassungsimmanente Schranken*, auch Grundrechtskollision genannt, was bedeutet, dass ein Grundrecht begrenzt wird, weil es mit einem Grundrecht eines anderen kollidiert. Dabei muss eine Güterabwägung im Einzelfall erfolgen, welches Grundrecht das höherrangige ist. So muss das Recht auf freie Religionsausübung des einen zurücktreten, wenn es um den Schutz des Lebens eines Dritten geht, z. B. die von den Eltern verweigerte Bluttransfusion für ihr lebensgefährlich erkranktes Kind.

3. *Verfassungsrechtskollision*, bei der ein Grundrecht mit einem anderen Verfassungsgebot in Widerspruch gerät, wie z. B. die Anerkennung der Enteignungen zwischen 1945 und 1949 durch die Sowjetunion, um auf diese Weise ihre Zustimmung zur Wiedervereinigung von 1990 zu erhalten – unbeschadet der historisch offenen Frage, ob die sowjetische Siegermacht tatsächlich dies als unabdingbar angesehen hat.

Grundrechte binden die gesamte öffentliche Hand als *Grundrechts-verpflichteten*, der diese zu beachten hat. Sie verlangen vom Staat, diese Grundrechte zu schützen.

Grundpflichten kennt das GG, was vielfach als Mangel empfunden wird, im Gegensatz zu der Fülle von Grundrechten nur wenige. Sie sind in den Art. 5, 6, 12 und 14 genannt.

Art. 1 [Schutz der Menschenwürde]

Vorbemerkung:

Der Art. 1 enthält drei Aussagen:

- Die *Unantastbarkeit der Menschenwürde*.

- Das *Bekenntnis zu den Menschenrechten* als Grundlage menschlicher Gemeinschaft.

- Die *unmittelbare Bindung aller staatlichen Gewalt* an die Grundrechte.

(1) Die Würde des Menschen ist unantastbar. Sie zu achten und zu schützen ist Verpflichtung aller staatlichen Gewalt.

Die Würde des Menschen gilt als der schlechthin oberste Wert. Das GG hat damit die wichtigste *wertsetzende Enscheidung* getroffen.

Der Art. 1 Abs. 1 gehört zu den tragenden Verfassungsgrundsätzen und hat elementare Bedeutung für alle anderen Bestimmungen des GG.

Er ist zugleich eine grundsätzliche Entscheidung über Rechtfertigung und Auftrag aller staatlichen Gewalt. Mit ihm wird ausgedrückt, dass dem Staat kein Primat vor der Menschenwürde zukommt, dass diese nicht von ihm verliehen wird, sondern vorstaatlich gegeben ist.

Die Formulierung ist auch aus der historischen Erfahrung zu begreifen. Mit ihr sollte eine Ab- und Umkehr vom nationalsozialistischen „Fahnenspruch": „Du bist nichts, Dein Volk ist alles" vollzogen werden.

Mit diesem Grundrecht wird *jedermann* ein Abwehrrecht gegen die staatliche Gewalt und ein Schutzauftrag garantiert, der den Staat verpflichtet, den Einzelnen vor Verletzung der Menschenwürde durch andere zu bewahren.

Praktisch wirksam wird der Abs. 1 in aller Regel nur in Verbindung mit den nachfolgenden Grundrechten, die als Ausformulierung und Konkretisierung des Art. 1 betrachtet werden, durch den die Würde des Menschen als höchster Wert in den Mittelpunkt des gesamten Rechtssystems gestellt wird.

Der Begriff *Menschenwürde* ist nicht klar definierbar. Er ist geprägt vom *Menschenbild* des GG. Danach ist jeder Mensch eine einmalige und unverwechselbare Persönlichkeit, aber nicht als selbstherrliches Individuum, sondern in einer Gemeinschaft lebend und ihr verbunden und verpflichtet. Andererseits ist der Mensch aber nicht nur Teil eines Kollektivs.

Die Menschenwürde ist das einzige „nicht abwägungsfähige" (BVerfG) Verfassungsgut. So wird deshalb auch versucht, sie mit einer sog. Negativdefinition begrifflich zu erfassen, wie: „Die Menschenwürde ist verletzt, wenn … Sie gilt prinzipiell dann als verletzt, wenn der Mensch zum bloßen Objekt gemacht wird."

Wie problematisch freilich ein direkter Rückgriff auf den Art. 1 Abs. 1 sein kann, zeigt ein sehr diskussionsbedürftiges Urteil eines Oberlandesgerichts, nach dem zur Beweissicherung die Verabreichung von Brechmitteln an einen afrikanischen Drogenhändler, der bei seiner Verhaftung die Ware hinuntergeschluckt hatte, gegen die Menschenwürde verstoßen soll.

Die *Unantastbarkeit* besagt, dass der Mensch gegen Angriffe auf seine Würde abgeschirmt und vom Staat beschützt werden muss.

Beispiel: Auch der selbstverschuldet Obdachlose hat Anspruch auf ein Existenzminimum, das ihm wenigstens erlaubt, wenn auch in bescheidenen Verhältnissen, ein noch gerade menschenwürdiges Dasein zu fristen. – Auch der gefährliche Gewohnheitsverbrecher darf bei ansonsten strengen Sicherheitsvorkehrungen nicht wie ein Hofhund mit einer Kette an die Zellenwand angebunden werden.

Die Menschenwürde kann niemals aberkannt werden. Nicht einmal freiwillig kann ein Mensch darauf verzichten.

Beispiel: Auch aus eigenem Antrieb kann sich niemand zur Leibeigenschaft verpflichten.

Mit einer Neukommentierung zum Begriff der *Menschenwürde* in dem grundlegenden Kommentar von *Maunz/Düring*, auch das Grundbuch des Grundgesetzes genannt, wurde die Diskussion über diesen Begriff wieder neu eröffnet. In dessen Neubearbeitung wird die in Art. 1 Abs. 1 genannte Menschenwürde nicht mehr als vorpositiver, d. h. vor staatlicher Rechtsetzung bestehender Begriff des *Naturrechts*, sondern nur als ein im Verfassungstext verankerter Rechtssatz verstanden. Der Staat hat kraft seiner Souveränität, Recht zu setzen, diesen Begriff geschaffen. – Auf die vielschichtigen und komplexen rechtsphilosophischen Fragen, die mit dieser These aufgeworfen werden, kann im Rahmen dieser Kurzkommentierung verständlicherweise nicht eingegangen werden. – Menschenwürde bleibt ein unbestimmter und unbestimmbarer Rechtsbegriff, der nur im Zusammenhang mit konkreten Vorgängen auslegungsfähig ist. Einer der bekanntesten Verfassungsväter, *Theodor Heuß* (von 1949–1959 der erste Bundespräsident), nannte ihn eine „nicht interpretierte These".

An mehreren Problemen entzündet sich die kontroverse Diskussion, welche Konkretisierung der Begriff vor allem in Verbindung mit dem Recht auf Leben (Art. 2 Abs. 2) hat.

1. Präimplantationsdiagnose und Klonen. Die Bundesrepublik Deutschland hat unter Berufung auf die Menschenwürde die künstliche Fortpflanzung und die Embryonenforschung im Vergleich zu anderen Ländern stark eingeschränkt und das Klonen von Menschen völlig verboten. Die in der Petrischale künstlich befruchtete Eizelle ist besonders geschützt; bei ihr ist alles verboten, was nicht zur Einpflanzung und damit zur Schwangerschaft führen kann. – Das steht in einem eigenartigen Gegensatz zur Regelung des Schwangerschaftsabbruchs, der zwar „grundsätzlich missbilligt" wird, aber im Rahmen einer ergebnisoffenen Schwangerschaftsberatung in den ersten drei Monaten straffrei bleibt. – Näheres s. Bemerkungen zu Art. 2 Abs. 2.

2. Folter. Bei der Androhung oder gar Anwendung der Folter zur Aussageerzwingung kann es zu *Grundrechtskollisionen* kommen. In Deutschland gilt ein generelles und uneingeschränktes Folterverbot, bereits die Androhung ist unzulässig. Jede Art von Folter verstößt gegen Art. 1 Abs. 1 in Verbindung mit Art. 2 Abs. 2 Satz 1 (s. dort). Der Soziologe *Niklas Luhmann* aber hat die Problematik des absoluten Verbotes am Beispiel des „Tickingbomb-Szenarios" zu veranschaulichen versucht.

Beispiel: Ein Terrorist weigert sich, der Polizei das Versteck der mit einem Zeitzünder versehenen Atombombe zu verraten. Darf, ja muss jetzt nicht wegen der Schutzpflicht des Staates gefoltert werden, um das Leben von vielen Menschen zu retten? Das Grundrecht vieler Menschen auf Leben kollidiert hier mit den Grundrechten des Täters.

Beispiel: Fall Daschner. Der Frankfurter Polizeivizepräsident *Wolfgang Daschner* hatte dem verhafteten Entführer des 12-jährigen *Jacob v. Metzler* schmerzhafte Folter angedroht, wenn er nicht das Versteck des Entführten verraten würde. Die Polizei wusste nicht, dass der Junge bereits getötet war, musste aber befürchten, dass er in höchster Lebensgefahr schwebte. Das Frankfurter Landgericht sprach den Polizeichef zwar schuldig, verurteilte ihn aber zu einer fast nur noch symbolischen Strafe: Verwarnung mit Strafvorbehalt. Die Androhung von Schmerzen sei zwar vom Recht nicht gedeckt, aber Daschners Verhalten habe eine „gewisse Nähe zu Rechtfertigungs- oder Entschuldigungsgründen". Die Verteidigung hatte mit Rettungsfolter argumentiert, die Folterandrohung sollte der Rettung des Kindes, also zur Abwehr einer gegenwärtigen Gefahr, dienen. Da Staatsanwaltschaft und Verteidigung beide auf die Einlegung von Rechtsmitteln (Berufung, Revision) verzichteten, wurde das Urteil rechtskräftig und wird somit auch nicht dem BVerfG zur endgültigen Wertung der Folterandrohung vorgelegt.

3. Luftsicherheitsgesetz. Am 15. Februar 2006 hat das BVerfG das am 11. Januar 2005 in Kraft getretene Luftsicherheitsgesetz in weiten Teilen als mit der Verfassung nach den Art. 2 Abs. 2 Satz 1 – Recht auf Leben – und der Menschenwürdegarantie (Art. 1 Abs. 1) als unvereinbar und damit für nichtig erklärt. Nach diesem Gesetz sollte die Bundesluftwaffe ermächtigt werden, auch ein mit Passagieren (Tatunbeteiligte) besetztes Flugzeug abzuschießen, wenn dieses – von Terroristen gekapert – offensichtlich als Waffe gegen unschuldige Menschen in selbstmörderischer Absicht nach dem Beispiel des „Nine-eleven" im Jahr 2001 in Manhattan eingesetzt werden soll. Die Kerngedanken der 25 (!) Seiten umfassenden Urteilsbegründung lauten:

– Das menschliche Leben „ist die vitale Basis der Menschenwürde als tragendem Konstitutionsprinzip und oberstem Verfassungswert".

– Diese Würde besitzt jeder Mensch ohne Rücksicht auf seinen körperlichen oder geistigen Zustand und seiner voraussichtlichen Lebensdauer – etwa wegen der wahrscheinlich nur noch kurzen Lebensdauer der Passagiere in dem zur Waffe umfunktionierten Flugzeug.

– Der öffentlichen Gewalt ist es mithin verboten, die Subjektqualität des Menschen in Frage zu stellen, indem sie ihn zum Objekt staatlichen Handelns macht.

– Die Absolutheit des Lebensanspruchs jedes Individuums erlaubt es auch nicht, eine mengenmäßige Aufrechnung – etwa 90 Fluggäste gegen 1 000 vermutlich am Boden Getötete – vorzunehmen.

– Die Terroristen selbst hingegen dürfen unter bestimmten Umständen getötet werden, ohne dass ihre Menschenwürde dadurch verletzt wird, im Gegenteil: Der „Subjektstellung" des Angreifers entspricht es gerade, dass ihm „die Folgen seines selbstbestimmten Verhaltens persönlich zugerechnet werden" und er damit für sein Tun „in Verantwortung genommen wird."

– Ob tatsächlich kein Abschussbefehl erteilt wird, wenn ein von Terroristen zur Bombe umfunktioniertes Flugzeug – in dem sich auch einige unschuldige Passagiere befinden – auf ein voll besetztes Fußballstadion zurast, muss für einen hoffentlich nie eintretenden zukünftigen Fall offen bleiben. Das BverfG verbietet nur und kann nur verbieten, einen solchen Abschuss gesetzlich im Voraus vorsorglich zu regeln.

4. Patientenverfügung. Das Grundrecht auf Leben gebietet keine Grundpflicht, sich unter allen Umständen am Leben zu erhalten oder erhalten zu lassen. Im Rahmen des Selbstbestimmungsrechts kann der Patient in Grenzen darüber verfügen, ob und welche Behandlungen an ihm vorgenommen werden sollen, vor allem, wenn der Tod bald zu erwarten ist. – Einen Anspruch auf aktive Sterbehilfe aber hat er in keinem Fall. – Der Gesetzgeber plant für die laufende Legislaturperiode eine Regelung, bei der die behandelnden Ärzte an den Patientenwillen gebunden werden sollen, was bisher nicht der Fall ist. Bis jetzt steht es ihnen noch frei, sich anders zu entscheiden, als der Patient verfügt hat.

(2) Das Deutsche Volk bekennt sich darum zu unverletzlichen und unveräußerlichen Menschenrechten als Grundlage jeder menschlichen Gemeinschaft, des Friedens und der Gerechtigkeit in der Welt.

Diese Bestimmung hat eine deklaratorische Bedeutung, d. h. mit ihr wird ein Bekenntnis zu den allgemein anerkannten Menschenrechten abgelegt, wie sie z. B. in der Europäischen Konvention zum Schutze der Menschenrechte und der Grundfreiheiten von 1950 niedergelegt ist. Die Konvention erhält damit allerdings nicht Verfassungsrang.

Der Art. 1 Abs. 2 ist gleichzeitig Teil des Bekenntnisses zum Frieden und zum internationalen Zusammenleben.

> **Beispiel:** Eine konkrete Folge dieses Bekenntnisses kann u. a. im Verbot des Angriffskrieges (Art. 26) gesehen werden.

(3) Die nachfolgenden Grundrechte binden Gesetzgebung, vollziehende Gewalt und Rechtsprechung als unmittelbar geltendes Recht.

Mit „nachfolgenden Grundrechten" sind nicht nur die des Abschnitts I gemeint, sondern auch die übrigen im GG gegenüber der Staatsgewalt eingeräumten Rechte, z. B. der Anspruch auf rechtliches Gehör (Art. 103).

Der Art. 1 Abs. 3 enthält die sog. *Bindungswirkung*. Mit ihr wird deutlich, dass die individuellen Grundrechte eben nicht – wie in der WRV von 1919 – nur eine staatliche Absichtserklärung darstellen, sondern geltendes und ständig anzuwendendes Recht sind. Keine der drei Staatsgewalten darf irgend etwas tun oder unterlassen, was im Widerspruch zu den Grundrechten steht. Damit soll z. B. eine willkürliche Verhaftung ebenso ausgeschlossen werden wie die fehlende polizeiliche Hilfe bei einer Geiselnahme.

Der Ausdruck „unmittelbar geltendes Recht" besagt, dass der Bürger diese Rechte notfalls gerichtlich durchsetzen kann. Die Bindung der Staatsgewalten an die Grundrechte macht den Staat zum sog. *Grundrechtsverpflichteten* gegenüber dem Einzelnen, der sich im Geltungsbereich des GG befindet (s. Art. 23). Die unmittelbare Bindung gilt nur gegenüber inländischen staatlichen Organen.

> **Beispiel:** Wie konkret die Bindungswirkung des Art. 1 ist, zeigte der Bundesgerichtshof (BGH) in einem Urteil aus dem Jahre 1964. Ein Schulleiter hatte angeblich oder tatsächlich intime Beziehungen zu einer seiner Lehrerinnen unterhalten. Ihr Tagebuch schien dies zu beweisen. Das Landgericht hielt dies als Beweismittel für zulässig. Die oberste Revisionsinstanz, der BGH, aber verwarf das Urteil unter deutlicher Richterschelte. Auch wenn das Tagebuch – wie geschehen – der Behörde unaufgefordert von dritter unberechtigter Seite übermittelt wurde, durfte es nicht im Prozess verwendet werden. In einem solchen Fall hat der „Schutz der Privatsphäre" Vorrang gegenüber dem Interesse der Strafverfolgung. Zur Menschenwürde gehört gerade auch die Unantastbarkeit des Intimbereichs mit seinen Phantasien, Wünschen, Hoffnungen und Erinnerungen.

Umstritten ist die Ausstrahlungswirkung, die Reichweite der sog. *Drittwirkung* der Grundrechte, d. h. inwieweit gelten sie nicht nur für die Beziehungen zwischen Staat und Privatpersonen, sondern auch zwischen Privatpersonen. Generell gilt, dass sich kein Mensch gegenüber einem anderen direkt auf die Grundrechte berufen kann.

> **Beispiel:** Ein Hausbewohner ohne Auto kann nicht unter direkter Berufung auf das Grundrecht der körperlichen Unversehrtheit (Art. 2) den Nachbarn wegen der giftigen Abgase aus dessen Auto verklagen. – Wohl aber hat er u. U. ein Recht, vom Staat zu verlangen, dass dieser durch gesetzliche Bestimmungen für hinlänglichen Gesundheitsschutz sorgt, indem etwa nur noch PKW mit geregeltem KAT zugelassen werden.

Andererseits kann bei Verträgen die sog. mittelbare Grundrechtsbindung wirksam werden. In Verbindung mit §§ 242 und 826 BGB kann von den Grundrechten eine Ausstrahlungswirkung bis zu Privatverträgen durchschlagen, d. h. auch die Vertragsfreiheit wird durch die Grundrechte begrenzt.

> **Beispiel:** So hat das Bundesarbeitsgericht die Kündigung einer muslimischen Verkäuferin in der Parfümerieabteilung eines Kaufhauses, die auch während der Arbeitszeit ein Kopftuch tragen wollte, aufgehoben. Das Recht, den Glauben bekunden zu können, habe Vorrang vor dem vom Kaufhaus vermuteten Umsatzrückgang. Das Urteil stellt einen Eingriff in die Freiheit des Arbeitsvertrages dar, denn grundsätzlich ist es dem Arbeitgeber gestattet, eine Kleiderordnung für die Geschäftszeit vorzuschreiben, z. B. Folkloretracht für das Bedienungspersonal in einem stark von Touristen besuchten Restaurant. – Vgl. Beispiel zu Art. 4 Abs. 2.

Art. 2 [Persönliche Freiheit]

Vorbemerkung: _____

> Dieser Artikel enthält vier Grundrechte: Persönlichkeitsentfaltung, Leben, Unversehrtheit und Freiheit.

(1) Jeder hat das Recht auf die freie Entfaltung seiner Persönlichkeit, soweit er nicht die Rechte anderer verletzt und nicht gegen die verfassungsmäßige Ordnung oder das Sittengesetz verstößt.

Im Art. 2 Abs. 1 sind zwei Rechte miteinander verwoben, die allgemeine *Handlungsfreiheit* und das allgemeine *Persönlichkeitsrecht* in Verbindung mit Art. 1 Abs. 1. Diese Bestimmung gilt gegenüber den konkret ausformulierten Freiheitsrechten als subsidiär, d. h. sie kommt nur zum Zuge, wenn ein spezielles Freiheitsrecht wie etwa die Meinungsfreiheit nicht zu greifen vermag. Das Persönlichkeitsrecht gewährleistet die Eigenentfaltung und gibt Schutz zur Selbstverwirklichung. Zu den Schutzgütern zählt insbesondere die Privat- und Intimsphäre, die persönliche Ehre und die „informationelle Selbstbestimmung", d. h. selbst entscheiden zu können, welche personenbezogenen Daten preisgegeben werden dürfen.

> **Beispiel:** Das Bundesdatenschutzgesetz und die Datenschutzgesetze der Länder sind eine Erfüllung des grundgesetzlichen Auftrages zur Gewährleistung des Persönlichkeitsrechts.

Der Schutzbereich dieses Grundrechts ist weit gezogen. Er erstreckt sich u. a. auf:

– Die Vertragsfreiheit, d. h. frei zu entscheiden, mit wem man welchen Vertrag bei prinzipiell freier inhaltlicher Ausgestaltung abschließen will.

– Die Unternehmens- und Gewerbefreiheit, d. h. es ist jedem überlassen, ob er sich als Selbstständiger betätigen will und welches Gewerbe er ausüben möchte.

– Die Wettbewerbsfreiheit, d. h. das Recht, jederzeit gegen andere Unternehmen auf dem Markt als Konkurrent aufzutreten.

– Die Freiheit der Wahl von Ausbildungs-, Berufs- und Arbeitsplatz einschl. der Freiheit, „nichts" zu tun.

– Das sexuelle Selbstbestimmungsrecht innerhalb oder außerhalb der Ehe, freie Gattenwahl und freie Entscheidung darüber, ob die Ehe kinderlos bleiben soll oder nicht. – Auch homo- und bisexuelles Verhalten gehört zu diesem Freiheitsrecht.

– Die Freiheit, über das eigene äußere Erscheinungsbild selbst zu entscheiden.

– Das Recht, schlicht „in Ruhe gelassen" zu werden, sich weder um Nachbarn noch um öffentliche Belange zu kümmern und z. B. nicht zur Wahl zu gehen.

– Die Freiheit, selbstgefährdende Sportarten zu betreiben, z. B. Drachenfliegen. – Umstritten ist, ob das Grundrecht auch ein Recht zur Selbsttötung enthält.

Generell wird jedes menschliche Tun oder Unterlassen geschützt, sofern es nicht die Rechte anderer verletzt, gegen die verfassungsmäßige Ordnung oder das Sittengesetz verstößt.

Aus dem Persönlichkeitsrecht ist auch der Gedanke der *Resozialisierung*, besonders bei Strafgefangenen, entwickelt worden. Jeder soll im Prinzip die Möglichkeit haben, nach kriminellen Handlungen nochmal „neu" anzufangen und sein Leben anders zu ordnen. – Es muss hier ununtersucht bleiben, inwieweit bei zu großzügiger Handhabung des Strafvollzuges durch Beurlaubung und Freigang mit anschließender verbrecherischer Wiederholungstat ein Verstoß gegen Art. 2 Abs. 2 vorliegen kann.

Das GG geht aus von der *Gemeinschaftsgebundenheit* des Menschen. Das gebietet, die „Rechte anderer" zu respektieren.

Beispiel: Zum Recht auf Persönlichkeitsentfaltung gehört nicht, auf U-Bahn-Stationen rauchen zu dürfen. Ein staatliches oder gemeindliches Verbot ist also zulässig. Andererseits fällt auch der Schutz der Nichtraucher nicht unter diesen Absatz. Sie haben also (bis jetzt!) keinen grundrechtlichen Anspruch auf die Einrichtung rauchfreier Zonen.

Die wichtigste *Grundrechtsschranke* ist die verfassungsmäßige Ordnung. Darunter ist die Gesamtheit aller Rechtsnormen zu verstehen, also nicht nur Gesetze, sondern auch Verordnungen, gemeindliche Satzungen und u. U. sogar Gewohnheitsrecht. Allerdings wird diese Schranke wiederum dadurch begrenzt (eine sog. Schranken-Schranke), dass jede Beeinträchtigung dem *Grundsatz der Verhältnismäßigkeit* unterliegt (zum Begriff s. Bemerkungen zu Art. 20 Abs. 2).

> **Beispiel:** Wer mit seinem Geländewagen quer durch ein Landschaftsschutzgebiet braust, kann sich nicht darauf berufen, auf diese Weise nur seine persönlichkeitsbedingte Abenteuerlust zu entfalten. – Der besessene Pianist muss die Hausordnung beachten, nach der das Klavierspielen zwischen 12 und 15 Uhr untersagt ist.

Einschränkungen sind auch zulässig, wenn andere Rechtsgüter Vorrang haben.

> **Beispiel:** Die Pflicht zum Führen eines Fahrtenbuches kann auferlegt werden, wenn nur so der Täter bei Verkehrsdelikten ermittelt werden kann, weil mehrere Personen denselben PKW benutzen. – Motorradfahrer können verpflichtet werden, einen Sturzhelm zu tragen. Das Recht, sich selbst gefährdend zu fahren, muss weichen gegenüber der Pflicht des Staates, Leben zu schützen.

Was zum „Sittengesetz" gehört, ist inhaltlich schwer zu bestimmen. In einer „verrechtlichten" Gesellschaft wie der der Bundesrepublik Deutschland sind allgemein anerkannte Grundüberzeugungen in der Regel in Gesetzen normiert worden.

> **Beispiel:** Ein Verstoß gegen das Sittengesetz liegt etwa vor, wenn ein Ehepartner dem anderen für den Fall seiner Untreue eine Geldbuße verspricht. Eine solche Willenserklärung wäre als mit dem Wesen der Ehe unvereinbar von vornherein nichtig.

(2) Jeder hat das Recht auf Leben und körperliche Unversehrtheit. Die Freiheit der Person ist unverletzlich. In diese Rechte darf nur auf Grund eines Gesetzes eingegriffen werden. *✳1*

↳ ≠ Rechtsverordnung

Auch dieser Absatz enthält sowohl ein *subjektives Abwehrrecht* gegen staatliche Eingriffe wie auch die Pflicht des Staates, den Einzelnen vor rechtswidrigen Eingriffen anderer zu bewahren. Das Recht auf Leben „stellt innerhalb der grundgesetzlichen Ordnung einen Höchstwert dar" (BVerfG). Ob eine Pflicht besteht, den Einzelnen vor sich selbst zu schützen, ist zweifelhaft, es sei denn, der Betreffende ist nicht mehr in der Lage, selbstverantwortlich zu entscheiden.

✳: theoretisch gem. Wortlaut → einfacher Gesetzesvorbehalt als Schranke

ABER: immer i.V.m. Art. 104 GG → qualifizierter Gesetzesvorbehalt!

> **Beispiel:** Praktische Bedeutung gewinnt diese Frage, wenn entschieden werden muss, ob hungerstreikende Strafgefangene zwangsernährt werden müssen. Weil es kein Grundrecht auf Freitod gibt, kann die Zwangsernährung nicht unzulässig sein. Andererseits ist nicht erkennbar, dass es grundrechtlich geboten ist, einen Menschen, der im vollen Bewusstsein der tödlichen Folgen sich entscheidet „bis zum Ende" zu hungern, zwangsweise zu ernähren.

Die „passive Sterbehilfe" ist mit dem Willen des Betroffenen nach übereinstimmender Meinung grundrechtlich verantwortbar, nicht dagegen die aktive.

Grundrechtsträger sind alle natürlichen Personen, unabhängig von ihrem körperlichen oder geistigen Zustand. Den nationalsozialistischen Begriff „lebensunwerten" Lebens kennt das GG nicht. In mehreren Urteilen, letztmals 1993, hat das BVerfG postuliert, dass die „Würde des Menschseins … auch für das ungeborene Leben im Dasein um seiner selbst Willen" liege. Andererseits gilt das *Selbstbestimmungsrecht* der Frau, vulgär ausgedrückt, „mein Bauch gehört mir". Um diesen Konflikt zu lösen, hat das Gericht die Konstruktion gefunden, dass zwar die Rechtsordnung die Abtreibung grundsätzlich missbilligt, dass aber der Staat keine *Strafpflicht* habe, wenn einer Frau die Fortsetzung der Schwangerschaft nicht zugemutet werden kann. Gesetzlich gültig ist nun die Regelung, dass eine Abtreibung innerhalb der ersten drei Monate straffrei bleibt, wenn sich die Frau zuvor hat beraten lassen. Dies ist im Grunde eine Scheinlösung, weil der Beratungsschein als Voraussetzung für eine legal vorgenommene Abtreibung praktisch in jedem Fall erteilt wird, wenn die Schwangere diese wünscht. Schlussfolgerung: Die Würde der Frau, nicht gezwungen zu werden, ein ungewolltes Kind aus welchen Gründen auch immer austragen zu müssen, rangiert vor der Würde des ungeborenen Lebens auf Dasein, also seinem Recht auf Leben.

Die Pflicht zum Schutz des Lebens gebietet, dass notfalls das Leben eines Menschen ausgelöscht werden darf (und muss!), wenn dieser rechtswidrig ein anderes Leben bedroht.

> **Beispiel:** Der gezielte Todesschuss, auch finaler Rettungsschuss genannt, ist der Polizei dann erlaubt, wenn nur auf diese Weise das Leben der bedrohten Geiseln geschützt werden kann.

Mit seinem Urteil zum Luftsicherheitsgesetz – s. dazu Kommentierung zu Art. 1 Abs. 1 – hat das BVerfG das Recht auf Leben zu einem individuellen Absolutheitsanspruch erhoben, der jede Relativierung ausschließt. Jedes Menschenleben ist gleichwertig unabhängig von Alter, Geschlecht, Berufsstand und Leistung.

> **Beispiel:** Ein DRK-Notfallwagen darf nicht deshalb langsamer zur Unfallstelle fahren, weil der schwerverletzte Greis sowieso nicht mehr lange zu leben hat.

Die öffentliche Gewalt hat kein Recht, das Leben eines Unschuldigen (!) auszulöschen, auch wenn dadurch das Leben vieler anderer Unschuldiger gerettet werden könnte; s. Kommentierung zum Luftsicherheitsgesetz bei Art. 1 Abs. 1.

„Körperliche Unversehrtheit" meint Gesundheit im physiologischen Sinne. Nicht geklärt ist, ob dazu auch geistig-seelisches Wohlbehagen gehört; ganz sicher zählt dazu das Recht auf Schmerzfreiheit. – Ist der körperliche Eingriff gering, liegt keine Grundrechtsverletzung vor.

Beispiel: Die Anordnung der Bundeswehr über die zulässige Höchstlänge des Kopfhaares war nicht grundrechtswidrig.

Die Schutzpflicht zur Unversehrtheit kann es gebieten, dass die öffentliche Hand z. B. Vorkehrungen gegen Straßenlärm ergreift. Art und Ausmaß der Schutzpflicht unterliegen allerdings erheblichen Ermessensspielräumen, bei denen konkurrierende Verfassungsaufträge beachtet werden müssen.

Beispiel: Tieffluglärm kann eine gesundheitliche Beeinträchtigung zur Folge haben; andererseits können Tiefflüge zur Erfüllung der verfassungsmäßigen Grundentscheidung zur bewaffneten Landesverteidigung geboten sein.

Geschieht der körperliche Eingriff mit offener oder stillschweigender Billigung des Betroffenen, liegt keine Grundrechtsverletzung vor.

Beispiel: Die Operation an einem ohnmächtigen, schwerverletzten Opfer eines Verkehrsunfalls erfolgt grundrechtskonform, weil unterstellt wird, dass der körperliche Eingriff dem mutmaßlichen Willen des Verletzten entspricht.

Das Recht auf Freiheit der Person hat eine lange Tradition, die bis zur *Habeas Corpus* (lat. wörtlich = Du mögest den Körper haben) 1679 in England zurückreicht. Diese Freiheit hat einen so hohen Wert, dass nur aus besonders wichtigen Gründen in sie eingegriffen werden darf (s. dazu auch Art. 104). Dabei ist der generell für alle staatliche Gewaltausübung gültige *Grundsatz der Verhältnismäßigkeit* besonders sorgfältig zu beachten. Je länger die Freiheitsentziehung oder Beeinträchtigung dauert, desto gravierender müssen die Gründe dafür sein.

Beispiel: Ein Ladendieb mit festem Wohnsitz, dessen Schuld offenkundig ist, darf nicht in Untersuchungshaft genommen werden; wohl aber ein Mordverdächtiger, bei dem wegen der zu erwartenden hohen Strafe Fluchtgefahr besteht. – Acht Stunden lang umstellte die Polizei eine Menschengruppe (sog. „Hamburger Kessel"), darunter auch Unbeteiligte und Kinder, um auf diese Weise einer möglichen Störung der öffentlichen Ordnung und Sicherheit vorzubeugen. Die Aktion war ein grundrechtswidriger Eingriff in die Personenfreiheit.

In alle Rechte des Art. 2 Abs. 2 darf nur aufgrund eines sog. *förmlichen Gesetzes* eingegriffen werden; Gewohnheitsrecht reicht nicht aus.

Beispiel: Das – maßvolle – körperliche Züchtigungsrecht der Eltern mit der damit verbundenen zumindest schmerzlichen Körperverletzung ergibt sich aus der Erziehungspflicht (Art. 6 Abs. 2).

Art. 3 [Gleichheit vor dem Gesetz]

Vorbemerkung:

Der allgemeine *Gleichheitsgrundsatz,* wie er in Abs. 1 formuliert ist, gehört zu den elementaren Verfassungsprinzipien. Er ist eine aus dem *Naturrecht* abgeleitete Grundnorm. Da Freiheit und Würde jedem Menschen gebühren, sie also insoweit gleich sind, ist ihre prinzipielle Gleichbehandlung nur folgerichtig. Die Absätze 2 und 3 sind lediglich – sachlich an sich unnötige – Konkretisierungen dieses Grundsatzes. Der Verfassungsgeber wollte aber vor dem Hintergrund der geschichtlichen Erfahrungen mit Benachteiligung sozialer Gruppen, z. B. der Juden, oder Bevorzugung, etwa des Adels, die Gleichheit vor dem Gesetz als umfassenden Anspruch formulieren: Jeder einzelne Mensch hat ein Grundrecht auf rechtliche Gleichbehandlung.

(1) Alle Menschen sind vor dem Gesetz gleich.

Die Bestimmung enthält das Verbot, einen Menschen willkürlich zu behandeln, z. B. nach der Sympathie, die er bei einem Beamten erweckt. Sie verbietet aber nicht eine Ungleichbehandlung von wesentlich Ungleichem. Im Gegenteil: Eine solche Gleichbehandlung wäre im Ergebnis eine ungleiche Behandlung.

Beispiel: Eine aus einem fixen Geldbetrag bestehende Kopfsteuer auf jeden Einwohner des Landes würde bedeuten, dass eine arme Familie mit drei Kindern das Fünffache im Vergleich zu einem reichen Junggesellen zahlen müsste.

Das BVerfG hat die private Vermögensteuer (nicht die Steuer auf deren Erträge!) – unterstellend, dass Vermögen aus korrekt versteuertem Einkommen gebildet wird – im Prinzip als unvereinbar mit dem *Gleichbehandlungsgebot* angesehen. Das Geldvermögen kann ja auch niedrig verzinst auf ein Sparbuch gelegt oder sogar unter der Matratze aufbewahrt werden. „Wer sein Talent, durch Arbeit Erträge zu erzielen, brachliegen lässt, wird … nicht besteuert. Wer hingegen sein Vermögen ungenutzt lässt, wird so behandelt, als habe er Erträge erzielt." Der Art. 3 Abs. 1 zwingt den Gesetzgeber aber nicht, auf jeden Fall Ungleiches auch ungleich zu behandeln.

Gesetze dürfen generalisieren, pauschalieren und typisieren, sonst müsste er jeden einzelnen Fall individuell behandeln.

Beispiel: Wer im Halteverbot parkt, wird mit dem gleichen Bußgeld belastet, unabhängig von seinem Vermögen, Einkommen oder Fahrzeugtyp.

Ungleichheiten müssen berücksichtigt werden, wenn sie bedeutsam sind. Der Gesetzgeber ist z. B. nach einem Urteil des BVerfG verpflichtet, „bei steter Orientierung am Gerechtigkeitsdenken Gleiches gleich und Ungleiches seiner Eigenart entsprechend zu behandeln". So ist z. B. eine unterschiedliche Behandlung von Staatsbürgern und Ausländern bei bestimmten Rechten, wie etwa beim Wahlrecht, zulässig und geboten. –

Der *Gleichbehandlungsgrundsatz* gilt auch für die rechtsprechende und vollziehende Gewalt. Ein Gesetz muss von der Exekutive ohne Ansehen der Person angewandt werden, wenn es nicht selbst die sachlich gebotene Ungleichbehandlung zulässt oder gar vorschreibt.

Beispiel: Eine Trunkenheitsfahrt muss gleich geahndet werden, es darf keinen „Bonus" dafür geben, dass etwa der Täter ein bekannter und angesehener Bürger ist. Aber die Festsetzung unterschiedlicher Einkommensteuerbeträge aufgrund der nach dem Einkommen durch Gesetz gestaffelten Einkommensteuertabelle ist ein sachlich notwendiger Differenzierungsgrund.

Art. 3 Abs. 1 schafft aber keinen Anspruch auf Gleichbehandlung im Unrecht.

Beispiel: Wer wegen Geschwindigkeitsübertretung gestoppt wird, kann sich nicht darauf berufen, dass die Polizei an der betreffenden Stelle, etwa einer Autobahnbrücke, bisher viele Fahrer unbehelligt durchrasen ließ.

(2) Männer und Frauen sind gleichberechtigt. Der Staat fördert die tatsächliche Durchsetzung der Gleichberechtigung von Frauen und Männern und wirkt auf die Beseitigung bestehender Nachteile hin.

Diese Vorschrift räumt der Frau den Anspruch auf Gleichstellung ein, verbietet andererseits aber auch eine Benachteiligung des Mannes. Biologische Gründe können aber eine unterschiedliche Behandlung zwingend gebieten.

Beispiel: Verbot körperlicher Schwerstarbeit für Frauen wie etwa Untertagearbeit im Bergbau, Kündigungsschutz der werdenden Mutter, aber nicht des Vaters.

Die krasseste Ungleichbehandlung aufgrund des Geschlechtsunterschiedes ist die nur den Männern auferlegte Wehrpflicht (Art. 12a). Verfassungsrechtlich problematisch kann die sog. *Quotenregelung* sein. Wenn eine Frau nur deshalb in den Vorstand einer politischen Partei gewählt wird, um den satzungsmäßig vorgeschriebenen Anteil von Frauen zu erfüllen (sog. *positive Diskriminierung*), kann eine Verletzung des Gleichbehandlungsgrundsatzes vorliegen. Auch Männer haben Anspruch auf Gleichbehandlung!

Beispiele: Die frühere Nichtzulassung der Männer zur Hebamme wurde aufgehoben. Eine Feuerwehrdienstpflicht nur für Männer ist gleichfalls nicht statthaft.

Satz 2 des Abs. 2 wurde erst 1994 eingefügt, nachdem die höchstrichterliche Rechtsprechung aus dem ursprünglichen, rein rechtlichen Diskriminierungsverbot ein *Gleichberechtigungsgebot* entwickelt hatte, das sich auch auf die gesellschaftliche Wirklichkeit erstrecken soll. Es sollen damit tatsächliche Nachteile, die typischerweise Frauen betreffen, durch Begünstigungen ausgeglichen werden. Zu beachten ist, dass der Satz nur die Förderung der *faktischen Chancengleichheit* zum Ziel hat, nicht aber die paritätische Besetzung beruflicher Positionen. Frauenquoten im öffentlichen Dienst sind generell verfassungsrechtlich unzulässig, weil das Bundesbeamtengesetz Einstellungen und Beförderungen „ohne Rücksicht auf das Geschlecht" verlangt. Ausnahmsweise sind aber Differenzierungen aus der Natur der Sache möglich, wenn etwas typischerweise nur bei Frauen auftreten kann, z. B. durch Schwangerschaft gebotener Mutterschutz.

(3) Niemand darf wegen seines Geschlechtes, seiner Abstammung, seiner Rasse, seiner Sprache, seiner Heimat und Herkunft, seines Glaubens, seiner religiösen oder politischen Anschauungen benachteiligt oder bevorzugt werden. Niemand darf wegen seiner Behinderung benachteiligt werden.

Dieser Absatz ist, wie bereits in der Vorbemerkung zu Art. 3 angedeutet, lediglich eine nähere Ausformulierung des allgemeinen Gleichheitsgrundsatzes. Es gilt die genannte Interpretationsregel, dass wesentlich Ungleiches ungleich und wesentlich Gleiches gleich zu behandeln ist.

Beispiel: „Parksünder" sind wesentlich gleich, unabhängig davon, welche Automarken sie bevorzugen. Dagegen macht es einen Unterschied, ob ein 18-jähriger Heranwachsender als Erstdelikt ein Auto „klaut" oder die Tat von einem erfahrenen Mitglied einer Bande begangen wird, die sich auf Autodiebstähle spezialisiert hat.

Berufliche Nachteile, die aus mangelnden Deutschkenntnissen entstehen, sind gleichfalls kein Verstoß gegen den Gleichbehandlungsgrundsatz.

Keine Diskriminierung liegt vor bei der sog. indirekten Benachteiligung.

Beispiel: Türkische Minderheiten haben das Recht, ihre eigene Sprache zu pflegen, aber keinen Anspruch darauf, dass auch ihr Sprachgut neben Deutsch zur Amtssprache wird.

Der 1994 eingebaute letzte Satz des Abs. 3 darf als ein Zugeständnis an den Zeitgeist gewertet werden. Eine eigenständige Bedeutung kommt ihm nicht zu, er hat mehr eine *Appellfunktion*, weil der Abs. 1 schon stets eine Benachteiligung allein wegen der Behinderung rechtlich ausgeschlossen hat. Selbstverständlich ist damit nicht gemeint, dass ein Behinderter Anrecht auf jede Tätigkeit hat, die nur ein Gesunder ausüben kann. Die Behinderung muss ihn zur Ausübung ganz bestimmter Tätigkeiten ungeeignet machen, nicht aber darf die Behinderung schlechthin ein Grund zur Einstellungsablehnung sein.

Beispiel: Ein ständig auf den Rollstuhl angewiesener Querschnittsgelähmter kann nicht verlangen, als Streifenpolizist eingesetzt zu werden, wohl aber kann er geeignet sein, als Kriminalbeamter Wirtschaftsdelikte nach Aktenlage aufzuspüren.

Art. 4 [Glaubens- und Bekenntnisfreiheit]

Vorbemerkung:

Art. 4 steht in Zusammenhang mit Art. 140, durch den die sog. *Kirchenartikel* der WRV gültiger Teil des GG geworden sind (zur Begründung s. Art. 140).

Es existiert zwar in Deutschland keine Staatskirche, dennoch hat das GG nur eine gemäßigte Trennung von Staat und Religionsgemeinschaften vollzogen, die auch ein System der „hinkenden Trennung" genannt wird.

(1) Die Freiheit des Glaubens, des Gewissens und die Freiheit des religiösen und weltanschaulichen Bekenntnisses sind unverletzlich.

Die *Glaubens- und Bekenntnisfreiheit* erstreckt sich nicht nur auf die religiöse Überzeugung, sondern auch auf weltanschauliche bis hin zum Atheismus. Dieses *Jedermannsrecht* – also nicht nur für Deutsche gültige Grundrecht – gebietet gleichzeitig, dass der Staat bei prinzipiell weltanschaulicher Neutralität dieses Grundrecht schützen, also z. B. Moslems bei der Verrichtung ihres Abendgebetes gegen Störungen durch Christen beistehen muss. Die Bekenntnisfreiheit schließt auch die sog. *negative Glaubensfreiheit* ein. Dazu gehört vor allem das Recht, nichts zu glauben oder sein Bekenntnis zu verschweigen.

Beispiel: Der Personalbogen eines Bewerbers darf nicht die Frage nach der Religionszugehörigkeit enthalten. – Andererseits ist das Finanzamt wegen der Kirchensteuerpflicht berechtigt, danach zu fragen.

In einem 1995 verkündeten Urteil des BVerfG wurde in einer staatlich angeordneten Anbringung eines Kreuzes oder Kruzifixes bereits ein Verstoß gegen die grundgesetzlich gebotene *negative Religionsfreiheit* gesehen.

Der Kerngedanke des Urteils ist, ein Kreuz im Klassenzimmer setze die Kinder unter einen geistig-moralischen Druck, sie müssten „unter dem Kreuz" lernen. Da die Pflichtschule ein Monopolanspruch des Staates sei, könne das Kind dem missionarischen Charakter des Kreuzes nicht ausweichen und deshalb müsse das Kreuz entfernt werden. – Das Urteil hat zu besonders scharfer *Urteilsschelte* geführt. Die Kritik hebt vor allem hervor, dass das Kreuz mehr als nur ein religiös gefärbtes Symbol des christlichen Abendlandes sei, es sei Teil seiner 2000-jährigen Geschichte, die nicht verleugnet werden kann und deshalb von jedermann in einem öffentlichen Raum hinzunehmen sei. – Fern der pädagogischen Wirklichkeit einer Schule scheint zudem die Unterstellung des BVerfG zu sein, dass bayerische Kinder, an den alltäglichen Anblick des gekreuzigten Christus längst gewöhnt, sich davon unterdrückt fühlen könnten.

Der Freistaat Bayern hat das Problem so gelöst, dass man das Urteil zwar „respektiere" (*Stoiber*), seinem Inhalt aber nicht genau folge, denn in einem Landesgesetz wurde bestimmt, dass das Kreuz in allen Klassenzimmern bleiben muss. Widerspricht ein Erziehungsberechtigter, soll der Schulleiter nach Möglichkeit eine gütliche Einigung herbeiführen; misslingt diese, hat das Schulamt eine Regelung zu treffen, die auch den Willen der Mehrheit berücksichtigt.

Großes publizistisches Echo löste im Herbst 2003 der „Kopftuchstreit" aus. Das Land Baden-Württemberg hatte es abgelehnt, eine muslimische Lehrerin als Beamtin in den Staatsdienst zu übernehmen, weil diese sich weigerte, im Unterricht ihr Kopftuch abzulegen. Fast unversöhnlich standen sich zwei Rechtspositionen gegenüber: Die Minderheit sah in dem Verbot, dass eine Lehrerin im Unterricht ein Kopftuch trägt, einen Verstoß gegen das Recht zum ungestörten Religionsbekenntnis und einen Eingriff in das persönliche Freiheitsrecht (vgl. Art. 2 Abs. 1). Die Mehrheitsmeinung hielt dagegen das Verbot für gerechtfertigt. Das Kopftuch sei mehr als ein Bekleidungsstück, nämlich ein religiöses Symbol, welches das Recht der Schüler auf negative Glaubensfreiheit tangiere, weil sie sich von diesem religiösen Bekenntnis gegen ihren Willen und den der Eltern beeinflusst fühlen könnten. Zudem drücke es eine Haltung aus, die der Wertordnung des Grundgesetzes entgegenstehe. Das Kopftuch als Zeichen der Degradierung, der Zurücksetzung der Frau gegenüber dem Mann widerspricht der grundrechtlichen Werteordnung, vor allem des Art. 3 Abs. 2. Ein Beamter muss aber jederzeit die Gewähr bieten, sich voll für diese Ordnung einzusetzen. Wer nicht bereit ist, auf die „virtuelle Provokation des Kopftuches" (*Isensee*) zu verzichten, ist für das Amt einer Lehrerin schlechthin ungeeignet.

Das BVerfG urteilte in seiner – auf den ersten Blick salomonischen – knappen Mehrheitsentscheidung (5:3) vom 24. September 2003, dass ein solches Verbot einen so schwerwiegenden Eingriff in die Persönlichkeitsrechte darstelle, dass dieser nur auf landesgesetzlicher Grundlage und nicht durch eine Behördenentscheidung vorgenommen werden darf. Das Kopftuchtragen als „Eignungsmangel" für eine Einstellung als Beamtin zu werten, bedarf eines Gesetzes. Ob grundsätzlich ein Verbot zulässig sei, ließ das Gericht offen, weil es an empirischen Grundlagen fehle, ob ein Kopftuch die religiöse Orientierung der Schulkinder beeinflussen könne.

„Karlsruhe drückt sich" vor einer Grundsatzentscheidung, kritisierte die FAZ. So ergibt sich die eigentümliche Situation, dass ein Kruzifix von 80 cm in der Ecke eines Klassenzimmers nach Meinung des BVerfG ein Verstoß gegen die weltanschauliche Neutralitätspflicht des Staates sein kann, nicht aber das Kopftuch einer im Auftrag des Staates unterrichtenden Lehrerin.

Inzwischen hat Baden-Württemberg als erstes Bundesland ein Gesetz erlassen, das alle „politischen, religiösen, weltanschaulichen Bekundungen", welche die Neutralität gefährden können, untersagt. Andere Länder zogen nach. In Hessen dürfen sogar alle Beamtinnen im Dienst kein Kopftuch tragen. Der manchmal grotesk anmutende Streit um ein Kopftuch scheint damit vorerst beendet.

(2) Die ungestörte Religionsausübung wird gewährleistet.

Jedermann ist berechtigt, aber niemand ist verpflichtet, an einer religiösen Andacht oder Handlung teilzunehmen. Glaubensfreiheit ist mehr als bloßes (passives) Tolerieren, sondern schließt die äußere Freiheit zu bekennen und seinen Glauben zu verbreiten ein. Deshalb sind auch kultische Handlungen und Gebräuche geschützt wie liturgisches Glockenläuten, Prozessionen, Beerdigungszeremonien, der Bau eines Minaretts und der davon ertönende Muezzin-Gebetsruf u. v. a. Das Recht auf freie Religionsausübung findet aber seine Grenzen in den allen Grundrechten innewohnenden sog. *immanenten Schranken* (s. Einführung).

> **Beispiele:** Körperliche Misshandlung in religiösen Sekten, religiös motiviertes Verbot von Bluttransfusionen bei lebensgefährlichen Erkrankungen, wenn z. B. Eltern auf diese Weise die Lebensrettung ihres Kindes verhindern. Gleichfalls nicht in den Schutzbereich fällt das sog. Kirchenasyl für abgelehnte Asylbewerber, auch wenn sich immer wieder vor allem protestantische Pfarrer darauf berufen. Der moderne Staat kennt keinen rechtsfreien Raum, Verfassung und Gesetz gelten auch für die und in der Kirche.

Dagegen wurde entgegen den Bestimmungen des *Tierschutzgesetzes* in einem Urteil des BVerfG von 2002 das sog. *Schächten*, also das Schlachten von Warmblütern ohne vorherige Betäubung einem türkischen Metzger unter Berufung auf die allgemeine Handlungsfreiheit (Art. 2) als „Auffanggrundrecht", das subsidiär zum Zuge kommt, selbst wenn das – nur für Deutsche geltende – Grundrecht der Berufsfreiheit (Art. 12) nicht griffe, ausdrücklich gestattet. Es sei außerdem „wissenschaftlich noch nicht abschließend geklärt", ob das Schlachten nach vorheriger Betäubung dem Tier tatsächlich weniger Schmerzen bereite als das Schächten. – Befremdlich erscheint, dass dies Urteil als Beitrag zur Integration gewertet wird, ist doch die Ausnahmeregelung eher ein Signal, sich nicht in die *Werteordnung* der vorgefundenen Gesellschaft einordnen zu müssen. – Siehe auch Kommentierung zu Art. 20a und Vorbemerkung zu Art. 116.

(3) Niemand darf gegen sein Gewissen zum Kriegsdienst mit der Waffe gezwungen werden. Das Nähere regelt ein Bundesgesetz.

Die Bundesrepublik Deutschland ist der einzige Staat der Welt, der das Recht auf *Kriegsdienstverweigerung* als unabdingbares Grundrecht der Gewissensentscheidung für jedermann in der Verfassung verankert hat.

Gewissensentscheidung ist jede ernsthafte, an den sittlichen Kategorien „Gut" und „Böse" orientierte Entscheidung, die der Mensch als für sich unbedingt verpflichtend ansieht. Eine gegen sein Gewissen auferzwungene Entscheidung muss ihn in schwere seelische Not bringen, sonst ist die Ausführung oder das Unterlassen der Handlung keine Gewissensfrage. In der Alltagspraxis sind schwere Gewissenskonflikte, die aus einem Widerspruch von Gesetz und eigenem ethischen Wollen entstehen, relativ selten.

Das Recht auf Kriegsdienstverweigerung schließt das Recht ein, schon im Frieden den Waffendienst abzulehnen. Es wäre deshalb besser, von einem Recht auf *Kriegswaffendienst-Verweigerung* zu sprechen. – Der Begriff „Waffe" ist weit auszulegen.

> **Beispiel:** Unter Dienst „mit der Waffe" fallen z. B. auch der LKW-Transport von Munition, die Ausbildung am Radarschirm zum Orten feindlicher Flugzeuge oder das Essenkochen für die Besatzung einer Fregatte.

Die Gewissensentscheidung zur Kriegsdienstverweigerung muss entweder die eines radikalen Pazifisten sein, der niemals und unter gar keinen Umständen bereit ist, einen anderen Menschen zu töten, also z. B. auch nicht, um einen Mörder an seiner Tat zu hindern. Oder sie ist eine grundsätzliche und allgemein gültige Ablehnung *jeden Kriegsdienstes*. Die Weigerung, an einem bestimmten Krieg teilzunehmen, bestimmte Waffen zu benutzen oder in einer bestimmten Armee zu dienen bzw. Soldat unter dem gerade amtierenden Verteidigungsminister zu werden, ist keine Entscheidung des Gewissens, sondern eine politische und fällt damit nicht unter den Schutz dieses Artikels. – Auch wer das Recht auf Notwehr bejaht, kann sich normalerweise nicht auf Art. 4 Abs. 3 berufen.

Die Kriegsdienstverweigerung ist geregelt in Zusammenhang mit dem Ersatzdienst, s. Art. 12a Abs. 2.

Für Frauen ist der Art. 4 Abs. 3 praktisch bedeutungslos, weil sie nicht wehrpflichtig sind.

Art. 5 [Freie Meinungsäußerung]

Vorbemerkung:

Der Artikel umfasst acht selbstständige Grundrechte: Meinungsfreiheit, Informationsfreiheit, Pressefreiheit, Freiheit der Berichterstattung durch Rundfunk einschließlich Fernsehen und Film sowie Kunst- und Wissenschaftsfreiheit. Das BVerfG hat die Grenzen der Meinungsfreiheit in kontinuierlicher Rechtsprechung sehr weit, wie nicht wenige Kritiker glauben: zu weit gezogen. Doch nach Auffassung des höchsten deutschen Gerichtes gehört dies *Kommunikationsgrundrecht* zu den „vornehmsten Menschenrechten überhaupt" und genießt deshalb Vorrang.

(1) Jeder hat das Recht, seine Meinung in Wort, Schrift und Bild frei zu äußern und zu verbreiten und sich aus allgemein zugänglichen Quellen ungehindert zu unterrichten. Die Pressefreiheit und die Freiheit der Berichterstattung durch Rundfunk und Film werden gewährleistet. Eine Zensur findet nicht statt.

Der Begriff „Meinung" ist weit gefasst. Zu ihm gehören die Werturteile (= Meinungen im engeren Sinne) und „Tatsachenbehauptungen, jedenfalls … wenn sie Voraussetzung für die Bildung von Meinungen sind" (BVerfG). Meinungen sind stets subjektiv, Tatsachen objektiv. Eine erwiesene oder bewusst falsche *Tatsachenbehauptung* ist nicht von Art. 5 gedeckt, z. B. wahrheitswidrige statistische Angaben. Das Gleiche gilt für ein unrichtiges Zitat bzw. die eigene Meinung als Zitat eines anderen auszugeben. Wohl aber ist die irrtümliche Tatsachenbehauptung geschützt. Da sich ohnedies Meinungen fast stets auf die Grundlage von mindestens vermuteten Tatsachen gründen, steht praktisch jede Äußerung unter dem Schutz des GG. Es gilt die sog. *Vermutungsregel* zu Gunsten der Meinungsfreiheit.

Dieses *Jedermannsrecht* ist zunächst ein Abwehrrecht gegen Eingriffe der öffentlichen Gewalt. Es schließt aber auch die Verpflichtung des Staates ein, Meinungsäußerungen zu schützen. Meinungen sind vor allem Werturteile über Tatsachen und Vorgänge. Es ist dabei unerheblich, ob eine Meinung objektiv falsch oder richtig, begründet oder unbegründet ist und ob sie rational oder emotional geäußert wird.

Beispiel: Der völlig unkontrollierte, wütende Ausruf: „Das ist doch Wahnsinn!" eines verärgerten Verkehrsteilnehmers gegenüber Polizisten, die sein verbotswidrig geparktes Fahrzeug abschleppen lassen, ist durch Art. 5 ebenso geschützt wie eine angebliche „Beweisführung", dass die Welt am nächsten Sonntag untergehe.

Dagegen schließt Meinungsfreiheit auch das Recht ein, die eigene Meinung zu verschweigen (sog. *negative Meinungsfreiheit*).

Auch ein Aufruf zum Boykott gegen ein Unternehmen kann nach Art. 5 Abs. 1 gerechtfertigt sein, wenn damit nicht eigene wirtschaftliche Interessen verfolgt werden, sondern Belange der Allgemeinheit.

Beispiel: Bäcker Meyer darf nicht zum Boykott des Geschäftes seines Konkurrenten Müller aufrufen, weil dieser – angeblich oder tatsächlich, das ist in diesem Zusammenhang völlig unerheblich – die Brötchen teurer verkauft. Sehr wohl aber darf eine Tierschutzorganisation die Bürger öffentlich auffordern, keine Nerzmäntel mehr zu kaufen.

Die *Informationsfreiheit* steht als selbstständiges Grundrecht neben der Meinungsfreiheit und hat gleichfalls einen hohen Verfassungsrang.

Beispiel: Der Vermieter eines Gebäudes muss seinem ausländischen Mieter gestatten, eine Parabolantenne für den Empfang von Satellitenfernsehen anzubringen. Das Grundrecht auf Informationsfreiheit des Mieters überwiegt das Eigentumsrecht des Vermieters.

Der Art. 5 Abs. 1 verlangt nach Auffassung des BVerfG eine breite Meinungsvielfalt, die eine umfassende Information ermöglicht. Den *öffentlich-rechtlichen Fernseh- und Rundfunkanstalten* seien die Mittel zu gewährleisten, die ein Programmangebot der „unerlässlichen Grundversorgung" – was immer das auch sein mag – ermöglichen.

Informationsquelle kann alles sein, was einem nicht nur individuell bestimmten Personenkreis zugänglich sein kann.

Beispiel: Der Rundbrief an die 20 Mitglieder eines Schachclubs ist keine allgemeine Informationsquelle, wohl aber eine Broschüre, die von jedermann erworben werden kann, und sei der Absatz noch so niedrig.

Behördenakten zählen nicht zu allgemeinen Informationsquellen. Sind sie aber, auf welche Weise auch immer, an die Öffentlichkeit gelangt, darf sich jeder daraus informieren.

Beispiel: Ein als „geheim" eingestuftes Dokument wird von einem untreuen Beamten an die Presse weitergeleitet. Diese veröffentlicht es.

Freie Presse ist ein „Wesenselement des freiheitlichen Staates und für die moderne Demokratie unentbehrlich". Pressefreiheit genießt übrigens auch der Leserbriefschreiber und – mit gewissen Einschränkungen – auch der Inserent.

Im Prinzip gilt die Freiheit der Presse auch für Rundfunk und Fernsehen. Mit „Zensur" ist zunächst vor allem die Vorzensur gemeint. Aber auch eine Nachzensur, bei der eine Veröffentlichung nachträglich einer Behörde vorgelegt werden muss, ist unzulässig. Wohl aber darf nachträglich kontrolliert werden, ob eine Publikation einen Rechtsverstoß enthält.

> **Beispiel:** Die Staatsanwaltschaft ist berechtigt und verpflichtet (!), ein Flugblatt politischer Extremisten zu überprüfen, ob darin ein Aufruf zu einer strafbaren Handlung enthalten ist, wie etwa eine Aufforderung zum Mord an einem politischen Gegner.

Auch Werkszeitungen, die von der Betriebsleitung herausgegeben werden, genießen den Schutz der Pressefreiheit, die auch den Anonymitätsschutz der Informanten einschließt. Ebenso darf jedes Presseorgan „Schriften Dritter" anonym veröffentlichen.

(2) Diese Rechte finden ihre Schranken in den Vorschriften der allgemeinen Gesetze, den gesetzlichen Bestimmungen zum Schutze der Jugend und in dem Recht der persönlichen Ehre.

Wie alle Grundrechte gilt auch das der Meinungsfreiheit nicht absolut und unbegrenzt. – Seine Schranken sind:

1. Die *allgemeinen Gesetze*, worunter alle Gesetze zu verstehen sind, die sich nicht gegen eine Meinungsäußerung richten, sondern dem Schutz eines Rechtsgutes dienen.

> **Beispiel:** Man kann jederzeit und überall gegen die hohen Steuern „wettern", aber nicht zur Steuerhinterziehung aufrufen.

2. Das *Jugendschutzgesetz*, das nicht nur Beschränkungen rechtfertigt, sondern auch als staatlicher Schutzauftrag zu verstehen ist.

> **Beispiel:** Vertriebsbeschränkungen und Werbeverbote für jugendgefährdende Schriften, die z. B. Gewaltanwendung verherrlichen.

3. Der *Schutz der persönlichen Ehre*, der allerdings durch die Rechtsprechung des BVerfG sehr eingeengt worden ist, weil „gegen das Äußern einer Meinung nur in äußersten Fällen eingegriffen werden" darf. Die Grenzen von der Liberalität zur Libertinage seien bereits „eindeutig überschritten" (*Sendler*), die Meinungsfreiheit habe „ein unverhältnismäßiges Übergewicht gegenüber anderen Rechtsgütern" erhalten (*Badura*).

> **Beispiele:** Im Rahmen einer politischen Diskussion über die Nachrüstung durfte ein Offizier ein „potenzieller Mörder" genannt werden. – Und in einem Urteil zur Meinungsfreiheit, dem weithin Aufsehen erregenden „Soldatenurteil", hat das BVerfG als zulässig erkannt, dass ein Kriegsdienstverweigerer einen Aufkleber mit dem Tucholsky-Zitat „Soldaten sind Mörder" öffentlich verwenden darf.

Das juristische Problem besteht in der so genannten *Kollektivbeleidigung*. Nicht nur Einzelpersonen sind „beleidigungsfähig", sondern auch Personengruppen; aber nur, wenn sie abgrenzbar sind. Deshalb wäre ein Aufkleber „Deutsche Soldaten sind Mörder" eine strafbare Beleidigung und vom Grundrecht dieses Artikels nicht mehr gedeckt.

(3) Kunst und Wissenschaft, Forschung und Lehre sind frei. Die Freiheit der Lehre entbindet nicht von der Treue zur Verfassung.

Was Kunst ist, kann nicht definiert werden; praktisch gehört dazu jede freie schöpferische Gestaltung, in der Visionen, Erlebnisse, Eindrücke in irgendeiner Form veranschaulicht werden, wie Sprache, Musik, Bild, Mauerwerk, Plastik. Unter Umständen genügt es, um etwas als Kunst zu werten, dass der Urheber sein Werk selbst als Kunstwerk betrachtet.

> **Beispiel:** Ein schmutziger, zerfranster Hut, der auf einem brüchigen Stuhl liegt, kann als Stillleben Kunst sein.

Auch der Begriff Wissenschaft ist schwer zu definieren. Am ehesten nähert man sich ihm, wenn man auf wissenschaftliche Verfahrensweisen abhebt: Strikte Rationalität ohne gefühlsbetontes Meinen, systematische Darstellung des Wissensstoffes, Beweisführung, Offenheit für Kritik, Nachprüfbarkeit der Ergebnisse und Bereitschaft die gefundenen Resultate zu revidieren, denn jede Wahrheitserkennung ist stets nur eine vorläufige. Das BVerfG hat die Grenzen der Kunstfreiheit sehr weit gezogen, was selbst Pornografie, sofern sie in ein künstlerisches Konzept eingebaut ist, z. B. der anonyme Roman der *Josefine Mutzenbacher*, noch nicht jugendgefährdend macht. *Kunstfreiheit* gilt als schutzbedürftiger denn *Jugendschutz*. Die Schranken des Abs. 2 des Art. 5 gelten eben nicht für die Kunst- und Wissenschaftsfreiheit.

> **Beispiele:** Satirische Äußerungen sind durch die Kunstfreiheit so weit gedeckt, dass sogar die Verballhornung der Nationalhymne oder das Urinieren auf die Bundesflagge Grundrechtsschutz genießen können. Ein querschnittsgelähmter Reserveoffizier der Bundeswehr darf in einer satirischen Zeitschrift als „geb. Mörder" bezeichnet werden.

Als Lehre ist nur die wissenschaftliche Lehre zu verstehen, nicht dagegen der Schulunterricht. Forschung hingegen ist grundsätzlich frei.

> **Beispiel:** Ein Lehrer in einer Schule muss nach dem gültigen Lehrplan unterrichten und darf nicht lehren, was ihm wichtig erscheint.

Die eingeforderte Verfassungstreue nach Art. 5 Abs. 3 verbietet jedoch nicht die wissenschaftliche Kritik an der Verfassung, wohl aber den Kampf gegen die freiheitliche demokratische Grundordnung.

Art. 6 [Ehe, Familie, uneheliche Kinder]

Vorbemerkung:

Der Art. 6 ist ein Fundamentalgrundrecht zum institutionellen Schutz von Ehe und Familie. Damit sichert sich das Gemeinwesen seinen Fortbestand, denn für keinen Staat, für keine Gesellschaft kann Kinderlosigkeit Programm und Zukunftsvorstellung sein, was einer Begründung nicht bedarf. Allein schon die *Generationenvertrag* zur Alterssicherung basiert stillschweigend auf der Annahme, dass aus Ehen und heterosexuellen Lebensgemeinschaften Kinder hervorgehen, denn Kinderlose und Kinderarme (Paare mit nur einem Kind) leben, wie das BVerfG in einem anderen Urteil festgestellt hat, auf Kosten und zu Lasten der Paare mit Kindern. Kurz formuliert: Die Aufzuchtkosten sind weitgehend privatisiert, ihr Ertrag wird sozialisiert.

Traditionell wurde unter Ehe nur eine Lebensgemeinschaft von Mann und Frau verstanden. Im Wandel des Zeitgeistes kam der Begriff der „Schwulen- und Lesbenehe" auf, auch wenn er im *Lebenspartnerschaftsgesetz* so nicht genannt wird. Die Väter und Mütter des Grundgesetzes haben zwar wegen der historischen Belastung durch die NS-Zeit Formulierungen wie „Familie als Keimzelle des Volkes und Staates" vermieden; aber es war ihnen sehr wohl bewusst, das zeigt allein schon die Überschrift des Art. 6 mit dem Zusammenhang von Ehe, Familie und Kindern, dass die Gesellschaft ihnen einen besonderen Schutz geben muss. Dabei ging der Verfassungsgeber stillschweigend davon aus, dass normalerweise die Ehe eine Vorstufe zur Familiengründung sei. Familie ist da, wo Kinder sind.

Nun liegt seit 30 Jahren die Geburtenrate um ein Drittel unter dem Niveau, das für die Regeneration erforderlich ist. Der freiheitlich verfasste Staat hat zwar andere Lebensformen, Singles und Ehepaare, die bewusst und gewollt kinderlos bleiben wollen, nicht zu werten, schon gar nicht zu verurteilen; aber der Verfassungsvorrang für die Familie muss bestehen bleiben, schon um der Fortexistenz des Gemeinwesens willen. Denn die Verfassung „optiert nicht für eine im Müßiggang aussterbende, sondern für eine gedeihende, die Zukunft aktiv gestaltende … vitale Gemeinschaft" (BVerfG-Richter *Di Fabio*).

(1) Ehe und Familie stehen unter dem besonderen Schutze der staatlichen Ordnung.

Mit dem Ausdruck „besonderer Schutz" soll Art. 6 Abs. 1 gegenüber Art. 1 Abs. 3 als die Spezialnorm charakterisiert werden. – Geschützt wird nur die staatlich anerkannte, also unter Beachtung der gesetzlichen Formvorschriften (Standesamt) geschlossene Ehe; darunter fällt auch die nach ausländischem Recht geschlossene Ehe, unabhängig davon, ob es sich um eine Ehe zwischen Deutschen oder Ausländern handelt. Sie muss aber in ihrem Wesen der inländischen Ehe entsprechen. Nicht geschützt sind dagegen eheähnliche Lebensgemeinschaften, nur religiös vorgenommene Trauungen, es sei denn, dass diese Trauungen in jenem Staat staatlich anerkannt sind. Zwar geht die Verfassung grundsätzlich von der auf Lebenszeit geschlossenen Ehegemeinschaft aus, ermöglicht aber die Scheidung, wenn diese Ehe zerrüttet und gescheitert ist.

Das BVerfG hat das am 1. August 2002 in Kraft getretene „Gesetz zur Beendigung der Diskriminierung gleichgeschlechtlicher Gemeinschaften: Lebenspartnerschaften" für verfassungskonform erklärt – sehr zum Erstaunen, wenn nicht Befremden auch renomierter Staatsrechtler.

Begriffsnotwendig beinhaltet die Wendung „besonderer Schutz" eine Bevorzugung der genannten Institution. Würde man andere Gemeinschaftsformen der Ehe gleichstellen, entfiele dies Privileg. Wenn alle privilegiert sind, ist es logischerweise niemand mehr. Auf dieses Argument stützen sich die Kritiker. Der Gesetzgeber versuchte, das sog. *Abstandsgebot* zur Ehe, und damit eben den „besonderen Schutz" dadurch zu wahren, indem er Lebenspartnerschaften kein Adoptionsrecht zusprach und das steuerliche *Ehegattensplitting* versagte. – Seine Sorge erwies sich aber als unbegründet.

Das BVerfG sah den von ihm aufgestellten Grundsatz, dass wesentlich Ungleiches nicht gleich behandelt werden darf (s. Bemerkung zu Art. 3 Abs. 1) dadurch gewahrt, dass

a) die Norm des Art. 6 sich an einen anderen Adressatenkreis, nämlich an die Heterosexuellen, wendet als das *Lebenspartnerschaftsgesetz* und mithin ein Konkurrenzverhältnis gar nicht bestehe, so dass der (normalen) Ehe nichts genommen würde und

b) die *Homo-Ehe* nur den Schutz eines einfachen Gesetzes genieße, nicht aber den der Verfassung.

Es sei, so das BVerfG, verfassungsrechtlich nicht begründbar, dass aus dem „besonderen Schutz" abzuleiten sei, dass andere Lebensgemeinschaften mit einem geringeren Schutz auszustatten seien.

Zur Familie gehört nicht die frühere Großfamilie, sondern nur die im 19. Jahrhundert entstandene Kleinfamilie aus Eltern und deren Kindern, wozu allerdings auch Stief-, Adoptiv- und Pflegekinder gehören.

Bei Nicht-EU-Ausländern kann der Schutz der Familie als „Beistandsgemeinschaft" den Nachzug der Kinder auf Grund des Abs. 1 rechtfertigen (*Familienzusammenführung*). EU-Bürger haben wegen ihrer *Unionsbürgerschaft* sowieso ein unbegrenztes Aufenthaltsrecht.

(2) Pflege und Erziehung der Kinder sind das natürliche Recht der Eltern und die zuvörderst ihnen obliegende Pflicht. Über ihre Betätigung wacht die staatliche Gemeinschaft.

Das GG gebraucht hier zum ersten Mal den Begriff „Pflicht". Beides – Recht und Pflicht der Eltern – bildet die Elternverantwortung. – Mit dem leicht altertümlichen Ausdruck „zuvörderst" will der Verfassungsgeber ausdrücken, dass in erster Linie die Eltern die Erziehungsverantwortung haben, dazu kommen – zunehmend mit wachsendem Alter des Kindes – auch andere Organisationen wie Schule, Kirche, Jugendverbände usw.

Elterliche Verantwortung, „Pflege und Erziehung" umfasst die:

– Sorge für das körperliche und seelisch-geistige Wohl, wozu auch Bildung und Ausbildung gehören.

– Bestimmung des Aufenthaltsortes, i. d. R. der Hauptwohnsitz der Familie; aber die Eltern haben auch das Recht, das Kind von Dritten erziehen zu lassen, z. B. in einem Internat.

– Verwaltung des Kindesvermögens und Finanzierung seines Unterhaltes.

Mit fortschreitendem Kindesalter nehmen die Elternrechte nach und nach ab und erlöschen mit Vollendung des 18. Lebensjahres völlig.

Beispiel: Schon ein 12-jähriges Kind darf nicht gezwungen werden, etwa bei Religionswechsel der Eltern, einen anderen Glauben anzunehmen als den, zu dem es bisher erzogen wurde. Ab einem Alter von 14 Jahren kann es seine Religion selbst wählen (*Religionsmündigkeit*).

Befindet sich das Kind noch in Ausbildung oder Studium, bleiben die Unterhaltspflichten auch nach Erreichen der Volljährigkeit (18 Jahre) weiter bestehen.

Die staatliche Gemeinschaft wacht darüber, ob Eltern ihren Erziehungspflichten in grob fahrlässiger oder vorsätzlicher Weise nicht nachkommen, z. B. durch die Jugendämter (s. nächsten Absatz).

Die beiden Elternteile sind bei der Ausübung ihres Sorgerechts, der früheren sog. *elterlichen Gewalt*, grundsätzlich gleichberechtigt. Der im BGB noch 1959 vorgesehene Stichentscheid des Vaters bei Meinungsverschiedenheiten der Eltern wurde vom BVerfG als unvereinbar mit Art. 3 Abs. 2 verworfen. Die Eltern sind verpflichtet, sich um eine Einigung, z. B. über die geeigneten Erziehungsmaßnahmen, zu bemühen. Erst wenn eine Einigung nicht erzielt werden kann, trifft das Vormundschaftsgericht auf Antrag eines Elternteiles eine Entscheidung, welcher Teil in der strittigen Frage befugt sein soll. Dabei soll das Wohl des Kindes ausschlaggebend sein.

(3) Gegen den Willen der Erziehungsberechtigten dürfen Kinder nur auf Grund eines Gesetzes von der Familie getrennt werden, wenn die Erziehungsberechtigten versagen oder wenn die Kinder aus anderen Gründen zu verwahrlosen drohen.

Der Staat übt hier im Interesse des Kindes das Wächteramt aus. Er darf aber nur – wiederum unter Wahrung des allgemeinen Grundsatzes der Verhältnismäßigkeit – eingreifen, wenn die Eltern „versagen", d. h. ihrer Elternverantwortung nicht nachkommen können oder wollen. Eine „Verwahrlosung" ist auch ohne elterliche Pflichtverletzung möglich, z. B. bei Rauschgiftabhängigkeit, von der die mühevoll sorgenden Eltern u. U. gar nichts wissen.

Beispiel: Überschreitet ein Vater sein Züchtigungsrecht, weil die an sich nicht verbotene Körperstrafe, etwa eine Ohrfeige, zur ärztlich zu behandelnden Körperverletzung geführt hat, so wird er zunächst verwarnt; erst im Wiederholungsfall kann ihm das Erziehungsrecht aberkannt werden; es sei denn, dass es sich um eine schwere Körperverletzung handelt, die z. B. zu einer unheilbaren Lähmung geführt hat.

(4) Jede Mutter hat Anspruch auf den Schutz und die Fürsorge der Gemeinschaft.

Beispiel: Einen umfassenden Schutz genießt die werdende Mutter generell im Arbeitsrecht. Das Kündigungsverbot gilt auch bei extremer Haushaltslage der öffentlichen Hand.

(5) Den unehelichen Kindern sind durch die Gesetzgebung die gleichen Bedingungen für ihre leibliche und seelische Entwicklung und ihre Stellung in der Gesellschaft zu schaffen wie den ehelichen Kindern.

Das nicht eheliche Kind ist nicht von vornherein dem ehelichen rechtlich gleichgestellt. Die verfassungsrechtliche Festlegung, dass die Ehe sozusagen *der geborene Ort* für Geburten sein soll, erlaubt dies nicht. Aber den nicht ehelichen Kindern müssen die gleichen Chancen wie den ehelichen gegeben werden. Das kann z. B. bedeuten, dass die staatliche finanzielle Förderung eines in einer Ersatzfamilie aufwachsenden nicht ehelichen Kindes größer als die eines ehelichen sein kann. Eine völlige Rechtsgleichheit stünde einer solchen Begünstigung im Wege, ein Fall der erlaubten sog. *positiven Diskriminierung*.

Art. 7 [Schulwesen]

Vorbemerkung: _____

Schulwesen ist der Sammelbegriff für alle Einrichtungen, die dauerhaft und nach einem Programm (Lehrplan) eine mehr als nur ganz spezielle Ausbildung anstreben. – Deshalb fallen Kosmetikschulen, Fahrschulen, Reitschulen u. a. nicht unter den Art. 7, auch wenn sie sich „Schulen" nennen. Gleichfalls gehören nicht dazu die Universitäten, andere Hochschulen und die Volkshochschulen, desgleichen auch nicht Kindergärten, weil diese keinen Unterricht erteilen.

(1) Das gesamte Schulwesen steht unter der Aufsicht des Staates.

Der Begriff Schulaufsicht umfasst die *Rechts-, Fach- und Dienstaufsicht*, schließt also die Befugnis ein, die notwendigen gesetzlichen Regelungen zu treffen und ihre Einhaltung zu überwachen, Ausbildungsgänge, Unterrichtsziele und -inhalte festzulegen und die Disziplinargewalt über die beschäftigten Lehrkräfte auszuüben. Zu dieser Befugnis zählt auch die Entscheidung darüber, welche Bücher im Unterricht verwendet werden und welche als (kostenlose) *Lehr- und Lernmittel* für die Schule und die Schüler angeschafft werden dürfen.

Beispiel: Dieses Buch z. B. darf zwar generell an allen Schulen verwendet werden. Es kann aber nicht im Rahmen der Lehr- und Lernmittelfreiheit auf Kosten der öffentlichen Hand bezogen werden, sondern muss von den Schülern und Lehrkräften selbst bezahlt werden. Ein Verstoß gegen Art. 5 liegt darin nicht, denn die öffentliche Verbreitung wird nicht behindert.

Damit ist eine Ablehnung des Staates gegen geschichtlich geformte kirchliche Herrschaftsansprüche über die Schule formuliert. Es gibt keine kirchliche, sondern nur eine staatliche Schulaufsicht (Grundsatz der Weltlichkeit der Schule). – Auch private *Ersatzschulen* (Abs. 4) unterliegen der Staatsaufsicht, was z. B. zu einem unangemeldeten Besuch einer Unterrichtsstunde durch einen staatlich Beauftragten berechtigt.

Aufsicht des Staates meint nicht nur Kontrolle, sondern schließt Organisation, Planung, Leitung, Lehrplanvorgaben und Prüfungssystem ein. Andererseits ist der Staat verpflichtet, öffentliche Schulen einzurichten; ein besonderer Anspruch auf einen bestimmten Schultyp, z. B. Bekenntnisschule anstelle der (vorherrschenden) christlichen Gemeinschaftsschule, besteht aber nicht.

(2) Die Erziehungsberechtigten haben das Recht, über die Teilnahme des Kindes am Religionsunterricht zu bestimmen.

Die Bestimmung leitet sich unmittelbar aus dem Erziehungsrecht der Eltern ab, ist aber wegen der *Religionsmündigkeit* eingeschränkt (s. Bemerkung zu Art. 6 Abs. 2). Auch darf kein Kind gegen den Willen der Eltern bzw. ab 14 Jahre gegen seinen eigenen Willen zur Teilnahme am Religionsunterricht gezwungen werden. Der Grundsatz der *negativen Bekenntnisfreiheit* (s. Bemerkung zu Art. 4 Abs. 1) gilt auch hier.

(3) Der Religionsunterricht ist in den öffentlichen Schulen mit Ausnahme der bekenntnisfreien Schulen ordentliches Lehrfach. Unbeschadet des staatlichen Aufsichtsrechtes wird der Religionsunterricht in Übereinstimmung mit den Grundsätzen der Religionsgemeinschaften erteilt. Kein Lehrer darf gegen seinen Willen verpflichtet werden, Religionsunterricht zu erteilen.

Die Regelung durchbricht den Grundsatz der Trennung von Staat und Kirche.

Religion ist ein versetzungsrelevantes ordentliches Lehrfach, unbeschadet des Rechts, sich vom Religionsunterricht abzumelden bzw. von den Eltern abmelden zu lassen. Eltern, Schüler und Religionsgemeinschaften haben einen Anspruch, dass der Staat die Möglichkeit zum Religionsunterricht schafft und die Kosten dafür trägt. Bei ausreichender Schülerzahl muss auch nichtchristlicher Religionsunterricht geboten werden, z. B. islamischer. Den staatlichen Organen steht gegenüber den Religionslehrern nur die Disziplinargewalt zu, nicht aber die Fachaufsicht über die Lehrinhalte. Diese ist Sache der Religionsgemeinschaften.

> **Beispiel:** Ein Schulleiter kann einen Religionslehrer zur Rechenschaft ziehen, wenn dieser wiederholt seinen Unterricht zu spät beginnt; aber er hat kein Weisungsrecht, wenn dieser ein Jahr lang z. B. nur „Sinnfragen" behandelt, worunter er in freier Auslegung des kirchlichen Lehrplanes vor allem Sexualkunde versteht.

Das Verbot, Lehrer gegen ihren Willen zum Religionsunterricht zu verpflichten, folgt wiederum unmittelbar aus dem Recht der Bekenntnisfreiheit (Art. 4 Abs. 1).

Die Gemeinschaftsschulen können ein überkonfessionelles Schul- oder Klassengebet anbieten; die Teilnahme daran muss aber freiwillig sein.

Ob das im Bundesland *Brandenburg* eingerichtete Unterrichtsfach „Lebenskunde-Ethik-Religion" (LER) dem Verfassungsanspruch genügt, ist derzeit noch nicht entschieden.

(4) Das Recht zur Errichtung von privaten Schulen wird gewährleistet. Private Schulen als Ersatz für öffentliche Schulen bedürfen der Genehmigung des Staates und unterstehen den Landesgesetzen. Die Genehmigung ist zu erteilen, wenn die privaten Schulen in ihren

Lehrzielen und Einrichtungen sowie in der wissenschaftlichen Ausbildung ihrer Lehrkräfte nicht hinter den öffentlichen Schulen zurückstehen und eine Sonderung der Schüler nach den Besitzverhältnissen der Eltern nicht gefördert wird. Die Genehmigung ist zu versagen, wenn die wirtschaftliche und rechtliche Stellung der Lehrkräfte nicht genügend gesichert ist.

Die Bestimmung ist eine Absage an das staatliche Schulmonopol. D. h., auch andere Träger, Kirchen, Verbände, z. B. Gewerkschaften u. a., können Schulen einrichten. Diese gelten als Privatschulen. Davon gibt es grundsätzlich drei Typen:

– Die *anerkannte Ersatzschule*. Sie ist berechtigt, eigene Schulprüfungen unter staatlicher Aufsicht durchzuführen und ist den öffentlichen Schulen praktisch gleichgestellt.

– Die (nur) *genehmigte Ersatzschule*. Die Schüler dieser Schulen müssen ihre Prüfungen vor einem vom Staat eingesetzten Prüfungsausschuss ablegen bzw. an einer öffentlichen Schule – Schulfremdenprüfung. Der Besuch dieser Ersatzschule gilt als Erfüllung der Schulpflicht.

– Die *Ergänzungsschule*. Das sind Schulen, die das staatliche Schulangebot ergänzen, d. h. es gibt keine öffentliche Schule dieses Typs, z. B. eine private spezielle Musikschule.

Der Staat ist zur finanziellen Förderung der Ersatzschulen verpflichtet, vom privaten Schulträger bzw. den Schülern (Eltern) wird aber eine Eigenleistung erwartet.

(5) Eine private Volksschule ist nur zuzulassen, wenn die Unterrichtsverwaltung ein besonderes pädagogisches Interesse anerkennt oder, auf Antrag von Erziehungsberechtigten, wenn sie als Gemeinschaftsschule, als Bekenntnis- oder Weltanschauungsschule errichtet werden soll und eine öffentliche Volksschule dieser Art in der Gemeinde nicht besteht.

Die öffentlichen Volksschulen haben Priorität vor den privaten, die nur in Ausnahmefällen zugelassen werden und praktisch bedeutungslos sind.

Beispiel: Ein privater Schulträger will eine Schule einrichten, in der geprüft werden soll, ob z. B. der Fachunterricht mehrsprachig erteilt werden kann.

(6) Vorschulen bleiben aufgehoben.

Vorschulen waren bis 1919 den Gymnasien vorgeschaltete Grundschulen für die „höheren Stände". Schon die WRV von 1919 beseitigte diesen Schultyp. Das GG hat lediglich bekräftigen wollen, dass es dabei bleibt.

Art. 8 [Versammlungsfreiheit]

Vorbemerkung:

Dieses Grundrecht umfasst das Recht, Ort, Zeitpunkt, Art und Thema einer Versammlung selbst zu bestimmen. Sie muss nicht an einem bestimmten Ort abgehalten werden, weshalb Demonstrationszüge auch zu den Versammlungen zählen.

Die Versammlungsfreiheit ist einerseits Teil der freien Persönlichkeitsentfaltung, andererseits eine Möglichkeit zur Einflussnahme auf die politische Willensbildung.

(1) Alle Deutschen haben das Recht, sich ohne Anmeldung oder Erlaubnis friedlich und ohne Waffen zu versammeln.

Im Extremfall können schon zwei Personen eine Versammlung i. S. dieses Grundrechts darstellen; entscheidend ist ihre innere Verbindung mit der Bereitschaft zum gemeinsamen Handeln. Menschenmassen allein, wie etwa bei Volksfesten, Besuch von Kinos und Theatern, stellen noch keine Versammlung dar, allerdings kann sich aus der Ansammlung spontan eine Versammlung entwickeln. Für diese sog. *Spontandemonstrationen* entfällt die Anmeldpflicht.

> **Beispiel:** Dreihundert junge Menschen kommen zu einem Benefizkonzert einer bekannten Rockgruppe zu Gunsten eines tatsächlich oder vermeintlich zu Unrecht inhaftierten Farbigen. Nach Ende des Konzerts formiert sich spontan ein Demonstrationszug zur Botschaft dessen Staates und fordert lautstark „Freiheit für …!".

Als Grundrecht steht die Versammlungsfreiheit nur Deutschen zu, aber in Übereinstimmung mit der Europäischen und der UN Menschenrechtskonvention erlaubt das Versammlungsgesetz allen Menschen, sich friedlich und ohne Waffen zu versammeln. Friedlich ist eine Versammlung dann, wenn von ihr keine „Gewalttätigkeiten oder aggressive Ausschreitungen gegen Personen oder Sachen" ausgehen. Waffe kann jeder Gegenstand sein, der dazu bestimmt und geeignet ist, einem anderen Verletzungen beizufügen.

> **Beispiel:** Ein Klappmesser, eine Schleuder oder ein Schlagring können Waffen sein, nicht dagegen ein Schutzhelm oder Ähnliches.

Eine Vermummung als „passive Bewaffnung" zu bezeichnen ist deshalb irreführend.

(2) Für Versammlungen unter freiem Himmel kann dieses Recht durch Gesetz oder auf Grund eines Gesetzes beschränkt werden.

Von Versammlungen in geschlossenen Räumen – als solche gelten alle, in die man nur durch Türen einzutreten vermag – kann selten eine Gefahr für die öffentliche Sicherheit und Ordnung ausgehen. Die Polizei braucht deshalb von ihnen nichts zu wissen. Anders ist es dagegen bei Versammlungen unter freiem Himmel, zu denen alle Formen der Demonstrationen gehören. Sie müssen 48 Stunden zuvor beim Amt für öffentliche Ordnung (Polizei) angemeldet werden. Sie bedürfen keiner Genehmigung, allerdings kann die Polizei Auflagen erteilen.

Beispiel: Wenn ein Demonstrationszug ausgerechnet in der Hauptverkehrszeit die wichtigsten Straßen benutzen will, um so z. B. gegen die als zu hoch empfundenen Fahrpreise der öffentlichen Verkehrsmittel zu demonstrieren, so kann die Polizei den Zug umleiten, um ein Verkehrschaos zu vermeiden.

Grundsätzlich aber müssen Teilnehmer im öffentlichen Straßenverkehr Behinderungen hinnehmen, wenn diese nach den Umständen und dem Zweck der Demonstration unvermeidbar sind.

Maßgebend ist die Güterabwägung. Das Verfassungsrecht auf Versammlungsfreiheit kollidiert hier mit dem Recht der Nichtdemonstranten auf Bewegungsfreiheit.

In seiner Rechtsprechung hat das BVerfG den Begriff der „Eilversammlung" eingeführt. Für Eilversammlungen gilt zwar auch die Anmeldepflicht, doch darf die 48-Stunden-Frist unterschritten werden. Eine solche auch *Eildemonstration* genannte, kurzfristig unter freiem Himmel anberaumte Versammlung ist unverzüglich anzumelden, sobald die Möglichkeit dazu besteht.

Eine Versammlung, gleichgültig ob in geschlossenen Räumen oder unter freiem Himmel, von der Gewalttätigkeiten ausgehen oder bei der zum Rechtsbruch aufgerufen wird, kann von der Polizei aufgelöst werden, wenn nur so die öffentliche Ordnung und Sicherheit gewährleistet werden kann.

Als Versammlungen gelten nicht die Berliner Love-Parade (umstritten) und die sog. Chaos-Tage von Hannover. Gegendemonstrationen oder kollektive Störungen fallen nicht in den Schutzbereich der Versammlungsfreiheit.

Beispiel: Im südbadischen Freiburg drohte 1987 eine linksgerichtete Gruppe eine Parteiversammlung der Republikaner zu stören. Die Polizei unterband vor Ort die Störaktion. Einer der Parteigegner fühlte sich in seinem Grundrecht verletzt und klagte vor dem BVerfG. Karlsruhe wies die Klage ab. Die Republikaner hätten zwar keinen Anspruch darauf, dass ihre Versammlung ohne Widerspruch und Protest ablaufe, aber „Der Umstand, dass mehrere Personen zusammenwirken, bringt diese nicht in den Genuss der Versammlungsfreiheit, wenn der Zweck ihres Zusammenwirkens nur in der Unterbindung einer Versammlung besteht" (BVerfG).

Die Versammlungsfreiheit steht eingeschränkt auch Minderjährigen zu. Für Soldaten gelten die Grundrechtseinschränkungen des Art. 17a, auf Grund derer die Teilnahme in Uniform untersagt ist und in Krisenzeiten grundsätzlich verboten werden kann.

Art. 9 [Vereinigungsfreiheit]

Vorbemerkung:

Die Verfassungsbestimmung enthält ein *Doppelgrundrecht*. Es besteht einmal aus dem individuellen Recht der Handlungsfreiheit, und zum anderen ist der Verein selbst Träger von Grundrechten, so auch der Vereinigungsfreiheit. Mehrere Vereine können sich zu Dachorganisationen zusammenschließen, wie z.B. die Landesfußballverbände zum Deutschen Fußballbund.

(1) Alle Deutschen haben das Recht, Vereine und Gesellschaften zu bilden.

Verein ist jeder Zusammenschluss von zwei und mehr Personen. Dabei ist es unerheblich, ob der Verein rechtsfähig (e. V.) ist oder nicht, ob es sich um eine ideelle Vereinigung handelt, etwa ein Verein zur Rettung der Menschheit, oder um eine gewinnorientierte Gesellschaft wie eine AG, GmbH usw. Keine Vereinigung i. S. des Art. 9 Abs. 1 sind soziale Gruppen, z.B. die Familie oder Gesinnungsgemeinschaften wie etwa die Vegetarier, und „Bewegungen", obwohl die Grenzen fließend sein können. Für Kirchen und Parteien, wiewohl letztere begrifflich Vereine sind, gelten Sonderregelungen, z.B. Art. 21.

Die Vereinigungsfreiheit gilt als Grundrecht nur für Deutsche, ist aber durch die Europäische Menschenrechtskonvention und das Vereinsgesetz auch Ausländern zugestanden.

Der Art. 9 hat eine erhebliche *Drittwirkung*, d. h. er gilt auch zwischen einzelnen Privatpersonen und dem betreffenden Verein. So darf ein Verein den Aufnahmeantrag einer Person nicht willkürlich ablehnen. Auch die freie Entscheidung, auszutreten oder nicht beizutreten, muss gewährleistet sein, sog. *negative Vereinsfreiheit*.

> **Beispiel:** Der Gesangsverein „Frohsinn" darf einen Aufnahmeantrag nicht deshalb ablehnen, weil der Bewerber vor Jahren im Gesangsverein „Liederkranz" gesungen hat.

Ein Sportverein darf ein Mitglied, das ordnungsgemäß gekündigt hat, nicht mit einer Geldstrafe belegen. Sollte in der Vereinssatzung eine solche Bestimmung stehen, wäre diese nichtig.

(2) Vereinigungen, deren Zwecke oder deren Tätigkeit den Strafgesetzen zuwiderlaufen oder die sich gegen die verfassungsmäßige Ordnung oder gegen den Gedanken der Völkerverständigung richten, sind verboten.

Verboten sind:

1. Vereinigungen, deren Zweck oder Tätigkeit gegen die allgemeinen Strafgesetze verstoßen;

   Beispiel: Der Verein „Trickreich" schult seine Mitglieder in der Kunst des Taschendiebstahls.

2. Vereinigungen, die gegen die verfassungsmäßige Ordnung verstoßen (s. Kommentierung zu Art. 18);

   Beispiel: Der „Spartakus-Verein" setzt sich die Errichtung einer Rätedemokratie zum Ziel.

3. Vereinigungen, die der Völkerverständigung zuwiderlaufen;

   Beispiel: Die Gesellschaft „Nurdeutsch" fordert, dass in Deutschland nur Deutsche ihren Wohnsitz nehmen dürfen.

Das Verbot wird von der zuständigen Verwaltungsbehörde ausgesprochen, die auch den Vollzug vornimmt; zum Parteiverbot s. Art. 21 Abs. 2.

☞ „Koalitionsfreiheit"

(3) Das Recht, zur Wahrung und Förderung der Arbeits- und Wirtschaftsbedingungen Vereinigungen zu bilden, ist für jedermann und für alle Berufe gewährleistet. Abreden, die dieses Recht einschränken oder zu behindern suchen, sind nichtig, hierauf gerichtete Maßnahmen sind rechtswidrig. Maßnahmen nach den Artikeln 12a, 35 Abs. 2 und 3, Artikel 87a Abs. 4 und Artikel 91 dürfen sich nicht gegen Arbeitskämpfe richten, die zur Wahrung und Förderung der Arbeits- und Wirtschaftsbedingungen von Vereinigungen im Sinne des Satzes 1 geführt werden.

Die von Abs. 3 erfassten Vereinigungen werden als *Koalitionen* bezeichnet.

Zur Koalition gehören drei Voraussetzungen:

1. Sie muss auf Dauer angelegt sein.

2. Ihr Zweck ist die Wahrung und Förderung der Arbeitsbedingungen, wozu Arbeitszeit, Lohnhöhe, Arbeitsschutz u. Ä. zählen.

3. Sie muss *gegnerfrei* sein, d. h. unabhängig von der Gegenseite, und zu ihren Mitgliedern darf niemand gehören, gegen den sich ihre Interessen richten.

Beispiele: Als Arbeitgeber kann der Personalchef eines Automobilkonzerns nicht Mitglied in der Arbeitnehmerorganisation der IG Metall sein. Unter diesem Gesichtspunkt ist die Mitgliedschaft hoher Repräsentanten der öffentlichen Hand in der Gewerkschaft ver.di problematisch, die bei Lohnverhandlungen im öffentlichen Dienst die Arbeitgeberseite vertreten.

Die *Koalitionsfreiheit*, die auch Ausländern zusteht, ist ein Spezialfall der allgemeinen Vereinsfreiheit; auch hier gilt das *Negativrecht*, also auch die Freiheit, einer solchen nicht beizutreten. Es darf prinzipiell kein erheblicher Druck ausgeübt werden, um die Mitgliedschaft zu erzwingen.

Beispiel: Sicherlich dürfen Arbeitskollegen versuchen, einen Arbeitnehmer zu überreden, der Gewerkschaft beizutreten. Unerlaubt aber wäre eine Drohung, wie sie im Bergbau früher üblich war, dass ihm bei Weigerung bald „eine Spitzhacke ins Kreuz fliegen" würde.

Kein Arbeitnehmer darf bei Einstellung, Entlassung oder Entlohnung bevorzugt oder benachteiligt werden, ob er Gewerkschaftsmitglied ist oder nicht. Eine Absprache der Arbeitnehmerorganisation mit einzelnen Unternehmen – in Großbritannien früher üblich und als „closed shop" bezeichnet – nur Gewerkschaftsmitglieder einzustellen, wäre ein schwerer Verfassungsverstoß. Hier greift die sog. Drittwirkung der Grundrechte deutlich in die Gestaltung der Beziehungen zwischen Privaten ein.

Lange war umstritten, ob der Art. 9 Abs. 3 auch Arbeitskämpfe grundrechtlich schützt, also Streik und Aussperrung. Erst mit der *Notstandsverfassung* von 1968 wurde der dritte Satz Abs. 3 angehängt und damit das Recht auf Arbeitskämpfe grundgesetzlich indirekt garantiert. Streiks sind aber nur zulässig, wenn sie z. B. um Verbesserungen der Einkommens- und Arbeitsbedingungen geführt werden, nicht jedoch aus politischen Gründen.

Beispiel: Eine Gewerkschaft kann nach Ablauf des Tarifvertrages und Scheitern der Tarifverhandlungen einen Streik ausrufen; nicht aber, weil sie mit dem neu gewählten Regierungschef nicht einverstanden ist. Ausnahme: Ist die staatliche Ordnung gem. Art. 20 gefährdet, ist auch ein politisch begründeter großer Streik (Generalstreik) als Widerstandsrecht zulässig.

Beamte und Soldaten genießen das Koalitionsrecht nur eingeschränkt, ein Streikrecht steht ihnen nicht zu. Ebenso kann für Arbeitnehmer in Kirchen, z. B. Pfarrer, das Streikrecht eingeschränkt sein. Auch ein Streik in großen Presseunternehmen kann rechtswidrig sein, wenn dadurch die öffentliche Meinungsbildung (Art. 5 Abs. 1) erheblich gestört wird.

Mangels einer gesetzlichen Regelung ist nach einem Urteil des BVerfG aus dem Jahre 1993 ein Einsatz von Beamten auf bestreikten Arbeitsplätzen unzulässig, weil sich damit der öffentliche Arbeitgeber einen Vorteil verschafft, den der private nicht besitzt, denn er kann niemanden anweisen, auf solchen Arbeitsplätzen zu arbeiten. Die gesetzliche Regelung steht noch immer aus.

Art. 10 [Brief- und Postgeheimnis]

Vorbemerkung: ─────────────────────────────────

Nach dem Wortlaut „Brief-, Post- und Fernmeldegeheimnis" könnte es sich um drei Grundrechte handeln. Tatsächlich aber begründet Art. 10 ein einheitliches Grundrecht, nämlich das der vertraulichen Kommunikation. Es handelt sich um eine Spezialvorschrift zu Art. 2 Abs. 1, die damit Vorrang hat.

(1) Das Briefgeheimnis sowie das Post- und Fernmeldegeheimnis sind unverletzlich.

Das *Briefgeheimnis* schützt jede schriftliche Nachricht, die in einem verschlossenen Umschlag von einer Person zur anderen oder an einen bestimmten Kreis von Menschen gerichtet wird, unabhängig von der Schrift- und Vervielfältigungsart. Das Abwehrrecht richtet sich gegen den Staat, hat aber auch eine mittelbare Drittwirkung.

Beispiel: Ein Arbeitgeber kann zwar verbieten, dass mit der Frankiermaschine der Firma auch Privatbriefe freigestempelt werden. Er darf aber solche Briefe nicht auf Verdacht hin öffnen, um auf diese Weise zu kontrollieren, ob sein Verbot befolgt wird.

Das *Postgeheimnis* reicht weiter als das Briefgeheimnis. Es umfasst auch Karten, Drucksachen, Pakete. Geschützt ist sowohl der Inhalt als auch bereits die Tatsache der Übermittlung selbst.

Beispiel: Der Briefträger darf also nicht – schon von weitem mit der Karte winkend – rufen: „Herr Müller, Ihr Sohn hat die Prüfung bestanden!" und ebenso wenig darf er dem Ehemann mitteilen, dass seine Frau regelmäßig „Post aus Amerika" erhält.

Das *Fernmeldegeheimnis* sichert die Vertraulichkeit aller Übertragungen im Fernmeldeverkehr, also Telefon, Telegramm, Fernschreibverkehr und moderner Kommunikationsmittel wie Standleitungen bei Computern, Teletext, Telefax und Bildschirmtext.

Beispiel: Der Behördenchef kann zwar verbieten, dass von den Dienstapparaten Privatgespräche geführt werden. Er darf aber nicht mit einer Abhöranlage die Befolgung seiner Weisung kontrollieren.

Das Post- und Fernmeldegeheimnis ist mit der *Postreform* (s. Art. 87f) nicht aufgehoben worden, sondern gilt fort. Der Schutzbereich bezieht sich auf alle Vorgänge der den Dienstleistern anvertrauten Sendungen, Mitteilungen auch elektronischer Art, Überweisungen u. a.

(2) Beschränkungen dürfen nur auf Grund eines Gesetzes angeordnet werden. Dient die Beschränkung dem Schutze der freiheitlichen demokratischen Grundordnung oder des Bestandes oder der Sicherung des Bundes oder eines Landes, so kann das Gesetz bestimmen, daß sie dem Betroffenen nicht mitgeteilt wird und daß an die Stelle des Rechtsweges die Nachprüfung durch von der Volksvertretung bestellte Organe und Hilfsorgane tritt.

Ursprünglich enthielt der Abs. 2 nur den ersten, an sich selbstverständlichen Satz, nach dem z. B. das Telefon eines unter Mordverdacht Stehenden ohne dessen Wissen abgehört werden darf. Ein solch schwerer Eingriff in das Grundrecht bedarf aber der richterlichen Anordnung. Wenn das Abhören von einem Staatsanwalt angeordnet wurde, weil Gefahr im Verzuge war, so besteht eine richterliche Nachprüfbarkeit.

Mit der Notstandsverfassung von 1968 ist in das Grundrecht durch den zweiten Satz dieses Absatzes in nicht unbedenklicher Weise eingegriffen worden. In den hier genannten Tatbeständen entfällt die richterliche Nachprüfbarkeit und an ihre Stelle tritt ein Parlamentsausschuss (das sog. *G-10-Gremium*) und kontrolliert die Rechtmäßigkeit. Der Betroffene muss nur dann nachträglich unterrichtet werden, wenn damit der Überwachungszweck nicht gefährdet wird.

Art. 11 [Freizügigkeit]

Vorbemerkung:

Freizügigkeit ist das Recht, „unbehindert durch die deutsche Staatsgewalt an jedem Ort innerhalb des Bundesgebietes Aufenthalt und Wohnsitz zu nehmen" (BVerfG). Aufenthalt kann u. U. schon ein Verweilen von wenigen Minuten sein, eine Übernachtung, z. B. im Hotel, ist auf jeden Fall ein Aufenthalt, der als Grundrechtsausübung geschützt ist. Dies Recht kann in *positive* und *negative* Freizügigkeit unterteilt werden; letztere ist z. B. das Recht, nicht umziehen zu müssen.

Zu diesem Grundrecht gibt es nur wenige höchstrichterliche Urteile, weil es offensichtlich kaum je verletzt worden ist.

(1) Alle Deutschen genießen Freizügigkeit im ganzen Bundesgebiet.

Dies Grundrecht gilt nur für Deutsche; wegen der weitgehenden Niederlassungsfreiheit für Angehörige der EU-Staaten ist seine Begrenzung auf ein

Bürgerrecht praktisch bedeutungslos. Art. 11 garantiert ferner die freie Einreise (für Deutsche).

> **Beispiel:** Die Einreisefreiheit gewann in den Jahren 1989/90 eine große Bedeutung. Trotz Überfüllung der Notaufnahmelager, obwohl Wohnungen und Arbeitsplätze fehlten, konnte der Zuzug der Aus- und Übersiedler, soweit sie Deutsche waren oder als solche galten (Art. 116), gesetzlich nicht gebremst werden. Das wäre ein Verstoß gegen den Art. 11 gewesen.

Die Freizügigkeit gilt auch für Jugendliche, ist aber durch das Elternrecht eingeschränkt (s. Bemerkung zu Art. 6 Abs. 2).

(2) Dieses Recht darf nur durch Gesetz oder auf Grund eines Gesetzes und nur für die Fälle eingeschränkt werden, in denen eine ausreichende Lebensgrundlage nicht vorhanden ist und der Allgemeinheit daraus besondere Lasten entstehen würden oder in denen es zur Abwehr einer drohenden Gefahr für den Bestand oder die freiheitliche demokratische Grundordnung des Bundes oder eines Landes, zur Bekämpfung von Seuchengefahr, Naturkatastrophen oder besonders schweren Unglücksfällen, zum Schutze der Jugend vor Verwahrlosung oder um strafbaren Handlungen vorzubeugen, erforderlich ist.

In das Recht auf Freizügigkeit kann nur aus folgenden Gründen eingegriffen werden:

– Fehlende Sicherung des Lebensunterhaltes. Diese Begrenzung ist praktisch bedeutungslos geworden, weil durch die Sozialhilfe ein Existenzminimum gesichert wird; deshalb sieht das *Bundessozialhilfegesetz* keine Freizügigkeitsbeschränkung für Sozialhilfeempfänger mehr vor.

– Innerer Notstand (s. Bemerkung zu Art. 91).

– Seuchen, Naturkatastrophen, schwere Unglücksfälle.

> **Beispiel:** Die Polizei sperrt für längere Zeit ein ganzes Gebiet, um Schaulustige abzuwehren, wie etwa bei der Elbeflut 2002 geschehen. Keine Beeinträchtigung der Freizügigkeit i. S. des Art. 11 liegt vor, wenn eine Straße wegen Reparaturen vorübergehend blockiert oder der Verkehr umgeleitet wird.

– Schutz der Jugend.

> **Beispiel:** Personen unter 18 Jahren dürfen bestimmte Straßen des „Rotlichtmilieus" nicht betreten.

– Vorbeugung strafbarer Handlungen.

Beispiel: Die Polizei kann „berufsmäßigen" Demonstranten den Zutritt zu einer Stadt verwehren, wenn zu befürchten ist, dass von ihnen gewalttätige Aktionen ausgehen.

Art. 12 [Freiheit des Berufes]

Vorbemerkung: _____

Diese Bestimmung konkretisiert das Recht auf freie Entfaltung der *Persönlichkeit* (Art. 2 Abs. 1). Es ist ein *Abwehrrecht* gegen unzulässige Staatseingriffe und zugleich eine Wertentscheidung von erheblicher Bedeutung für die Wirtschaftsordnung, verbietet sich doch damit z. B. eine sozialistische Planwirtschaft ohne freie Arbeitsplatzwahl, wie sie in der DDR bestand.

Berufsfreiheit umfasst das Recht auf Berufswahl, freie Berufsausübung und freie Wahl des Arbeitsplatzes bzw. der Ausbildungsstätte. Der Begriff Beruf ist weit auszulegen. Dazu zählt jede Tätigkeit – ob selbstständig oder unselbstständig – die nachhaltig und dauerhaft ausgeübt wird, was nicht ununterbrochen heißen muss. Maßgebend ist, ob diese Tätigkeit zur Lebensgrundlage dienen soll, Hobbyarbeiten gehören also ebenso wenig zur Arbeit i. S. des Art. 12 wie Nebentätigkeiten. Unerheblich ist, ob die berufliche Tätigkeit wirtschaftlich erfolgreich ist, den herkömmlichen Berufsbildern entspricht, gesellschaftlich erwünscht ist oder missachtet wird. Eine illegale Tätigkeit, z. B. Drogenhandel, kann jedoch keine Berufsausübung sein.

Beispiel: Straßenmusikant kann ein Beruf sein. Ebenso übt das verkannte Genie einen Beruf aus, das für die Nachwelt zeichnet und nur selten ein Bild verkauft. Selbst eine Prostituierte „arbeitet" professionell.

(1) Alle Deutschen haben das Recht, Beruf, Arbeitsplatz und Ausbildungsstätte frei zu wählen. Die Berufsausübung kann durch Gesetz oder auf Grund eines Gesetzes geregelt werden.

Das Grundrecht gilt nur für Deutsche, auf Grund des EU-Vertrages praktisch aber auch für EU-Bürger.

– Die Freiheit der Berufswahl soll den freien Zugang zu einem Beruf sichern. Sie gibt aber kein Recht auf Arbeit im gewählten Beruf. Ein solches Grundrecht kennt das GG aus wohl erwogenen Gründen nicht. Eine Arbeitsplatzgarantie führt einmal zu einer völlig unproduktiven Verschwendung von Arbeitskräften, weil auch der unwillige und unfähige Mitarbeiter nicht entlassen werden kann. Zum anderen müsste der Staat, um ein solches Grundrecht einzulösen, das Recht haben, Arbeitsuchenden bestimmte Tätigkeiten auch gegen deren Willen zuzuweisen. Das aber wäre ein schwerer Verstoß gegen Art. 2 Abs. 1, der auch das „Recht auf Faulheit" schützt.

Der Art. 12 Abs. 1 schützt den Aussteiger und gewährleistet die Freiheit, überhaupt keinen Beruf bzw. keine Tätigkeit auszuüben, weil die Nichtwahl eines Berufes die negative Inanspruchnahme der Freiheit der Berufswahl ist. Die freie Wahl und Ausübung von Berufen verstärkt den Wettbewerb und soll bewusst nicht vor der Zulassung unliebsamer Konkurrenz schützen.

Beispiel: Eine gelernte Buchhalterin übernahm freiberuflich die Verbuchung kaufmännischer Vorgänge verschiedener Unternehmen. In Zweifelsfällen hat sie den Steuerberater gefragt. Darin aber sah die Steuerberaterkammer einen Verstoß gegen das Buchführungsprivileg der Steuerberater im Rahmen der „Rechtsberatung in Steuersachen", weil auch einfache Buchhaltungsaufgaben gewisse steuerliche Grundkenntnisse voraussetzten. Das BVerfG aber entschied letztinstanzlich zu Gunsten der selbstständigen Buchhalterin, denn in der Sache besteht kein Unterschied, ob solche Aufgaben von Angestellten oder „durch sachkundig selbstständig tätige Buchführungshelfer" ausgeführt werden.

Beispiel: Kein Staat kann langfristig mehr Lehrer einstellen, als auf Grund von Geburten und Zuwanderung benötigt werden. Das Grundgesetz erlaubt es jedoch nicht, stellungslose Lehrer gegen deren Willen zu Botendiensten zwischen den Behörden zu verpflichten.

– Freiheit der Berufsausübung ist die Freiheit, über Art und Weise der beruflichen Tätigkeit selbst zu entscheiden.

Beispiel: Ein Künstler kann die Skulptur „X" aus gebrauchten Zahnbürsten anfertigen; aber er hat selbstverständlich keinen Anspruch auf Abkauf oder einen Ausstellungsplatz im Kunstmuseum.

– Die freie Wahl des Arbeitsplatzes sichert jedem das Recht, sich frei zu entscheiden, einen Arbeitsplatz anzunehmen, beizubehalten oder zu wechseln. Art. 12 Abs. 1 kann aber wiederum nicht garantieren, dass es den gewünschten Arbeitsplatz auch wirklich für den Einzelnen gibt, und schützt selbstverständlich auch nicht vor Kündigung.

– Die freie Wahl der Ausbildungsstätte, dazu gehören weiterführende Schulen, Hochschulen und Einrichtungen der Berufsvorbereitung, sichert den ungehinderten Zugang zur Ausbildung und dient damit der Verwirklichung des Grundsatzes der freien Berufswahl.

Beispiel: Wenn der Staat die Berufsausübung, z. B. als praktischer Arzt, vom erfolgreichen Abschluss eines Medizinstudiums abhängig macht, muss er dieses Studium auch ermöglichen.

Im Art. 12 Abs. 1 wird deutlich, dass ein Grundrecht nicht nur ein Abwehrrecht, sondern auch ein *Teilhaberrecht* sein kann. Das Recht zur freien Wahl der Ausbildungsstätte schafft beispielsweise einen Anspruch auf Zulassung zum Studium, soweit Ausbildungsmöglichkeiten vorhanden sind. Erst wenn diese erschöpft sind, darf ein Auswahlverfahren vorgenommen werden, sog. Numerus clausus. Voraussetzung für die Zulassung zum Studium ist selbstverständlich, dass der Bewerber die Vorbedingungen erfüllt, also z. B. die Hochschulreife erworben hat.

Eine Berufsausübung kann gem. Art. 12 Abs. 1 Satz 2 staatlich „geregelt", d. h. umfassend gesetzlich geordnet werden. Diese Regelungen können unterschiedlich schwer in das Recht der Berufsausübung eingreifen. Grundsätzlich gilt: Je größer das Bedürfnis zum Schutz der Allgemeinheit ist, desto stärker können die Eingriffe sein. Je geringer das Gemeinwohl gefährdet ist, desto schwächer müssen die Beschränkungen ausfallen.

> **Beispiel:** Eine Hebamme darf ihre Tätigkeit nur bis zur Vollendung des 70. Lebensjahres ausüben, weil das Schutzinteresse der gebärenden Mutter und des neugeborenen Lebens die volle körperliche und geistige Leistungsfähigkeit erfordern. Ein Gastwirt aber darf noch mit über 90 Jahren zapfen.

Das BVerfG hat für die Rechtfertigung des Gesetzgebers zur Ausgestaltung des Art. 12 Abs. 1 die sog. *Stufenlehre* entwickelt, die eine Präzisierung des *Verhältnismäßigkeitsgrundsatzes* ist, der bei Art. 12 besonders zu beachten ist. Sie besagt – verkürzt formuliert –: Je größer die Intensität ist, mit der jemand von seiner Berufsausübung abhängt (*Abhängigkeitsintensität*), desto geringer muss die Intensität sein, mit der staatlich eingegriffen wird (*Eingriffsintensität*).

Stufe 1: *Ausübungsregelung*

Die Beeinträchtigung der Berufsfreiheit ist gering, es handelt sich dabei um Bestimmungen der Berufsausübung.

> **Beispiele:** Ladenschlusszeiten, Polizeistunde in Gastwirtschaften, Verbot für LKW-Fahrten an Wochenenden.

Stufe 2: *Subjektive Zulassungsvoraussetzungen*

Der Berufsanwärter muss im Besitz besonderer Eigenschaften, Fähigkeiten und Fertigkeiten sein, wenn er den gewählten Beruf ausüben will.

Der handwerkliche *Befähigungsnachweis* zur Förderung des Mittelstandes wird deshalb als zulässig angesehen, auch wenn er im System der Konkurrenzwirtschaft einen Fremdkörper darstellt. Zu den Begriffen Eigenschaften und Fähigkeiten s. Kommentierung zu Art. 34 Abs. 2.

> **Beispiele:** Ausbildungs- und Prüfungsnachweise, die in Zusammenhang mit der geplanten Tätigkeit stehen müssen, wobei allerdings ein gewisser Überschuss an Anforderungen zulässig ist; Tauglichkeitsprüfung für Piloten; rechtliche Festlegung des Berufsbildes u. a.

Stufe 3: *Objektive Zulassungsvoraussetzungen*

Diese haben mit der Person des Berufsbewerbers nichts mehr zu tun. Eine Ablehnung zum Berufszugang ist auch bei völliger Eignung zulässig; aber nur, wenn allein dadurch schwere, höchstwahrscheinliche Gefahren abgewendet werden können. Konkurrenzfurcht ist niemals ein Ablehnungsgrund.

> **Beispiele:** Bedürfnisprüfung für Apotheken; Verweigerung von Taxikonzessionen, weil kein Bedarf vorliege u. a.

Nur ein besonders wichtiges Gemeinschaftsgut, wie etwa die Volksgesundheit oder der Umweltschutz, rechtfertigen einen schweren Eingriff in die freie Berufswahl und -ausübung.

> **Beispiel:** Ein Gesetz, nach dem gefährliche Güter nur mit der Bahn transportiert werden dürfen, ist zulässig, wenn damit der Zweck verfolgt wird, Gefahr für Leib und Leben der Bürger abzuwenden. Unzulässig wäre es, wenn damit nur die Wirtschaftlichkeit der Bahn erhöht werden sollte.

Für die freie Wahl der Ausbildungsstätte und die Zulässigkeit von Beschränkungen gelten dieselben Prinzipien. Auch hier ist zwischen subjektiven (z. B. Abitur für das Studium) und objektiven *Zulassungsvoraussetzungen* zu unterscheiden. Ein *Numerus clausus* (lat. = geschlossene Zahl) als *objektive* Zulassungsvoraussetzung ist nur verfassungskonform, wenn

– nur auf diese Weise die Funktionstüchtigkeit der Hochschule in Forschung und Lehre gesichert werden kann;

– die Ausbildungskapazitäten erschöpft sind;

– die Auswahl der Studienbewerber und ihre Verteilung auf die Studienplätze nach sachgerechten Kriterien erfolgen.

(2) Niemand darf zu einer bestimmten Arbeit gezwungen werden, außer im Rahmen einer herkömmlichen allgemeinen, für alle gleichen öffentlichen Dienstleistungspflicht.

Arbeitszwang ist die Verpflichtung zu persönlicher Dienstleistung, die einen mehr als nur unbedeutenden Aufwand erfordert. Erlaubt ist jedoch die Verpflichtung, wenn sie zu allgemeinen öffentlichen Dienstpflichten gehört, z. B. zur Ausübung des Schöffenamtes.

(3) Zwangsarbeit ist nur bei einer gerichtlich angeordneten Freiheitsentziehung zulässig.

Zwangsarbeit unterscheidet sich vom Arbeitszwang darin, dass der zur Zwangsarbeit Verpflichtete nicht nur zu einer bestimmten, mengenmäßig begrenzten Leistung herangezogen wird, sondern seine gesamte Arbeitskraft über einen längeren Zeitraum zur Verfügung stellen muss. Ein solcher Zwang zur Arbeit ist nur bei Insassen einer Strafvollzugsanstalt zulässig.

Beispiel: Die Zwangsarbeit von Häftlingen ist nicht beendet, wenn die verlangte Anzahl von Spinden geschreinert wurde. Die Insassen können anschließend zum Hofkehren befohlen werden.

Art. 12a [Wehrpflicht, Ersatzdienst]

Vorbemerkung: _____

Der Art. 12a muss vor allem in Zusammenhang mit Art. 115a (Verteidigungsfall) gesehen werden (s. auch die dortige Vorbemerkung).

(1) Männer können vom vollendeten achtzehnten Lebensjahr an zum Dienst in den Streitkräften, im Bundesgrenzschutz oder in einem Zivilschutzverband verpflichtet werden.

Eine *Wehrpflicht* ist verfassungsmäßig nicht vorgeschrieben, denn die *Verfassungsgrundentscheidung* zur bewaffneten Landesverteidigung (Art. 87a) könnte auch mit einer Freiwilligenarmee erfüllt werden. Der Gesetzgeber hat sich aber für die Wehrpflicht entschieden, eingedenk der demokratischen Tradition, die bis auf die französische Revolution zurückgeht. Sie gilt nur für Männer und stellt damit einen starken Gegensatz zum Gleichheitsgrundsatz dar. Das BVerfG hat aber Art. 12a als Spezialbestimmung zu Art. 3 Abs. 2 für verfassungskonform gehalten.

Die Wehrpflicht kann auch durch freiwilligen Dienst im Bundesgrenzschutz (seit 30. Juni 2005 umbenannt in Bundespolizei), im Deutschen Entwicklungsdienst (DED), in der Feuerwehr und beim Technischen Hilfswerk (THW) abgeleistet werden.

(2) Wer aus Gewissensgründen den Kriegsdienst mit der Waffe verweigert, kann zu einem Ersatzdienst verpflichtet werden. Die Dauer des Ersatzdienstes darf die Dauer des Wehrdienstes nicht übersteigen. Das Nähere regelt ein Gesetz, das die Freiheit der Gewissensentscheidung nicht beeinträchtigen darf und auch eine Möglichkeit des Ersatzdienstes vorsehen muß, die in keinem Zusammenhang mit den Verbänden der Streitkräfte und des Bundesgrenzschutzes steht.

Der Abs. 2 bezieht sich auf Art. 4 Abs. 3. Der *Ersatzdienst* ist keine frei wählbare Alternative zum Wehrdienst, sondern solchen Wehrpflichtigen vorbehalten, die aus Gewissensgründen (Art. 4 Abs. 3) den Dienst mit der Waffe verweigern. Der Ersatzdienst kann nicht aus Gewissensgründen verweigert werden. Er dauert länger als der Grundwehrdienst, weil der Wehrpflichtige nach Ablauf seiner Grundwehrdienstzeit zu Wehrübungen einberufen werden kann und einer Verfügungsbereitschaft unterliegt.

Bis Mitte der 60er Jahre galt die Kriegsdienstverweigerung als Abweichung von der Normalität. Danach stieg die Zahl der Verweigerer an und erreicht derzeit eine Höhe von jährlich über 100 000. Der befürchtete „Massenverschleiß des Gewissens" (*Theodor Heuß*) ist endgültig zum Massenphänomen gesellschaftlicher Normalität geworden.

(3) Wehrpflichtige, die nicht zu einem Dienst nach Absatz 1 oder 2 herangezogen sind, können im Verteidigungsfalle durch Gesetz oder auf Grund eines Gesetzes zu zivilen Dienstleistungen für Zwecke der Verteidigung einschließlich des Schutzes der Zivilbevölkerung in Arbeitsverhältnisse verpflichtet werden; Verpflichtungen in öffentlich-rechtliche Dienstverhältnisse sind nur zur Wahrnehmung polizeilicher Aufgaben oder solcher hoheitlichen Aufgaben der öffentlichen Verwaltung, die nur in einem öffentlich-rechtlichen Dienstverhältnis erfüllt werden können, zulässig. Arbeitsverhältnisse nach Satz 1 können bei den Streitkräften, im Bereich ihrer Versorgung sowie bei der öffentlichen Verwaltung begründet werden; Verpflichtungen in Arbeitsverhältnisse im Bereiche der Versorgung der Zivilbevölkerung sind nur zulässig, um ihren lebensnotwendigen Bedarf zu decken oder ihren Schutz sicherzustellen.

Diese Pflicht zur zivilen Dienstleistung erstreckt sich wiederum nur auf Männer, denn nur diese sind wehrpflichtig. Der Einzelne kann auch zu einem normalen zivilen Arbeitsverhältnis verpflichtet werden, allerdings nur für den Verteidigungsfall (Ausnahme: s. Abs. 5).

(4) Kann im Verteidigungsfalle der Bedarf an zivilen Dienstleistungen im zivilen Sanitäts- und Heilwesen sowie in der ortsfesten militärischen Lazarettorganisation nicht auf freiwilliger Grundlage gedeckt werden, so können Frauen vom vollendeten achtzehnten bis zum vollendeten fünfundfünfzigsten Lebensjahr durch Gesetz oder auf Grund eines Gesetzes zu derartigen Dienstleistungen herangezogen werden. Sie dürfen auf keinen Fall zum Dienst mit der Waffe verpflichtet werden.

Der letzte Satz beruht auf einer Verfassungsänderung vom Dezember 2000. Bis dahin war Frauen der Waffendienst prinzipiell untersagt. Die neue Regelung trägt einem Urteil des *Europäischen Gerichtshofes* (EuGH) Rechnung, der in der alten Bestimmung einen Verstoß gegen die europäische *Gleichstellungsrichtlinie* sah. Nun dürfen Frauen nicht nur wie bisher schon

in Sanitäts- und Musikeinheiten Dienst tun, sondern auch in allen Kampf-
truppen. Sie können nach Eignung, Befähigung und Leistung jede militärische Laufbahn einschlagen, allerdings nur auf rein freiwilliger Grundlage.
Knapp formuliert: Sie dürfen alles werden; aber sie müssen nicht.

Generell stellt der Abs. 4 dieses Artikels eine Ausnahmebestimmung dar,
denn er gilt nur für den derzeit höchst unwahrscheinlichen Verteidigungsfall (Abschnitt Xa).

**(5) Für die Zeit vor dem Verteidigungsfalle können Verpflichtungen
nach Absatz 3 nur nach Maßgabe des Artikels 80a Abs. 1 begründet
werden. Zur Vorbereitung auf Dienstleistungen nach Absatz 3, für
die besondere Kenntnisse oder Fertigkeiten erforderlich sind, kann
durch Gesetz oder auf Grund eines Gesetzes die Teilnahme an Aus-
bildungsveranstaltungen zur Pflicht gemacht werden. Satz 1 findet
insoweit keine Anwendung.**

Abs. 5 bleibt unkommentiert; s. Bemerkung zu Art. 80a.

**(6) Kann im Verteidigungsfalle der Bedarf an Arbeitskräften für die
in Absatz 3 Satz 2 genannten Bereiche auf freiwilliger Grundlage
nicht gedeckt werden, so kann zur Sicherung dieses Bedarfs die Freiheit der Deutschen, die Ausübung eines Berufs oder den Arbeitsplatz aufzugeben, durch Gesetz oder auf Grund eines Gesetzes eingeschränkt werden. Vor Eintritt des Verteidigungsfalles gilt Absatz 5
Satz 1 entsprechend.**

Abs. 6 bleibt unkommentiert; s. Vorbemerkung zu Art. 115a.

→ Recht auf informationelle Selbstbestimmung

Art. 13 [Unverletzlichkeit der Wohnung]

Vorbemerkung:

Das *Grundrecht der Unverletzlichkeit der Wohnung* ist ein individuelles
Abwehrrecht gegen alle Organe der öffentlichen Gewalt. Es gilt nicht für
privatrechtliche Beziehungen, regelt also keine Mietverhältnisse und
schafft selbstverständlich keinen Wohnraumanspruch.

Die Absätze 3 bis 6 wurden 1998 unter dem fälschlichen Begriff „Großer
Lauschangriff" neu eingeführt; der bisherige Abs. 3 wurde zu Abs. 7. Die
für die Verfassungsänderung im Bundestag und Bundesrat erforderliche
Zweidrittelmehrheit konnte jeweils nur knapp erreicht werden. Das Aus-
führungsgesetz zu dieser Verfassungsänderung sieht 20 Personengruppen vor, die von jeglichen Abhörmaßnahmen ausgeschlossen bleiben,
darunter Abgeordnete, Ärzte, Geistliche, Journalisten, Rechtsanwälte u. a.

(1) Die Wohnung ist unverletzlich.

Träger dieses Grundrechts ist jeder unmittelbare Besitzer der Wohnung. Das können auch Ausländer oder Kinder sein. Besitzer ist z. B. der Mieter oder ein kurzzeitig dort verweilender Gast. Der Begriff Wohnung ist weit auszulegen. Im Prinzip gehört dazu alles, was generell als räumliche Privatsphäre mit dem Anspruch genutzt wird, dort in Ruhe gelassen zu werden.

Beispiel: Deswegen zählen als Wohnung auch die Nebenräume eines Hauses, ebenso eine Gartenhütte, Segelyacht und ein Hotelzimmer. Dagegen gehört nicht zur Wohnung das Auto oder der Strandkorb. Ebenso gelten Geschäfts- und Ladenräume nicht als Wohnung, genauso wenig wie leerstehende Wohnungen, weil sie nicht Stätte der privaten Lebensentfaltung sind.

Im Gegensatz zu fast allen anderen Grundrechten kann der Berechtigte auf dieses Grundrecht zeitweilig verzichten.

Beispiel: Ein Haus liegt in der Nähe eines Gefängnisses. Der Hausbesitzer räumt der Polizei das Recht ein, jederzeit, auch unangemeldet und während seiner Abwesenheit, auf bloßen Verdacht hin seine Kellerräume nach Ausbrechern zu durchsuchen.

(2) Durchsuchungen dürfen nur durch den Richter, bei Gefahr im Verzuge auch durch die in den Gesetzen vorgesehenen anderen Organe angeordnet und nur in der dort vorgeschriebenen Form durchgeführt werden.

Eine *Durchsuchung* ist das Suchen durch staatliche Organe, z. B. Polizei, nach Personen oder Sachen, die der Wohnungsinhaber freiwillig nicht preisgeben will. Es ist unerheblich, ob damit Zwecke des Straf- oder Zivilprozessrechts verfolgt werden.

Beispiel: Die Polizei sucht in der Wohnung nach einer Diebesbeute, der Gerichtsvollzieher sucht nach pfändbaren Sachen, z. B. goldenen Uhren, und der Steuerfahnder nach Unterlagen, mit denen der dringende Verdacht auf Steuerhinterziehung erhärtet werden kann.

Eine solche Durchsuchung darf im Grundsatz nur von einem Richter angeordnet werden. Er hat unabhängig zu prüfen, ob die gegen den Wohnungsinhaber vorliegenden Verdachtsmomente stark genug sind, um einen so schweren Eingriff wie die Verletzung der Intimsphäre der Wohnung zu rechtfertigen. Das gilt insbesondere für Durchsuchungen während der Nachtzeit. Droht Gefahr, darf jedoch auch ohne richterlichen Befehl in die Wohnung eingedrungen werden (vgl. Art. 104).

Beispiel: Die Polizei verfolgt einen flüchtigen Mordverdächtigen und sieht, wie er sich auf einem Privatgrundstück in einem Wohnwagen zu verstecken versucht. Sie darf sofort und notfalls unter Gewaltanwendung in den Wohnwagen eindringen, obwohl dieser im Gegensatz zum Auto als Wohnung gilt, und den mutmaßlichen Täter festnehmen.

Ein *Durchsuchungsbeschluss* muss spätestens nach einem halben Jahr vollzogen werden, um einen Eingriff in das Grundrecht der Unverletzbarkeit der Wohnung zu rechtfertigen, denn sonst gewährleistet der Richterbeschluss, so das BVerfG, nicht mehr, dass die Durchsuchung erforderlich ist.

(3) Begründen bestimmte Tatsachen den Verdacht, daß jemand eine durch Gesetz einzeln bestimmte, besonders schwere Straftat begangen hat, so dürfen zur Verfolgung der Tat auf Grund richterlicher Anordnung technische Mittel zur akustischen Überwachung von Wohnungen, in denen sich der Beschuldigte vermutlich aufhält, eingesetzt werden, wenn die Erforschung des Sachverhalts auf andere Weise unverhältnismäßig erschwert oder aussichtslos wäre. Die Maßnahme ist zu befristen. Die Anordnung erfolgt durch einen mit drei Richtern besetzten Spruchkörper. Bei Gefahr im Verzuge kann sie auch durch einen einzelnen Richter getroffen werden.

Dieser Abs. 3 Satz 1 dient der Verfolgung besonders schwerer Straftaten durch Einsatz akustischer Mittel, vor allem durch „Wanzen" sowie das Anzapfen der Telefon- und Faxleitungen und durch Personensender, die am Körper verdeckt arbeitender Ermittler befestigt sind. Der schwere Eingriff in die Unverletzbarkeit der Wohnung unterliegt verschärft dem *Grundsatz der Verhältnismäßigkeit* (zum Begriff s. Kommentierung Art. 20 Abs. 3).

Am 3. März 2004 hatte das BVerfG einer Verfassungsbeschwerde im Wesentlichen stattgegeben, nach der die Vorschriften der Strafprozessordnung zur Durchführung der akustischen Wohnraumüberwachung gegen eine ganze Reihe grundgesetzlicher Bestimmungen (Art. 1 Abs. 1; Art. 19 Abs. 4 und Art. 103 Abs. 1) verstößt. Die Anforderungen an die Rechtmäßigkeit einer Wohnraumüberwachung müssen umso strenger sein, je größer das Risiko ist, dass Gespräche „höchstpersönlichen Inhalts" mitgehört werden können. Demnach dürfen die akustischen Mittel nur im Falle der Schwerstkriminalität, also z. B. zur Terrorismusbekämpfung eingesetzt werden. Auch ist eine Überwachung ausgeschlossen, wenn der Verdächtige sich mit nahe stehenden Personen unterhält, die nicht als Tatbeteiligte in Betracht kommen.

Im Klartext kann das bedeuten, dass das Gerät abgeschaltet werden muss, sobald etwa die Ehefrau des Überwachten das Zimmer betritt. Die akustische Wohnraumüberwachung ist damit ein „totes Pferd, das nicht mehr geritten" werden kann. Und wie soll ein Überwacher, der das „Sexgestöhn" (aus einem Abhörbericht) nicht mithören darf, feststellen, wann es beendet ist und eine kriminelle Planung mit anderen Tatverdächtigen beginnt? Allerdings hatte der so genannte große Lauschangriff schon bisher keine zentrale Rolle in der Strafverfolgung gespielt, weil er ein sehr aufwendiges Verfahren ist, das viele Beamte und u. U. auch noch die Hinzuziehung von Dolmetschern erfordert. Von den jährlich rd. 20 Aktionen werden nunmehr nur noch einige wenige bleiben. Das Mithören in einer konspirativen Wohnung, z. B. von islamischen Fundamentalisten, bleibt allerdings ebenso möglich wie das zur Gefahrenabwehr (Art. 13 Abs. 4).

Das Grundrecht der Unverletzlichkeit der Wohnung, das ist das Fazit, enthält einen „Menschenwürdekern" (*Papier*), der zwar im Einzelfall nicht leicht zu bestimmen sei, aber zum unantastbaren Kernbereich der Grundrechte gehöre.

(4) Zur Abwehr dringender Gefahren für die öffentliche Sicherheit, insbesondere einer gemeinen Gefahr oder einer Lebensgefahr, dürfen technische Mittel zur Überwachung von Wohnungen nur auf Grund richterlicher Anordnung eingesetzt werden. Bei Gefahr im Verzuge kann die Maßnahme auch durch eine andere gesetzlich bestimmte Stelle angeordnet werden, eine richterliche Entscheidung ist unverzüglich nachzuholen.

Dieser Absatz regelt den Einsatz akustischer und optischer Mittel zur vorbeugenden Gefahrenabwehr. Zu diesen technischen Mitteln gehören auch Videokameras sowie das Auffangen der Abstrahlungen von Computern.

> **Beispiele:** Lebensgefahr für die von ihrem Ehemann bedrohte Frau; Gefährdung der öffentlichen Sicherheit durch vermuteten Bau einer Sprengbombe (Gemeingefahr).

(5) Sind technische Mittel ausschließlich zum Schutze der bei einem Einsatz in Wohnungen tätigen Personen vorgesehen, kann die Maßnahme durch eine gesetzlich bestimmte Stelle angeordnet werden. Eine anderweitige Verwertung der hierbei erlangten Erkenntnisse ist nur zum Zwecke der Strafverfolgung oder der Gefahrenabwehr und nur zulässig, wenn zuvor die Rechtmäßigkeit der Maßnahme richterlich festgestellt ist; bei Gefahr im Verzuge ist die richterliche Entscheidung unverzüglich nachzuholen.

Diese Sonderregelung dient ausschließlich dem Schutz der Ermittler (s. Bemerkung zu Abs. 3), so dass ein rascher Zugriff möglich ist, wenn z. B. das Risiko besteht, dass sie bei einem fingierten Drogenankauf enttarnt werden und ihnen Gefahr für Leib und Leben droht.

(6) Die Bundesregierung unterrichtet den Bundestag jährlich über den nach Absatz 3 sowie über den Zuständigkeitsbereich des Bundes nach Absatz 4 und, soweit richterlich überprüfungsbedürftig, nach Absatz 5 erfolgten Einsatz technischer Mittel. Ein vom Bundestag gewähltes Gremium übt auf der Grundlage dieses Berichtes die parlamentarische Kontrolle aus. Die Länder gewährleisten eine gleichwertige parlamentarische Kontrolle.

Die Bestimmung dient der Verstärkung der ohnedies vorhandenen *parlamentarischen Kontrolle.*

(7) Eingriffe und Beschränkungen dürfen im übrigen nur zur Abwehr einer gemeinen Gefahr oder einer Lebensgefahr für einzelne Personen, auf Grund eines Gesetzes auch zur Verhütung dringender Gefahren für die öffentliche Sicherheit und Ordnung, insbesondere zur Behebung der Raumnot, zur Bekämpfung von Seuchengefahr oder zum Schutze gefährdeter Jugendlicher vorgenommen werden.

Maßnahmen zur Abwehr einer Gefahr oder zur Wahrung und Wiederherstellung der öffentlichen Sicherheit und Ordnung sind erlaubte Eingriffe und Beschränkungen des Unverletzlichkeitsrechts. Aber auch sie müssen bei Wohnräumen eng begrenzt sein, um jede vermeidbare Störung fernzuhalten. – Bei reinen Geschäfts- und Betriebsräumen ist das Schutzbedürfnis dagegen geringer.

> **Beispiele:** Aus einer Wohnung dringt Gasgeruch; man befürchtet, der Wohnungsinhaber begeht Selbstmord.
>
> Die Feuerwehr dringt in eine brennende Wohnung ein, deren Besitzer verreist sind.

Art. 14 [Eigentum, Erbrecht und Enteignung]

Vorbemerkung:

Die *Eigentumsgarantie* ist ein elementares Grundrecht, das bis auf die französische *Erklärung der Menschen- und Bürgerrechte* von 1789 zurückgeht. Die Eigentumsgarantie schließt die *Garantie des Erbrechts* ein. Damit schreibt die Verfassung aber keine bestimmte Wirtschafts- und Gesellschaftsordnung vor. Gäbe es einen Sozialismus mit Privateigentum auch an Produktionsmitteln, so würde ein solches System nicht allein schon deshalb von vornherein gegen den Art. 14 verstoßen.

(1) Das Eigentum und das Erbrecht werden gewährleistet. Inhalt und Schranken werden durch die Gesetze bestimmt.

Der Satz 1 hat eine Doppelfunktion: Er garantiert zum einen das Eigentum als Freiraum für den Grundrechtsträger, das ist jedes Individuum, und ist zum anderen ein *Rechtsinstitut*, d. h. die grundsätzliche privatrechtliche Eigentumsordnung muss gewährleistet bleiben. Eine *Sozialisierung* (Vergesellschaftung) aller Produktionsmittel ist damit ausgeschlossen. Der Eigentumsbegriff des GG ist erheblich weiter gezogen als der des bürgerlichen Rechts, das darunter nur die *rechtliche Herrschaftsmacht* über Sachen (= körperliche Gegenstände) versteht (§ 903 BGB).

Beispiele: Zum Schutzbereich des Art. 14 gehören auch Geldforderungen, das Recht am geistigen Eigentum (Urheberrechte, Patentrechte) und Rentenansprüche, soweit sie überwiegend auf Eigenleistungen beruhen, wie Ansprüche gegen die gesetzliche Rentenversicherung. – Nicht zum Eigentumsbegriff zählen dagegen z. B. Gewinnchancen in der Lotterie oder Erbschaftserwartungen. Nicht dazu gehören ferner z. B. Ansprüche aus dem Sozialhilfegesetz, Forderungen auf Kindergeld oder Wohngeld. Der Gesetzgeber kann diese Ansprüche ganz oder teilweise streichen, ohne sich einer Grundrechtsverletzung schuldig zu machen. Auch Ansprüche der Beamten auf Pension fallen nicht unter Art. 14, kommen aber auf Grund Art. 33 Abs. 5 (Berufsbeamtentum) in der Wirkung einer Eigentumsgarantie gleich, vgl. Bemerkung zu Art. 33 Abs. 5.

In einem Urteil des BVerfG vom 26. Mai 1993 wurde das *Besitzrecht* des Mieters dem *Eigentumsrecht* des Vermieters gleichgestellt. In den Entscheidungsgründen zu diesem Urteil heißt es: „Das Besitzrecht des Mieters an einer gemieteten Wohnung ist Eigentum i. S. von Artikel 14 Abs. 1 Satz 1 des Grundgesetzes. Der Eigentumsschutz des Mieters unterscheidet sich in seiner Struktur nicht von demjenigen des Vermieters und Eigentümers". Damit hat das Besitzrecht Verfassungsrang wie das Eigentumsrecht erhalten, weil die Wohnung auch für den Mieter „Mittelpunkt der privaten Existenz" sei. – Das Urteil hat für die Rechtsprechung in Mietsachen erhebliche Konsequenzen.

Beispiel: Ein Vermieter muss nicht nur wie bisher schon Eigenbedarf geltend machen, um in den Besitz seiner vermieteten Wohnung zu gelangen; er muss vielmehr einen „ernsthaften, vernünftigen und nachvollziehbaren Erlangungswunsch" äußern. Die zuständigen Fachgerichte müssen dann prüfen, ob das Interesse des Eigentümers an der Wohnung tatsächlich gewichtiger ist als das des Mieters.

Art. 14 Abs. 1 schützt jedoch Geldvermögen nicht vor Entwertung. Auch wenn z. B. Sparguthaben nach einer Inflation effektiv wertlos geworden sind, hat der Betroffene kein einklagbares Recht, Entschädigung zu verlangen.

Alle Schutz- und Beschränkungsbestimmungen des Art. 14 gelten gleichermaßen auch für das Erbrecht. Es gewährt zum einen die Testierfreiheit, d. h. das Recht des Erblassers, sein Vermögen im Erbfall nach Belieben einem anderen zum Eigentum zu überlassen, zum anderen garantiert es dem Erben den Schutz des ererbten Eigentums. Allerdings sind der praktischen Ausübung des Erbrechts erhebliche (zulässige) Einschränkungen auferlegt.

Die Erbschaft- und Schenkungsteuer ist nach Verwandtschaftsgrad und Höhe der Erbmasse gestaffelt und kann bis zu 70 % des Hinterlassenschaftswertes hinwegraffen. Praktisch, wenn auch nicht rechtlich, kommt dies einer tatsächlichen (Teil-)Enteignung gleich. Der Steuerzugriff darf allerdings keinen konfiskatorischen Charakter annehmen. Wo die genaue Grenze liegt, ist offen. Aber das typische Einfamilienhaus z. B. darf nicht so belastet werden, dass die Erben es verkaufen müssen, nur um die fällige Erbschaftsteuer bezahlen zu können.

Auch die gesetzlichen Pflichtteilsansprüche der Kinder, ableitbar aus Art. 6, engen die Testierfreiheit und damit das Erbrecht erheblich ein.

Die gesetzlichen Bestimmungen, wie das Eigentumsrecht ausgeübt werden darf und wo seine u. U. engen Grenzen liegen, können für den Eigentümer erhebliche Wirkung haben. Es gibt keinen anderen GG-Artikel, in dem der Verfassungsgeber ausdrücklich vorschreibt, dass „Inhalt und Schranken durch die Gesetze bestimmt" werden.

Als Grundsatz gilt: Je mehr das Eigentum zur Gestaltung der persönlichen Freiheit und zur Existenzsicherung dient, desto weniger darf eingegriffen werden. Je bedeutsamer das Eigentum auch für die Allgemeinheit oder einzelne andere ist, desto mehr darf die *Eigentumsentfaltung* staatlich reguliert und begrenzt werden. Daraus folgt, dass ein kleines Privatvermögen kaum gesetzlichen Bestimmungen unterworfen und nur gering oder gar nicht besteuert werden darf, aber ein Milliardenvermögen an Produktionsmitteln jedoch erheblichen Beschränkungen unterliegen kann, die über Steuern und vielfältige andere öffentliche Lasten, wie z. B. kostenwirksame Auflagen zum Umweltschutz, bis zu den *Mitbestimmungsrechten* der Arbeitnehmer reichen. Maßgebend ist stets auch die Art des Vermögens.

Beispiel: Wer Eigentümer eines Regenschirms ist, kann als Besitzer dieser Sache darüber nach Belieben verfügen. Anders ist es, wenn jemand einen, sei es auch so kleinen, Bruchteil an dem im Prinzip unvermehrbaren Boden dieses Planeten sein Eigen nennt.

(2) Eigentum verpflichtet. Sein Gebrauch soll zugleich dem Wohle der Allgemeinheit dienen.

Der Absatz bestimmt die sog. *Sozialpflichtigkeit* des Eigentums und ist Teil des *Sozialstaatsgebotes* (Art. 20 Abs. 1). Diese Sozialbindung des Eigentums bestimmt, dass Eigentum nicht nur eine Rolle zum Privatnutz spielt, sondern zugleich auch dem Gemeinnutz dienen soll. Der Grad der sozialen Funktion und damit das Ausmaß der Sozialpflichtigkeit des Eigentums hängt davon ab, welche Bedeutung es außer für den Eigentümer auch noch für andere Personen hat.

Beispiel: Wer seinen Kleiderschrank vorsätzlich im Garten anzündet, begeht allenfalls ein Umweltdelikt, schädigt aber keinen anderen. – Der Fabrikant dagegen, der „seine" Fabrik anzündet, vernichtet damit zugleich Arbeitsplätze.

(3) Eine Enteignung ist nur zum Wohle der Allgemeinheit zulässig. Sie darf nur durch Gesetz oder auf Grund eines Gesetzes erfolgen, das Art und Ausmaß der Entschädigung regelt. Die Entschädigung ist unter gerechter Abwägung der Interessen der Allgemeinheit und der Beteiligten zu bestimmen. Wegen der Höhe der Entschädigung steht im Streitfalle der Rechtsweg vor den ordentlichen Gerichten offen.

Die Grenzen zwischen starker Eigentumsbeeinträchtigung und Enteignung können im Einzelfall fließend sein.

Beispiel: Ein Grundstück wird in Staatseigentum übertragen, weil eine Teilstrecke der geplanten Autobahn teilweise darüberführt. Aber: Ein Grundstückseigentümer wird verpflichtet, einen Fußweg über sein Grundstück zur benachbarten Schule zu dulden, damit die Schulkinder eine verkehrsreiche Straße nicht überqueren müssen.

Eine Enteignung, gleich welcher Art und in welchem Ausmaß, ist grundsätzlich an drei Bedingungen geknüpft:

1. Sie muss dem *Gemeinwohl* dienen, darf also nicht Einzelnen zugute kommen.

Beispiel: Dieser Kerngedanke war eine Grundlage des „Boxberg"-Urteils des BVerfG, nach dem eine Enteignung für eine geplante Teststrecke zu Gunsten eines süddeutschen Automobilunternehmens untersagt wurde, obwohl das Unternehmen die Schaffung neuer Arbeitsplätze während und nach dem Bau der Teststrecke zugesagt hatte.

2. Sie muss letztes Mittel sein, d. h. eine Enteignung ist nur zulässig, wenn es keine anderen verantwortbaren Lösungen gibt.

Beispiel: Ein Abriss von Häusern, um Platz für den Straßenbau zu schaffen, ist nur erlaubt, wenn eine Umgehung ohne wesentlich höhere Kosten unmöglich ist.

3. Der Enteignete muss stets entschädigt werden (sog. *Junktimsklausel*), d. h. keine Enteignung ohne Entschädigung. Die Höhe der Entschädigung richtet sich nach dem Markt- oder Verkehrswert, den der Gegen-

stand zu dem Zeitpunkt hat, an dem der Entschädigungsbescheid zugestellt wird. Die Enteignungsentschädigung soll einen Interessenausgleich darstellen. Der Betroffene darf weder einen Liebhaberpreis, z. B. für seine enteignete Burgruine, erhalten, noch darf die öffentliche Hand sich durch eine zu niedrige Entschädigung bequem bereichern. Es besteht nur ein Anspruch auf Entschädigung für das, was zum Enteignungszeitpunkt vorhanden war, sog. *Bestandsgarantie*. Eine bloße Erwerbschance, (sog. *Erwerbsgarantie*) wird nicht geschützt. Es gibt also keine Entschädigung für entgangene Zukunftsgewinne. Im Streitfall entscheiden die Gerichte.

Beispiel: Ein Friseurmeister, dessen Salon wegen des Baus einer U-Bahn abgerissen wird, und der deshalb in einen anderen Stadtteil umziehen muss, hat nur Anspruch auf den Gegenwert seines Betriebes, nicht aber auf Entschädigung für den Verlust seiner Stammkundschaft.

Nach der Wiedervereinigung am 3. Oktober 1990 erhielt die Eigentumsgarantie des GG eine neue, äußerst brisante Dimension: Viele Bürger der (alten) Bundesrepublik Deutschland fordern Rückgabe oder Entschädigung für die nach dem 8. Mai 1945 erfolgte Enteignung ihrer bebauten und unbebauten Grundstücke in der damaligen sowjetischen Besatzungszone bzw. der späteren DDR.

Am 23. April 1991 hat das BVerfG entschieden, dass die Bestimmungen des Einigungsvertrages, „Enteignungen auf besatzungsrechtlicher oder besatzungshoheitlicher Grundlage aus den Jahren 1945 bis 1949" nicht rückgängig zu machen, keinen Verstoß gegen die Eigentumsgarantie darstellen. Die Urteilsbegründung fußt vor allem auf zwei Argumenten:

1. Enteignungsmaßnahmen in der Sowjetischen Besatzungszone können größtenteils schon deshalb nicht am Grundgesetz gemessen werden, weil es dies zum Zeitpunkt dieser Maßnahmen noch gar nicht gab.

2. Von der Bundesregierung war vorgetragen worden, dass die deutsche Einheit nur unter der Bedingung erreicht werden konnte, dass auf die Rückgängigmachung der Enteignungen verzichtet wurde. Dies habe die damals noch bestehende Sowjetunion so verlangt. Die Wiederherstellung der Einheit Deutschlands aber hat – so das BVerfG – verfassungsrechtlich Vorrang gegenüber der Eigentumsgarantie.

Das von der Bundesregierung behauptete *Junktim* zwischen Verzicht auf Rückgabe und Wiedervereinigung ist inzwischen politisch-historisch heftig umstritten.

Das BVerfG fordert aber zu Gunsten der Betroffenen Entschädigungen, sog. *Ausgleichsleistungen*. Ihre Höhe darf sich jedoch an den finanziellen

Möglichkeiten des Staates unter Berücksichtigung der sonstigen Staatsaufgaben orientieren, also auch erheblich unter dem Wert der enteigneten Güter liegen.

Für Enteignungen nach dem 7. Oktober 1949 (Gründungstag der DDR) galt von Anfang an das – inzwischen aber stark modifizierte – Prinzip „Rückgabe vor Entschädigung". Bei diesen Enteignungen blieb also der Eigentumsschutz unberührt.

Vgl. auch Kommentierung zu Art. 143 Abs. 3.

Art. 15 [Sozialisierung]

Grund und Boden, Naturschätze und Produktionsmittel können zum Zwecke der Vergesellschaftung durch ein Gesetz, das Art und Ausmaß der Entschädigung regelt, in Gemeineigentum oder in andere Formen der Gemeinwirtschaft überführt werden. Für die Entschädigung gilt Art. 14 Abs. 3 Satz 3 und 4 entsprechend.

Dieser *Sozialisierungsartikel* enthält kein Grundrecht, auch wenn er im Grundrechtsabschnitt steht. Er ist historisch als Kompromissausdruck divergierender politischer Zielsetzungen bei der Geburt der Bundesrepublik Deutschland zu verstehen. Er ist praktisch – insbesondere wegen der schlechten Erfahrungen im *Sozialismus* – obsolet (= überholt, veraltet) und wurde noch niemals angewandt. – Auf eine weitergehende Kommentierung wird deshalb verzichtet.

Art. 16 [Ausbürgerung, Auslieferung]

Vorbemerkung:

> Zum Begriff „deutsche Staatsangehörigkeit" s. Bemerkung zu Art. 116 Abs. 1.

(1) Die Deutsche Staatsangehörigkeit darf nicht entzogen werden. Der Verlust der Staatsangehörigkeit darf nur auf Grund eines Gesetzes und gegen den Willen des Betroffenen nur dann eintreten, wenn der Betroffene dadurch nicht staatenlos wird.

„Entziehung" bedeutet Aberkennung der Staatsangehörigkeit und damit *Ausbürgerung*.

Die von der DDR wiederholt ausgeübte Praxis, unliebsamen Bürgern die Staatsangehörigkeit zu entziehen und ihnen damit das Recht zu nehmen, in ihrem Staat zu leben, ist damit ausgeschlossen.

„Verlust" der Staatsangehörigkeit kann freiwillig einmal durch Verzicht geschehen. Insofern ist dieses Grundrecht im Gegensatz zu anderen nicht „unveräußerlich". Zum anderen kann der Verlust durch ein frei gewähltes Handeln entstehen, das eine Abkehr vom deutschen Staatsverband ausdrückt.

Beispiel: Ein Deutscher lebt jahrelang im Ausland und erwirbt auf eigenen Wunsch die fremde Staatsangehörigkeit.

So genannte *Doppelstaatler*, das sind Menschen mit zwei Staatsangehörigkeiten, können vor die Alternative gestellt werden, sich für eine Staatsangehörigkeit zu entscheiden. Wählen sie die fremde, so ist der Verlust der deutschen kein Verstoß gegen Art. 16 Abs. 1. Auf keinen Fall aber darf der Betroffene durch den Verlust seiner Staatsangehörigkeit staatenlos werden.

Beispiel: Eine deutsche Frau heiratet einen US-Bürger und erwirbt die amerikanische Staatsbürgerschaft.

(2) Kein Deutscher darf an das Ausland ausgeliefert werden. Durch Gesetz kann eine abweichende Regelung für Auslieferungen an einen Mitgliedstaat der Europäischen Union oder einen internationalen Gerichtshof getroffen werden, soweit rechtsstaatliche Grundsätze gewahrt sind.

Auslieferung ist jede zwangsweise Überführung einer Person in den Hoheitsbereich eines anderen Staates auf dessen Ersuchen. Das Grundrecht schützt davor nur Deutsche; Ausländer können dagegen z. B. aufgrund eines Rechtshilfeabkommens ausgeliefert werden.

Der zweite Satz stellt eine Ausnahmeregelung vom Grundsatz der Nichtauslieferung dar und wurde als Verfassungsergänzung im Dezember 2000 angehängt. – Voraussetzungen für seine Anwendung sind:

– Die Auslieferung darf nur an einen EU-Staat erfolgen oder

– an einen internationalen Gerichtshof, dessen Statut Deutschland beigetreten ist, und

– das Gerichtsverfahren muss anerkannten rechtsstaatlichen Grundsätzen entsprechen, z. B. den Anspruch auf rechtliches Gehör (vgl. Art. 103 Abs. 1).

Der Antrag der Bundesrepublik Deutschland an einen anderen Staat, gegen einen dort lebenden Deutschen eine im Inland verhängte Strafe zu vollstrecken, verstößt nicht gegen das Auslieferungsverbot. Aber ein Deutscher, der eine im Ausland strafbare Handlung begeht und anschließend in die Bundesrepublik Deutschland flieht, kann und muss in der Bundesrepublik Deutschland verurteilt werden, jedoch nur, wenn diese Tat auch nach deutschem Recht strafbar ist.

> **Beispiel:** Ein Mord, von einem Deutschen in einem Land begangen, das dafür die Todesstrafe verhängen würde, wird in der Bundesrepublik Deutschland mit lebenslänglicher Freiheitsstrafe geahndet, wenn der Täter im Inland gefasst wird. – Dagegen bleibt Devisenschmuggel in der Bundesrepublik Deutschland straffrei, weil im Prinzip jeder Deutsche jede beliebige Menge Auslandsgeld besitzen, transferieren und tauschen darf.

Art. 16a [Asylrecht]

Vorbemerkung:

Das weltweit einmalige deutsche Asylrecht als *Grundrecht* und mit *Rechtsweggarantie* (s. Bemerkungen zu Art. 19 Abs. 4) ist nur historisch aus der Entstehungszeit des Grundgesetzes zu verstehen. Mit dem – nach dem Abs. 1 ursprünglich – bedingungslos, formal jedermann auf der Welt eingeräumten Rechtsanspruch, dass sein Asylbegehren geprüft und er bis zum Abschluss des Prüfungsverfahrens in der Bundesrepublik Deutschland bleiben kann, war von Anfang an die missbräuchliche Nutzung möglich. 1994 überstieg die Zahl der Asylbewerber erstmals 400 000, von denen lediglich 3 % anerkannt wurden (bei Schwarzafrikanern tendiert die Anerkennungsquote sogar gegen 0). Die überwiegende Mehrheit der abgelehnten Bewerber erhielt aber aus humanitären Gründen ein vorläufiges Bleiberecht, das sog. *kleine Asyl*. Vor diesem Hintergrund wurden nach jahrzehntelanger, leidenschaftlich geführter Diskussion 1993 die Absätze 2–4 in die Verfassung eingefügt. Seitdem sank die Zahl der Asylbewerber kontinuierlich auf 50 000 jährlich. Ein Grund für die Verfassungsänderung war auch die Tatsache, dass rd. zwei Drittel aller Asylbewerber der EU Zuflucht in Deutschland suchten; in Frankreich beispielsweise dagegen nur knapp 5 %.

Grundgedanke der Neufassung mit seinem erkennbaren Kompromisscharakter ist, das Asylrecht in seinem Kern zu erhalten, aber die missbräuchliche Nutzung einzuschränken und, soweit sie als solche erkannt wird, rascher mit einer effektiven Abschiebung reagieren zu können.

Der Art. 16a ist das einzige Grundrecht der Bundesrepublik Deutschland, das naturgemäß nicht für Deutsche gilt. Es gibt keine andere Verfassung in der Welt, in der ein Grundrecht ausschließlich für Ausländer festgeschrieben ist.

(1) Politisch Verfolgte genießen Asylrecht.

Der Wortlaut ist identisch mit dem bisherigen Art. 16 Abs. 2 Satz 2. – Der Begriff „Politisch Verfolgte" ist sehr weit auszulegen. Es bedarf dazu nicht einmal eines bestimmten aktiven Handelns. Nach der auch von der Bundesrepublik Deutschland unterzeichneten Genfer Flüchtlingskonvention von 1951 gehören zu politisch Verfolgten alle, die wegen ihrer Rasse, Religion, Nationalität, Zugehörigkeit zu einer sozialen oder ethnischen Gruppe oder politischer Überzeugung von Gefahr für Leib und Leben bedroht sind.

Unter Verfolgung sind Maßnahmen zu verstehen, die gesetzlich unerlaubt oder mit rechtsstaatlichen Prinzipien unvereinbar sind, z. B. Ausschluss von staatlichen Vergünstigungen wegen Zugehörigkeit zu einer bestimmten Religion. Eine politische Verfolgung liegt aber z. B. nicht vor, wenn Männer einer bestimmten Altersgruppe zum Wehrdienst einberufen werden.

Die Merkmale für die Anerkennung als politisch Verfolgter sind:

– Die Verfolgung muss von staatlichen Organen ausgehen oder von Organisationen, die mit offener oder stillschweigender Billigung des Staates arbeiten.

– Die Verfolgung muss gegenwärtig zu befürchten sein und mit hoher Wahrscheinlichkeit eintreten.

– Der Asylbewerber muss selbst verfolgt sein; eine familiäre oder freundschaftliche Verbundenheit mit einem Verfolgten genügt für sich allein nicht.

– Die Verfolgungsmaßnahmen müssen intensiv sein; bloße Schikanen und Belästigungen reichen nicht aus.

– Schließlich muss die Gefahr für Leben und Freiheit über das hinausgehen, was die Bewohner des Heimatstaates auf Grund des dort herrschenden Systems allgemein hinzunehmen haben.

Wirtschaftliche Misswirtschaft oder soziales Elend wie in Afrika, soweit dies nicht vorsätzlich durch Verfolgungsmaßnahmen herbeigeführt wurde, ebenso Naturkatastrophen oder Krieg und seine Auswirkungen können allenfalls ein *Duldungsrecht* schaffen, aber keine Anerkennung als politischer Flüchtling.

Der Asylsuchende kann seinen Anspruch erst geltend machen, wenn er das deutsche Staatsgebiet erreicht hat. Zwischen Verfolgung und Flucht muss ein ursächlicher Zusammenhang bestehen. Allerdings kann ein Ausländer auch nachträglich erfolgreich Asyl begehren, wenn inzwischen ohne sein Zutun in seinem Heimatland Umstände eingetreten sind, die eine politische Verfolgung nach seiner Rückkehr befürchten lassen (sog. *objektive Nachfluchttatbestände*).

> **Beispiel:** Ein Ausländer weilt zu Besuch in der Bundesrepublik Deutschland. Während dieser Zeit wird die demokratische Regierung seines Heimatlandes durch eine Militärjunta gewaltsam gestürzt, deren Anführer er jahrelang politisch bekämpft hat.

Von diesen Gründen sind die subjektiven, vom Asylbewerber selbst geschaffenen Nachfluchttatbestände zu unterscheiden, die keinen Asylanspruch begründen.

Beispiel: Erst nach dem Verlassen seines Heimatlandes schließt sich der Ausländer einer seiner Regierung feindlich gesonnenen Extremistengruppe an.

Die Aberkennung des einmal gewährten Asylrechts ist möglich, aber nicht vorgeschrieben, wenn im Heimatland inzwischen die Gründe für eine Verfolgung dauerhaft weggefallen sind.

Die nachfolgende Fassung mit den neu eingeführten Abs. 2 bis 5 ist vierzigmal so lang wie die Urfassung (!). Der Bundesverfassungsrichter Dieter Grimm nennt die neue Formulierung des Asylrechts „ein abschreckendes Beispiel dafür, wie der Grundsatzcharakter der Verfassung missachtet und die Differenz zwischen verfassungsrechtlich garantiertem Prinzip und politischer Ausgestaltung durch Gesetz und Verordnung eingeebnet wird". – In der Tat gleicht der Text auch stilistisch mehr einem Ministerialerlass denn einer Verfassung.

(2) Auf Absatz 1 kann sich nicht berufen, wer aus einem Mitgliedstaat der Europäischen Gemeinschaften oder aus einem anderen Drittstaat einreist, in dem die Anwendung des Abkommens über die Rechtsstellung der Flüchtlinge und der Konvention zum Schutz der Menschenrechte und Grundfreiheiten sichergestellt ist. Die Staaten außerhalb der Europäischen Gemeinschaften, auf die die Voraussetzungen des Satzes 1 zutreffen, werden durch Gesetz, das der Zustimmung des Bundesrates bedarf, bestimmt. In den Fällen des Satzes 1 können aufenthaltsbeendende Maßnahmen unabhängig von einem hiergegen eingelegten Rechtsbehelf vollzogen werden.

Das ist die sog. *Drittstaatenregelung*. Dabei sind zwei Gruppen sicherer Drittstaaten zu unterscheiden:

– *Mitgliedstaaten der EU*. Wer aus ihnen einreist, hat prinzipiell keinen Asylanspruch.

– *Andere sichere Drittstaaten*, die durch Gesetz bestimmt werden, z. B. Norwegen, Schweiz.

Damit ist die Bundesrepublik Deutschland nur von sicheren Drittstaaten umgeben, so dass praktisch die asylbegehrende Einreise aus oder über (der Verfassungswortlaut ist hier irreführend) die Deutschland umgebenden Staaten ausgeschlossen ist. Es genügt allerdings nicht, wenn der Bewerber per Schiff oder Flugzeug einreist und in einem dieser Drittstaaten bei einem Zwischenaufenthalt, z. B. im Transitbereich des Flughafens, nicht die Möglichkeit hatte, dort einen Asylantrag zu stellen.

(3) Durch Gesetz, das der Zustimmung des Bundesrates bedarf, können Staaten bestimmt werden, bei denen auf Grund der Rechtslage, der Rechtsanwendung und der allgemeinen politischen Verhältnisse gewährleistet erscheint, daß dort weder politische Verfolgung noch unmenschliche oder erniedrigende Bestrafung und Behandlung stattfindet. Es wird vermutet, daß ein Ausländer aus einem solchen Staat nicht verfolgt wird, solange er nicht Tatsachen vorträgt, die die Annahme begründen, daß er entgegen dieser Vermutung politisch verfolgt wird.

Der Absatz gibt die Möglichkeit, *verfolgungsfreie Herkunftstaaten* zu bestimmen. Zu ihnen gehören beispielsweise Bulgarien, Rumänien, Tschechische Republik und Ungarn. Bei der Einreise aus diesen Staaten muss der Asylbewerber die Vermutung widerlegen, nicht verfolgt zu sein.

(4) Die Vollziehung aufenthaltsbeendender Maßnahmen wird in den Fällen des Absatzes 3 und in anderen Fällen, die offensichtlich unbegründet sind oder als offensichtlich unbegründet gelten, durch das Gericht nur ausgesetzt, wenn ernstliche Zweifel an der Rechtmäßigkeit der Maßnahme bestehen; der Prüfungsumfang kann eingeschränkt werden und verspätetes Vorbringen unberücksichtigt bleiben. Das Nähere ist durch Gesetz zu bestimmen.

Vereinfachend gerafft ist das Asylbewerbungsverfahren wie folgt geregelt:

1. Einreise über ein EU-Land oder sicheres Drittland:

    Bewerber kann sich nicht auf Art. 16a Abs. 1 berufen. Sofortige Abweisung, Klage dagegen ist nur aus dem Ausland möglich.

2. Direkte Einreise per Flugzeug oder Schiff.

2.1 Der Bewerber kommt aus einem Land, in dem politische Verfolgung möglich ist:

    – Normales Asylverfahren; bei Verfolgungsnachweis Anerkennung, sonst Ablehnung.

    – Verkürztes Verfahren bei offensichtlich unbegründetem Antrag; bei Ablehnung rasche Abschiebung.

2.2 Der Bewerber kommt aus einem Nichtverfolgerstaat:

    Verkürztes Verfahren, i. d. R. Ablehnung, es sei denn, dass der Nachweis der Verfolgung gelingt. Klage gegen Abschiebung hat nur dann aufschiebende Wirkung, wenn das Gericht ernsthafte Zweifel an der Rechtmäßigkeit der Abschiebung hat.

3. Illegale Einreise:

   Verkürztes Verfahren im Sammellager; bei mangelnder Mitwirkung am Verfahren, z.B. Verschweigen des Fluchtweges, gilt Antrag als unglaubwürdig und wird abgelehnt. Gegen Ablehnung ist binnen einer Woche Klage möglich, dann Verfahren wie unter Ziff. 2.2.

(5) Die Absätze 1 bis 4 stehen völkerrechtlichen Verträgen von Mitgliedstaaten der Europäischen Gemeinschaften untereinander und mit dritten Staaten nicht entgegen, die unter Beachtung der Verpflichtungen aus dem Abkommen über die Rechtsstellung der Flüchtlinge und der Konvention zum Schutze der Menschenrechte und Grundfreiheiten, deren Anwendung in den Vertragsstaaten sichergestellt sein muß, Zuständigkeitsregelungen für die Prüfung von Asylbegehren einschließlich der gegenseitigen Anerkennung von Asylentscheidungen treffen.

Die Bestimmung hat vor allem die Funktion, das neue Asylrecht „europasicher" zu gestalten. Eine europäische Regelung, z.B. das Schengener Abkommen, hat Vorrang gegenüber dem deutschen Recht, sofern nicht wesentliche Inhalte der neuen Grundrechtsbestimmung tangiert werden.

Art. 17 [Petitionsrecht]

Vorbemerkung:

Das Petitionsrecht hat historische Vorläufer, die bis ins ausgehende Mittelalter reichen. Im Absolutismus war es ein Gnadenakt des Fürsten, seine Untertanen anzuhören. Das Petitionsrecht hat allgemein auch die Funktion des „Herzausschüttenkönnens" (*Herzog*).

Jedermann hat das Recht, sich einzeln oder in Gemeinschaft mit anderen schriftlich mit Bitten oder Beschwerden an die zuständigen Stellen und an die Volksvertretung zu wenden.

Im Unterschied zum Gnadenakt beinhaltet Art. 17 ein für jedermann auch gemeinschaftlich zustehendes Recht, „Bitten und Beschwerden" vorzubringen und eine Antwort zu verlangen. Eine bloße Empfangsbestätigung genügt nicht. Andererseits braucht eine Ablehnung nur kurz begründet zu werden.

Das Einlegen von Rechtsmitteln, z.B. Berufung nach einem Strafurteil, ist keine Petition, diese kann aber parallel dazu erfolgen. – Die Bittschrift (= Petition) kann an jede „zuständige Stelle" gesandt werden, z.B. an die Polizei, also nicht nur an die Volksvertretungen, die dafür besondere Petitionsausschüsse eingesetzt haben (s. Art. 45c). Ist die angerufene Behörde nicht zuständig, so hat sie die Petition an die zuständige Stelle weiterzugeben.

Eine Petition muss schriftlich abgefasst und unterschrieben werden. Anonyme Petitionen sind rechtlich und sachlich bedeutungslos. Die Petition ist zwar *fristlos* und *formlos*, aber sie erhält nicht stets auch noch das dritte „f" wie angeblich eine Dienstaufsichtsbeschwerde, nämlich *fruchtlos*. Die Bittschrift darf kein gesetzeswidriges Verhalten fordern oder einen erpresserischen Inhalt haben. Beleidigungen sind ebenfalls unzulässig, allerdings wird dabei ein großzügiger Maßstab angelegt, weil sonst das Beschwerderecht eingeengt werden könnte. Die Petition muss sich auf ein konkretes Begehren oder einen bestimmten missbilligten Vorgang beziehen. Allgemeine Nörgelei, Tadel oder Lob sind keine Petition. Eine Petition braucht sich ferner nicht auf eigene Angelegenheiten zu erstrecken, sondern kann durchaus auch Belange des *Allgemeinwohls* zum Inhalt haben.

> **Beispiel:** Bibelzitate wie „Tut Buße" oder „Du sollst nicht lügen" sind für sich allein keine Petition. Sie liegt aber vor, wenn das Parlament aufgefordert wird, die „unerträglich" hohen Einkommensteuern zu senken oder bei einer Beschwerde über die Unfreundlichkeit der Dame im Vorzimmer des Präsidenten der Oberfinanzdirektion.

Beamte haben bei Petitionen, sofern diese sich auf dienstliche Angelegenheiten erstrecken, den Dienstweg einzuhalten. Für Soldaten gilt die Sonderregelung des Art. 17a.

Art. 17a [Wehrdienst, Ersatzdienst]

Vorbemerkung:

Dieser Artikel enthält kein selbstständiges Grundrecht, sondern zusätzliche, über die allgemeinen Schranken eines Grundrechts hinausgehende Beschränkungen.

(1) Gesetze über Wehrdienst und Ersatzdienst können bestimmen, daß für die Angehörigen der Streitkräfte und des Ersatzdienstes während der Zeit des Wehr- oder Ersatzdienstes das Grundrecht, seine Meinung in Wort, Schrift und Bild frei zu äußern und zu verbreiten (Artikel 5 Abs. 1 Satz 1 erster Halbsatz), das Grundrecht der Versammlungsfreiheit (Artikel 8) und das Petitionsrecht (Artikel 17), soweit es das Recht gewährt, Bitten oder Beschwerden in Gemeinschaft mit anderen vorzubringen, eingeschränkt werden.

Die abschließende, d. h. vollständige Aufzählung (das sog. *Enumerationsprinzip*) möglicher Einschränkungen bedeutet im Grundsatz eine Bestandsgarantie der Grundrechte auch für Soldaten. Damit wird dem Leitbild des

„Bürgers in Uniform" entsprochen, der auch als Soldat Staatsbürger mit allen, wenn auch teilweise eingeschränkten, Rechten und Pflichten bleibt. Der Art. 17a gilt nur für die aktiven Wehr- oder Ersatzdienstleistenden, also nicht für Reservisten.

Die Einschränkungen gelten für folgende Bereiche:

– *Meinungsfreiheit.*

> **Beispiel:** Der Soldat darf in der Kasernenstube seine politische Meinung frei äußern, muss aber dabei die Pflicht zur Kameradschaft beachten. Er darf jedoch nicht am schwarzen Brett eine Aufforderung zur Wehrdienstverweigerung anbringen.

– *Versammlungsfreiheit.* Von der Möglichkeit, den Besuch von Versammlungen gesetzlich zu verbieten, ist bisher kein Gebrauch gemacht worden. Es ist kein Grundrechtsverstoß, wenn das Tragen von Uniformen bei parteipolitischen Versammlungen verboten wird. Die Versammlungsfreiheit (Art. 8) schließt nicht das Recht ein, dieses Grundrecht in Uniform auszuüben.

– *Petitionsrecht.* Die Einschränkung bezieht sich nur auf die gemeinschaftlich vorgebrachte Beschwerde oder Bitte. Im Übrigen gilt für Soldaten die Spezialregelung des Art. 45b (*Wehrbeauftragter*). Eine gemeinschaftlich verfasste Petition könnte leicht in die Nähe der nach dem Soldatengesetz strafbaren *Meuterei* geraten.

(2) Gesetze, die der Verteidigung einschließlich des Schutzes der Zivilbevölkerung dienen, können bestimmen, daß die Grundrechte der Freizügigkeit (Artikel 11) und der Unverletzlichkeit der Wohnung (Artikel 13) eingeschränkt werden.

Der Gesetzgeber hat von dieser Ermächtigung z. B. im Soldatengesetz Gebrauch gemacht, denn gem. § 18 dieses Gesetzes ist der Soldat verpflichtet, in der Gemeinschaftsunterkunft Quartier zu nehmen, und kann sich insoweit nicht auf das *Freizügigkeitsrecht* (Art. 11) berufen.

Im Übrigen ist diese Bestimmung weit auszulegen und gibt z. B. Soldaten das Recht, im Rahmen eines Manövers Privatgrundstücke zu betreten, wenn dies zur Erfüllung des Übungszweckes notwendig ist.

Art. 18 [Verwirkung von Grundrechten]

Wer die Freiheit der Meinungsäußerung, insbesondere die Pressefreiheit (Artikel 5 Abs. 1), die Lehrfreiheit (Artikel 5 Abs. 3), die Versammlungsfreiheit (Artikel 8), die Vereinigungsfreiheit (Artikel 9), das Brief-, Post- und Fernmeldegeheimnis (Artikel 10), das Eigentum

(Artikel 14) oder das Asylrecht (Artikel 16a Abs. 2) zum Kampfe gegen die freiheitliche demokratische Grundordnung mißbraucht, verwirkt diese Grundrechte. Die Verwirkung und ihr Ausmaß werden durch das Bundesverfassungsgericht ausgesprochen.

Diese Verfassungsbestimmung enthält kein Grundrecht, sondern ist Ausdruck der „streitbaren Demokratie", geboren aus der Erfahrung der Weimarer Republik, und ist in der Verfassungsgeschichte neu. Sie drückt den Willen der demokratischen Ordnung aus, sich gegen ihre inneren Feinde zu verteidigen. Der Selbstbehauptungswille und der Kerngedanke des Art. 18 werden in dem Motto „Keine Freiheit für die Feinde der Freiheit" trefflich erfasst.

Der Katalog der Grundrechte, die bei missbräuchlicher Nutzung zu ihrer Verwirkung führen können, ist vollständig. Der Missbrauch anderer Grundrechte ist i. S. des Art. 18 unerheblich.

Auch schärfste innenpolitische Auseinandersetzungen sind legitim. Eine Grundrechtsverwirkung ist nur möglich, wenn die Grundrechte zum aggressiven Kampf gegen die „freiheitlich-demokratische Grundordnung" missbraucht werden.

Im Gegensatz zum üblichen Sprachgebrauch spricht das GG nach einem Urteil des BVerfG stets nur von „freiheitlich demokratischer Grundordnung", wenn folgende Merkmale erfüllt sind:

– Recht der Persönlichkeit auf Leben und freie Entfaltung,

– Volkssouveränität,

– Gewaltenteilung,

– Verantwortlichkeit der Regierung,

– Gesetzmäßigkeit der Verwaltung,

– Unabhängigkeit der Gerichte,

– Mehrparteiensystem,

– Chancengleichheit für alle Parteien,

– Recht auf Opposition.

Beispiel: Ein Wahlkampfaufruf „Nieder mit der xyz-Partei" ist kein Missbrauch des Grundrechts auf freie Meinungsäußerung, wohl aber die Aufforderung „Alle Macht den Räten!", weil damit das Gewaltenteilungsprinzip beseitigt würde.

Die Gründung einer „Volksbewegung" zum Verbot des Autofahrens missbraucht nicht die Vereinigungsfreiheit, wohl aber ein „Kampfbund" zur Errichtung einer Diktatur.

„Verwirkung" bedeutet nicht, dass der Betroffene diese Grundrechte nicht mehr ausüben kann, er verliert lediglich den Grundrechtsschutz, z. B. bei Maßnahmen der Polizei gegen ihn.

Art und Reichweite der Verwirkung von Grundrechten kann nur das BVerfG aussprechen. Diese hohe Barriere gibt dem Art. 18 eine geringe praktische Bedeutung. Bisher haben nur vier Verfahren vor dem BVerfG stattgefunden; in keinem Fall hat das Gericht eine *Grundrechtsverwirkung* ausgesprochen.

> **Beispiel:** Im Verfahren gegen *Dr. Gerhard Frey*, den späteren Vorsitzenden der rechtsextremen DVU, urteilte das BVerfG 1974, dass es vor allem auf „die Gefährlichkeit des Antragsgegners (*Frey*) im Blick auf die Zukunft" ankomme. Die in dessen Zeitschrift propagierten Thesen stellten keine „ernsthafte Gefahr mehr da" und fänden auch keine „politisch bedeutsame Resonanz".

Art. 19 [Einschränkung von Grundrechten]

Vorbemerkung:

Art. 19 ist inhaltlich kein eigenständiges Grundrecht, sondern enthält eine Garantie, die dem Schutz der Grundrechte dient. In diesen Schutzbereich fallen auch die sog. *justiziellen Grundrechte* (Art. 101 und 103).

⌐S 1 = Verbot des Einzelfallgesetzes (→ Schranken-Schranken) ←

(1) Soweit nach diesem Grundgesetz ein Grundrecht durch Gesetz oder auf Grund eines Gesetzes eingeschränkt werden kann, muß das Gesetz allgemein und nicht nur für den Einzelfall gelten. Außerdem muß das Gesetz das Grundrecht unter Angabe des Artikels nennen.

Nur solche Grundrechte dürfen eingeschränkt werden, die einen *Gesetzes-* *S 2 =* *vorbehalt* aufweisen, bei denen als im Grundrecht selbst die Möglichkeit *„Zitier-* zum regelnden und damit einschränkenden Gesetz eingeräumt ist. Dazu *gebot"* gehören Art. 2 Abs. 2 Satz 3; Art. 6 Abs. 3; Art. 8 Abs. 2; Art. 10 Abs. 2; Art. 11 Abs. 2; Art. 13 Abs. 3 und Art. 16 Abs. 1 Satz 2. – Alle anderen Grundrechtsartikel sind nicht antastbar.

Grundrechtseinschränkungen i. S. des Art. 19 Abs. 1 liegen nicht vor bei der sog. *Schrankentrias* (= die Dreiergruppe der Grundrechtsschranken) des Art. 2 Abs. 1, auch nicht beim Hinweis auf die allgemeinen Gesetze (Art. 5 Abs. 2). Art. 19 Abs. 1 gilt ferner nicht bei den übrigen *gesetzlichen Inhalts- und Schrankenbestimmungen*, die der Verfassungsgeber dem Gesetzgeber von vornherein eingeräumt hat (Art. 12 Abs. 1 Satz 2; Art. 14 Abs. 1 und Art. 14 Abs. 3 jeweils Satz 2 und Art. 15 Satz 1). Eine Grundrechtseinschränkung liegt ferner bei einem reinen *Verfahrensgesetz* nicht vor, das auf Grund einer Verfassungsbestimmung erlassen wurde. Ein solches Gesetz regelt lediglich, wie ein Grundrecht praktisch ausgeübt werden soll (z. B. Art. 4 Abs. 3 Satz 2), ist also keine Beschränkung des Grundrechts.

Ein *Individualgesetz* zur Grundrechtseinschränkung ist unzulässig. Das Gesetz muss stets so abstrakte Merkmale haben, dass es auf eine nicht näher zu bestimmende Vielzahl von Fällen zutrifft oder zutreffen kann.

> **Beispiel:** *Individualgesetz*
>
> Ein Gesetz, das nur dem Vorsitzenden einer aufkommenden, dem Parlament missliebigen Partei die Freizügigkeit (Art. 11) einschränkt, wäre verfassungswidrig.

Art. 19 Abs. 1 enthält ferner das sog. *Zitiergebot*, d. h. der Gesetzgeber muss ausdrücklich das Grundrecht nennen, das eingeschränkt werden soll. Damit sollen Grundrechtsänderungen transparent gemacht werden. Diese Bestimmung kann auch als eine Art Warnschuss an den Gesetzgeber aufgefasst werden, sich bewusst zu machen, was er tut, wenn er ein Grundrecht begrenzt. Einschränkende Gesetze müssen das betreffende Grundrecht jedoch nur dann ausdrücklich nennen, wenn das Gesetz die Schranken verengt, die von vornherein in jedem Grundrecht selbst enthalten sind.

> **Beispiel:** Eine etwaige bundeseinheitliche gesetzliche Regelung, in welchen Fällen die Polizei bei einer lebensbedrohenden Geiselnahme von der Schusswaffe Gebrauch machen darf, ist keine Grundrechtseinschränkung des Art. 2, denn es gibt kein unbegrenztes Recht auf Lebensentfaltung zu Lasten anderer.

(2) In keinem Falle darf ein Grundrecht in seinem Wesensgehalt angetastet werden.

Was zum „Wesensgehalt" eines Grundrechts gehört, ist in allgemeiner Form kaum bestimmbar. Es kann nur von Fall zu Fall höchstrichterlich entschieden werden. In Verbindung mit Art. 79 kommt in dieser Bestimmung ein Misstrauen gegenüber dem Gesetzgeber zum Ausdruck, jedenfalls wird seine grundsätzliche gesetzgeberische Freiheit damit begrenzt. Kein Grundrecht darf aufgehoben oder entscheidend eingeengt werden. Die Kernsubstanz darf vom Gesetzgeber auch bei völliger Ausschöpfung seines Ermessensspielraums nicht angetastet werden.

> **Beispiel:** Mit einem Vermummungsverbot bei Demonstrationen wird das Grundrecht des Art. 8 Abs. 2 sicherlich nicht verletzt, es hindert den Teilnehmer ja nicht an der Ausübung seines Rechtes. Das Kernrecht der Versammlungsfreiheit bleibt erhalten. Anders wäre es, wenn an einer Kundgebung z. B. nur Personen teilnehmen dürfen, die im Umkreis von 500 Metern wohnen; die anderen könnten ihr Recht dann praktisch nicht ausüben.

(3) Die Grundrechte gelten auch für inländische juristische Personen, soweit sie ihrem Wesen nach auf diese anwendbar sind.

Grundrechtsträger sind zunächst alle natürlichen Personen. Dabei ist zu unterscheiden zwischen *Grundrechten für Deutsche*, z. B. nach Art. 8 und 9, und *Jedermann-Grundrechten*, z. B. Art. 1 bis 6. Grundrechte gelten, soweit anwendbar, auch für *juristische Personen*.

Für diese Personengruppe sind zwei Arten zu unterscheiden:

– *Juristische Personen des Privatrechts.* Für sie hat das BVerfG den Begriff juristische Person weit gefasst, so gehören dazu nicht nur die eingetragenen Vereine (e. V.) oder die Kapitalgesellschaften wie z. B. AG, GmbH, sondern auch *nichtrechtsfähige Vereinigungen*, sofern sie zu eigener Willensbildung fähig sind, also z. B. die Handelsgesellschaften OHG und KG.

Für diese weit gefasste Kategorie der inländischen (!) juristischen Personen gelten folgende Grundrechtsartikel: Art. 2 Abs. 1; Art. 3 Abs. 1; Art. 4 Abs. 1; Art. 5 Abs. 1 und 3; Art. 7 Abs. 4; Art. 8; Art. 9 Abs. 1 und 3; Art. 10 Abs. 1; Art. 11 Abs. 1; Art. 12 Abs. 1; Art. 13; Art. 14; Art. 17 und Art. 19.

Auf juristische Personen sind naturgemäß die folgenden Grundrechtsartikel nicht anwendbar: Art. 1 Abs. 1; Art. 2 Abs. 2; Art. 3 Abs. 2; Art. 4 Abs. 3; Art. 6; Art. 12 Abs. 3; Art. 12a und Art. 16a.

Beispiel: Eine Aktiengesellschaft genießt die Eigentumsgarantie des Art. 14, aber nicht den Schutz der Glaubensfreiheit des Art. 4 Abs. 1, weil die AG als juristische Person im Gegensatz zu den Aktionären keine religiöse Überzeugung haben kann.

– Die Grundrechte gelten dagegen nicht für *juristische Personen des öffentlichen Rechts* wie *Gebietskörperschaften*, z. B. Gemeinden und Anstalten des öffentlichen Rechts, wie Staatliche Seminare zur Lehrerausbildung. Sie handeln im Auftrag des Staates, sind also nicht Anspruchsberechtigte, sondern gegenüber den Grundrechtsträgern *Grundrechtsverpflichtete*, d. h. sie müssen die Grundrechte gem. Art. 1 Abs. 1 schützen.

Eine Sonderregelung gilt für die öffentlich-rechtlich organisierten Religions- und Weltanschauungsgemeinschaften, da sie nicht zum staatlichen Bereich gehören. Sie genießen Grundrechtsschutz nach Art. 3, Art. 4 und Art. 14.

Nur ausnahmsweise können sich juristische Personen des öffentlichen Rechts auf Grundrechte berufen.

Beispiel: Universitäten können für sich Art. 5 Abs. 3, die öffentlich-rechtlichen Rundfunkanstalten Art. 5 Abs. 1 Satz 2 in Anspruch nehmen.

(4) Wird jemand durch die öffentliche Gewalt in seinen Rechten verletzt, so steht ihm der Rechtsweg offen. Soweit eine andere Zuständigkeit nicht begründet ist, ist der ordentliche Rechtsweg gegeben. Artikel 10 Abs. 2 Satz 2 bleibt unberührt.

Art. 19 Abs. 4 enthält ein *formelles Hauptgrundrecht*, d. h. jeder hat das förmliche Recht, die Gerichte anzurufen, um dort *Rechtsschutz* zu finden. Zu diesem Recht gehört auch, dass Rechtsuchenden der Zugang zu den Gerichten nicht durch zu hohe finanzielle und bürokratische Hürden unzumutbar erschwert wird oder kaum einhaltbare kurze Fristen ihm das Einlegen von Rechtsmitteln praktisch unmöglich machen. Auch hier ist der *Grundsatz der Verhältnismäßigkeit* von der staatlichen Gewalt strikt zu wahren.

Zur „öffentlichen Gewalt" zählen alle Vollzugshandlungen der Exekutive; dagegen gehören die Legislative und Rechtsprechung i. S. des Art. 19 Abs. 4 Satz 1 nicht dazu. Voraussetzung für die Anwendung von Art. 19 Abs. 4 ist, dass jemand in seinen eigenen Rechten verletzt wird. Eine *Verbands- oder Popularklage* gewährleistet das GG nicht, andererseits wäre sie gesetzgeberisch durchaus realisierbar.

Beispiel: Der Bund für Umwelt und Naturschutz kann als Verein nicht wegen einer Flussvergiftung klagen, wohl aber ein einzelnes Mitglied, das sich in seinem gem. Art. 2 Abs. 2 garantierten Grundrecht verletzt fühlt, weil dieses Mitglied an dem durch chemische Abwässer verunreinigten Fluss wohnt. Selbstverständlich kann der Umweltbund für das Vereinsmitglied die kostenlose Vertretung im Rechtsprozess übernehmen.

Art. 19 Abs. 4 gewährleistet einen lückenlosen richterlichen Schutz. Wenn sich andere Gerichtszweige, z. B. Finanzgerichte oder Verwaltungsgerichte, für unzuständig erklären sollten, bleibt der *ordentliche Rechtsweg* offen, d. h. zum Beispiel die Klage beim örtlichen Amtsgericht. In der Praxis aber sind die Verwaltungsgerichte für alle Klagen gegen die öffentliche Verwaltung zuständig.

Im modernen Staat darf sich der Bürger normalerweise sein Recht nicht selbst verschaffen; *Selbsthilfe* ist nur statthaft, wenn staatliche Hilfe nicht rechtzeitig zu erlangen ist und ohne sofortiges Eingreifen die Gefahr besteht, dass sein Anspruch nicht oder nur schwer verwirklicht werden kann.

Beispiel: Ein Gläubiger hindert einen Großschuldner, sich in letzter Minute per Flugzeug in ein Land abzusetzen, in dem die Beitreibung der Schulden praktisch unmöglich ist.

Auch vorbeugender Rechtsschutz ist möglich, d. h. bevor der Betroffene durch die Ausführung eines Gesetzes in seinem Grundrecht tatsächlich verletzt wird, wenn z. B. schwere Nachteile entstünden, die nachträglich nicht mehr beseitigt werden können.

Beispiel: Das BVerfG hat in seiner Entscheidung zum Gesetz über die *Volkszählung* von 1983 eine Reihe von Fragen als unvereinbar mit dem Recht auf *informationelle Selbstbestimmung* erklärt (s. Bemerkung zu Art. 2 Abs. 2), bevor das Volkszählungsgesetz überhaupt angewandt wurde.

Der Bund und die Länder

II

Art. 20   Demokratische,
           rechtsstaatliche Verfassung 86
Art. 20a   Umweltschutz 94
Art. 21   Parteien 95
Art. 22   Bundeshauptstadt, Bundesflagge 98
Art. 23   Europäische Union 99
Art. 24   Supranationale Einrichtungen 102
Art. 25   Regeln des Völkerrechts 105
Art. 26   Angriffskrieg, Kriegswaffen 106
Art. 27   Handelsflotte 107
Art. 28   Länder und Gemeinden 107
Art. 29   Neugliederung des Bundesgebiets 109
Art. 30   Funktionen der Länder 112
Art. 31   Vorrang des Bundesrechts 113
Art. 32   Auswärtige Beziehungen 113
Art. 33   Staatsbürger, öffentlicher Dienst 115
Art. 34   Amtshaftung bei
           Amtspflichtverletzungen 119
Art. 35   Rechts- und Amtshilfe 120
Art. 36   Landsmannschaftliche
           Gleichbehandlung 122
Art. 37   Bundeszwang 123

II. Der Bund und die Länder

In diesem Abschnitt werden die Fundamente der verfassungsmäßigen Grundentscheidungen behandelt. Zu diesen gehören u. a.:

– Parlamentarische Demokratie,

– Republik,

– Rechts- und Sozialstaatsprinzip,

– Mehrparteiensystem, Gewaltenteilung und

– der föderative Aufbau.

Im _Föderalismus_ soll die Anerkennung der politischen, kulturellen, geschichtlichen und traditionellen Vielgestaltigkeit der Länder liegen. Diese können und sollen durchaus auch im Wettbewerb zueinander stehen, z. B. um die besten Hochschulen, den Schutz vor Kriminalität, den Ausbau der Infrastruktur. Das Ausmaß dieses „Wettbewerbsföderalismus" ist politisch allerdings umstritten, dagegen steht der Gedanke der Gleichartigkeit. Näheres dazu in der Kommentierung zu Art. 107.

Entgegen den Intentionen des Verfassungsgebers aber ist Breite und Tiefe des staatlichen Handelns, insbesondere in der Gesetzgebung (s. Kommentierung zu Art. 70 ff.) mit einer vermutlich weltweit einmaligen _Regeldichte_ mehr und mehr zum Bund verlagert worden, so dass der Spielraum für die Länder durch Rahmennormen des Bundes mehr und mehr eingeengt wurde, nicht zuletzt auch durch den nivellierenden _Finanzausgleich_ gemäß Art. 106 und 107 (zum Begriff s. dort).

Art. 20 [Demokratische, rechtsstaatliche Verfassung]

Art. 20 gehört zu einem der besonders geschützten Teile der Verfassung, zum sog. _materialen Kern_, dessen Grundsätze gem. Art. 79 Abs. 3 nicht berührt werden dürfen.

Beispiel: Eine Änderung des GG, die z. B. den Bundespräsidenten (Art. 54) durch einen Monarchen ersetzen wollte, wäre nichtig.

Art. 20 kann als „Kurzform der Verfassung" bezeichnet werden, weil in ihm das Bild einer „sozialen Demokratie in den Formen des Rechtsstaates" gezeichnet wird. Modern formuliert: der Staat „mit menschlichem Antlitz".

(1) Die Bundesrepublik Deutschland ist ein demokratischer und sozialer Bundesstaat.

Art. 20 Abs. 1 bestimmt Namen und Staatsform.

Streng genommen ist die Bezeichnung „Bundesrepublik Deutschland" als Bundesstaat eine Tautologie (= Wiedergabe desselben Sinns mit verschiedenen Begriffen), denn der Ausdruck „Bundesrepublik" kennzeichnet bereits den föderativen Charakter dieses Staates.

Die Bundesrepublik Deutschland ist mit Art. 20 Abs. 1 auf folgende Merkmale festgelegt:

1. Die Rückkehr oder die Wiedererrichtung einer Monarchie ist unzulässig, denn Republik heißt in heutiger Bedeutung nur noch „Nicht-Monarchie".

Die Bedeutung dieser Bestimmung ist praktisch gering, da in Abs. 2 ohnedies festgelegt ist, dass alle Staatsgewalt vom Volke ausgeht.

Ausgeschlossen ist ferner, dass ein Staatsoberhaupt auf Lebenszeit oder z. B. als König gewählt werden könnte.

2. Die Bundesrepublik Deutschland ist ein föderativer Staat, d. h. die Gliederung in Bundesländer ist verfassungsrechtlich zwingend vorgeschrieben, auch wenn die Zahl der Bundesländer nicht festgelegt ist. Die Länder besitzen eine in ihren Zuständigkeiten begrenzte, im Übrigen aber volle Staatlichkeit. Die Bundesrepublik Deutschland ist kein Staatenbund, sondern ein zweigliedriger Staat mit dem Bund als Gesamtstaat und den Ländern als *Gliedstaaten*. Im Gegensatz zum Staatenbund, z. B. Vereinigte Arabische Emirate, ist in einem Bundesstaat keinem Land der Austritt aus dem Gesamtstaat gestattet.

Der bundesstaatliche Charakter der Bundesrepublik Deutschland wird in vielen Bestimmungen des GG präzisiert. Deren wichtigste sind (Näheres in den Bemerkungen zu den betreffenden Artikeln) die:

- Homogenitätsklausel (Art. 28 Abs. 1),

- Kompetenzklausel (Art. 30),

- Kollisionsklausel (Art. 31),

- Mitwirkungsklausel (Art. 50),

- „Ewigkeitsklausel" (Art. 79 Abs. 3).

Als *ungeschriebener Verfassungsgrundsatz*, aber allgemein anerkannt, gilt die Pflicht der Länder zu bundesfreundlichem Verhalten als Teil der sog. *Bundestreue.*

Beispiel: So hat das Verwaltungsgericht in Lüneburg im März 1994 in einem vom Bund angestrengten Verfahren gegen das Land Niedersachsen wegen der schleppenden Behandlung von Bauanträgen für *Gorleben* diesem Bundesland „rechtswidriges Verhalten" vorgeworfen und ausdrücklich an den „Grundsatz des bundesfreundlichen Verhaltens" erinnert. Danach sei jedes Land verpflichtet, den Bund bei der Erfüllung seiner gesetzlichen Aufgaben mit allen Kräften zu unterstützen. – *Zur Erklärung:* Nach dem Atomgesetz ist die Suche nach geeigneten Endlagerstätten für radioaktive Abfälle ausschließlich Sache des Bundes.

3. Art. 20 Abs. 1 enthält das Bekenntnis zur Demokratie als unabänderlichen Verfassungsgrundsatz. Es muss in Zusammenhang mit Abs. 2 (s. dort) als Entscheidung zur *mittelbaren Demokratie* verstanden werden. Das Demokratieprinzip verlangt eine ununterbrochene Kette der *Legitimation* von der Volkswahl bis zu höchsten Ämterbestellungen und Ernennungen.

Beispiel: Das Recht des Bundeskanzlers, kraft eigener Entscheidung Bundesminister zur Ernennung und Entlassung dem Bundespräsidenten vorzuschlagen (Art. 64), fußt auf seiner demokratischen Legitimation: Er ist vom Bundestag mit Mehrheit gewählt, dessen Mehrheit wiederum auf dem Mehrheitswillen des Volkes gemäß der Wahlentscheidung beruht.

4. Die Bundesrepublik Deutschland muss in Gesetzgebung, Verwaltung und Rechtsprechung den *Grundsatz der Sozialstaatlichkeit* beachten, d. h. der Staat darf nicht nur liberalistisch im Sinne einer schrankenlosen Wirtschaftsfreiheit sein, sondern hat auch soziale Gesichtspunkte zu berücksichtigen. Dieses *Sozialstaatsprinzip* ist gleichfalls eine *Staatszielbestimmung*; vgl. Vorbemerkung zu Art. 20a GG.

Beispiel: Jeder Mensch in sozialer Notlage hat – ob verschuldet oder nicht – Anspruch auf öffentliche Unterstützung. Andererseits bedeutet der Begriff „sozialer Bundesstaat" nicht, dass etwa ein verfassungsmäßiges Recht besteht, Sozialhilfe in Höhe eines bestimmten, in Euro festgelegten Betrages zu erhalten.

Das GG hat sich nicht für eine bestimmte Wirtschaftsordnung entschieden. Sicher ist nur, dass ein sog. Manchesterliberalismus mit der Verfassung ebenso unvereinbar ist wie eine marxistisch-sozialistische Planwirtschaft.

Ob allerdings die Balance zwischen dem demokratischen *Freiheitsprinzip* und dem *Sozialstaatsgebot* noch als geglückt gelten kann, ist zweifelhaft.

Weitere Merkmale des Demokratieprinzips sind:

– Der *Parlamentsvorbehalt*, nach dem die Ermächtigung zum Erlass von Rechtsvorschriften inhaltlich hinlänglich bestimmt sein muss, um jeden Missbrauch durch die Exekutive auszuschließen;

– das *Repräsentationsprinzip*, s. Art. 38 Abs. 1;

– das *Mehrheitsprinzip*, s. Art. 42 Abs. 2.

(2) Alle Staatsgewalt geht vom Volke aus. Sie wird vom Volke in Wahlen und Abstimmungen und durch besondere Organe der Gesetzgebung, der vollziehenden Gewalt und der Rechtsprechung ausgeübt.

Art. 20 Abs. 2 enthält zwei Prinzipien: Die *Volkssouveränität* und die *Gewaltenteilung*.

„Alle Staatsgewalt" heißt, dass die gesamte Herrschaftsmacht des Staates nur vom Volk ausgeht und dass dieses Herrschaftsrecht keinen anderen Rechtfertigungsgrund hat.

> **Beispiel**: Die in der marxistischen Ideologie angelegte Endzielbestimmung der Gesellschaft, welche die staatlichen Organe verpflichtet, auf die Verwirklichung des Kommunismus hin zu arbeiten, ist mit dem Gedanken der Volkssouveränität unvereinbar. Der politische Prozess muss zur Zukunft hin offen und damit der Gestaltungsfreiheit durch den Souverän, das Volk, unterworfen bleiben.

In einem (einstimmig ergangenen) Grundsatzurteil hat das BVerfG 1990 definiert, wer „das Volk ist, das in Wahlen, Abstimmungen und durch besondere Organe der Gesetzgebung … Staatsgewalt ausübt. Es ist das Staatsvolk der Bundesrepublik Deutschland."

Das BVerfG hatte in seinem Urteil ausgeführt, dass auch auf kommunaler Ebene das Wahlrecht nur von Deutschen ausgeübt werden kann. – Diese Entscheidung ist durch den Vertrag zur EU überholt. Danach genießen bei Wahlen in Kreisen und Gemeinden auch EU-Bürger das aktive und passive Wahlrecht; s. Art. 28 Abs. 1.

Die Bundesrepublik Deutschland ist eine (fast) lupenreine *Repräsentativdemokratie*, d. h. das Volk übt sein Recht der Staatsgewalt nicht unmittelbar aus, wie etwa in einer direkten Demokratie (Rätedemokratie), sondern überträgt durch Wahlen dieses Recht auf bestimmte Organe, z. B. den Bundestag (Art. 38). Die zweite Möglichkeit der Machtausübung sind die Abstimmungen. Abstimmungen sind plebiszitäre Entscheidungen über konkrete Sachfragen. Sie sind im Bund nur bei der Neugliederung der Länder vorgesehen (s. Art. 29). Landesverfassungen können aber, ebenso wie Gemeindeordnungen, Volksbegehren und Volksabstimmung zulassen, wie das z. B. in Bayern und Baden-Württemberg der Fall ist. Der Missbrauch des Plebiszites (= Volksabstimmung) in der Weimarer Republik, vor allem aber nach 1933 durch Hitler, hat den Parlamentarischen Rat 1948/49 veranlasst, das Grundgesetz „volksabstimmungssicher" zu konstruieren.

Ein Plebiszit ist ein Art *Volksgesetzgebungsverfahren*, das mit einem *Volksbegehren* (auch *Volksinitiative* genannt) beginnt und mit einer *Volksabstimmung* abgeschlossen wird. – Die Argumente PRO und CONTRA können im Rahmen dieser Kommentierung nicht behandelt werden; aber auch die GVK hat am Grundsatz der Repräsentativdemokratie nicht gerüttelt. Die Einführung wenigstens bescheidener plebiszitärer Elemente scheiterte am Mehrheitswillen des Verfassungsgesetzgebers. Die Furcht überwog, dass damit die bewährte Machtbalance des politischen Systems gestört werden könnte.

Beispiel: Eine Volksabstimmung, deren Ergebnis den Mehrheitswillen des Parlaments verwirft, führt nicht nur zu einem Ansehensverlust der Volksvertretung, sondern rüttelt auch an seinem vornehmsten Recht, unter Mitwirkung des Bundesrates das einzige zur Gesetzgebung befugte Organ zu sein. – Wie (unwillig) wird die Wählerschaft reagieren, wenn sich schon bald nach einer Volksabstimmung das beschlossene Gesetz als sehr mangelhaft erweist und der Bundestag eine umfangreiche *Novellierung* beginnt? Könnte das nicht als Missachtung des Volkswillens gedeutet werden?

Die funktionelle Gewaltenteilung folgt dem klassischen Prinzip der Gewaltenteilung, auch wenn Verschränkungen, d. h. Verknüpfungen zwischen den Teilen, möglich und nötig sind, denn eine strikte Trennung z. B. zwischen Legislative und Exekutive ist nicht praktikabel.

Beispiel: Die Mitglieder der Bundesregierung (= Exekutive) sind in der Regel zugleich auch Mitglieder des Bundestages (= Legislative).

Lediglich die rechtsprechende Gewalt ist relativ scharf von den beiden übrigen Staatsgewalten getrennt. Bei der gesetzgebenden und vollziehenden Gewalt überwiegen gegenüber dem Prinzip der Teilung die Grundsätze der gegenseitigen Kontrolle, notfalls auch der wechselseitigen Hemmung, mit dem Ziel der Machtmäßigung und der Vorbeugung eines Machtmissbrauchs.

Das Grundgesetz kennt nur drei Staatsgewalten und z. B. keine eigene militärische; die Bundeswehr ist Teil der vollziehenden Gewalt (Art. 65a).

(3) Die Gesetzgebung ist an die verfassungsmäßige Ordnung, die vollziehende Gewalt und die Rechtsprechung sind an Gesetz und Recht gebunden.

Das *Rechtsstaatsprinzip* ist eines „der elementaren Prinzipien des Grundgesetzes" (BVerfG) – Kerngedanke ist, dass die gesamte Staatsgewalt dem Recht untergeordnet und damit jede Willkürherrschaft ausgeschlossen wird. Zur Rechtsstaatlichkeit gehören insbesonders (Näheres jeweils dort):

- die Grundrechtsbindung der drei Staatsgewalten (Art. 1 Abs. 3),
- der Gerichtsschutz (Art. 19 Abs. 4),
- die Festlegung der Länder auf das Rechtsstaatsprinzip (Art. 28 Abs. 1),
- der erhöhte Bestandsschutz (Art. 79,3),
- die Beschränkung der Ausnahmen vom Primat der Gesetzgebung (Art. 80,1),
- die Verfassungsgerichtsbarkeit (Art. 93),
- die unabhängige dritte Gewalt (Art. 97 Abs. 1),
- die sog. justiziellen Grundrechte (Art. 101 bis 104).

Zum Rechtsstaatsprinzip gehören u. a. auch die folgenden, vom BVerfG entwickelten Verfassungsgebote:
- *Rechtssicherheit.* Dazu gehört, dass der Bürger sich auf den Fortbestand der Rechtsvorschriften verlassen können muss (s. auch Art. 103 Abs. 2).
- *Grundsatz der Verhältnismäßigkeit.* Der Einzelne soll vor unnötigen staatlichen Eingriffen bewahrt werden. Der Eingriff darf nicht stärker sein, als zum Erreichen des Zweckes erforderlich ist.

Beispiel: *Zur Rechtssicherheit*

Ein Unternehmer investiert im Vertrauen auf die gesetzlich gewährten Steuervergünstigungen im Gebiet der ehemaligen DDR. Zwei Jahre später wird das Gesetz rückwirkend geändert, und er soll den Gewinn nachversteuern. Ein solches Gesetz wäre mit dem Gedanken der Rechtssicherheit unvereinbar. – Ein rechtskräftig ergangenes Scheidungsurteil kann nur in ganz besonders gelagerten Ausnahmefällen nachträglich angefochten werden. Die endgültige Rechtskraft eines Urteils dient dem Rechtsfrieden.

- Die *Wesentlichkeitstheorie*, nach welcher der Gesetzgeber verpflichtet ist, insbesondere im Bereich der Grundrechte, soweit zulässig „alle wesentlichen Entscheidungen selbst zu treffen" (BVerfG).

- Der *Grundsatz der Verhältnismäßigkeit*, der auch als *Übermaßverbot* bezeichnet wird und eine kaum hoch genug zu schätzende Bedeutung erlangt hat. Er besteht aus drei Teilgeboten:

1. *Geeignetheit.* Das gewählte Mittel, etwa eine Gesetzesänderung, muss den gewünschten Erfolg fördern können; es muss nicht das bestmögliche sein.

2. *Erforderlichkeit.* Keine Maßnahme, z. B. eine Enteignung, darf über das zur Erreichung des Zieles erforderliche Maß hinausgehen und dies Ziel kann nicht durch ein milderes Mittel erreicht werden.

3. *Angemessenheit,* auch als Zumutbarkeit und Proportionalität bezeichnet. Sie gilt als Verhältnismäßigkeit i. e. S. und bedeutet schlicht, nicht mit Kanonen auf Spatzen zu schießen. Ein „Eingriff darf seiner Intensität nach nicht außer Verhältnis zur Bedeutung der Sache und den vom Bürger hinzunehmenden Einbußen stehen" (BVerfG).

Beispiel: Das BVerfG hat 1993 über den Weg der eingereichten Verfassungsbeschwerde wegen Verletzung des Persönlichkeitsrechts (Art. 1 Abs. 1 GG) den Entzug einer Fahrerlaubnis aufgehoben. Einem jungen Mann sollte nach dem Rauchen eines „Joint" diese entzogen werden, weil er sich weigerte, der Verkehrsbehörde ein medizinisch-psychologisches Gutachten vorzulegen. Das Verfassungsgericht urteilte, dass nach einmaligem Haschischkonsum die Forderung nach einem solchen Gutachten *unverhältnismäßig* sei.

Im Strafrecht bedeutet dieser Grundsatz, dass die angedrohte Strafe in einem angemessenen Verhältnis zur Schwere der Tat und dem Verschulden des Täters steht.

Zu den drei Staatsgewalten:

– Die *Legislative* (gesetzgebende Gewalt) darf sich nur im Rahmen der (weit) gezogenen Grenzen der Verfassung bewegen.

Beispiel: Ein amtierender Bundestag kann nicht beschließen, seine Legislaturperiode um zwei Jahre zu verlängern (vgl. Art. 39 Abs. 1), weil etwa die Parlamentsmehrheit befürchtet, die anstehenden Wahlen zu verlieren.

– Die *Exekutive* (vollziehende Gewalt) ist die „Magd des Gesetzes", d. h. jede staatliche Hoheitsausübung ist nur auf der Grundlage und in den Grenzen eines Gesetzes zulässig. Damit wird der Verfassungswille ausgedrückt, dass *alle* staatliche Gewalt vom Volke ausgehen muss. Das Gesetz ist der in rechtliche Form gegossene Wille des Volkes, an den sich die ausführende und die rechtsprechende Gewalt zu halten haben.

– Die *Judikative* (rechtsprechende Gewalt) darf gleichfalls nur im Rahmen der verfassungsmäßigen Ordnung ausgeübt werden. Der Richter ist also an den Willen des Gesetzgebers gebunden und darf nicht nach seinem eigenen, vielleicht abweichenden Gerechtigkeitsempfinden entscheiden.

Der Ausdruck „an ,Gesetz und Recht' gebunden", bedeutet, dass nicht nur die geschriebenen Gesetze, sondern auch nicht geschriebene Rechtsregeln zu beachten sind, wie etwa das *Gewohnheitsrecht,* den Staatsforst durchwandern zu dürfen. Bei der Verfassungs- und Gesetzesinterpretation sind die tragenden Gedanken des *Naturrechts* zu berücksichtigen.

(4) Gegen jeden, der es unternimmt, diese Ordnung zu beseitigen, haben alle Deutschen das Recht zum Widerstand, wenn andere Abhilfe nicht möglich ist.

Ausdrücklich anerkannt wurde ein *Widerstandsrecht* gegen eine ungerechte und nicht gerechtfertigte Herrschaft erstmals in den Verfassungen amerikanischer Einzelstaaten. In Europa taucht es in der französischen Erklärung der Menschen- und Bürgerrechte v. 26. 8. 1789 auf. Der Parlamentarische Rat hatte es abgelehnt, ein solches Recht in die Verfassung aufzunehmen; er fürchtete, es könnte zum Landfriedensbruch missbraucht werden.

Erst mit den *Notstandsgesetzen* von 1968 wurde das Widerstandsrecht in das GG aufgenommen. Damit ist das als „naturgegeben" angesehene Abwehrrecht gegen schwere Rechtsverstöße verfassungsrechtlich verankert worden. Es muss aber sehr eng ausgelegt werden, weil sonst das Faustrecht gegen jedes tatsächliche oder nur vermeintliche Unrecht regiert. Dieses Recht auf Widerstand darf nur zur Abwehr eines Angriffs auf die bestehende Rechtsordnung der Bundesrepublik Deutschland ausgeübt werden, rechtfertigt also keinesfalls eine Revolution oder einen Staatsstreich. Im Gegenteil: Ein Versuch dazu könnte u. U. das Widerstandsrecht erst wirksam werden lassen.

Das Grundgesetz legt nicht fest, wie der Widerstand ausgeübt werden darf; ein politischer Streik ist sicher ebenso zulässig wie notfalls die Anwendung von Gewalt. Der Art. 20 Abs. 4 wird aber nur wirksam, wenn alle drei der folgenden Bedingungen gleichzeitig erfüllt sind:

1. Ein Widerstand ist nur zulässig, wenn jemand versucht, die Grundsätze der freiheitlichen demokratischen Ordnung zu beseitigen, also z. B. nicht schon bei dem von vielen Bürgern missbilligten Bau eines Kernkraftwerkes.

2. Das Widerstandsrecht darf nur ausgeübt werden, „wenn andere Abhilfe nicht möglich ist", d. h. wenn z. B. die Aufhebung der Versammlungsfreiheit (Art. 8) durch die Polizei auch dann nicht unterbunden werden kann, wenn das Bundesverfassungsgericht angerufen wird.

3. Der Widerstandsleistende muss Deutscher sein.

Die Missbrauchgefahr des Widerstandsrechts ist groß. Fälschlicherweise glauben viele, sich darauf berufen zu können, wenn ihr Protest vom Gewissen motiviert ist.

Beispiel: Die Sitzblockaden gegen die Stationierung der Mittelstreckenraketen auf dem Gebiet der Bundesrepublik Deutschland in den Jahren 1983 bis 1987 waren durch die Ausnahmevorschrift des Art. 20 Abs. 4 nicht gedeckt. Zu keinem Zeitpunkt war die freiheitliche demokratische Grundordnung gefährdet. Nur dies allein hätte die Berufung auf das Recht zum Widerstand legitimieren können.

Art. 20a [Umweltschutz]

Der Staat schützt auch in Verantwortung für die künftigen Generationen die natürlichen Lebensgrundlagen und die Tiere im Rahmen der verfassungsmäßigen Ordnung durch die Gesetzgebung und nach Maßgabe von Gesetz und Recht durch die vollziehende Gewalt und die Rechtsprechung.

Die (neue) Verfassungsnorm bindet als *Staatszielbestimmung* nur die staatlichen Organe. Subjektive Rechte können daraus nicht abgeleitet werden. Aber der *Umweltschutz* erhält damit Verfassungsrang.

Der Staat ist danach z. B. verpflichtet, Landschafts- und Naturschutzgebiete auszuweisen. Der Umfang und die konkrete Ausgestaltung zur Erreichung der Zielvorgabe bleibt freilich den dazu befugten staatlichen Organen, also vor allem der gesetzgebenden und vollziehenden Gewalt, vorbehalten. Der einzelne Bürger kann aus dieser Verfassungsnorm keine unmittelbaren Rechte ableiten.

Beispiel: Ein Bürger verlangt unter Berufung auf den neuen Art. 20a GG, dass die große, der Gemeinde gehörende Wiese vor seinem Haus wie bisher unbebaut bleibt. Er kann bei seiner Gemeinde eine Eingabe machen; er kann auch über Gemeinde- und Landtagsparlamente versuchen, dass die Wiese unter Landschaftsschutz gestellt wird; aber er kann nicht durch Gerichtsbeschluss ein Bauverbot auf Dauer erzwingen.

Mit dieser *Staatszielbestimmung* soll dem *Tierschutzgesetz* eine verfassungsrechtliche Grundlage gegeben werden, dass die Tiere nicht mehr als Sache, sondern als Mitgeschöpfe angesehen werden. – Auch die CDU/CSU stimmte dieser Grundgesetzänderung zu, nachdem sie die Aufnahme dieser Tierschutzbestimmung lange als „Verfassungslyrik" kritisiert hatte. Aber nachdem andere Länderverfassungen, darunter auch die von Bayern und Baden-Württemberg, schon lange den Tierschutz verankert hatten, gab sie angesichts der breiten und vehementen Forderung aus der Bevölkerung ihren Widerstand auf.

Art. 21 [Parteien]

Vorbemerkung: _____

Dieser *Parteienartikel* ist ein Kernstück der politischen *Vereinigungsfreiheit*. Er gewährleistet den Pluralismus der politischen Willensbildung und gibt den Parteien eine besondere verfassungsrechtliche Stellung, ohne sie jedoch zu Staatsorganen oder Körperschaften des öffentlichen Rechts zu machen. Die Parteien haben zwar nicht das Monopol der politischen Meinungs- und Willensbildung, sind aber in der modernen europäischen Demokratie so sehr Sprachrohr und Vollstrecker des politischen Willens des Volkes geworden, dass vereinfachend die Bundesrepublik Deutschland (auch) als *Parteienstaat* bezeichnet werden kann. Die Parteien haben im Laufe der Entwicklung der Bundesrepublik Deutschland (fast) den Rang von Verfassungsorganen erworben.

Das von der Politikwissenschaft sog. System der „Kartellparteien" hat zur Aufteilung aller maßgeblichen Positionen des öffentlichen Dienstes geführt. Wer Karriere machen will, sei es zum Schulleiter oder zum Bundesverfassungsrichter, fördert diese, wenn er einer Partei angehört oder „ihr nahe steht".

Im internationalen Vergleich hält Deutschland mit der Zahl der in Bund, Ländern und Gemeinden von politischen Parteien abhängigen Beschäftigten – gemessen an der Bevölkerungsgröße – wahrscheinlich die Spitze.

(1) Die Parteien wirken bei der politischen Willensbildung des Volkes mit. Ihre Gründung ist frei. Ihre innere Ordnung muß demokratischen Grundsätzen entsprechen. Sie müssen über die Herkunft und Verwendung ihrer Mittel sowie über ihr Vermögen öffentlich Rechenschaft geben.

Parteien sind – in Anlehnung an eine Definition des BVerfG – frei gebildete, miteinander konkurrierende Vereinigungen von Bürgern, die mit eigenen Zielvorstellungen und Programmen Einfluss auf die politische Willensbildung nehmen wollen. Sie sind rechtlich nicht verpflichtet, dem *Gemeinwohl* zu dienen. Sie müssen eine gewisse Beständigkeit aufweisen und nach Mitgliederzahl und Programmatik die Ernsthaftigkeit ihres Bemühens zeigen, um auf Dauer das *Parteienprivileg (s. Bemerkung zu Abs. 2) zu erhalten.*

Beispiel: Das BVerfG hat 1995 auf Antrag der Bundesregierung der „Freiheitlichen Deutschen Arbeiterpartei" den Status einer Partei entzogen. Ob diese verfassungswidrig war, brauchte der Zweite Senat gar nicht zu prüfen. Es genügte die Feststellung, dass die Partei, die zuletzt bei einer Landtagswahl 56 Stimmen erhalten hatte, vorwiegend außerhalb der Öffentlichkeit wirkt und das „Partei-Leben" sich auf interne Vereinsarbeit beschränkt. – Nunmehr kann diese als Vereinigung durch die zuständige Behörde gem. Art. 9 Abs. 2 (s. dort) verboten werden.

Bei der Zulassung einer Partei zu einer Wahl wird aber ein sehr großzügiger Maßstab angelegt.

Beispiel: Für die Wahl zum 16. Deutschen Bundestag waren 26 Vereinigungen als Parteien anerkannt, darunter Gruppierungen mit so schillernden Namen wie „Humanwirtschaftspartei", „Christliche Mitte – Für ein Deutschland nach GOTTES Geboten" (CM) und die „Anarchistische Pogo-Partei Deutschlands" (APPD).

Sog. *Rathausparteien* und *Wählervereinigungen*, die nur bei Kommunalwahlen antreten, gelten nicht als Parteien im Sinne des Art. 21 Abs. 1, was einen gewissen Widerspruch darstellt, da das Volk seine politische Willensbildung auch in den Gemeindeparlamenten geltend machen will und soll.

Die Existenz und Mitwirkung der Parteien wird von folgenden verfassungsrechtlichen Grundsätzen geprägt:

– Das *Mehrparteiensystem*. Der Plural im Satz 1 des Abs. 1 schließt ein Einparteiensystem aus.

– *Die Parteienfreiheit*. Sie umfasst die Gründungs- und Betätigungsfreiheit sowie die sog. *negative Parteienfreiheit*, d. h. das Recht einer Partei, sich aufzulösen. – Auch die Gründung einer verfassungswidrigen Partei ist zulässig, denn das Verbot einer Partei kann nur durch eine Entscheidung des BVerfG gegen eine bereits bestehende Partei ergehen (s. Abs. 2).

– *Der Grundsatz der Chancengleichheit*. Darunter ist die formale Gleichbehandlung aller Parteien zu verstehen. Sachliche Ungleichheiten, z. B. unterschiedliche Finanzkraft der Parteien, braucht und kann der Staat nicht ausgleichen.

Beispiel: Die im Gemeindeeigentum befindliche Stadthalle muss prinzipiell allen Parteien für Wahlveranstaltungen zur Verfügung stehen, auch wenn sich der Gemeinderat noch so sehr gegen die Vermietung an tatsächlich oder vorgeblich extreme oder radikale politische Parteien wendet. – Ebenso sind allen zur Wahl angetretenen Parteien Sendezeiten im Fernsehen einzuräumen. Das verbietet aber nicht die unterschiedliche Zuteilung dieser Zeiten nach objektiven Kriterien, z. B. nach der Zahl der bei der letzten Wahl erhaltenen Wählerstimmen.

– *Die demokratische innere Ordnung*. Sie bedeutet, dass Minimalregeln des demokratischen Aufbaus beachtet werden.

Beispiel: Mitgliederversammlungen müssen dem einzelnen Mitglied Sprach- und Stimmrechte einräumen. In regelmäßigen Abständen sind die Parteiorgane von unten nach oben zu wählen. Dabei muss das Mehrheitsprinzip beachtet werden.

– *Die finanzielle Rechenschaftslegung.* Auch sie ist im Parteiengesetz – wenngleich unzulänglich – konkretisiert. Grundgedanke ist, dass die Parteienfinanzierung transparent gemacht wird, d. h. der Bürger soll eine Vorstellung davon bekommen, welche Gruppen hinter einer bestimmten Partei stehen. Die Beschaffung der notwendigen Finanzmittel zur Erfüllung ihres Verfassungsauftrages ist eines der schwierigsten Probleme der heutigen Großparteien, weil sie ohne eine kostspielige Organisation und hauptamtliche Mitarbeiter nicht effizient arbeiten können. Nach wiederholten Korrekturen des BVerfG an den gesetzgeberischen Entscheidungen zur Parteienfinanzierung und einer Abänderung seiner eigenen Rechtsprechung gilt zzt. ein Mischsystem aus Mitgliederbeiträgen, Spenden – beides begrenzt steuerlich abzugsfähig – und staatlichen Zuwendungen, die früher als *Wahlkampfkostenpauschale* kaschiert wurde. Tatsächlich aber geht die Mitwirkung an der politischen Willensbildung weit über die Wahlkampfvorbereitung hinaus, so dass die Grenze zur *staatlichen Parteienfinanzierung* so nicht gezogen werden kann, die auch zulässig ist. Die staatliche Zuwendung darf aber nicht höher sein als der Gesamtumfang der von der Partei selbst aufgebrachten Mittel. Die Eigenmittel aus Mitgliedsbeiträgen und Spenden müssen zudem mindestens 50 % der staatlichen Zuwendungen betragen.

(2) Parteien, die nach ihren Zielen oder nach dem Verhalten ihrer Anhänger darauf ausgehen, die freiheitliche demokratische Grundordnung zu beeinträchtigen oder zu beseitigen oder den Bestand der Bundesrepublik Deutschland zu gefährden, sind verfassungswidrig. Über die Frage der Verfassungswidrigkeit entscheidet das Bundesverfassungsgericht.

Abs. 2 enthält das *Parteienprivileg*. Das bedeutet:

– Der den Parteien zugestandene Bewegungsspielraum ist wesentlich weiter gezogen als bei anderen Vereinigungen gem. Art. 9 Abs. 2.

– Das BVerfG hat das Entscheidungsmonopol. Weder kann die Exekutive eine extremistische Partei auflösen, noch kann der Gesetzgeber eine radikale Partei einfach verbieten.

Verfassungswidrig ist eine Partei nur dann, wenn sie in einer aggressiven Haltung kämpferisch die freiheitliche demokratische Grundordnung zu zerstören oder wenigstens zu beeinträchtigen versucht. Gleiches gilt, wenn sie den staatlichen Bestand der Bundesrepublik Deutschland bekämpft.

> **Beispiel:** Ein bloßes Meinen oder ein Dagegensein, z. B. gegen das Mehrparteiensystem, genügt nicht. Zweifel, Kritik und Ablehnung sind gem. Art. 5 (Meinungsfreiheit) geschützt. Erst beim Übergang vom Bekennen zum Bekämpfen ist der Tatbestand der Verfassungswidrigkeit erfüllt.

Das BVerfG hat bisher zweimal auf Antrag der Bundesregierung ein solches *Parteiverbot* ausgesprochen: 1952 gegen die Sozialistische Reichspartei (SRP) und 1956 gegen die Kommunistische Partei Deutschlands (KPD).

Ein Antrag, die NPD zu verbieten, scheiterte am 18. März 2003. Das BVerfG stellte das Verbotsverfahren ein, weil der *Verfassungsschutz* V-Leute bis in höchste Ämter dieser Partei eingeschleust hatte, die im Auftrag und Namen der Partei agierten. Dies stelle ein nicht behebbares Verfahrenshindernis dar. Das Gericht scheute sich offensichtlich, mit den auf diese Art gewonnenen „Beweisen" einer Verfassungswidrigkeit, die scharfe Waffe des Parteiverbotes, zu nutzen. Grundsätzlich stellen Parteiverbote einen Eingriff in die freie politische Willensbildung dar, der nur in Ausnahmefällen vollzogen werden soll.

(3) Das Nähere regeln Bundesgesetze.

Das Parteiengesetz i. d. F. von 1989 legt Begriff, Aufgaben, innere Ordnung, Wahlbewerbung und Finanzierung der Parteien fest. Die Länder haben keine Verfassungsbefugnis zu einer eigenen Regelung des Parteienrechts.

Art. 22* [Bundeshauptstadt, Bundesflagge]

(1)* Die Hauptstadt der Bundesrepublik Deutschland ist Berlin. Die Repräsentation des Gesamtstaates in der Hauptstadt ist Aufgabe des Bundes. Das Nähere wird durch Bundesgesetz geregelt.

Im Juni 1991 hat der Bundestag mit relativ knapper Mehrheit Berlin zum Regierungs- und Parlamentssitz bestimmt und damit zur Hauptstadt des wiedervereinigten Deutschlands. Noch jahrelang versuchte eine Bürgerinitiative in Bonn, diesen Beschluss rückgängig zu machen. Mit der verfassungsrechtlichen und damit definitiven Bestimmung Berlins als Hauptstadt erübrigt sich jede weitere Diskussion darüber.

Mit „Repräsentation des Gesamtstaates" ist gemeint, dass mindestens das Staatsoberhaupt, der Bundeskanzler und die wichtigsten Minister, z. B. der Bundesaußenminister, ihren Amtssitz in Berlin nehmen müssen. Im Jahre 2006 hatten nur noch sechs Bundesministerien ihren Sitz in der früheren provisorischen Hauptstadt Bonn.

(2) Die Bundesflagge ist schwarz-rot-gold.

Obwohl der Artikel nur von der Bundesflagge spricht, gilt er für alle Farbsymbole des Bundes, den sog. *Bundesfarben*. Dazu gehören außer der Flagge z. B. Fahnen, Standarten, Wimpel, Wappen, Ordensbänder und die Dienstflagge für die Seestreitkräfte sowie die Truppendienstfahnen.

Bis zur Auflösung des Heiligen Römischen Reiches (1806) waren Rot und Weiß die offiziellen Reichsfarben, die aber seit dem 16. Jahrhundert zunehmend durch die kaiserlichen Farben Schwarz und Gold verdrängt wurden. Im letzten deutschen Kaiserreich (1871–1918) war die Flagge der Kriegs- und Handelsmarine schwarz-weiß-rot. Der Art. 3 der WRV von 1919 bestimmte: „Die Reichsfarben sind schwarz-rot-gold."

Die Farben der *Nationalflagge* (Staatsflagge) haben ihren Ursprung im Freikorps „Lützower Jäger", das an den Befreiungskriegen gegen die Napoleonische Herrschaft (1813/14) teilnahm und schwarze Uniformen mit roten und goldenen Borten (Verzierungsstreifen) trug. Nach dem Krieg erkoren die Studenten der „Jenaer Burschenschaft", zu denen auch einige ehemalige Lützower gehörten, am 12. Juni 1815 die Farben schwarz-rot-gold zu ihren Verbindungsfarben. Die Verunglimpfung der *Staatssymbole* ist strafbar; aber durch die weitgehende Interpretation der Kunstfreiheit (Art. 5 Abs. 3, s. Beispiele dort) ist die strafrechtlich bewehrte Schutzbestimmung praktisch wirkungslos.

Art. 23 [Europäische Union]

Vorbemerkung:

Der (neue) Art. 23 ersetzt den nach dem Beitritt der DDR zur Bundesrepublik Deutschland (3. 10. 1990) aufgehobenen (alten) Art. 23 GG.

Die EU ist längst mehr als eine zwischenstaatliche Einrichtung. Sie ist eine *Staatengemeinschaft*, die zunehmend staatsähnliche Formen annimmt, ein „Staatenverbund" (BVerfG). Sie hat noch (!) nicht die *Kompetenz-Kompetenz*, d. h. das Recht selbst zu entscheiden, wofür sie zuständig ist. Noch belässt der EU-Vertrag der Bundesrepublik Deutschland die *Eigenstaatlichkeit*, aber der Prozess zur Aushöhlung der nationalstaatlichen Souveränität geht weiter, auch wenn die Mitgliedstaaten bis jetzt „Herren des Verfahrens" sind, d. h. die Einzelstaaten arbeiten auf Regierungsebene zusammen und fassen dort die Beschlüsse.

(1) Zur Verwirklichung eines vereinten Europas wirkt die Bundesrepublik Deutschland bei der Entwicklung der Europäischen Union mit, die demokratischen, rechtsstaatlichen, sozialen und föderativen Grundsätzen und dem Grundsatz der Subsidiarität verpflichtet ist und einen diesem Grundgesetz im wesentlichen vergleichbaren

Grundrechtsschutz gewährleistet. Der Bund kann hierzu durch Gesetz mit Zustimmung des Bundesrates Hoheitsrechte übertragen. Für die Begründung der Europäischen Union sowie für Änderungen ihrer vertraglichen Grundlagen und vergleichbare Regelungen, durch die dieses Grundgesetz seinem Inhalt nach geändert oder ergänzt wird oder solche Änderungen oder Ergänzungen ermöglicht werden, gilt Artikel 79 Abs. 2 und 3.

In Abs. 1 Satz 1 wird als *Staatszielbestimmung* der rechtsverbindliche Auftrag festgelegt, zur Entwicklung der EU beizutragen. Dieser Auftrag wird durch die Übertragung von *Hoheitsrechten* erfüllt. Zu diesen Hoheitsrechten zählt der gesamte Bereich der drei Staatsgewalten. Übertragung bedeutet, dass die innerstaatliche *Hoheitsgewalt* zu Gunsten der europäischen zurücktritt, diese Vorrang erhält und unmittelbar „durchgreifen" kann. Für diesen *Hoheitstransfer* bedarf es der Zweidrittelzustimmung gem. Art. 79.

Subsidiarität bedeutet eine Aufbau- und Zuständigkeitsregel für Gemeinschaften. Alle Aufgaben, die von nachgeordneten Organen oder Gliedern einer Gemeinschaft erfüllt werden können, sollen auch von diesen erledigt werden. Die Zentralgewalt soll nur insofern und nur dann eingreifen, wenn ein Teil der Gemeinschaft weder fähig noch willens ist, diese Aufgaben zu bewältigen.

Beispiel: Die Festlegung der kirchlichen Feiertage in den einzelnen Mitgliedsländern der EU soll nicht durch den Ministerrat der Gemeinschaft beschlossen werden. – Tatsächlich hatte es erste Ansätze innerhalb der Kommission dazu gegeben!

(2) In Angelegenheiten der Europäischen Union wirken der Bundestag und durch den Bundesrat die Länder mit. Die Bundesregierung hat den Bundestag und den Bundesrat umfassend und zum frühestmöglichen Zeitpunkt zu unterrichten.

Der Abs. 2 schreibt neben der Unterrichtung die Mitwirkung der gesetzgebenden Organe vor. Zudem wird das *Bundesstaatsprinzip* gestärkt. Im Übrigen ist die Beteiligung von Bundestag und Bundesrat nicht nur ihr Recht, sondern auch ihre Pflicht.

(3) Die Bundesregierung gibt dem Bundestag Gelegenheit zur Stellungnahme vor ihrer Mitwirkung an Rechtsetzungsakten der Europäischen Union. Die Bundesregierung berücksichtigt die Stellungnahmen des Bundestages bei den Verhandlungen. Das Nähere regelt ein Gesetz.

Die Bestimmung soll sicherstellen, dass der Gang zur *Europäischen Union* nicht allein zur Angelegenheit der Exekutive wird. Die Bundesregierung muss die Stellungnahme bei ihrer Entscheidungsfindung berücksichtigen, ist aber inhaltlich nicht an die Meinung des Bundestages gebunden.

(4) Der Bundesrat ist an der Willensbildung des Bundes zu beteiligen, soweit er an einer entsprechenden innerstaatlichen Maßnahme mitzuwirken hätte oder soweit die Länder innerstaatlich zuständig wären.

Die Vorschrift verstärkt das Gewicht des Bundesrates entgegen der Bestimmung des Art. 73 Ziff. 1, nach der für auswärtige Angelegenheiten der Bund die ausschließliche Gesetzgebung hat. Beteiligung an der Willensbildung bedeutet Berücksichtigung der Stellungnahmen bei der Entscheidungsfindung.

(5) Soweit in einem Bereich ausschließlicher Zuständigkeiten des Bundes Interessen der Länder berührt sind oder soweit im übrigen der Bund das Recht zur Gesetzgebung hat, berücksichtigt die Bundesregierung die Stellungnahme des Bundesrates. Wenn im Schwerpunkt Gesetzgebungsbefugnisse der Länder, die Einrichtungen ihrer Behörden oder ihre Verwaltungsverfahren betroffen sind, ist bei der Willensbildung des Bundes insoweit die Auffassung des Bundesrates maßgeblich zu berücksichtigen; dabei ist die gesamtstaatliche Verantwortung des Bundes zu wahren. In Angelegenheiten, die zu Ausgabenerhöhungen oder Einnahmeminderungen für den Bund führen können, ist die Zustimmung der Bundesregierung erforderlich.

Auch bei dieser Materie besteht keine unmittelbare Bindungswirkung. Die Bundesregierung muss aber die Stellungnahme des Bundesrates in ihre Entscheidungsbildung einfließen lassen und sich mit ihr eingehend auseinander setzen.

(6)* Wenn im Schwerpunkt ausschließliche Gesetzgebungsbefugnisse der Länder auf den Gebieten der schulischen Bildung, der Kultur oder des Rundfunks betroffen sind, wird die Wahrnehmung der Rechte, die der Bundesrepublik Deutschland als Mitgliedstaat der Europäischen Union zustehen, vom Bund auf einen vom Bundesrat benannten Vertreter der Länder übertragen. Die Wahrnehmung der Rechte erfolgt unter Beteiligung und in Abstimmung mit der Bundesregierung; dabei ist die gesamtstaatliche Verantwortung des Bundes zu wahren.

Diese neue Bestimmung soll die Rechte der Bundesländer gegenüber der EU in Verbindung mit Abs. 4 und 5 stärken.

(7) Das Nähere zu den Absätzen 4 bis 6 regelt ein Gesetz, das der Zustimmung des Bundesrates bedarf.

Der Abs. enthält den üblichen Gesetzesvorbehalt; vgl. z. B. Art. 38 Abs. 3.

Art. 24 [Supranationale Einrichtungen]

Vorbemerkung:

Art. 24 gehört zusammen mit den Art. 25 und 26 zu den Verfassungsbestimmungen, in denen das Prinzip des friedlichen Zusammenlebens
verankert ist; es verpflichtet die Bundesrepublik Deutschland zu besonderer *Völkerrechtsfreundlichkeit*.

**(1) Der Bund kann durch Gesetz Hoheitsrechte auf zwischenstaatli-
che Einrichtungen übertragen.**

Mit dieser Bestimmung hat die Verfassung die Bereitschaft, aber nicht die
Verpflichtung, zum Ausdruck gebracht, auf nationalstaatliche Hoheitsrechte zu verzichten und sie auf „zwischenstaatliche Einrichtungen", z. B.
der EU, zu übertragen.

In Verbindung mit Abs. 2 kann in Abs. 1 eine *Staatszielbestimmung* gesehen werden, auch wenn der Gesetzgeber in Inhalt und Umfang der „Übertragung" frei bleibt. Diese Übertragung bedeutet, dass fremde Hoheitsgewalt unmittelbar auf den innerstaatlichen Bereich „durchgreifen" darf. Das
Recht der EU z. B. ist weder Teil der innerstaatlichen Rechtsordnung noch
des Völkerrechts, sondern eigenes, autonomes *Gemeinschaftsrecht*.

Beispiel: Die wichtigsten Akte einer Souveränitätsübertragung erfolgten im Bereich der europäischen Integration. Erstmals wurde damit
begonnen bei der Schaffung der Europäischen Gemeinschaft für Kohle
und Stahl (EGKS) 1952.

Das Gemeinschaftsrecht der EU hat Vorrang vor eigenem staatlichen Recht.

Beispiel: Die deutsche Lebensmittelvorschrift, nach der nur Bier, das
nach dem sog. Reinheitsgebot hergestellt wurde, in der Bundesrepublik
Deutschland in den Handel gebracht werden darf, wurde vom Europäischen Gerichtshof aufgehoben, weil die deutsche Bestimmung gegen
das europäische Gemeinschaftsrecht verstieß.

Die Übertragung von Hoheitsrechten muss durch ein förmliches Bundesgesetz erfolgen, darf also nicht durch Rechtsverordnung aufgrund eines
Gesetzes geschehen. – Einer Zustimmungsmehrheit (zum Mehrheitsbegriff
s. Bemerkung zu Art. 121) wie bei einer Verfassungsänderung bedarf es
nicht, so weit auch die politischen Wirkungen solcher Rechtsübertragun-
gen reichen mögen.

Der Abs. 1 ist auch Grundlage für einen externen Einsatz deutscher Truppen
im Rahmen der NATO, auf die Rechte der militärischen Befehls- und Kommandogewalt (zum Begriff s. Bemerkung Art. 65a) übertragen werden können, was auch bereits geschehen ist. Auf einen anderen Staat kann diese

Übertragung allerdings nicht erfolgen, so dass z.B. Entscheidungsbefugnisse des US-Präsidenten für die Bundeswehr nur Geltung haben, wenn diese für die NATO ausgeübt werden. Zur Übertragung von Hoheitsrechten s. auch Kommentierung zu Art. 23.

(1a) Soweit die Länder für die Ausübung der staatlichen Befugnisse und die Erfüllung der staatlichen Aufgaben zuständig sind, können sie mit Zustimmung der Bundesregierung Hoheitsrechte auf grenznachbarschaftliche Einrichtungen übertragen.

Das bisher für den Bund schon bestehende Übertragungsrecht hoheitlicher Befugnisse auf „zwischenstaatliche Einrichtungen" wird nunmehr den Ländern für „grenznachbarschaftliche Einrichtungen" eingeräumt.

> **Beispiel:** Das Land Baden-Württemberg beteiligt sich an der Errichtung einer deutsch-französischen Schule in Straßburg und überträgt die Rechts- und Fachaufsicht über die deutschen Lehrer der Republik Frankreich.

(2) Der Bund kann sich zur Wahrung des Friedens einem System gegenseitiger kollektiver Sicherheit einordnen; er wird hierbei in die Beschränkungen seiner Hoheitsrechte einwilligen, die eine friedliche und dauerhafte Ordnung in Europa und zwischen den Völkern der Welt herbeiführen und sichern.

Der Unterschied zu Abs. 1 liegt darin, dass in diesem Absatz nur auf die innerstaatliche Ausübung von bestimmten Hoheitsrechten verzichtet wird, ohne sie auf eine zwischenstaatliche Einrichtung zu übertragen. In der praktischen Auswirkung ist dieser Rechtsunterschied gering.

> **Beispiel:** Die Bundesrepublik Deutschland hat bereits in Friedenszeiten ihre Luftwaffe und weite Teile der Bundesmarine der NATO unterstellt. Im Verteidigungsfall (Art. 115a) operiert auch das Feldheer unter NATO-Kommando.

Der *Bündnisfall* ist in Art. 80a Abs. 3 geregelt – s. Kommentierung dort.

Den Streitkräften der Bundeswehr ist es nach einer Entscheidung des BVerfG von 1994 auf Grund des Art. 24 Abs. 2 erlaubt, auch extern, d.h. außerhalb des NATO-Gebietes *(out of area)* nicht nur an *friedensichernden*, sondern auch an *friedenschaffenden* (spr.: Kampfeinsätze) Operationen der Vereinten Nationen teilzunehmen. – Out of area ist jeder Bereich außerhalb des Bündnisgebietes der NATO. Zu diesem gehört gem. Art. 6 des Nordatlantikvertrages das Gebiet eines Mitgliedstaates in Europa oder Nordamerika, das der Türkei und die der Gebietshoheit eines NATO-Mitglieds „unterliegenden Inseln im nordatlantischen Gebiet nördlich des Wendekreises des Krebses".

Beispiel: Nachdem durch das Veto *Russlands* und *Chinas* ein Eingreifen der UN zum Schutz der *Kosovo-Albaner* verhindert wurde, entschloss sich die NATO, in Fortentwicklung des Völkerrechts einzugreifen, weil die Souveränität eines Staates endet, wenn er schwere Menschenrechtsverletzung (Genozid = Völkermord) begeht.

Vom 24. März bis 20. Juni 1999 flog die NATO 37 000 Luftangriffe gegen Restjugoslawien. An diesen Kampfeinsätzen beteiligten sich zum ersten Mal Einheiten der Bundeswehr (Luftwaffe). Der Bundestag hatte zuvor diesem Einsatz mit überwältigender Mehrheit (geschlossene Ausnahme: PDS) zugestimmt.

Die eigenständige verfassungsrechtliche Grundlage auch für Kampfeinsätze im Nicht-NATO-Bereich, die das BVerfG mit seinem Urteil geschaffen hat, ist lediglich durch den sog. *Parlamentsvorbehalt* eingeschränkt. Die Bundesregierung ist grundsätzlich verpflichtet, vor einem solchen Einsatz die *konstitutive* Zustimmung des Deutschen Bundestages einzuholen, das ist die einfache oder relative Mehrheit; zum Begriff „Mehrheit" s. Bemerkungen zu Art. 121. Diese Form der Parlamentsbeteiligung folgt aus den grundgesetzlichen Regelungen der *Wehrverfassung*, nach der die Bundeswehr als eine Art „Parlamentsheer" zu verstehen ist, das nicht allein der Exekutive überlassen werden kann.

(3) Zur Regelung zwischenstaatlicher Streitigkeiten wird der Bund Vereinbarungen über eine allgemeine, umfassende, obligatorische, internationale Schiedsgerichtsbarkeit beitreten.

Abs. 3 enthält die bindende Verpflichtung, einer internationalen Schiedsgerichtsbarkeit beizutreten, wenn folgende drei Bedingungen erfüllt sind. Die Vereinbarung muss sein:

1. allgemein, d. h. die überwiegende Mehrheit der Staaten schließt sich ihr an;

2. umfassend, d. h. die Zuständigkeit der Schiedsgerichtsbarkeit erstreckt sich auf alle wesentlichen möglichen Streitfragen;

3. obligatorisch, d. h. die Staaten unterwerfen sich vorbehaltlos dem Richterspruch.

Weil eine solche internationale Schiedsgerichtsbarkeit nicht in Aussicht steht, bleibt auch in Zukunft die praktische Bedeutung des Abs. 3 gering. Der Internationale Gerichtshof in Den Haag erfüllt die Kriterien des Art. 24 Abs. 3 nicht. Der Bund ist dieser *Schiedsgerichtsvereinbarung* zwar beigetreten, war dazu aber verfassungsrechtlich nicht verpflichtet.

Art. 25 [Regeln des Völkerrechts]

Die allgemeinen Regeln des Völkerrechts sind Bestandteil des Bundesrechtes. Sie gehen den Gesetzen vor und erzeugen Rechte und Pflichten unmittelbar für die Bewohner des Bundesgebietes.

Das Völkerrecht hat folgende Quellen:

1. Das *Gewohnheitsrecht*, das auf einer allgemeinen, gefestigten Überzeugung beruht, welches Verhalten zwischen Staaten rechtens ist, z. B. die Rettung von Schiffbrüchigen auch fremder Staaten.

2. Das *Vertragsrecht*, das auch gewohnheitsrechtliche Regelungen enthalten kann, z. B. die Behandlung verwundeter Kriegsgefangener.

3. *Allgemein anerkannte Rechtsgrundsätze*, etwa das Verbot, einen Angriffskrieg vorzubereiten oder zu beginnen.

Das Völkerrecht ist ständig im Fluss. Es ist nicht statisch, sonst hätte es sich nicht fortentwickeln können.

Beispiel: Die Intervention der NATO in Serbien hat einen neuen Völkerrechtsgrundsatz geschaffen, das Recht, die nationale Souveränität zu durchbrechen, wenn der Herrscher eines Staates Teile seiner eigenen Bevölkerung ausrottet – ethnische Säuberung genannt.

Nach dem alten Völkerrechtsgrundsatz des „Pacta sunt servanda" (lat. = Verträge müssen gehalten werden) ist auch nach einem Machtwechsel die Folgeregierung an die abgeschlossenen Verträge ihrer Vorgängerin gebunden. Denn Völkerrechtsverträge verpflichten Staaten und nicht Regierungen.

Beispiele: Die CDU-geführten Bundesregierungen nach 1982 haben die von der SPD-FDP-Koalition 1970 abgeschlossenen Ostverträge respektiert, obwohl diese von der CDU erbittert bekämpft worden waren. Die rot-grüne Regierungskoalition von 1998 stand im Kosovokrieg verlässlich an der Seite der NATO-Verbündeten, obwohl die Partei der GRÜNEN wie auch kleine Teile der SPD viele Jahre den Austritt aus dieser Vertragsgemeinschaft gefordert hatten.

Sind Völkerrechtsgrundsätze Bestandteil des Bundesrechts, so haben sie Vorrang vor den innerstaatlichen Gesetzen und den Verfassungen der Bundesländer. Sie stehen aber im Rang unter dem Grundgesetz. Behörden und Gerichte müssen sie anwenden.

Das Grundgesetz ist zwar integrationsoffen, aber „die Bundesrepublik ist nicht unbegrenzt völkerrechtsfreundlich", so könnte man den Beschluss des BVerfG vom 14. Oktober 2004 charakterisieren. Darin wird zu einem Urteil des Oberlandesgerichts Naumburg ausgeführt, dass die *Europäische Konvention zum Schutze der Menschenrechte* (EMRK) und ihre Zusatzprotokolle nur die Stellung eines einfachen Bundesgesetzes haben. Sie genießen also keinen Verfassungsrang. Sie sind „Auslegungshilfen" über Inhalt und Grenzen der Grundrechte, sind bei der Interpretation des nationalen Rechtes zu beachten, aber nur, soweit sie nicht den Grundrechtsschutz mindern. Denn die Völkerrechtsfreundlichkeit, zu der die Bundesrepublik Deutschland verpflichtet ist, gilt nur im Rahmen des Systems des Grundgesetzes. Dieses erstrebt zwar die Einbindung des Staates in die Rechtsgemeinschaft der Völker (s. Art. 24 Abs. 2), „verzichtet aber nicht auf die in dem letzten Wort der deutschen Verfassung liegenden Souveränität". Und der *Europäische Gerichtshof für Menschenrechte* in Straßburg „ist kein oberstes Rechtsmittelgericht" (*Papier*). Deshalb darf der Gesetzgeber ausnahmsweise Völkervertragsrecht unbeachtet lassen, wenn es im Widerspruch zu den demokratischen und rechtsstaatlichen Grundsätzen des Grundgesetzes steht.

Art. 26 [Angriffskrieg, Kriegswaffen]

Vorbemerkung:

Art. 26 ist Ausdruck und Verpflichtung der Bundesrepublik Deutschland zur *Friedensbereitschaft*. Er verbietet bereits die Vorbereitung, erst recht die Durchführung eines Angriffskrieges. Im Umkehrschluss ergibt sich daraus, dass nicht jeder Krieg schlechthin verfassungswidrig ist, sondern dass der Verteidigungskrieg zulässig und in Verbindung mit Art. 12a und 115a auch dessen Vorbereitung geboten ist.

(1) Handlungen, die geeignet sind und in der Absicht vorgenommen werden, das friedliche Zusammenleben der Völker zu stören, insbesondere die Führung eines Angriffskrieges vorzubereiten, sind verfassungswidrig. Sie sind unter Strafe zu stellen.

Das Verbot eines Angriffskrieges knüpft an den *Briand-Kellog-Pakt* von 1928 an, der ein *Kriegsächtungsabkommen* enthielt. Seine Zielsetzung ist auch in der *UN-Charta* von 1945 verankert.

Angriff ist jeder mit militärischer Gewaltanwendung begonnene Versuch zur Lösung eines Konfliktes. Die Bundesrepublik Deutschland hat unter dem Titel „Friedensverrat" des Strafgesetzbuches in den §§ 80 und 80a friedensstörende Handlungen unter Strafe gestellt und damit das Gesetzgebungsgebot des Art. 26 Abs. 1 erfüllt.

(2) Zur Kriegsführung bestimmte Waffen dürfen nur mit Genehmigung der Bundesregierung hergestellt, befördert und in Verkehr gebracht werden. Das Nähere regelt ein Bundesgesetz.

Dieser Absatz ist ein Spezialfall des Gebotes der Friedenssicherung. Im Vergleich zu anderen Staaten hat die Bundesrepublik Deutschland seit 1961 ein restriktives *Kriegswaffenkontrollgesetz*, das Herstellung und Handel dieser Waffen regelt. Nach den „Politischen Grundsätzen der Bundesregierung für den Export von Kriegswaffen und sonstigen Kriegsgütern" von 1982 dürfen solche Waffen nicht in Spannungsgebiete exportiert werden, wenn die Gefahr droht, dass sie zu friedensstörenden Handlungen missbraucht werden können. – Die jeweils amtierende Bundesregierung hat freilich bei ihrer Urteilsfindung einen relativ großen Ermessensspielraum, ob eine solche Gefahr besteht.

Art. 27　[Handelsflotte]

Alle deutschen Kauffahrteischiffe bilden eine einheitliche Handelsflotte.

Mit der veralteten Bezeichnung „Kauffahrteischiffe" sind die zu Erwerbszwecken betriebenen Schiffe (Handelsschiffe, Frachter) gemeint. Sie besitzen die bundesdeutsche Staatszugehörigkeit und nicht die eines Bundeslandes. Die Schiffe genießen den Schutz des Bundes, sofern sie unter deutscher Flagge „segeln".

Diese traditionelle Bestimmung geht zurück auf die Reichsverfassung von 1871 und ist wortgleich mit der WRV von 1919. Ihre praktische Bedeutung ist gering.

Art. 28　[Länder und Gemeinden]

Vorbemerkung:

In Art. 28 kommt der demokratische Aufbau der Bundesrepublik Deutschland mit abgestuften Zuständigkeiten zum Ausdruck. Er enthält eine *Institutionengarantie*, d. h. der Bund muss die Existenz von Ländern und Gemeinden mit Zuständigkeiten gewährleisten.

(1) Die verfassungsmäßige Ordnung in den Ländern muß den Grundsätzen des republikanischen, demokratischen und sozialen Rechtsstaates im Sinne dieses Grundgesetzes entsprechen. In den Ländern, Kreisen und Gemeinden muß das Volk eine Vertretung haben, die aus allgemeinen, unmittelbaren, freien, gleichen und geheimen Wahlen hervorgegangen ist. Bei Wahlen in Kreisen und Gemeinden sind auch Personen, die die Staatsangehörigkeit eines Mitgliedstaates der Europäischen Gemeinschaft besitzen, nach

Maßgabe von Recht der Europäischen Gemeinschaft wahlberechtigt und wählbar. In Gemeinden kann an die Stelle einer gewählten Körperschaft die Gemeindeversammlung treten.

Im Kernpunkt enthält Abs. 1 die Bestimmung, dass die Länder an die Fundamentalnormen des *Gesamtstaates gebunden sind. Sie können also in ihrem Bereich weder die Räterepublik* noch ein *Einparteiensystem* einführen, sie unterliegen dem *Parlamentsvorbehalt* (s. Bemerkung zu Art. 20 Abs. 2) im Rahmen der Gewaltenteilung und der Regierungskontrolle. Die Länderordnung braucht aber nicht mit dem Staatsaufbau der Bundesrepublik Deutschland identisch zu sein. Angestrebt wird keine *Konformität* oder gar *Uniformität*, sondern lediglich ein hinlängliches Maß an *Homogenität*.

> **Beispiele:** Die Gründung des Königreiches Sachsen anstelle des Freistaates Sachsen wäre verfassungswidrig, nicht dagegen die Einführung des Präsidialsystems.
>
> In den meisten Bundesländern dauert die Wahlperiode fünf Jahre, in anderen nur vier.
>
> Einzelne Bundesländer wie Schleswig-Holstein gewähren das Kommunalwahlrecht schon ab dem 16. Lebensjahr.
>
> Vor allem die neuen Bundesländer kennen Volksbegehren und Volksentscheid, obwohl das GG mit der bedeutungslosen Ausnahme des Art. 29 beides ausschließt.

Satz 3 enthält die Verpflichtung, den Ausländern aus der EU – den EU-Bürgern (*Unionsbürgerschaft*) – das aktive und passive Wahlrecht in Gemeinden und Kreisen der Bundesrepublik Deutschland einzuräumen.

Verbindlich vorgeschrieben ist, dass außer den Ländern auch Gemeinden und Kreise eine vom Volk unmittelbar gewählte Vertretung haben müssen. In (praktisch nur den kleinen) Gemeinden kann an die Stelle der Gemeindevertretung auch die Gemeindeversammlung treten, die einzige Ausnahme, in der das GG eine Art direkte Demokratie zulässt.

(2) Den Gemeinden muß das Recht gewährleistet sein, alle Angelegenheiten der örtlichen Gemeinschaft im Rahmen der Gesetze in eigener Verantwortung zu regeln. Auch die Gemeindeverbände haben im Rahmen ihres gesetzlichen Aufgabenbereiches nach Maßgabe der Gesetze das Recht der Selbstverwaltung. Die Gewährleistung der Selbstverwaltung umfaßt auch die Grundlagen der finanziellen Eigenverantwortung; zu diesen Grundlagen gehört eine den Gemeinden mit Hebesatz zustehende wirtschaftskraftbezogene Steuerquelle.

Gemeindliche Selbstverwaltung „bedeutet ihrem Wesen und ihrer Intention nach Aktivierung der Beteiligten für ihre eigenen Angelegenheiten"

(BVerfG). Der Gemeindebürger vermag vor Ort eher und besser zu entscheiden, was der Gemeinde frommt, als eine Landes- oder gar Bundesbehörde. Der 1997 eingefügte letzte Satz soll die finanzielle Eigenverantwortung stärken. *Eigenverantwortung* heißt, in eigenem Ermessen, frei von Weisungen die Gemeinde zu gestalten.

Beispiele: Schulbauten und -ausstattung, Krankenhäuser, Müllabfuhr, Theater, Museen, Freibäder. Gemeindeverbände, z. B. ein Schulzweckverband, haben nicht die vorgegebene „Allzuständigkeit", sondern erfüllen ihre Aufgaben nur im Rahmen der ihnen durch Gesetz zugeteilten Kompetenzen.

(3) Der Bund gewährleistet, daß die verfassungsmäßige Ordnung der Länder den Grundrechten und den Bestimmungen der Absätze 1 und 2 entspricht.

Damit ist dem Bund Recht und Pflicht gegeben, die notwendigen Maßnahmen zu ergreifen, um die verfassungsmäßige Ordnung und Respektierung der Grundrechte auch in den Ländern durchzusetzen. In Frage kommen dafür die Bestimmungen (s. dort) der Art. 35 Abs. 3, Art. 37, Art. 84 Abs. 3 u. Abs. 4, Art. 85 Abs. 4, Art. 87a Abs. 3 u. Abs. 4, Art. 93 Abs. 1 und Art. 108 Abs. 3.

Art. 29 [Neugliederung des Bundesgebiets]

Vorbemerkung:

Art. 29 ist mehrfach geändert worden. Aus der ursprünglichen Verpflichtung, den durch Besatzungsrecht willkürlich entstandenen Gebietszustand der Länder neu zu gliedern, wurde eine „Kann-Bestimmung". Der anfängliche Verfassungsauftrag blieb unerfüllt, zu groß waren die Widerstände aus allen Kreisen der ggf. Betroffenen, z. B. der mögliche Mandatsverlust bei Zusammenlegung mehrerer Bundesländer.

Mit dem Beitritt der DDR zur Bundesrepublik entstanden „eine juristische Sekunde" *(Badura)* später die neuen Länder. Nach ihrer formellen Wiedererrichtung flackerte die Diskussion um eine Neugliederung des Bundesgebietes noch einmal auf. Insbesondere die wirtschaftlich auf Dauer nicht lebensfähigen Länder sollten in größeren Gliedstaaten zusammengeschlossen werden. Zu ihnen gehören in den Altbundesländern vor allem *Bremen* und das *Saarland* und in den neuen Ländern *Mecklenburg-Vorpommern* und *Sachsen-Anhalt*. Nach dem 1996 gescheiterten Versuch, die Länder *Berlin* und *Brandenburg* zu vereinen, erstarb die Diskussion um die Neuordnung der föderalen Struktur des Bundesgebietes wieder; s. auch Art. 118a.

(1) Das Bundesgebiet kann neu gegliedert werden, um zu gewähr-leisten, daß die Länder nach Größe und Leistungsfähigkeit die ihnen obliegenden Aufgaben wirksam erfüllen können. Dabei sind die landsmannschaftliche Verbundenheit, die geschichtlichen und kulturellen Zusammenhänge, die wirtschaftliche Zweckmäßigkeit sowie die Erfordernisse der Raumordnung und der Landesplanung zu berücksichtigen.

Abs. 1 weist die Bundesrepublik Deutschland als „labilen Bundesstaat" (BVerfG) aus. Das Prinzip der Aufteilung in Länder bleibt zwar unangetastet, aber die Anzahl und Größe der Bundesländer kann geändert werden.

Beispiel: Ein 1972 entwickelter Plan, die alte Bundesrepublik Deutschland in fünf Bundesländer zu gliedern, stand dem Prinzip des Föderalismus nicht entgegen.

(2) Maßnahmen zur Neugliederung des Bundesgebietes ergehen durch Bundesgesetz, das der Bestätigung durch Volksentscheid bedarf. Die betroffenen Länder sind zu hören.

Praktische Bedeutung hat der Art. 29, die einzige Ausnahme vom reinen Repräsentationsprinzip der Bundesrepublik Deutschland, 1970 erhalten. Bürgerinitiativen aus Baden verlangten die Herstellung eines Bundeslandes Baden. Sie unterlagen im Volksentscheid. Der „Südweststaat", gebildet gem. Art. 118 aus den Ländern Baden, Württemberg-Baden und Württemberg-Hohenzollern blieb als *Baden-Württemberg* erhalten.

(3) Der Volksentscheid findet in den Ländern statt, aus deren Gebieten oder Gebietsteilen ein neues oder neu umgrenztes Land gebildet werden soll (betroffene Länder). Abzustimmen ist über die Frage, ob die betroffenen Länder wie bisher bestehenbleiben sollen oder ob das neue oder neu umgrenzte Land gebildet werden soll. Der Volksentscheid für die Bildung eines neuen oder neu umgrenzten Landes kommt zustande, wenn in dessen künftigem Gebiet und insgesamt in den Gebieten oder Gebietsteilen eines betroffenen Landes, deren Landeszugehörigkeit im gleichen Sinne geändert werden soll, jeweils eine Mehrheit der Änderung zustimmt. Er kommt nicht zustande, wenn im Gebiet eines der betroffenen Länder eine Mehrheit die Änderung ablehnt; die Ablehnung ist jedoch unbeachtlich, wenn in einem Gebietsteil, dessen Zugehörigkeit zu dem betroffenen Land geändert werden soll, eine Mehrheit von zwei Dritteln der Änderung zustimmt, es sei denn, daß im Gesamtgebiet des betroffenen Landes eine Mehrheit von zwei Dritteln die Änderung ablehnt.

(4) Wird in einem zusammenhängenden, abgegrenzten Siedlungs- und Wirtschaftsraum, dessen Teile in mehreren Ländern liegen und

der mindestens eine Million Einwohner hat, von einem Zehntel der in ihm zum Bundestag Wahlberechtigten durch Volksbegehren gefordert, daß für diesen Raum eine einheitliche Landeszugehörigkeit herbeigeführt werde, so ist durch Bundesgesetz innerhalb von zwei Jahren entweder zu bestimmen, ob die Landeszugehörigkeit gemäß Absatz 2 geändert wird, oder daß in den betroffenen Ländern eine Volksbefragung stattfindet.

(5) Die Volksbefragung ist darauf gerichtet festzustellen, ob eine in dem Gesetz vorzuschlagende Änderung der Landeszugehörigkeit Zustimmung findet. Das Gesetz kann verschiedene, jedoch nicht mehr als zwei Vorschläge der Volksbefragung vorlegen. Stimmt eine Mehrheit einer vorgeschlagenen Änderung der Landeszugehörigkeit zu, so ist durch Bundesgesetz innerhalb von zwei Jahren zu bestimmen, ob die Landeszugehörigkeit gemäß Absatz 2 geändert wird. Findet ein der Volksbefragung vorgelegter Vorschlag eine den Maßgaben des Absatzes 3 Satz 2 und 4 entsprechende Zustimmung, so ist innerhalb von zwei Jahren nach der Durchführung der Volksbefragung ein Bundesgesetz zur Bildung des vorgeschlagenen Landes zu erlassen, das der Bestätigung durch Volksentscheid nicht mehr bedarf.

(6) Mehrheit im Volksentscheid und in der Volksbefragung ist die Mehrheit der abgegebenen Stimmen, wenn sie mindestens ein Viertel der zum Bundestag Wahlberechtigten umfaßt. Im übrigen wird das Nähere über Volksentscheid, Volksbegehren und Volksbefragung durch ein Bundesgesetz geregelt; dieses kann auch vorsehen, daß Volksbegehren innerhalb eines Zeitraumes von fünf Jahren nicht wiederholt werden können.

Die Bestimmungen bleiben unkommentiert, weil sie, wenn auch nicht leicht, aus sich selbst heraus verständlich, jedoch ohne praktisch-politische Bedeutung sind.

(7) Sonstige Änderungen des Gebietsbestandes der Länder können durch Staatsverträge der beteiligten Länder oder durch Bundesgesetz mit Zustimmung des Bundesrates erfolgen, wenn das Gebiet, dessen Landeszugehörigkeit geändert werden soll, nicht mehr als 50 000 Einwohner hat. Das Nähere regelt ein Bundesgesetz, das der Zustimmung des Bundesrates und der Mehrheit der Mitglieder des Bundestages bedarf. Es muß die Anhörung der betroffenen Gemeinden und Kreise vorsehen.

Dieser Absatz gestattet ein vereinfachtes Verfahren zur Neuziehung der Ländergrenzen in Gebieten mit geringen Einwohnerzahlen.

(8) Die Länder können eine Neugliederung für das jeweils von ihnen umfaßte Gebiet oder für Teilgebiete abweichend von den Vorschriften der Absätze 2 bis 7 durch Staatsvertrag regeln. Die betroffenen Gemeinden und Kreise sind zu hören. Der Staatsvertrag bedarf der Bestätigung durch Volksentscheid in jedem beteiligten Land. Betrifft der Staatsvertrag Teilgebiete der Länder, kann die Bestätigung auf Volksentscheide in diesen Teilgebieten beschränkt werden; Satz 5 zweiter Halbsatz findet keine Anwendung. Bei einem Volksentscheid entscheidet die Mehrheit der abgegebenen Stimmen, wenn sie mindestens ein Viertel der zum Bundestag Wahlberechtigten umfaßt; das Nähere regelt ein Bundesgesetz. Der Staatsvertrag bedarf der Zustimmung des Bundestages.

Diese neue Verfassungsbestimmung geht auf den Art. 5 des Einigungsvertrages zurück, der die leichtere Neugliederung des Raumes Berlin/Brandenburg ermöglichen soll, abweichend von den sonstigen Vorschriften des Art. 29 GG. Die Bundesländer Berlin und Brandenburg hatten im Juni 1994 den Entwurf für einen solchen *Staatsvertrag* vorgelegt, der allerdings 1996 in einer Volksabstimmung abgelehnt wurde. Während sich von den Berlinern 53,4 % für die Länderehe aussprachen, lehnten die Brandenburger den Zusammenschluss mit einer deutlichen Mehrheit von 62,7 % ab.

Art. 30 [Funktionen der Länder]

Die Ausübung der staatlichen Befugnisse und die Erfüllung der staatlichen Aufgaben ist Sache der Länder, soweit dieses Grundgesetz keine andere Regelung trifft oder zuläßt.

Der Art. 30 legt in der für die Rechtssprache typischen Weise ein Regel-Ausnahme-Verhältnis fest, bei dem der Anschein entsteht, dass dem Bund nur wenige staatliche Befugnisse zustehen. Die im Grundsatz bestehende *Landeskompetenz* gilt aber nur insoweit, wie das GG keine andere festlegt.

Tatsächlich werden dem Bund in den Art. 74 ff. (Gesetzgebung) umfassende Kompetenzen zugeteilt. Zur Sicherung der Rechts- und Wirtschaftseinheit im Bundesgebiet (vgl. Art. 72 Abs. 2) liegen fast alle wesentlichen Staatsaufgaben beim Bund. Neben der im GG aufgelisteten Gesetzgebungskompetenz hat das BVerfG dem Bund noch ungeschriebene Kompetenzen „aus der Natur der Sache" und „kraft Sachzusammenhang" (s. Vorbemerkung zu Art. 70) zuerkannt.

Grundsätzlich gibt es keine Doppelzuständigkeit, entweder ist der Bund oder sind die Länder zuständig. Auch sind Kompetenzüberlassungen und Kompetenzverschiebungen unzulässig, soweit sie nicht ausdrücklich im GG vorgesehen sind, s. z. B. Art. 71.

Art. 31 [Vorrang des Bundesrechts]

Bundesrecht bricht Landesrecht.

Im mittelalterlichen Reich galt Ortsrecht vor Regionalrecht und dieses vor Reichsrecht. Diese Rangfolge trug dazu bei, die rechtliche und politische Einheit Deutschlands zu verhindern und wurde deshalb schon vom Paulskirchen-Parlament (1848/49) umgekehrt.

Die lapidare Schärfe des Art. 31 täuscht über die praktisch geringe Bedeutung hinweg. Die Vorschrift bezieht sich nämlich nur auf Gegenstände, die der Bund rechtlich regeln darf, obwohl parallel dazu eine Gesetzgebungskompetenz der Länder besteht. Da die Gesetzgebungskompetenzen zwischen Bund und Ländern umfassend geregelt (s. Bemerkung zu Art. 70 bis 74) und somit Doppelzuständigkeiten ausgeschlossen sind, ist die sog. *Kollisionsnorm*, d. h. eine gültige Rechtsvorschrift stößt gegen eine andere, relativ selten. Im Zweifel entscheidet das BVerfG auf Grund von Art. 93 Abs. 1, ob eine solche Kollision vorliegt. Wird Art. 31 angewandt, heißt dies, dass Landesrecht rückwirkend ungültig wird und für die Zukunft in diesem Bereich „gesperrt" ist.

Bundesrecht ist jede von einem Bundesorgan erlassene Norm, also ein Gesetz oder eine Rechtsverordnung. Das GG hat Vorrang auch vor allen *Landesverfassungen*.

Beispiele: Das Verbot einer Aussperrung im Rahmen eines Arbeitskampfes, wie es für einzelne der neuen Bundesländer beabsichtigt war, wäre grundgesetzwidrig und damit unanwendbar.

Die Rechtschreibreform ist dagegen ausschließlich Sache der Länder, weil der Bund dazu weder eine Gesetzgebungs- noch eine Verwaltungskompetenz besitzt. Ein Antrag auf Feststellung einer Grundrechtsverletzung (Elternrecht) wurde vom BVerfG 1998 abgelehnt.

Art. 32 [Auswärtige Beziehungen]

Vorbemerkung:

Art. 32 ist gegenüber Art. 30 eine Spezialvorschrift und hat damit Vorrang. Er weist dem Bund die alleinige Kompetenz in allen auswärtigen Angelegenheiten zu. Die Länder sind nur zuständig, wenn der Bund sie ausdrücklich durch Gesetz ermächtigt.

(1) Die Pflege der Beziehungen zu auswärtigen Staaten ist Sache des Bundes.

„Pflege der Beziehungen" begründet die umfassende Bundeszuständigkeit, wozu auch der Auswärtige Dienst in der bundeseigenen Verwaltung des Auswärtigen Amtes gehört (Art. 87 Abs. 1).

> **Beispiel:** Es gibt keine Länderbotschaften, sondern nur Botschaften der Bundesrepublik Deutschland und die ihr unterstehenden diplomatischen und konsularischen Missionen.

(2) Vor dem Abschlusse eines Vertrages, der die besonderen Verhältnisse eines Landes berührt, ist das Land rechtzeitig zu hören.

Die Verfassungsbestimmung verpflichtet den Bund zu einem besonderen länderfreundlichen Verhalten. Er muss ein Land in dem genannten Fall so rechtzeitig anhören, dass dessen Meinung noch vorher in die Meinungs- und Willensbildung des Bundes einfließen kann, z.B. bei Verträgen über Gebietsabtretungen. Er ist aber nicht verpflichtet, sich die Ansicht des Landes zu Eigen zu machen.

(3) Soweit die Länder für die Gesetzgebung zuständig sind, können sie mit Zustimmung der Bundesregierung mit auswärtigen Staaten Verträge abschließen.

Besitzen die Bundesländer die Kompetenz, weil etwa der Bund von seinem Gesetzgebungsrecht im Rahmen der konkurrierenden Gesetzgebung (Art. 74) noch nicht Gebrauch gemacht hat, dürfen die Länder Staatsverträge abschließen.

Staatsverträge sind Vereinbarungen der Länder untereinander oder mit dem Bund, etwa über die Zusammenlegung von Rundfunkanstalten wie Süddeutscher Rundfunk (Baden-Württemberg) mit dem Südwestfunk (Rheinland-Pfalz). Die Länder können aber auch mit auswärtigen Staaten Abkommen schließen, vor allem im Bereich der Kulturpolitik, z.B. Studentenaustausch, oder zur Regelung grenzüberschreitender Fragen.

> **Beispiel:** Übereinkommen der Länder Baden-Württemberg und Bayern mit Österreich und der Schweiz zum Schutz des Bodensees gegen Verunreinigung.

Auslandskontakte von Gemeinden, z.B. *Städtepartnerschaften*, fallen nicht unter den Art. 32, weil Gemeinden keine Personen des Völkerrechts sind. Auch dabei kann im Einzelfall wegen des Prinzips der Bundestreue eine Abstimmung mit der Bundesregierung erforderlich sein.

> **Beispiel:** Die Bundesregierung hat wegen schwerer Menschenrechtsverletzung die diplomatischen Beziehungen zu einem Staat abgebrochen oder heruntergestuft, z.B. durch Abberufung des Botschafters. Eine deutsche Stadt, die zum selben Zeitpunkt mit der Hauptstadt des betreffenden Landes eine Städtepartnerschaft vereinbart, verstößt gegen die Verpflichtung zu bundesfreundlichem Verhalten.

Art. 33 [Staatsbürger, öffentlicher Dienst]

Vorbemerkung:

Die Vorschrift regelt zwei unterschiedliche Sachverhalte:

1. Die staatsbürgerliche Stellung der Deutschen einschließlich des Zugangs zu öffentlichen Ämtern.

2. Den öffentlichen Dienst, insbesondere das Berufsbeamtentum.

Wie sich aus Art. 93 Abs. 1 Nr. 4a folgern lässt, enthält der Art. 33 *grundrechtsähnliche Rechte*, deren Verletzung mit einer *Verfassungsbeschwerde* vor dem BVerfG gerügt werden kann. Die Abs. 1 und 2 sind eine Konkretisierung des Gleichheitsgrundsatzes des Art. 3 Abs. 1.

(1) Jeder Deutsche hat in jedem Lande die gleichen staatsbürgerlichen Rechte und Pflichten.

Die Bundesländer sind zur Gleichbehandlung aller Deutschen (zum Begriff „Deutscher" s. Bemerkung zu Art. 116) verpflichtet. Sie dürfen ihren „Landeskindern" keine bevorzugte Stellung einräumen.

> **Beispiel:** Die Zulassung zum Hochschulstudium darf nicht davon abhängig sein, wo der Bewerber geboren ist und in welchem Bundesland er seine Reifeprüfung abgelegt hat.

(2) Jeder Deutsche hat nach seiner Eignung, Befähigung und fachlichen Leistung gleichen Zugang zu jedem öffentlichen Amte.

Unter „öffentliches Amt" im Sinne des Art. 33 Abs. 2 gehören alle haupt- und nebenberuflichen Funktionen einschließlich ehrenamtlicher Tätigkeiten in Bund, Ländern, Gemeinden und bei den Juristischen Personen des öffentlichen Rechts.

Zu dem von dieser Bestimmung erfassten Personenkreis gehören alle Beamten, Richter, Berufssoldaten, Notare (nicht dagegen Rechtsanwälte) und die Angestellten und Arbeiter, soweit sie im öffentlichen Dienst stehen.

Mit den Merkmalen „Eignung, Befähigung und fachliche Leistung" wird für den öffentlichen Dienst das *Leistungsprinzip* verfassungsrechtlich festgeschrieben. Teilweise überlappen sich diese Merkmale:

– *Eignung* meint die körperlichen und charakterlichen Voraussetzungen für die Übernahme des Amtes. Ein wesentlicher Bestandteil der Eignung ist auch die Treue zur Verfassung. Sie zeigt sich in der Bereitschaft, jederzeit für die freiheitliche demokratische Grundordnung einzutreten.

Beispiel: Die Mitgliedschaft in Parteien, die das BVerfG gem. Art. 21 Abs. 2 für verfassungswidrig erklärt hat, ist mit der gebotenen Verfassungstreue unvereinbar. Auch wer Mitglied in einer nicht verbotenen Partei ist, die eindeutig und zweifelsfrei verfassungswidrige Ziele verfolgt, erweckt begründete Zweifel, ob er stets bereit ist, sich für die freiheitliche demokratische Grundordnung einzusetzen.

– *Befähigung* bezieht sich auf Allgemeinwissen, Lebenserfahrung, Veranlagung sowie Vor- und Ausbildung.

– *Fachliche Leistung* kennzeichnet die beruflichen Fertigkeiten aus Fachwissen und Fachkönnen.

Das Leistungsprinzip für Einstellung und Beförderung soll einerseits die Verwaltung vor unqualifizierten Bewerbern und andererseits geeignete Bewerber vor ungerechtfertigter Benachteiligung schützen.

Der Abs. 2 ist eine klare Absage der *Ämterpatronage*, der parteilichen Bevorzugung und jeder Art von *Quotenregelung*. Die verbreitete Praxis der Besetzung von Ämtern nach Parteizugehörigkeit steht in eindeutigem Widerspruch zur Verfassung. Eine automatische Bevorzugung von Frauen zur Quotenerfüllung ist auch vom Europäischen Gerichtshof verworfen worden (vgl. Kommentierung zu Art. 3).

Zulässige *Diskriminierungsmerkmale* (= Kriterien zu anderer differenzierter Beurteilung) sind dagegen z. B. Deutschkenntnisse, das Geschlecht für die Besetzung der Schulleitung in einer reinen Mädchenschule, Konfession des Lehrers an einer Bekenntnisschule. Als zusätzliches „Hilfskriterium" kann auch der Behindertenstatus positiv in Frage kommen, vgl. Art. 3 Abs. 3.

Der Art. 33 Abs. 2 schafft keinen Rechtsanspruch auf Zuteilung einer Stellung im öffentlichen Dienst, wohl aber ein gerichtlich erzwingbares Recht auf sachgemäße Beurteilung bei der Bewerbung um Einstellung und Beförderung.

(3) Der Genuß bürgerlicher und staatsbürgerlicher Rechte, die Zulassung zu öffentlichen Ämtern sowie die im öffentlichen Dienste erworbenen Rechte sind unabhängig von dem religiösen Bekenntnis. Niemandem darf aus seiner Zugehörigkeit oder Nichtzugehörigkeit zu einem Bekenntnisse oder einer Weltanschauung ein Nachteil erwachsen.

Diese Vorschrift ist wiederum eine Konkretisierung, und zwar des in Art. 3 Abs. 3 und Art. 4 Abs. 1 und 2 enthaltenen Rechtsgrundsatzes, dass niemand auf Grund seiner persönlichen Glaubensüberzeugung bevorzugt oder benachteiligt werden darf.

(4) Die Ausübung hoheitsrechtlicher Befugnisse ist als ständige Aufgabe in der Regel Angehörigen des öffentlichen Dienstes zu übertragen, die in einem öffentlich-rechtlichen Dienst- und Treueverhältnis stehen.

Abs. 4 enthält in Verbindung mit Abs. 5 eine *Institutsgarantie* für das *Berufsbeamtentum*. Berufsbeamte und Berufsrichter stehen in einem besonders verpflichtenden, öffentlich-rechtlichen Dienstverhältnis. Damit soll die Erfüllung hoheitlicher Aufgaben zur Sicherung des Gemeinwesens gewährleistet werden, gerade auch in Krisenzeiten. Den Beamten ist deshalb z. B. nach dem Beamtenrecht ein Streik untersagt.

Zu den *hoheitlichen Aufgaben* gehören:

– Die *Leistungsverwaltung*

    Beispiel: Schul- und Hochschulwesen, Sozialhilfe, Rentengewährung, Baugenehmigung.

– Die *Eingriffsverwaltung*

    Beispiel: Polizei, Steuerverwaltung.

Künftig werden auch Nichtbeamte in zunehmendem Umfang mit hoheitlichen Aufgaben betraut werden, z. B. Lehrer. Auch das Recht der Bürger der EU (= *Unionsbürger*) auf Freizügigkeit und freie Berufs- und Arbeitsplatzwahl im gesamten Gebiet der EU wird zu ihrer Einstellung im öffentlichen Dienst führen, so z. B. sogar schon im Polizeidienst. Doch auch in Zukunft können nur deutsche Staatsangehörige Beamte werden.

(5)* Das Recht des öffentlichen Dienstes ist unter Berücksichtigung der hergebrachten Grundsätze des Berufsbeamtentums zu regeln und fortzuentwickeln.

Neu an dieser Fassung ist lediglich die Formulierung „und fortzuentwickeln". Damit soll die Möglichkeit eröffnet werden, das Beamtenrecht den gesellschaftlichen Veränderungen anzupassen, z. B. Besoldung nach Leistung statt nach dem Ancienitätsprinzip, ohne am Grundsatz des Berufsbeamtentums zu rütteln. Die Verfassungsänderung folgt hier lediglich einer längst geübten Praxis (s. auch Kommentierung zu Art. 74 Abs. 1, Ziff. 27).

In Abs. 5 ist mit „öffentlicher Dienst" nur der Dienst im Sinne des Abs. 4, also der Beamten und Richter (nicht der Berufssoldaten) zu verstehen. Die Bestimmung verlangt die „Berücksichtigung", also nicht einfach Übernahme, der traditionellen Grundsätze des deutschen Berufsbeamtentums, soweit sie während eines längeren Zeitraums, mindestens seit der WRV von 1919, verbindlich anerkannt und gewahrt worden sind.

Anerkannte Grundsätze sind u. a.: Amtsbezeichnung, Anwesenheitspflicht am Dienstplatz innerhalb der Dienstzeiten, Gehorsamspflicht, Laufbahngrundsatz.

Nicht anerkannte Grundsätze sind u. a.: Altersgrenze, Arbeitszeitregelung wie bei Angestellten, Dienstbefreiung zum Ausgleich für Mehrarbeit.

Die *Alimentationspflicht* der öffentlichen Hand umfasst die Besoldung und Versorgung. Das bedeutet, der Beamte hat Anspruch auf einen angemessenen Lebensunterhalt und auf Teilhabe an der allgemeinen wirtschaftlichen Entwicklung. *Angemessenheit* bedeutet nicht, dass eine bestimmte Summe gezahlt werden muss. Grundsätzlich kann der Gesetzgeber Besoldung und Versorgung kürzen oder eine Anhebung der Bezüge für einige Jahre aussetzen (sog. Nullrunden), wenn dies aus sachlichen Gründen, z. B. wegen der Haushaltslage, erforderlich erscheint. Bei der Beurteilung der Angemessenheit ist das Nettoeinkommen zu Grunde zu legen, wobei Beamte der gleichen Besoldungsstufe unabhängig von der Familiengröße annähernd denselben Lebensstandard erreichen sollen. Zum angemessenen Unterhalt gehört auch der Anspruch auf Beihilfe im Krankheitsfall.

Für die Altersversorgung (Ruhegehalt) für den Beamten und seine Hinterbliebenen gilt eine Mindestpension von 35 % der letzten Dienstbezüge als ausreichend.

Der Beamte hat sich in besonderem Maße in seinem Gesamtverhalten zur freiheitlichen demokratischen Grundordnung zu bekennen und für sie einzutreten, nicht aber für eine Regierung oder eine Partei. Zudem legt ihm seine Stellung ein Mäßigungsgebot auf, d. h. er kann nicht seinen obersten Dienstherrn öffentlich scharf kritisieren.

In seinem Urteil vom 27. September 2005 hat das BVerfG entschieden, dass auch Beamtenpensionen im Rahmen der Rentenreform (*demographischer Faktor*) gekürzt werden dürfen. Drei klagende Ruhestandsbeamte sahen in der Kürzung des seit fast 100 Jahren bestehenden Höchstsatzes von 75 % des letzten Gehaltes auf derzeit 71,75 % einen Verstoß gegen das *Alimentationsprinzip* und *Gleichheitsprinzip*. Außerdem sei die Rentenverringerung nicht, wie es der Gesetzgeber wollte, „wirkungsgleich" auf die Beamtenversorgung übertragen worden, sondern die Beamten würden gegenüber den Rentnern schlechter gestellt, weil sie z. B. keine Zusatzversorgung aus Betriebspensionskassen erhielten. Zudem wird der Höchstsatz erst nach 40 Dienstjahren und nicht wie bisher schon nach 35 Jahren erreicht. Das BVerfG wies die Beschwerde ab. Zwar sei der Staat verpflichtet, den Beamten und seine Familie lebenslang angemessen zu alimentieren, aber eine bestimmte Höhe der Versorgungsleistung gehöre nicht zu den „hergebrachten Grundsätzen des Berufsbeamtentums". Der Gesetzgeber hat einen Gestaltungsspielraum, dessen Grenzen das BVerfG in diesem Fall „noch nicht überschritten sieht".

Gegenüber den Rentnern sei auch das Prinzip der Gleichbehandlung nicht verletzt worden. Denn die Karlsruher Richter sahen einen wesentlichen

Unterschied zwischen der Rentenversicherung und der beamtenrechtlichen Altersversorgung. Die Rente gewährleiste nur eine Grundversorgung, während die Pension eine Vollversorgung sei. – Im Hinblick auf die Pflicht des Beamten seinem Dienstherrn „mit seiner ganzen Persönlichkeit zur Verfügung" zu stehen, wurde allerdings von einem Richter (*Di Fabio*) die rhetorische Frage aufgeworfen, was das Besondere sei, wenn ein Beamter des einfachen Dienstes 40 Jahre lang in einem Sonderrechtsverhältnis gedient habe und dann eine Pension in der Nähe der Sozialhilfe erhalte.

Art. 34 [Amtshaftung bei Amtspflichtverletzungen]

Verletzt jemand in Ausübung eines ihm anvertrauten öffentlichen Amtes die ihm einem Dritten gegenüber obliegende Amtspflicht, so trifft die Verantwortlichkeit grundsätzlich den Staat oder die Körperschaft, in deren Dienst er steht. Bei Vorsatz oder grober Fahrlässigkeit bleibt der Rückgriff vorbehalten. Für den Anspruch auf Schadensersatz und für den Rückgriff darf der ordentliche Rechtsweg nicht ausgeschlossen werden.

Die Verfassungsvorschrift regelt drei Bereiche:

- Die Voraussetzungen der Staatshaftung gegenüber dem geschädigten Dritten.
- Den Rückgriff gegen den Bediensteten.
- Den Rechtsweg für den Schadensersatzanspruch.

Amtspflichten ergeben sich vor allem aus Gesetzen, Verordnungen, Dienst- und Verwaltungsvorschriften sowie Einzelanweisungen des Dienstvorgesetzten.

Dritter ist jeder, der durch ein pflichtwidriges Verhalten unmittelbar geschädigt wird.

Der Anspruch des durch eine schuldhafte Amtspflichtverletzung Geschädigten ergibt sich gegen Beamte aus § 839 BGB. Mit Art. 34 wird diese *Amtshaftung* auf den Staat übergeleitet. Der Bedienstete wird damit von der Haftung gegenüber dem Geschädigten befreit.

Diese Regelung verfolgt zwei Zwecke:

- Der Geschädigte braucht nicht zu befürchten, dass er wegen Zahlungsunfähigkeit des Betreffenden keinen Schadensersatz erhält.
- Der Bedienstete ist in seiner Entscheidung freier, weil er nicht befürchten muss, z. B. wegen einer kleinen Unachtsamkeit zum Schadensersatz herangezogen zu werden.

Beispiel: Der Regierungspräsident eines Bundeslandes warnte nach bestem Wissen und Gewissen vor dem Verzehr einer bestimmten, in der Bundesrepublik Deutschland hergestellten Nudelsorte, weil sie angeblich gesundheitsschädliche Bestandteile enthalte. Infolge des Absatzrückgangs dieser Teigwaren entstand dem Hersteller ein Schaden in Millionenhöhe. Im darauf folgenden Prozess ließ sich der Vorwurf des Regierungspräsidenten nicht beweisen, der Unternehmer obsiegte, und der Steuerzahler hatte für den Schaden aufzukommen.

Der Begriff „jemand" bedeutet, dass sich die Haftung auf jeden erstreckt, dem ein öffentliches Amt anvertraut ist, er muss also nicht Beamter sein.

Beispiel: Der Sachverständige des Technischen Überwachungsvereins (TÜV) übt mit der vom Staat vorgeschriebenen Kraftfahrzeugüberprüfung eine hoheitsrechtliche Aufgabe aus. Erteilt er die Prüfplakette, weil er einen groben technischen Mangel nicht bemerkt, so haftet das Land für den Schaden, der aus einem Verkehrsunfall entsteht, der auf diesen technischen Defekt zurückgeht.

Ein Regress (Rückgriff) auf den seine Amtspflichten verletzenden Bediensteten ist nur bei Vorsatz und grober Fahrlässigkeit zulässig, wenn z. B. der TÜV-Sachverständige im vorstehenden Beispiel die Prüfplakette nur aufgrund der Zusage des Fahrzeughalters, „das Auto ist in Ordnung", erteilt.

Art. 35 [Rechts- und Amtshilfe]

Vorbemerkung:

Im Art. 35 kommt der Gedanke der bundesstaatlichen Einheit zum Ausdruck. Die Pflichtenregelung ist unmittelbare Folge der *horizontalen und vertikalen Gewaltenteilung*. Ursprünglich bestand der Art. 35 nur aus Abs. 1. Nach den Erfahrungen der Hamburger Flutkatastrophe von 1962 wurden im Zusammenhang mit der *Notstandsgesetzgebung* 1968 die Absätze 2 und 3 eingefügt. Die Grundgesetzbestimmung sieht auch den Einsatz der Bundeswehr vor. Wichtig ist, dass diese im Falle einer Naturkatastrophe oder eines schweren Unglücks nicht mit Waffengewalt aktiv werden darf.

Von vielen politischen Kräften – insbesondere in der CDU/CSU – wird eine Grundgesetzänderung gefordert, damit die Bundeswehr außer den genannten Fällen auch im Innern zum Personen- und Objektschutz eingesetzt werden kann, z. B. bei sportlichen Großveranstaltungen wie einer Fußballweltmeisterschaft.

(1) Alle Behörden des Bundes und der Länder leisten sich gegenseitig Rechts- und Amtshilfe.

Amtshilfe ist jedes Ersuchen einer Behörde an eine andere um Hilfe. Sie liegt nicht vor, wenn die Behörden zueinander in einem Über- bzw. Unterordnungsverhältnis stehen.

> **Beispiel:** Das Sozialamt bittet das Arbeitsamt um Akteneinsicht, um zu beurteilen, ob der Antragsteller Anspruch auf Sozialhilfe hat. Das Sozialamt übermittelt die gewünschten Daten (Amtshilfe).

In diesem Artikel zählen Gerichte zu den „Behörden". Das Ersuchen eines Amtsgerichts an ein anderes Amtsgericht nennt man *Rechtshilfe*.

> **Beispiel:** In einem Strafverfahren bittet das zuständige Gericht ein anderes, einen Zeugen an dessen Wohnort zu vernehmen um aufwändige Reisekosten zu sparen. Das Protokoll der Zeugenvernehmung wird dann im Prozess verlesen (Rechtshilfe).

(2) Zur Aufrechterhaltung oder Wiederherstellung der öffentlichen Sicherheit oder Ordnung kann ein Land in Fällen von besonderer Bedeutung Kräfte und Einrichtungen des Bundesgrenzschutzes zur Unterstützung seiner Polizei anfordern, wenn die Polizei ohne diese Unterstützung eine Aufgabe nicht oder nur unter erheblichen Schwierigkeiten erfüllen könnte. Zur Hilfe bei einer Naturkatastrophe oder bei einem besonders schweren Unglücksfall kann ein Land Polizeikräfte anderer Länder, Kräfte und Einrichtungen anderer Verwaltungen sowie des Bundesgrenzschutzes und der Streitkräfte anfordern.

Der Absatz regelt die Beistandspflicht von Bund und Ländern, die aber nur nach Anforderung durch das betroffene Land besteht.

„Öffentliche Sicherheit und Ordnung" ist ein polizeirechtlicher Begriff „für alle als schutzwürdig anerkannten Werte zur Sicherung eines geordneten Gemeinschaftslebens", z. B. Gesundheitsschutz.

> **Beispiele:** Einsatz einer besonders ausgebildeten Eliteeinheit der Bundespolizei zur Terroristenbekämpfung; Hilfe der Bundeswehr bei dem Zugunglück in Eschede 1998.

Naturkatastrophen haben ihre Ursachen im Naturgeschehen, während Unglücksfälle durch menschliches oder technisches Versagen bedingt sind.

Art. 35 Abs. 2 bestimmt ebenso wie Abs. 3 die verfassungsmäßigen Ausnahmeregelungen, nach denen die Streikräfte zu anderen als zu Verteidigungszwecken eingesetzt werden können.

(3) Gefährdet die Naturkatastrophe oder der Unglücksfall das Gebiet mehr als eines Landes, so kann die Bundesregierung, soweit es zur wirksamen Bekämpfung erforderlich ist, den Landesregierungen die Weisung erteilen, Polizeikräfte anderen Ländern zur Verfügung zu stellen, sowie Einheiten des Bundesgrenzschutzes und der Streitkräfte zur Unterstützung der Polizeikräfte einsetzen. Maßnahmen der Bundesregierung nach Satz 1 sind jederzeit auf Verlangen des Bundesrates, im übrigen unverzüglich nach Beseitigung der Gefahr aufzuheben.

Abs. 3 muss als Vorsorge der Verfassung für besonders schwere Katastrophen verstanden werden. Diese Verfassungsbestimmung brauchte bisher noch nicht angewendet zu werden. Sie räumt der Bundesregierung weitgehende Weisungs- und Einsatzrechte ein. Wegen der Schwere der Eingriffe in die Länderhoheit müssen diese Maßnahmen sofort abgebrochen werden, wenn der Bundesrat dies (mehrheitlich) verlangt oder wenn die Gefahr beseitigt ist.

Beispiel: Hilfe der Bundeswehr bei der Vogelgrippe im Februar 2006 an der Ostsee. Einsammeln verendeter Möwen, Schwäne u. a. und Dekontaminieren (Entgiften) von Fahrzeugen, die möglicherweise das Virus weitertragen könnten.

Art. 36 [Landsmannschaftliche Gleichbehandlung]

Vorbemerkung:

Die Verfassungsvorschrift ist die Konsequenz des föderalistischen Staatsaufbaus der Bundesrepublik Deutschland. Die „Landeskinder" der (gleichberechtigten) Bundesländer sind zu berücksichtigen, so dass in den Ministerien der Bundeshauptstadt nicht nur Berliner Laute zu hören sind.

(1) Bei den obersten Bundesbehörden sind Beamte aus allen Ländern in angemessenem Verhältnis zu verwenden. Die bei den übrigen Bundesbehörden beschäftigten Personen sollen in der Regel aus dem Lande genommen werden, in dem sie tätig sind.

Satz 1 des Abs. 1 gilt nur für Beamte und bestimmt, dass sie in obersten Bundesbehörden in einem der Bevölkerungszahl des Landes angemessenen Anteil verwendet werden müssen. Auf diese Weise wird gewährleistet, dass auch in der Zentralbürokratie des Bundes Bedienstete beschäftigt sind, die mit den Eigenarten der jeweiligen Bundesländer besonders vertraut sind.

Oberste Bundesbehörden sind Behörden des Bundes, die keiner anderen nachgeordnet sind, also z. B. das Bundespräsidialamt, das Bundeskanzleramt und die Bundesministerien.

Satz 2 legt für die übrigen Bundesbehörden, z. B. das Statistische Bundesamt in Wiesbaden, das sog. *Heimatprinzip* als Regelfall fest, das aber bei der Einstellung von Spezialisten durchbrochen werden kann. Die Vorschrift gilt für alle Bediensteten, also auch für Angestellte und Arbeiter.

(2) Die Wehrgesetze haben auch die Gliederung des Bundes in Länder und ihre besonderen landsmannschaftlichen Verhältnisse zu berücksichtigen.

Die Verfassungsbestimmung schafft keine Ansprüche und bleibt deshalb als Programmsatz ohne nähere Kommentierung.

Art. 37 [Bundeszwang]

(1) Wenn ein Land die ihm nach dem Grundgesetze oder einem anderen Bundesgesetze obliegenden Bundespflichten nicht erfüllt, kann die Bundesregierung mit Zustimmung des Bundesrates die notwendigen Maßnahmen treffen, um das Land im Wege des Bundeszwanges zur Erfüllung seiner Pflichten anzuhalten.

(2) Zur Durchführung des Bundeszwanges hat die Bundesregierung oder ihr Beauftragter das Weisungsrecht gegenüber allen Ländern und ihren Behörden.

Auf eine Kommentierung wird verzichtet, weil seit Gründung der Bundesrepublik Deutschland der *Bundeszwang* noch niemals angewandt wurde. Es handelt sich hier um eine sog. *schlafende* Verfassungsbestimmung.

Der Bundestag

III

Art. 38 Wahl 126
Art. 39 Wahlperiode, Zusammentritt 130
Art. 40 Präsidium, Geschäftsordnung 131
Art. 41 Wahlprüfung 133
Art. 42 Öffentlichkeit, Beschlussfassung 133
Art. 43 Anwesenheit der Bundesminister 134
Art. 44 Untersuchungsausschüsse 136
Art. 45 Ausschuss für EU 137
Art. 45a Ausschüsse für Auswärtiges
und Verteidigung 138
Art. 45b Wehrbeauftragter 138
Art. 45c Petitionsausschuss 139
Art. 46 Indemnität, Immunität 140
Art. 47 Zeugnisverweigerungsrecht 142
Art. 48 Ansprüche der Abgeordneten 142
Art. 49 (gestrichen durch 33. ÄG) 143

III. Der Bundestag

Vorbemerkungen: _____

Das erste Verfassungsorgan des Bundes – gebildet nach dem *Prinzip der Gewaltenteilung* – ist der Bundestag. Allerdings ist dieses Prinzip nicht ganz verwirklicht. Der Bundeskanzler als Spitze der *Exekutive* ist i. d. R. auch Mitglied des Bundestages, also der *Legislative*. Diese greift in die Sachzuständigkeiten der Exekutive ein, z. B. beim *Haushaltsbewilligungsrecht* und im *Parlamentsvorbehalt* über den Einsatz der Bundeswehr (Art. 87a) und wählt die höchsten Richter der *Judikative* (Art. 94). Zudem wirkt der Bundesrat als „2. Kammer" auch bei der Exekutive des Bundes mit (Art. 50). Die Gewaltenteilung wird auf diese Weise gehemmt durch ein Prinzip der *Gewaltenverschränkung*, welche das Gewicht der jeweiligen Gewalt zu den anderen in einer Art Gleichgewicht halten soll. – Würde z. B. das repräsentative Gefüge der Bundesrepublik Deutschland zu Gunsten stärkerer plebiszitärer Elemente verschoben werden, ergäbe sich eine Gewichtsverlagerung zu Lasten der legislativen Gewalt, eben des Bundestages.

Der Bundestag ist das einzige *Verfassungsorgan*, das unmittelbar aus allgemeinen Wahlen hervorgeht. Da – außer im Ausnahmefall des Art. 29 (Neugliederung des Bundesgebietes) – das GG Abstimmungen nicht vorsieht, genießt der Bundestag eine besonders herausragende und zentrale Stellung im Verfassungsgefüge. Er ist das deutsche Bundesparlament schlechthin und von keinem anderen Verfassungsorgan abhängig.

Art. 38 [Wahl]

Vorbemerkung: _____

Dem Bundestag obliegen alle „klassischen" Aufgaben eines Parlaments:

- Gesetzgebungsfunktion (Art. 76 bis 79),

- Wahlfunktion (z. B. Art. 63),

- Kontrollfunktion (z. B. Art. 44),

- Artikulationsfunktion, d. h. der Bundestag hat die Aufgabe, den Volkswillen öffentlich zum Ausdruck zu bringen.

(1) Die Abgeordneten des Deutschen Bundestages werden in allgemeiner, unmittelbarer, freier, gleicher und geheimer Wahl gewählt. Sie sind Vertreter des ganzen Volkes, an Aufträge und Weisungen nicht gebunden und nur ihrem Gewissen unterworfen.

Satz 1 formuliert die fünf *Wahlgrundsätze*: allgemein, unmittelbar, frei, gleich, geheim.

– allgemein: Die Zugehörigkeit zum Staatsvolk gibt, vorbehaltlich eines Mindestalters, das Recht zum Wählen;

– unmittelbar: Zwischen der Stimmentscheidung zu Gunsten eines oder mehrerer Kandidaten und der Feststellung des Wahlergebnisses werden keine anderen Personen zwischengeschaltet wie z. B. Wahlmänner. Eine Listenwahl gilt dann als unmittelbar, wenn die auf der Parteiliste aufgeführten Personen in Reihenfolge feststehen und diese Reihung nachträglich nicht geändert werden kann;

– frei: Der Grundsatz gewährleistet die ungehinderte Stimmabgabe. Jede Wahlbehinderung, Bestechung oder Täuschung des Wählers ist strafbar (§§ 108a u. 108b StGB). Aus diesem Grund ist z. B. auch das Anbringen von Wahlplakaten im Wahllokal oder unmittelbar vor seinem Eingang untersagt;

– gleich: Jede Stimme hat denselben Zählwert für die Berechnung des Wahlergebnisses; *Überhangmandate* in relativ geringer Zahl sind mit dem Gleichheitsprinzip ebenso vereinbar wie begrenzte Abweichungen in der Zahl der Wahlberechtigten in den Wahlkreisen;

– geheim: Damit wird einer Verletzung des Wahlgeheimnisses vorgebeugt. Eine Briefwahl, wie sie gesetzlich möglich ist, verstößt nicht gegen diesen Grundsatz.

Satz 2 begründet das Prinzip des *freien Mandats:*

– Abgeordnete sind Vertreter des Gesamtvolkes, also nicht eines Landes, Wahlkreises oder einer Partei. Trotz Zugehörigkeit zu einer Partei, einer Berufsgruppe, einem Verband o. Ä. hat der Abgeordnete als obersten Leitsatz für seine Mandatsausübung das Gesamtwohl des Volkes zu sehen und nicht das Interesse einer Teilgruppe.

– Abgeordnete sind an Aufträge und Weisungen nicht gebunden. Einzelpersonen, Verbände, Interessengruppen, Fraktionen und Parteien können einen Abgeordneten bitten oder ersuchen, Empfehlungen geben und Erwartungen aussprechen; aber sie dürfen ihn nicht zwingen.

Beispiel: Die Verpflichtung eines Abgeordneten zu einer Geldbuße an seine Partei, wenn er der „Basisempfehlung" bei einer Bundestagsabstimmung nicht folgt, wäre (von Anfang an) nichtig.

– Abgeordnete können weder von der Wählerschaft noch von ihrer Fraktion oder Partei von ihrem Mandat entbunden werden.

> **Beispiel:** Der „Blankoverzicht" eines Abgeordneten auf sein Mandat, falls er von der Partei ausgeschlossen wird, ist ebenfalls nichtig. Gleiches gilt für das vorab vereinbarte „Rotationsprinzip". Allerdings kann kein Abgeordneter gehindert werden, „freiwillig" sein Mandat niederzulegen, um einem Nachrücker auf der Landesliste Platz zu machen.

Mit den Fraktionen treten quasi die Parteien im Parlament auf.

Vom – unzulässigen – *Fraktionszwang* ist die *Fraktionsdisziplin* zu unterscheiden. Praktisch ausnahmslos verdankt der Abgeordnete sein Bundestagsmandat seiner Partei. Ohne sie wäre er kein Abgeordneter. Regierungsfähigkeit und geschlossenes Auftreten der Opposition (u. U. mit der Möglichkeit eines Kanzlersturzes nach Art. 67) wären ernsthaft gefährdet, wenn nicht gar in Frage gestellt, wenn jeder Abgeordnete nach persönlichem, womöglich noch inkompetentem Gutdünken entscheiden würde. Der Wähler erhielte so nur ein diffuses Bild vom politischen Willen der jeweiligen Partei und bliebe orientierungslos. Deshalb sind „Strafen" durch Fraktion und Partei gegenüber Mandatsträgern zulässig, die bei wichtigen Entscheidungen anders abstimmen, als die Mehrheit zuvor vereinbart hat. Diese Sanktionsmittel reichen von der Abberufung aus dem Ausschuss, über dessen Beschickung die Fraktionen entscheiden, bis zum Fraktions- und Parteiausschluss mit der Folge, dass der „Abweichler" bei der nächsten Wahl nicht mehr als Kandidat seiner Partei aufgestellt wird. In der Regel bedeutet dies seinen „politischen Tod", sofern ihn nicht eine andere Partei aufnimmt und als Kandidaten aufstellt. Sein Mandat behält der Ausgeschlossene jedoch bis zum Ende der Legislaturperiode bei, das gilt auch bei Fraktionswechsel.

Der Bundestag ist die verfassungsmäßige Verwirklichung des *Repräsentationsprinzips* schlechthin.

Im Sinne des GG bedeutet Repräsentation:

– Rechtfertigung der Entscheidungen des Bundestages.

– Verfassungsrechtliche Ordnung zur Bildung des Staatswillens.

– Legitimierte Kraft durch periodisch stattfindende Wahlen.

Repräsentation im verfassungsrechtlichen Sinne bezeichnet nicht eine tatsächlich bestehende Übereinstimmung des Willens des Bundestages, wie er in einer Mehrheitsentscheidung zum Ausdruck kommt, mit dem Mehrheitswillen des Volkes. Auch ist ein Parlament noch nie ein „repräsentatives", verkleinertes Spiegelbild des Volkes gewesen.

(2) Wahlberechtigt ist, wer das achtzehnte Lebensjahr vollendet hat; wählbar ist, wer das Alter erreicht hat, mit dem die Volljährigkeit eintritt.

Aktives Wahlrecht ist das Recht zu wählen, *passives* das Recht gewählt zu werden. Bei Inkrafttreten des Grundgesetzes begann beides gleichermaßen mit Eintritt der Volljährigkeit, das war damals die Vollendung des 21. Lebensjahres. Mit der Begründung der Wehrpflicht wurde das aktive Wahlrecht auf das 18. Lebensjahr gesenkt, die Wählbarkeit aber begann erst wie bisher mit der Volljährigkeit. 1976 wurde der Eintritt der Volljährigkeit auf das 18. Lebensjahr gesenkt, damit auch der Beginn des passiven Wahlrechts.

Die gebliebene Fassung legt scheinbar nahe, dass es noch einen Unterschied gibt zwischen dem Eintritt des Rechts zu wählen und gewählt zu werden.

(3) Das Nähere bestimmt ein Bundesgesetz.

Grundsätzlich ist der Gesetzgeber in der Ausgestaltung des Wahlgesetzes frei. Er hat allerdings die Wahlgrundsätze gem. Abs. 1 zu beachten.

Das *Bundeswahlgesetz* sieht eine Mischform aus *Mehrheits- und Verhältniswahlsystem* vor. Die Mehrheitswahl erfolgt als Personenwahl in 299 Wahlkreisen. Der Bewerber mit den meisten Erststimmen obsiegt. Auf diese Weise wird die Hälfte aller Bundestagsmandate vergeben. Die andere Hälfte wird über die von den Parteien eingereichten Landeslisten nach dem Anteil der Zweitstimmen ermittelt. Weil aber die direkt in den Wahlkreisen eroberten Mandate von der Zahl der Sitze abgezogen werden, die einer Partei aufgrund der Zweitstimmenauszählung anteilsmäßig zustehen, ist das Bundestagswahlsystem in der Sitzzuteilung ein (fast) reines Verhältniswahlsystem. Diese Berechnung der Mandatsanteile geschieht nach dem Verfahren der mathematischen Proportion von Hare/Niemeyer: Stimmenzahl für eine Partei multipliziert mit der Gesamtzahl der zur Verteilung stehenden Sitze. Das Produkt wird durch die Summe aller abgegebenen gültigen Zweitstimmen geteilt.

Das Verhältniswahlprinzip wird durch drei Besonderheiten eingeschränkt:

– *Fünf-Prozent-Klausel:* Bei der Sitzverteilung werden nur die Parteien berücksichtigt, die wenigstens 5 vom Hundert der im gesamten Wahlgebiet abgegebenen gültigen Zweitstimmen gewonnen haben. – Gerade diese Sperrklausel hat der Parlamentszersplitterung vorgebeugt und relativ leicht Kanzlermehrheiten ermöglicht. Sie hat auch der Prüfung durch das BVerfG standgehalten.

– *Drei Direktmandate:* Bleibt eine Partei unter 5 % der Zweitstimmen, gewinnt aber durch die Erststimmen wenigstens drei Wahlkreise, so zieht sie in den Bundestag mit der Mandatszahl ein, die ihr auf Grund der insgesamt im Bundesgebiet eroberten Zweitstimmen zustehen. – 1994 wurde diese seit Jahrzehnten bedeutungslose Regelung für die PDS relevant. Diese Nachfolgepartei der SED siegte in vier Wahlkreisen und zog bei einem Zweitstimmenanteil von insgesamt 4,4 % mit 30 Abgeordneten in den 13. Bundestag ein.

– *Überhangmandate:* Erobert eine Partei in einem Bundesland mehr Direktmandate, als ihr auf Grund der Zweitstimmen anteilsmäßig zustehen, so behält sie diese Mandate. Die reguläre Zahl der Abgeordneten (598) erhöht sich entsprechend.

Beispiel: Der am 18. September 2005 gewählte 16. Deutsche Bundestag besteht regulär aus 598 Abgeordneten. Dazu kommen 16 Überhangmandate und zwar:

Für die SPD: Neun – davon drei aus Brandenburg, vier aus Sachsen-Anhalt und je eines aus dem Saarland und aus Hamburg.

Für die CDU: Sieben – davon vier aus Sachsen und drei aus Baden-Württemberg.

Die gesetzliche Mitgliederzahl im Sinne des Art. 121 beträgt somit 614.

Art. 39 [Wahlperiode, Zusammentritt]

Vorbemerkung:

Art. 39 wurde 1976 neu so gefasst, dass die Art. 45 und 49 wegfallen konnten.

(1) Der Bundestag wird vorbehaltlich der nachfolgenden Bestimmungen auf vier Jahre gewählt. Seine Wahlperiode endet mit dem Zusammentritt eines neuen Bundestages. Die Neuwahl findet frühestens sechsundvierzig, spätestens achtundvierzig Monate nach Beginn der Wahlperiode statt. Im Falle einer Auflösung des Bundestages findet die Neuwahl innerhalb von sechzig Tagen statt.

Das GG kennt im Gegensatz zu anderen demokratischen Verfassungen kein *Selbstauflösungsrecht* des Parlaments. Mit dieser Bestimmung wird eine parlamentslose Zeit verhindert, weil bei Neuwahlen, auch im Falle einer vorzeitigen Auflösung des Bundestages, z. B. gem. Art. 68 (Vertrauensfrage), die Wahl- oder Legislaturperiode des alten Bundestages erst mit dem erstmaligen, dem konstituierenden Zusammentritt des neuen Parlaments endet. Die Bundesrepublik Deutschland besitzt durch diese Bestimmung stets ein handlungsfähiges Parlament. Mit dem Ende einer Wahlperiode gelten alle Vorlagen des Bundestages, also z. B. Gesetzesentwürfe, als „erledigt", auch wenn sie noch nicht beraten oder beschlossen wurden – *Prinzip der sachlichen Diskontinuität.* Gleichzeitig erlischt das Mandat aller Abgeordneten – *personelle Diskontinuität.* – Dem neu gewählten Bundestag steht es frei, alte Gesetzesvorhaben erneut einzubringen, er ist ebenso nicht gehindert, Beschlüsse des vorherigen Parlaments wieder aufzuheben oder zu verändern, z. B. ein Gesetz rückgängig zu machen.

Der Termin der Neuwahl wird vom Bundespräsidenten mit Gegenzeichnung durch den Bundeskanzler (Art. 58) festgesetzt. Das Staatsoberhaupt ist allerdings an die in Satz 3 und 4 genannten Fristen gebunden.

(2) Der Bundestag tritt spätestens am dreißigsten Tage nach der Wahl zusammen.

Die Fristsetzung von 30 Tagen gilt auch dann, wenn die Wahlperiode des alten Bundestages noch keine volle vier Jahre (48 Monate) gedauert hat. Die genaue Terminbestimmung des erstmaligen Zusammentretens obliegt dem noch amtierenden Bundestagspräsidenten.

(3) Der Bundestag bestimmt den Schluß und den Wiederbeginn seiner Sitzungen. Der Präsident des Bundestages kann ihn früher einberufen. Er ist hierzu verpflichtet, wenn ein Drittel der Mitglieder, der Bundespräsident oder der Bundeskanzler es verlangen.

Der Bundestag tagt „in Permanenz", d. h. seine Legislaturperiode wird nicht wie beim Reichstag des letzten deutschen Kaiserreiches in Sitzungsperioden eingeteilt; er vertagt sich lediglich von Sitzung zu Sitzung. Der Bundestag besitzt das *Selbstversammlungsrecht* des Parlaments. Seine Einberufung erfolgt in der politischen Praxis nahezu ausschließlich durch den Bundestagspräsidenten.

Art. 40 [Präsidium, Geschäftsordnung]

(1) Der Bundestag wählt seinen Präsidenten, dessen Stellvertreter und die Schriftführer. Er gibt sich eine Geschäftsordnung.

In diesem Absatz kommt die sog. *Parlamentsautonomie* zum Ausdruck. Nach altem deutschen Parlamentsbrauch wird der Bundestagspräsident aus den Reihen der stärksten Fraktion gestellt. Bei der Wahl seiner Stellvertreter wird die Fraktionsstärke berücksichtigt. Der Bundestagspräsident vertritt den Bundestag nach außen. Er ist nach dem Bundespräsidenten der höchste politische Amtsträger in der Bundesrepublik Deutschland, der „zweite Mann im Staate".

Unterorgane des Bundestages sind vor allem die Ausschüsse. In ihnen liegt in der modernen Demokratie das Schwergewicht der parlamentarischen Arbeit. Einige von ihnen sind bereits in der Verfassung vorgesehen, z. B. der Ausschuss für Verteidigung und der für auswärtige Angelegenheiten (Art.

45a). Im Übrigen steht es dem Bundestag frei, Zahl und Art der Ausschüsse zu bestimmen. Grundsätzlich werden Ausschüsse als verkleinertes Spiegelbild des Plenums gebildet, wobei eine strenge Proportionalität schon aus rechnerischen Gründen nicht eingehalten werden kann. Der im Jahre 2005 gewählte 16. Deutsche Bundestag hat 23 ständige Ausschüsse gebildet.

Enquete-Kommissionen sind keine Parlamentsausschüsse, sondern Sachverständigengremien zur Erforschung eines komplexen Sachverhalts.

> **Beispiel:** Der 12. Deutsche Bundestag hatte 1992 eine Enquete-Kommission zur „Aufarbeitung von Geschichte und Folgen der SED-Diktatur in Deutschland" eingesetzt, die zwei Jahre später ihren umfassenden Bericht (18 Teilbände mit 15 187 Seiten!) vorlegte.

Strittig ist, inwieweit auch die Fraktionen als Unterorgane des Bundestages zu betrachten sind. Ihr politisches Gewicht und ihr Auftreten als eine Art „Vorparlament", in dem weitreichende Beschlüsse über das Abstimmungsverhalten im Bundestag gefasst werden, lassen Fraktionen mindestens als „Bundestagsorgane eigener Art" erscheinen (s. dazu Bemerkung Art. 93 Abs. 1).

Die *Geschäftsordnung des Bundestages* regelt Organisation und Geschäftsgang des Bundestages und soll einen möglichst reibungsfreien Ablauf der parlamentarischen Beratungen garantieren.

> **Beispiel:** Der Bundestag gilt solange als beschlussfähig, wie nicht ausdrücklich seine Beschlussunfähigkeit festgestellt wurde. Sie liegt vor, wenn nur die Hälfte – oder weniger – der Abgeordneten im Sitzungssaal anwesend sind. Auf diese Weise können Gesetze durchaus von nur z.B. 30 Mitgliedern des Bundestages beschlossen werden. Bei umstrittenen Gesetzen mit zweifelhaftem Abstimmungsausgang kommt dies Verfahren allerdings praktisch nicht vor, weil die „Einpeitscher" der Fraktionen für möglichst vollständige Anwesenheit sorgen, um im Parlament keine Abstimmungsniederlage zu erleiden.

(2) Der Präsident übt das Hausrecht und die Polizeigewalt im Gebäude des Bundestages aus. Ohne seine Genehmigung darf in den Räumen des Bundestages keine Durchsuchung oder Beschlagnahme stattfinden.

Der Bundestagspräsident als Dienstvorgesetzter der Bediensteten des Bundestages kann mit ihrer Hilfe Polizeigewalt ausüben, z.B. Entfernung randalierender Besucher von der Zuschauertribüne. Er kann dabei die Unterstützung der örtlichen Polizeikräfte anfordern, die aber nur auf sein Ersuchen tätig werden dürfen. Der Begriff „Genehmigung" in Satz 2 ist als vorherige Zustimmung (= Einwilligung) zu verstehen.

Art. 41 [Wahlprüfung]

(1) Die Wahlprüfung ist Sache des Bundestages. Er entscheidet auch, ob ein Abgeordneter des Bundestages die Mitgliedschaft verloren hat.

Unter Wahlprüfung versteht man die Prüfung, ob die Wahl zum Bundestag, gemessen an den geltenden gesetzlichen Bestimmungen, rechtswirksam gültig ist. Sie erstreckt sich nur auf die richtige Zusammensetzung des Bundestages. Deshalb kann ein Antrag, die Ungültigkeit einer Wahl in einem Wahlkreis festzustellen, nur dann Erfolg haben, wenn sich der *Wahlfehler* auf die Mandatsverteilung auswirkt. Neuwahlen brauchen nur den Umfang zu haben, der für die Fehlerbeseitigung erforderlich ist.

> **Beispiel:** In einem Wahllokal können einige Dutzend Wähler ihre Stimme nicht abgeben, weil nicht genügend Stimmzettel vorhanden sind. Wenn überhaupt eine Neuwahl stattfinden muss, etwa weil der Sieg in diesem Wahlkreis für einen der Bewerber „hauchdünn" ausfiel, so braucht die Wahl nur in diesem Stimmbezirk wiederholt zu werden.

Satz 2 des Abs. 1 bezieht sich nur auf den *Mandatsverlust* aus rechtlichen Gründen, z. B. weil der Abgeordnete einer inzwischen vom BVerfG als verfassungswidrig eingestuften Partei angehört. Es gibt keine in das Ermessen des Bundestages gestellte *Mandatsaberkennung*.

(2) Gegen die Entscheidung des Bundestages ist die Beschwerde an das Bundesverfassungsgericht zulässig.

Die Bestimmung dient dem Schutz des Abgeordneten vor ungerechtfertigtem Mandatsverlust.

(3) Das Nähere regelt ein Bundesgesetz.

Nach dem Wahlprüfungsgesetz ist die *Anfechtung* des Wahlergebnisses Voraussetzung einer Wahlprüfung durch den Bundestag.

Art. 42 [Öffentlichkeit, Beschlussfassung]

(1) Der Bundestag verhandelt öffentlich. Auf Antrag eines Zehntels seiner Mitglieder oder auf Antrag der Bundesregierung kann mit Zweidrittelmehrheit die Öffentlichkeit ausgeschlossen werden. Über den Antrag wird in nichtöffentlicher Sitzung entschieden.

Der Grundsatz der *Öffentlichkeit* dient der Transparenz und gilt gleichermaßen für Aussprachen und Abstimmungen. Jedermann hat Zugangsrecht zur Zuschauertribüne, selbstverständlich im Rahmen der räumlichen Möglichkeiten. Die Ausschüsse tagen grundsätzlich nicht öffentlich, es sei denn, die Öffentlichkeit wird ausdrücklich zugelassen, z. B. bei sog. „Hearings". Die nicht öffentliche Ausschussarbeit soll gewährleisten, dass die Abgeordneten vor unzulässiger Einflussnahme geschützt sind.

„Ein Zehntel" bezieht sich auf die Mitgliederzahl (s. Bemerkung zu Art. 121). Die „Zweidrittelmehrheit" wird von der Zahl der Abstimmenden, nicht der Anwesenden, berechnet (umstritten). Ein Antrag auf Ausschluss der Öffentlichkeit braucht nicht begründet zu werden.

(2) Zu einem Beschlusse des Bundestages ist die Mehrheit der abgegebenen Stimmen erforderlich, soweit dieses Grundgesetz nichts anderes bestimmt. Für die vom Bundestage vorzunehmenden Wahlen kann die Geschäftsordnung Ausnahmen zulassen.

Zum Begriff der Mehrheit s. Art. 121.

Stimmenthaltungen oder ungültige Stimmen gelten nicht als Stimmabgabe. Bei Gleichheit der „Ja-" und „Nein"-Stimmen gilt ein Antrag als abgelehnt.

Die Stimmabgabe kann durch Handzeichen, Aufstehen, „Hammelsprung" und namentliche Abstimmung erfolgen. Eine geheime Abstimmung ist damit für Sachentscheidungen, anders als bei Wahlen, in der Regel ausgeschlossen. Für bestimmte Einzelentscheidungen kann aber die geheime Abstimmung vom Bundestag beschlossen werden.

(3) Wahrheitsgetreue Berichte über die öffentlichen Sitzungen des Bundestages und seiner Ausschüsse bleiben von jeder Verantwortlichkeit frei.

Die Freiheit von der presserechtlichen Verantwortung soll die ungehinderte Berichterstattung über Beratungen und Abstimmungen garantieren. Die Berichterstattung muss aber der Wahrheit entsprechen. Diese gilt z. B. für Veröffentlichung der stenographischen Berichte über Verhandlungen des Bundestages stets als gegeben.

Art. 43 [Anwesenheit der Bundesminister]

Vorbemerkung: ─────────────────────────────

Art. 43 soll die Zusammenarbeit zwischen Bundestag, Bundesrat und Bundesregierung sicherstellen.

(1) Der Bundestag und seine Ausschüsse können die Anwesenheit jedes Mitgliedes der Bundesregierung verlangen.

Mit Mehrheitsbeschluss kann der Bundestag (einschl. der Ausschüsse) jedes Mitglied des Kabinetts „herbeizitieren". Dieses *Zitierrecht* (auch Zitierungsrecht genannt) schließt das Recht der Abgeordneten ein, Regierungsmitgliedern Fragen zu stellen. Diese sind zur Antwort verpflichtet und haben auf Anforderung während der gesamten Beratungszeit anwesend zu sein.

Beispiel: Als im Dezember 2005 der Bundestag über die umstrittene Übernahme des Postens eines Aufsichtsratsvorsitzenden durch Altbundeskanzler *Gerhard Schröder* diskutierte, war die Regierungsbank leer. Da von den Koalitionsfraktionen CDU/SPD nur wenige anwesend waren, konnte die Opposition aus FDP, Grüne und Linke mehrheitlich beschließen, dass anstelle der in Brüssel weilenden Bundeskanzlerin der Vizekanzler, Bundesarbeitsminister *Franz Müntefering* (SPD), herbeizitiert wurde. Er erschien und nahm „brav" auf der Regierungsbank Platz.

(2) Die Mitglieder des Bundesrates und der Bundesregierung sowie ihre Beauftragten haben zu allen Sitzungen des Bundestages und seiner Ausschüsse Zutritt. Sie müssen jederzeit gehört werden.

Das Zutrittsrecht zu allen Sitzungen erstreckt sich auch auf Geheimverhandlungen des Bundestages und seiner Ausschüsse und gilt auch für die Beauftragten von Bundesregierung und Bundesrat, also z. B. für höhere Ministerialbeamte. Es schafft für die Regierungs- und Bundesratsvertreter ein Recht auf Gehör, also auf Worterteilung.

Dies klassische Recht, auch *Interpellationsrecht* genannt, ist mit einigen Vorzügen ausgestattet:

– Es kann jederzeit, also auch außerhalb der Tagesordnung und auch nach Ende der Sitzung, wahrgenommen werden, jedoch nicht mehr, wenn der die Sitzung leitende Bundestagspräsident diese ordnungsgemäß geschlossen hat.

– Der das Wort Beanspruchende braucht sich nicht auf die Rednerliste setzen zu lassen, er kann also jederzeit „dazwischenfahren". Dies gilt jedoch nicht während der Rede eines Abgeordneten oder innerhalb einer noch andauernden Abstimmung.

– Die Redezeit, z. B. eines Bundesministers, wird nicht auf die zwischen den Fraktionen vereinbarte und ihnen zugeteilte Redezeit angerechnet, so dass die Regierungskoalition auf diese Weise ihren Redeanteil erhöhen kann. Das Recht darf allerdings nicht missbraucht werden, z. B. durch wiederholt besonders lange Reden.

Art. 44 [Untersuchungsausschüsse]

Vorbemerkung:

Zu den traditionellen, auf der englischen Parlamentsgeschichte fußenden Rechten einer Volksvertretung gehört auch das sog. *Enqueterecht*, also das Recht auf Untersuchung irgendwelcher Vorgänge. Die Enquete-Kommissionen sind allerdings keine Ausschüsse (s. Bemerkung zu Art. 40 Abs. 1).

(1) Der Bundestag hat das Recht und auf Antrag eines Viertels seiner Mitglieder die Pflicht, einen Untersuchungsausschuß einzusetzen, der in öffentlicher Verhandlung die erforderlichen Beweise erhebt. Die Öffentlichkeit kann ausgeschlossen werden.

Das *Untersuchungsrecht* erstreckt sich grundsätzlich auf alle Vorgänge des öffentlichen Lebens, die eine mehr als nur belanglose Bedeutung haben. Ausgenommen sind lediglich Vorkommnisse, die nicht zu den Bundesaufgaben gehören oder in die Alleinzuständigkeit anderer Verfassungsorgane fallen, wie z. B. das völkerrechtliche Vertretungsrecht des Bundespräsidenten (Art. 59).

Beispiel: Der Bundestag kann einen Untersuchungsausschuss bilden, um die Frage zu klären, warum Anfragen der Bürger bei einem bestimmten Ministerium nicht oder nur nach langer Wartezeit beantwortet werden.

Ein Untersuchungsausschuss kann nur Tatsachen feststellen und werten, aber nicht selbst Maßnahmen ergreifen, um etwaige Missstände unmittelbar abzustellen. Das wäre ein Verstoß gegen das Prinzip der Gewaltenteilung.

Untersuchungsausschüsse werden im Verhältnis der Fraktionsstärke besetzt. Das hat zur Folge, dass die Bundestagsmehrheit, welche die Regierung trägt, auch in diesem Ausschuss ein Stimmenübergewicht besitzt. Die Regierungsmehrheit hat verständlicherweise kein Interesse daran, „ihre" Regierung öffentlich bloßzustellen.

Der Untersuchungsausschuss als vermeintlich schärfste Waffe der Opposition gegen die amtierende Regierung hat sich deshalb in der Vergangenheit – unabhängig von der parteipolitischen Zusammensetzung der Bundesregierung – oftmals als stumpf erwiesen.

(2) Auf Beweiserhebungen finden die Vorschriften über den Strafprozeß sinngemäß Anwendung. Das Brief-, Post- und Fernmeldegeheimnis bleibt unberührt.

Es gelten die Vorschriften der Strafprozessordnung und des Gerichtsverfassungsgesetzes. Sie können aber nur sinngemäß angewendet werden, denn gegenüber einem Untersuchungsausschuss gibt es weder einen Beschuldigten noch einen Angeklagten. Auch kann der Ausschuss selbst keine Durchsuchungen, Beschlagnahmen oder Verhaftungen anordnen. Er muss solche Maßnahmen beim Gericht beantragen (s. Abs. 3).

(3) Gerichte und Verwaltungsbehörden sind zur Rechts- und Amtshilfe verpflichtet.

Der Satz enthält nur die Klarstellung, dass auch Untersuchungsausschüsse Anspruch auf *Rechts- und Amtshilfe* gem. Art. 35 Abs. 1 haben.

Beispiel: So musste die Staatsanwaltschaft Kiel im Frühjahr 1990 dem „U-Boot-Untersuchungsausschuss" geheime Akten zur Verfügung stellen.

(4) Die Beschlüsse der Untersuchungsausschüsse sind der richterlichen Erörterung entzogen. In der Würdigung und Beurteilung des der Untersuchung zugrunde liegenden Sachverhaltes sind die Gerichte frei.

Ein Untersuchungsausschuss darf keine „Vorverurteilung" vornehmen. Gerichte sind an Beschlüsse der Ausschüsse nicht gebunden, haben aber auch nicht das Recht, diese Beschlüsse auf Richtigkeit nachzuprüfen.

Beispiel: Mitglieder des „U-Boot-Untersuchungsausschusses" von 1990 (s. Beispiel Abs. 3) forderten unter Hinweis auf die Aktenlage die Entlassung des Vorstands der betreffenden Werft. Die Staatsanwaltschaft kritisierte diese Forderung als eine ungerechtfertigte Vorverurteilung.

Art. 45 [Ausschuss für EU]

Der Bundestag bestellt einen Ausschuß für die Angelegenheiten der Europäischen Union. Er kann ihn ermächtigen, die Rechte des Bundestages gemäß Artikel 23 gegenüber der Bundesregierung wahrzunehmen.

Der neue Art. 45 verstärkt die Mitwirkungsmöglichkeiten des Bundestages im Rahmen des europäischen Integrationsprozesses; im Übrigen s. Bemerkungen zu Art. 23 Abs. 3.

Art. 45a [Ausschüsse für Auswärtiges und Verteidigung]

(1) Der Bundestag bestellt einen Ausschuß für auswärtige Angelegenheiten und einen Ausschuß für Verteidigung.

Ausschüsse für auswärtige Angelegenheiten und für Verteidigung müssen kraft Verfassungsauftrag tätig werden, alle anderen können vom Bundestag eingesetzt werden. Der Begriff „Verteidigung" erstreckt sich nur auf militärische Verteidigung. Die Zivilverteidigung, z. B. Errichtung von Schutzbauten, gehört nicht dazu.

(2) Der Ausschuß für Verteidigung hat auch die Rechte eines Untersuchungsausschusses. Auf Antrag eines Viertels seiner Mitglieder hat er die Pflicht, eine Angelegenheit zum Gegenstand seiner Untersuchung zu machen.

Der Verteidigungsausschuss ist ein „geborener" Untersuchungsausschuss, weil er kraft Verfassung dessen Rechte besitzt. Er braucht keinen Auftrag des Bundestagsplenums um eine Angelegenheit zu untersuchen, sondern kann aus eigenem Entschluss tätig werden. – Der Verteidigungsausschuss ist damit auch eines der parlamentarischen Kontrollorgane (s. auch Art. 45b) gegenüber der Bundeswehr.

(3) Artikel 44 Abs. 1 findet auf dem Gebiet der Verteidigung keine Anwendung.

Diese Bestimmung ergibt sich zwingend aus Abs. 2: Weil der Verteidigungsausschuss die Rechte eines Untersuchungsausschusses bereits besitzt, darf der Bundestag für Angelegenheiten der Verteidigung einen solchen nicht mehr einsetzen.

Art. 45b [Wehrbeauftragter]

Zum Schutz der Grundrechte und als Hilfsorgan des Bundestages bei der Ausübung der parlamentarischen Kontrolle wird ein Wehrbeauftragter des Bundestages berufen. Das Nähere regelt ein Bundesgesetz.

Der als „Hilfsorgan" bezeichnete *Wehrbeauftragte* ist ein Unterorgan des Bundestages. Diese Verfassungsbestimmung wurde als Teil der *Wehrverfassung* 1956 in das GG eingefügt. Die Institution des Wehrbeauftragten orientiert sich am schwedischen Vorbild des „Ombudsmann", der seit 1809 als Beauftragter des schwedischen Reichstages die Exekutive überwacht.

Der Zuständigkeitsbereich des Wehrbeauftragten beschränkt sich auf die Streitkräfte. So gehört z. B. die Kontrolle der strategischen Planung der Verteidigung, anders als beim Verteidigungsausschuss (s. Art. 45a), nicht zu seinem Aufgabenbereich. Ihm obliegt vor allem die Überwachung, ob die Grundsätze der „Inneren Führung" eingehalten und insbesondere, ob die Rechte der Soldaten respektiert werden. Jeder Angehörige der Bundeswehr hat das Recht, sich unmittelbar ohne Einhaltung des Dienstweges oder Information seines Vorgesetzten mit Wünschen und Beschwerden direkt an den Wehrbeauftragten zu wenden. Wenn der Beschwerdeführer es wünscht, wird sein Name nicht preisgegeben. Anonyme Eingaben bleiben allerdings unberücksichtigt.

Art. 45c [Petitionsausschuss]

Vorbemerkung: ───────────────────────────────

Der Petitionsausschuss ist Ausdruck dafür, dass das Recht auf ein „petitum" (lat. = Gesuch, Begehren) nicht mehr ein huldvoll gewährtes Gnadenrecht wie in vorkonstitutioneller Zeit des Absolutismus ist, sondern ein Anspruch (s. auch Bemerkung zu Art. 17).

(1) Der Bundestag bestellt einen Petitionsausschuß, dem die Behandlung der nach Artikel 17 an den Bundestag gerichteten Bitten und Beschwerden obliegt.

Der Petitionsausschuss ist der vierte grundgesetzlich vorgeschriebene Ausschuss. Er darf nur auf Grund von Petitionen und somit nicht aus eigenem Antrag tätig werden. Auch wenn der Ausschuss eine Petition an die Bundesregierung mit der Bitte „um Berücksichtigung" weiterleitet, handelt es sich nur um eine Empfehlung und nicht um eine die Regierung verpflichtende Aufforderung.

Entgegen dem *Prinzip der Diskontinuität* (s. Bemerkung zu Art. 39 Abs. 1) bleiben Petitionen auch nach Ende der Wahlperiode anhängig und sind vom neuen Bundestag weiterzubearbeiten.

(2) Die Befugnisse des Ausschusses zur Überprüfung von Beschwerden regelt ein Bundesgesetz.

Die Rechte des Petitionsausschusses ähneln denen eines Untersuchungsausschusses, sind aber geringer. Der Petitionsausschuss kann zwar Zeugen und auch den Petenten selbst anhören, hat aber z. B. keine Möglichkeit, über einen richterlichen Beschluss eine Zeugenaussage zu erzwingen.

Art. 46 [Indemnität, Immunität]

Vorbemerkung: _____

Art. 46 hat die Aufgabe, die Funktions- und Arbeitsfähigkeit des Parlaments zu sichern. Der Artikel schafft ein Privileg des Plenums, das handlungs- und beschlussfähig bleiben soll, und nicht etwa ein Sonderrecht für einzelne Abgeordnete. Der Abgeordnete kann sich zwar auf Art. 46 berufen, hat aber, weil kein persönliches Recht geschaffen worden ist, nicht die Freiheit, darauf zu verzichten.

(1) Ein Abgeordneter darf zu keiner Zeit wegen seiner Abstimmung oder wegen einer Äußerung, die er im Bundestage oder in einem seiner Ausschüsse getan hat, gerichtlich oder dienstlich verfolgt oder sonst außerhalb des Bundestages zur Verantwortung gezogen werden. Dies gilt nicht für verleumderische Beleidigungen.

Indemnität ist ein persönlicher unbefristeter Strafausschließungsgrund, d. h. die Freisprechung von der strafrechtlichen Verantwortlichkeit. Die Indemnität soll garantieren, dass der Abgeordnete von seiner Redefreiheit Gebrauch machen kann, ohne irgendwelche Nachteile befürchten zu müssen.

Abs. 1 schützt ihn auch noch nach seinem Ausscheiden aus dem Bundestag. Er kann wegen seiner Äußerungen und seinem Abstimmungsverhalten im Plenum oder Ausschuss auch später von keiner Seite gerichtlich, standesgerichtlich, polizeilich oder disziplinarisch zur Rechenschaft gezogen werden.

Beispiel: Der Bundestagsabgeordnete X, Beruf: Oberstleutnant des Heeres, greift den Bundesverteidigungsminister während einer Plenardebatte scharf an und bezichtigt ihn der Unfähigkeit. Der Offizier darf nach der Rückkehr in seine Dienststelle, nachdem sein Mandat durch Neuwahl erloschen ist, weder vom Minister noch von irgendeinem militärischen Vorgesetzten wegen seiner Kritik zur Rechenschaft gezogen werden.

Der Indemnitätsschutz gilt jedoch nicht für „verleumderische Beleidigungen".

Beispiel: Ein Abgeordneter stellt einen Tiervergleich an und erklärt den Chef des Bundeskriminalamtes „zum größten Rindvieh der Nation".

Äußerungen außerhalb des Bundestages, z. B. im Wahlkampf, fallen nicht unter den Schutz des Art. 46 Abs. 1.

(2) Wegen einer mit Strafe bedrohten Handlung darf ein Abgeordneter nur mit Genehmigung des Bundestages zur Verantwortung

gezogen oder verhaftet werden, es sei denn, daß er bei Begehung der Tat oder im Laufe des folgenden Tages festgenommen wird.

Die *Immunität* oder strafrechtliche Verfolgungsfreiheit ist gegenüber der Indemnität (Abs. 1) eingeschränkt:

– Sie gilt nur, solange der Abgeordnete Mandatsträger ist.

– Sie kann vom Bundestag aufgehoben werden.

Die Immunität schützt den Abgeordneten bereits vor polizeilichen Ermittlungen, z. B. Vernehmung durch Kriminalbeamte. Bei allen schweren Straftaten wird die Immunität vom Bundestag jedoch regelmäßig aufgehoben. Auch hat der Bundestag grundsätzlich darauf verzichtet, seinen Abgeordneten Schutz vor der strafrechtlichen Verfolgung bei Straßenverkehrsvergehen zu gewähren, z. B. bei Trunkenheit am Steuer.

Praktisch verfährt der Bundestag seit einigen Jahren so, dass er die Ermittlungen in Strafsachen generell frei gibt und erst bei Anklageerhebung, Ausstellung eines Strafbefehls oder Inhaftierung für den Einzelfall die Immunität aufhebt oder belässt. Die vorherige Zustimmung dazu muss die zuständige Behörde, z. B. die Staatsanwaltschaft, beim Bundestagspräsidenten beantragen. Es liegt im Ermessen des Plenums des Bundestages, ob es diesem Antrag stattgibt.

(3) Die Genehmigung des Bundestages ist ferner bei jeder anderen Beschränkung der persönlichen Freiheit eines Abgeordneten oder zur Einleitung eines Verfahrens gegen einen Abgeordneten gemäß Artikel 18 erforderlich.

Beispiele für Art. 46 Abs. 3: Polizeihaft, Beugehaft, Zwangsvorführung. Der zitierte Art. 18 ist in diesem Zusammenhang praktisch bedeutungslos.

(4) Jedes Strafverfahren und jedes Verfahren gemäß Artikel 18 gegen einen Abgeordneten, jede Haft und jede sonstige Beschränkung seiner persönlichen Freiheit sind auf Verlangen des Bundestages auszusetzen.

Abs. 4 betrifft vor allem Fälle, bei denen nach ursprünglich erteilter Genehmigung die Strafverfolgung auf Grund neuer Gesichtspunkte eingestellt werden soll oder nach einer Verhaftung auf frischer Tat (ein praktisch äußerst seltener Fall).

Art. 47 [Zeugnisverweigerungsrecht]

Die Abgeordneten sind berechtigt, über Personen, die ihnen in ihrer Eigenschaft als Abgeordnete oder denen sie in dieser Eigenschaft Tatsachen anvertraut haben, sowie über diese Tatsachen selbst das Zeugnis zu verweigern. Soweit dieses Zeugnisverweigerungsrecht reicht, ist die Beschlagnahme von Schriftstücken unzulässig.

Die Bedeutung des Art. 47 liegt darin, dass für Abgeordnete und Wähler eine Vertrauensbasis geschaffen wird. Der Abgeordnete braucht aber von seinem Zeugnisverweigerungsrecht keinen Gebrauch zu machen. Der Bürger hat also keinen Anspruch darauf, dass der Volksvertreter seinen Namen oder die ihm anvertraute Information verschweigt.

Das Recht, die erbetene Auskunft zu verweigern, überdauert die Mandatszeit unbegrenzt und erstreckt sich auch auf die Mitarbeiter des Abgeordneten, z. B. seine Sekretärin. Der Satz 2 ist die schlüssige Folge des Zeugnisverweigerungsrechts, weil sonst aus den Akten der Informant bekannt werden könnte.

Art. 48 [Ansprüche der Abgeordneten]

Vorbemerkung:

Art. 48 will die Möglichkeit des passiven Wahlrechts und die finanzielle Unabhängigkeit der Mandatsausübung auch tatsächlich sichern.

(1) Wer sich um einen Sitz im Bundestage bewirbt, hat Anspruch auf den zur Vorbereitung seiner Wahl erforderlichen Urlaub.

Jeder Bewerber um ein Bundestagsmandat hat nach dem Abgeordnetengesetz von 1977 einen Urlaubsanspruch innerhalb der letzten zwei Monate vor dem Wahltag für maximal zwei Monate. Damit ist aber kein Recht auf Bezahlung dieser Zeit verbunden.

(2) Niemand darf gehindert werden, das Amt eines Abgeordneten zu übernehmen und auszuüben. Eine Kündigung oder Entlassung aus diesem Grunde ist unzulässig.

Schon die Bewerbung um ein Bundestagsmandat, erst recht seine Ausübung, darf nicht in irgendeiner Form behindert werden, z. B. durch Kündigungsdrohung. Zwangsläufige Nachteile eines Bundestagsmandats, z. B. ein sog. Karriereknick, weil bei der Besetzung einer Direktorenstelle der verfügbare Bewerber dem Abgeordneten vorgezogen wird, werden von Art. 48 jedoch nicht erfasst.

Ein Arbeitsverhältnis darf auch nach Mandatsübernahme nicht gelöst werden, Lohn- und Gehaltskürzungen sind dagegen möglich.

(3) Die Abgeordneten haben Anspruch auf eine angemessene, ihre Unabhängigkeit sichernde Entschädigung. Sie haben das Recht der freien Benutzung aller staatlichen Verkehrsmittel. Das Nähere regelt ein Bundesgesetz.

Die parlamentarische Entwicklung hat mehr und mehr den Typ des Berufspolitikers geschaffen. Die *Diäten*, welche die Unabhängigkeit des Abgeordneten sichern sollen – erstmals eingeführt von Perikles (etwa 500 v. Chr.) in Athen – sind längst der sog. *Vollalimentation* gewichen. Die Abgeordneten beziehen ein Einkommen, das ihnen eine ihrem Amt angemessene Lebensführung erlaubt und das entgangene Berufseinkommen ausgleicht.

Art. 49 [gestrichen durch 33. ÄG]

Der Bundesrat

IV

Art. 50   Aufgaben 146
Art. 51   Zusammensetzung 147
Art. 52   Präsident, Geschäftsordnung 149
Art. 53   Anwesenheit der Bundesregierung 150

IV. Der Bundesrat

Vorbemerkungen: _____

Der Bundesrat hat seine geschichtlichen Vorläufer im Bundesrat der Reichsverfassung von 1871 und im Reichsrat der Weimarer Verfassung von 1919. In seiner Machtstellung liegt er – vereinfacht formuliert – zwischen diesen beiden.

Im Bundesrat kommt das demokratische und föderative Prinzip der Bundesrepublik Deutschland zum Ausdruck. Er ist ein von den Länderregierungen gebildetes *Bundesorgan* mit Bundesverantwortung und der Pflicht, die Interessen des Gesamtstaates (Bund) auch bei Wahrnehmung der eigenen Länderinteressen zu berücksichtigen.

Fälschlicherweise wird der Bundesrat oft als „Zweite Kammer" bezeichnet. Er besitzt aber nicht dieselbe Gesetzgebungskompetenz wie die „Erste Kammer", der Bundestag.

Eine Blockadepolitik zur Verhinderung von Gesetzesvorlagen des Bundestages, nur weil diese von einer anderen Parteienmehrheit beschlossen wurden, als sie im Bundesrat besteht, wäre mit dem GG kaum vereinbar.

Der Bundesrat ist ein *oberstes Bundes- und Verfassungsorgan*. In den letzten Jahren hat sich die Bedeutung des Bundesrates wegen des wachsenden Anteils der *Zustimmungsgesetze* (s. Art. 78) an der Gesamtgesetzgebung des Bundes fortlaufend erhöht. Damit geht einher, dass Wahlkämpfe für Landtagswahlen, deren Ergebnis sich über die Bildung der Länderregierungen auf die Zusammensetzung des Bundesrates auswirken, zunehmend unter bundespolitischen Gesichtspunkten geführt werden.

Art. 50 [Aufgaben]

Durch den Bundesrat wirken die Länder bei der Gesetzgebung und Verwaltung des Bundes und in Angelegenheiten der Europäischen Union mit.

Die Neufassung des Art. 50 besteht lediglich in der Einfügung „und in Angelegenheiten der Europäischen Union"; im Übrigen s. Bemerkungen zu Art. 23 Abs. 2 und 6 dieses Kommentars.

In dieser Bestimmung kommt zum Ausdruck, dass der Bundesrat ein ordentliches Gesetzgebungsorgan ist, das in jüngster Zeit sein Recht auf Gesetzgebungsinitiative verstärkt in Anspruch genommen hat. Zu beachten ist, dass der Bundesrat ein *Bundesorgan* ist und nicht eines der Länder.

Der Bundesrat ist ein „Dauerorgan", denn er wird nicht periodisch neu gewählt, sondern kontinuierlich von Mitgliedern der jeweils amtierenden Länderregierungen besetzt.

In geringerem Umfang als bei der Gesetzgebung wirkt der Bundesrat auch bei der vollziehenden Gewalt des Bundes mit, z. B. gem. Art. 84 Abs. 3. Vor allem sollen die Länder über den Bundesrat ihre fachliche Kompetenz in der Ausführung der Bundesgesetze einbringen (Art. 83).

Art. 51 [Zusammensetzung]

(1) Der Bundesrat besteht aus Mitgliedern der Regierungen der Länder, die sie bestellen und abberufen. Sie können durch andere Mitglieder ihrer Regierungen vertreten werden.

Mitglieder des Bundesrates brauchen nicht Ministerrang zu haben, müssen aber, z. B. als Staatssekretäre, dem Kabinett der jeweiligen Landesregierung angehören. In den Ausschüssen können dagegen auch Ministerialbeamte mitarbeiten (s. Art. 54 Abs. 4).

Scheidet ein Bundesratsmitglied aus der Landesregierung aus, so erlischt auch seine Mitgliedschaft im Bundesrat.

Bundesratsmitglieder haben eine erheblich andere, schwächere Rechtsstellung als die Bundestagsabgeordneten, insbesondere gelten für sie nicht die Bestimmungen der Art. 46 bis 48.

(2) Jedes Land hat mindestens drei Stimmen, Länder mit mehr als zwei Millionen Einwohnern haben vier, Länder mit mehr als sechs Millionen Einwohnern fünf, Länder mit mehr als sieben Millionen Einwohnern sechs Stimmen.

Der Begriff „Einwohner" schließt die ständig im Bundesgebiet lebenden Ausländer ein.

Mit der ursprünglichen Fassung des Art. 51 Abs. 2 hätten die beigetretenen Länder der ehemaligen DDR mit 19 Sitzen ein zu großes Gewicht erhalten. Die gesamte Einwohnerzahl der fünf neuen Bundesländer entspricht etwa der von Nordrhein-Westfalen, das nur fünf Stimmen im Bundesrat erhielte. Aus diesem Grund haben die westdeutschen Ministerpräsidenten darauf gedrängt, dass im Einigungsvertrag vom 31. August 1990 die Bundesländer mit mehr als sieben Millionen Einwohnern sechs Sitze statt bisher nur fünf erhalten.

Der Bundesrat besteht aus 69 Mitgliedern, deren Stimmen wie folgt verteilt sind (Reihenfolge der Länderaufzählung nach Einwohnerzahl):

6 Sitze: Nordrhein-Westfalen, Bayern, Baden-Württemberg, Niedersachsen

5 Sitze: Hessen

4 Sitze: Sachsen, Rheinland-Pfalz, Berlin, Schleswig-Holstein, Sachsen-Anhalt, Brandenburg, Thüringen

3 Sitze: Mecklenburg-Vorpommern, Hamburg, Saarland, Bremen.

Insgesamt wird durch die Neufassung die unterschiedliche Einwohnerzahl der Bundesländer stärker als bisher bei der Besetzung des Bundesrates berücksichtigt.

(3) Jedes Land kann so viele Mitglieder entsenden, wie es Stimmen hat. Die Stimmen eines Landes können nur einheitlich und nur durch anwesende Mitglieder oder deren Vertreter abgegeben werden.

Im Gegensatz zu Abgeordneten sind die Vertreter der Landesregierungen, zumeist die Regierungschefs und ihre Minister bei der Stimmabgabe nicht „frei und nur ihrem Gewissen unterworfen" und auch zur Befolgung von Weisungen verpflichtet. In der Praxis stimmt die Landesregierung sich vorweg ab, wie sie einheitlich im Bundesrat votieren will. Bei Koalitionsregierungen auf Länderebene wird in der Regel im Koalitionsvertrag vereinbart, dass bei unterschiedlichen Meinungen über das Stimmverhalten im Bundesrat, sich das Land geschlossen der Stimme enthält.

Auch eine weisungswidrige Stimmabgabe eines Landes hat Gültigkeit, wenn sie einheitlich abgegeben wurde.

Der Abs. 3 des Art. 51 kann als ein Musterbeispiel dafür gelten, wie ein scheinbar so einfacher und klarer Wortlaut in seiner Interpretation höchst umstritten ist.

Beispiel: Am 22. März 2002 kam es im Bundesrat bei der Abstimmung über das (zustimmungsbedürftige – s. Vorbemerkung zu Art. 77) Zuwanderungsgesetz zu einem in der Geschichte des Bundesrates bisher einmaligen Eklat. Der Ministerpräsident Brandenburgs *Stolpe* (SPD) stimmte mit „Ja"; dagegen lehnte sein Innenminister und Stellvertreter *Schönbohm* (CDU) das Gesetz ab. Umstände und Art der Zustimmung und Ablehnung und das Verhalten des amtierenden Bundesratspräsidenten, es war der Regierende Berliner Bürgermeister *Wowereit* (SPD), können hier außer Betracht bleiben; für jedermann war eindeutig, dass zwei Mitglieder der Regierung des Landes Brandenburg kontrovers abgestimmt haben.

Auf Antrag von CDU geführten Landesregierungen hat das BVerfG mehrheitlich gegen zwei abweichende Voten am 18. Dezember 2002 entschieden, dass das Zuwanderungsgesetz wegen Verstoßes gegen Art. 78 GG nichtig und damit nicht zustande gekommen ist.

Aus den Urteilsgründen:

1. Einer *Stimmführerschaft* in einem Bundesland kann jederzeit durch ein Bundesratsmitglied der Landesregierung widersprochen werden, was eine uneinheitliche Stimmabgabe (entgegen der Bestimmung des Art. 51 Abs. 3) bedeuten würde.

2. Ein Ministerpräsident besitzt im Bundesrat kein Weisungsrecht gegenüber den anderen Bundesratsmitgliedern seiner Landesregierung.

3. Ein einheitlicher Landeswille war nicht erkennbar.

4. Die Feststellung des Bundesratspräsidenten, der Bundesrat habe zugestimmt, ist somit rechtlich bedeutungslos.

Art. 52 [Präsident, Geschäftsordnung]

(1) Der Bundesrat wählt seinen Präsidenten auf ein Jahr.

Nach einer Vereinbarung der Ministerpräsidenten (Königsteiner Abkommen v. 1950) wird der Bundesratspräsident turnusmäßig jährlich aus einem anderen Bundesland gewählt, wobei die Einwohnerzahl der Länder die Reihenfolge bestimmt.

(2) Der Präsident beruft den Bundesrat ein. Er hat ihn einzuberufen, wenn die Vertreter von mindestens zwei Ländern oder die Bundesregierung es verlangen.

Der Bundesrat hat ein Selbstversammlungsrecht, das der Präsident wahrnimmt.

(3) Der Bundesrat faßt seine Beschlüsse mit mindestens der Mehrheit seiner Stimmen. Er gibt sich eine Geschäftsordnung. Er verhandelt öffentlich. Die Öffentlichkeit kann ausgeschlossen werden.

Stimmenmehrheit ist die (absolute) Mehrheit der im Bundesrat Stimmberechtigten. Ab Dezember 1990 beträgt diese 23 (von 45).

Für das Prinzip der Öffentlichkeit wird Art. 42 Abs. 1 analog angewandt.

(3a)* Für Angelegenheiten der Europäischen Union kann der Bundesrat eine Europakammer bilden, deren Beschlüsse als Beschlüsse des Bundesrates gelten; die Anzahl der einheitlich abzugebenden Stimmen der Länder bestimmt sich nach Artikel 51 Abs. 2.

Auch diese Ergänzungsbestimmung soll die Einwirkungsmöglichkeiten des Bundesrates auf die Entwicklung der Europäischen Union verstärken; im Übrigen s. Bemerkungen zu Art. 23 Abs. 2 und 6. Die inzwischen gebildete *Europakammer* ist kein Ausschuss, sondern ein Art *Bundesratsplenum*; seine Beschlüsse gelten von vornherein als die des Bundesrates.

(4) Den Ausschüssen des Bundesrates können andere Mitglieder oder Beauftragte der Regierungen der Länder angehören.

Alle Ausschüsse tagen nichtöffentlich und tragen wie beim Bundestag die Hauptlast der Arbeit. In der Regel werden zu den Ausschussberatungen kompetente Beamte der jeweiligen Länderregierungen entsandt.

Art. 53 [Anwesenheit der Bundesregierung]

Die Mitglieder der Bundesregierung haben das Recht und auf Verlangen die Pflicht, an den Verhandlungen des Bundesrates und seiner Ausschüsse teilzunehmen. Sie müssen jederzeit gehört werden. Der Bundesrat ist von der Bundesregierung über die Führung der Geschäfte auf dem laufenden zu halten.

Art. 53 entspricht weitgehend der Regelung von Art. 43 (s. dort).

Nur die Mitglieder der Bundesregierung (nicht ihre Beamten) haben das Recht auf Teilnahme und Rederecht auch außerhalb der Tagesordnung. Sie unterliegen gleichzeitig der Teilnahmepflicht (sog. Zitierungsrecht).

Die im letzten Satz formulierte Pflicht der Bundesregierung, unaufgefordert den Bundesrat laufend zu unterrichten, schließt auch das Fragerecht der Bundesratsmitglieder ein.

Gemeinsamer Ausschuß

IVa

Art. 53a   Zusammensetzung, Geschäfts-
           ordnung, Informationsrecht 152

IVa. Gemeinsamer Ausschuß

Vorbemerkungen:

Abschnitt IVa wurde in Zusammenhang mit der sog. *Notstandsverfassung* (s. Vorbemerkung zu Abschnitt Xa) 1968 in das GG eingefügt. Als einziger des GG besteht er nur aus einem Artikel. Der Gemeinsame Ausschuss (GA) ist ein *Notparlament*, das in Friedenszeiten nur ein Informationsrecht hat und im *Verteidigungsfall* verhindern soll, dass die Staatsführung allein in den Händen der Exekutive liegt.

Art. 53a [Zusammensetzung, Geschäftsordnung, Informationsrecht]

Vorbemerkung:

Art. 53a hat die Aufgabe, dafür zu sorgen, dass die Staatsführung nicht nur in die Hand der Exekutive fällt, wenn im *Verteidigungsfall* (Art. 115a) der Bundestag am Zusammentreten verhindert ist. Der Gemeinsame Ausschuss (GA) ist also ein *Notparlament*, das in Friedenszeiten nur ein Informationsrecht hat.

(1) Der Gemeinsame Ausschuß besteht zu zwei Dritteln aus Abgeordneten des Bundestages, zu einem Drittel aus Mitgliedern des Bundesrates. Die Abgeordneten werden vom Bundestage entsprechend dem Stärkeverhältnis der Fraktionen bestimmt; sie dürfen nicht der Bundesregierung angehören. Jedes Land wird durch ein von ihm bestelltes Mitglied des Bundesrates vertreten; diese Mitglieder sind nicht an Weisungen gebunden. Die Bildung des Gemeinsamen Ausschusses und sein Verfahren werden durch eine Geschäftsordnung geregelt, die vom Bundestage zu beschließen ist und der Zustimmung des Bundesrates bedarf.

Der Gemeinsame Ausschuss ist weder Teil des Bundestages noch des Bundesrates, sondern ein selbstständiges Verfassungsorgan, das im Verteidigungsfall den größten Teil der Befugnisse von Bundestag und Bundesrat wahrnimmt.

Aus den Sätzen 1 und 3 des Abs. 1 lässt sich folgern, dass der Gemeinsame Ausschuss aus 48 Mitgliedern besteht. Die 16 Bundesländer entsenden je ein Mitglied (Satz 3), diese stellen ein Drittel dar. Vom Bundestag werden zwei Drittel entsandt (Satz 1), also doppelt so viel wie vom Bundesrat, mithin 32, also insgesamt 48.

(2) Die Bundesregierung hat den Gemeinsamen Ausschuß über ihre Planungen für den Verteidigungsfall zu unterrichten. Die Rechte des Bundestages und seiner Ausschüsse nach Artikel 43 Abs. 1 bleiben unberührt.

Die schon in Friedenszeiten bestehende Informationspflicht der Bundesregierung (s. auch Art. 53) soll den Gemeinsamen Ausschuss befähigen, im Verteidigungsfall rasch sachgerechte Entscheidungen zu treffen. Einspruchsrechte gegen die Planungen der Bundesregierung stehen ihm nicht zu.

Der Bundespräsident

V

Art. 54 Bundesversammlung 157
Art. 55 Unabhängigkeit
des Bundespräsidenten 158
Art. 56 Eidesleistung 159
Art. 57 Vertretung 160
Art. 58 Gegenzeichnung 160
Art. 59 Völkerrechtliche
Vertretungsmacht 161
Art. 60 Ernennung der Bundesbeamten 163
Art. 61 Anklage vor dem
Bundesverfassungsgericht 163

V. Der Bundespräsident

Der Bundespräsident ist Teil der Staatsleitung. Er ist zugleich *Staatsoberhaupt* und damit der höchste Repräsentant der Bundesrepublik Deutschland. Er ist *Verfassungsorgan*, dem Bundestag und der ihn wählenden Bundesversammlung nicht verantwortlich und kann nicht, z. B. aus politischen Gründen, abgewählt werden. Zur Durchführung seiner Aufgaben steht dem Bundespräsidenten das *Bundespräsidialamt* zur Verfügung. Der Chef dieser obersten Bundesbehörde nimmt regelmäßig an den Kabinettssitzungen teil. Auf diese Weise wird der Bundespräsident laufend über die politischen Ziele und Tätigkeiten der Bundesregierung unterrichtet (s. auch Art. 65).

Die WRV von 1919 gab dem Staatsoberhaupt, dem Reichspräsidenten, eine starke verfassungsrechtliche Stellung, die zum Scheitern der ersten deutschen Republik beigetragen hat. Aufgrund dieser historischen Erfahrung schwächten die Väter des Grundgesetzes die Position des Staatsoberhauptes, wobei umstritten ist, ob die Beschneidung seiner Rechte so weit gehen musste, wie sie das GG vorsieht. Der Bundespräsident der Bundesrepublik Deutschland hat infolgedessen nur die Stellung einer „unselbstständigen Präsidentschaft" mit wenigen politischen Kompetenzen, im Gegensatz etwa zum US-Präsidenten oder zum französischen Staatspräsidenten. Der Bundespräsident kann – nach einem doppeldeutigen Wort – „reden, wann und so viel er will" (s. auch Bemerkung zu Art. 58).

Das GG hält eine strikte „Linie der Parlamentarisierung der Staatsleitung" (*Badura*) ein, was sich auch an der Stellung des allein dem Parlament verantwortlichen Bundeskanzlers zeigt (Art. 65).

Die Funktionen des Bundespräsidenten sind vor allem repräsentativer, den Staat verkörpernder Art; allerdings ist seine Entscheidung in politisch kritischen Situationen verlangt (s. Art. 64 Abs. 4, Art. 68 und 81). Der Bundespräsident wirkt weniger durch seine verfassungsrechtliche Macht, sondern mehr durch seine persönliche Autorität.

Art. 54 [Bundesversammlung]

Vorbemerkung:

Der erste Bundespräsident war der im September 1949 gewählte *Theodor Heuß*. – Am 23. Mai 2004 wählte die Bundesversammlung *Horst Köhler* zum neunten Staatsoberhaupt der Bundesrepublik Deutschland.

(1) Der Bundespräsident wird ohne Aussprache von der Bundesversammlung gewählt. Wählbar ist jeder Deutsche, der das Wahlrecht zum Bundestage besitzt und das vierzigste Lebensjahr vollendet hat.

Die *Bundesversammlung* ist das einzige Verfassungsorgan, das nur eine einzige Aufgabe hat und im Regelfall deshalb auch nur einmal in fünf Jahren zusammentritt: Zur Wahl des Bundespräsidenten. Die Wahl erfolgt geheim und ohne Aussprache. Auf diese Weise soll einem etwaigen Ansehensverlust durch eine vorangegangene Personaldebatte vorgebeugt werden (s. auch Bemerkung zu Art. 63 Abs. 1).

(2) Das Amt des Bundespräsidenten dauert fünf Jahre. Anschließende Wiederwahl ist nur einmal zulässig.

Mit der fünfjährigen Amtsdauer soll ein zeitliches Überschneiden der Bundespräsidentenwahl mit der Wahl des Bundestages (alle vier Jahre) möglichst vermieden werden. Eine mehr als zweimalige aufeinander folgende Amtsperiode verbietet das GG. Damit soll, wiederum fußend auf den Erfahrungen der Weimarer Republik, der Missbrauchsmöglichkeit durch eine zu lange Amtszeit vorgebeugt werden. Ein ehemaliger Bundespräsident kann aber auch nach 10-jähriger Amtsdauer wieder gewählt werden, wenn inzwischen ein anderer Deutscher das Amt bekleidet hat.

(3) Die Bundesversammlung besteht aus den Mitgliedern des Bundestages und einer gleichen Anzahl von Mitgliedern, die von den Volksvertretungen der Länder nach den Grundsätzen der Verhältniswahl gewählt werden.

Die Bundesversammlung verbindet in sich die Elemente des *Zentralstaates* und der *Gliedstaaten* eines Bundesstaates. Sie besteht zur Hälfte aus allen Mitgliedern des Bundestages und einer gleich großen Anzahl von Mitgliedern, die von den Länderparlamenten gewählt werden. Entgegen einer verbreiteten Meinung brauchen diese Ländervertreter nicht Mitglied des Landtages zu sein, sind aber i. d. R. Landtagsabgeordnete. Die von den Ländern zur Bundesversammlung entsandten Vertreter entsprechen in ihrer zahlenmäßigen Zusammensetzung der Stärke der Fraktionen. Wie viele Vertreter ein Bundesland entsendet, hängt von seiner Einwohnerzahl ab. Der derzeitige Bundespräsident – s. Vorbemerkung – wurde von der Bundesversammlung im ersten Wahlgang mit 604 Stimmen von 1 204 abgegebenen Stimmen gewählt; er erhielt damit eine Stimme mehr, als zur absoluten Mehrheit erforderlich war.

(4) Die Bundesversammlung tritt spätestens 30 Tage vor Ablauf der Amtszeit des Bundespräsidenten, bei vorzeitiger Beendigung spätestens 30 Tage nach diesem Zeitpunkt zusammen. Sie wird von dem Präsidenten des Bundestages einberufen.

Diese Bestimmung soll eine „präsidentenlose" Zeit verhindern.

(5) Nach Ablauf der Wahlperiode beginnt die Frist des Absatzes 4 Satz 1 mit dem ersten Zusammentritt des Bundestages.

Abs. 5 ist durch die Neufassung des Art. 39 Abs. 1 (Dauer der Wahlperiode) gegenstandslos geworden. Eine parlamentslose Zeit kann es demnach nicht mehr geben.

(6) Gewählt ist, wer die Stimmen der Mehrheit der Mitglieder der Bundesversammlung erhält. Wird diese Mehrheit in zwei Wahlgängen von keinem Bewerber erreicht, so ist gewählt, wer in einem weiteren Wahlgang die meisten Stimmen auf sich vereinigt.

Der gewählte Bundespräsident soll sich einer möglichst großen Zustimmung erfreuen, deshalb ist für den ersten und zweiten Wahlgang die absolute Mehrheit vorgeschrieben (zum Mehrheitsbegriff s. Bemerkung zu Art. 121). Im dritten Wahlgang genügt die einfache (relative) Mehrheit.

(7) Das Nähere regelt ein Bundesgesetz.

Gesetz über die Wahl des Bundespräsidenten v. 25. 4. 1959.

Art. 55 [Unabhängigkeit des Bundespräsidenten]

Vorbemerkung: ─────────────────────────────

Mit diesen Vorschriften zur *Inkompatibilität* soll die unabhängige und einflussfreie Ausübung des Amtes des Bundespräsidenten gesichert werden.

(1) Der Bundespräsident darf weder der Regierung noch einer gesetzgebenden Körperschaft des Bundes oder eines Landes angehören.

Ausgeschlossen werden damit vor allem politische Unvereinbarkeiten, z. B. die Personalunion zwischen Bundespräsident und Bundeskanzler (oder Bundestagspräsident).

Die Mitgliedschaft in einer politischen Partei ist zulässig. Sie wird allerdings nicht aktiv ausgeübt, sondern „ruht" für die Zeit der Amtsdauer, um bereits jeden Anschein einer Parteilichkeit zu vermeiden.

(2) Der Bundespräsident darf kein anderes besoldetes Amt, kein Gewerbe und keinen Beruf ausüben und weder der Leitung noch dem Aufsichtsrat eines auf Erwerb gerichteten Unternehmens angehören.

Unzulässig ist nur die Ausübung eines besoldeten Amtes, nicht jedoch das bloße Innehaben.

> **Beispiel:** Der Bundespräsident behält den Status eines Universitätsprofessors, aber er darf keine Vorlesungen halten.

Ist ein Unternehmen dagegen gewinnorientiert, so darf der Bundespräsident ihm weder in der Leitung noch im Aufsichtsrat angehören, selbst wenn er etwa als Aufsichtsratsmitglied eines Automobilwerkes von allen Pflichten entbunden würde.

Art. 56   [Eidesleistung]

Der Bundespräsident leistet bei seinem Amtsantritt vor den versammelten Mitgliedern des Bundestages und des Bundesrates folgenden Eid: „Ich schwöre, daß ich meine Kraft dem Wohle des deutschen Volkes widmen, seinen Nutzen mehren, Schaden von ihm wenden, das Grundgesetz und die Gesetze des Bundes wahren und verteidigen, meine Pflichten gewissenhaft erfüllen und Gerechtigkeit gegen jedermann üben werde. So wahr mir Gott helfe." Der Eid kann auch ohne religiöse Beteuerung geleistet werden.

Der Bundespräsident ist zur Ablegung des Amtseides vor den Mitgliedern des Bundestages und Bundesrates, nicht der Bundesversammlung, verpflichtet. Die Eidesleistung schafft keine Rechte, sondern dient nur zur Bekräftigung der Pflichten, die von vornherein mit dem Präsidentenamt verbunden sind. Man beachte: Wer diesen Amtseid auf das Grundgesetz ablegt (s. auch Art. 64 Abs. 2), beschwört zugleich „Tausende von Seiten kompliziertesten Richterrechts, binden doch die Karlsruher Entscheidungen alle Verfassungsorgane des Bundes und der Länder" *(Hennis)*. – Näheres dazu in der Kommentierung zu Art. 94 Abs. 2.

Die religiöse *Beteuerungsformel* ist rein rechtlich bedeutungslos.

Art. 57 [Vertretung]

Die Befugnisse des Bundespräsidenten werden im Falle seiner Verhinderung oder bei vorzeitiger Erledigung des Amtes durch den Präsidenten des Bundesrates wahrgenommen.

Der jeweils amtierende Bundesratspräsident vertritt den Bundespräsidenten, wenn dieser z. B. durch Krankheit oder Auslandsaufenthalt gehindert ist, seinen Amtspflichten nachzukommen. Das Gleiche gilt für die Zeit vom Tod des Bundespräsidenten bis zur Neuwahl.

Der Vertreter des Bundespräsidenten ist an Vorentscheidungen oder Weisungen seines Amtsvorgängers nicht gebunden und braucht keinen Amtseid gem. Art. 56 abzulegen.

Art. 58 [Gegenzeichnung]

Anordnungen und Verfügungen des Bundespräsidenten bedürfen zu ihrer Gültigkeit der Gegenzeichnung durch den Bundeskanzler oder durch den zuständigen Bundesminister. Dies gilt nicht für die Ernennung und Entlassung des Bundeskanzlers, die Auflösung des Bundestages gemäß Artikel 63 und das Ersuchen gemäß Artikel 69 Abs. 3.

„Anordnungen und Verfügungen" (die Begriffe sind in diesem Zusammenhang weitgehend synonym) im Sinne des Art. 58 sind amtliche, rechtsverbindliche Entscheidungen des Bundespräsidenten. Die *Gegenzeichnung* (sog. *Kontrasignatur*) durch den Bundeskanzler soll die Einheitlichkeit der Staatsleitung sichern. Damit wird die Bundesregierung gegenüber dem Parlament für Entscheidungen des Bundespräsidenten verantwortlich.

Die Tradition der Kontrasignatur beruht auf dem Gedanken, auf diese Weise z. B. den Monarchen von der politischen Verantwortung für eine Entscheidung zu entlasten.

Die praktische Bedeutung dieser Bestimmung ist heute eher gering, weil der Bundespräsident aus freiem Ermessen nur wenige, wenngleich wichtige Eigenentscheidungen treffen kann.

Beispiel: Er kann die Einberufung des Bundestages verlangen (Art. 39 Abs. 3), er hat das Vorschlagsrecht für die Wahl des Bundeskanzlers (Art. 63 Abs. 1) und kann – allerdings unter bestimmten engen Bedingungen – auch den Bundestag auflösen (Art. 63 Abs. 4).

Zu den amtlichen Entscheidungen gehören nicht Reden des Bundespräsidenten, Besuche oder Empfänge. Bei Auslandsbesuchen und anderen Anlässen kann das Staatsoberhaupt jedoch u. U. verpflichtet sein, sich mit der Bundesregierung abzustimmen (sog. *Verfassungsorgantreue*).

Sinngemäß entfällt die Gegenzeichnung, wenn der dazu Berechtigte selbst unter die Entscheidung des Präsidenten fällt, z. B. bei Entlassung des Bundeskanzlers (Art. 63).

Art. 59 [Völkerrechtliche Vertretungsmacht]

(1) Der Bundespräsident vertritt den Bund völkerrechtlich. Er schließt im Namen des Bundes die Verträge mit auswärtigen Staaten. Er beglaubigt und empfängt die Gesandten.

Als Staatsoberhaupt hat der Bundespräsident das alleinige formelle Recht, die Bundesrepublik Deutschland völkerrechtlich nach außen zu vertreten und bindende Erklärungen abzugeben. Diese Vertretungsmacht umfasst allein die Tatsache der Erklärung, nicht ihren Inhalt.

Beispiel: Der Bundespräsident spricht gegenüber einem neuen Staat die „Anerkennung" aus. Der Staat wird dadurch von der Bundesrepublik Deutschland als *Völkerrechtssubjekt* respektiert. Der Bundespräsident kann aber nicht darüber entscheiden, ob die Anerkennung überhaupt ausgesprochen werden soll, das ist ausschließlich Sache der Bundesregierung.

Der Bundespräsident schließt im Namen der Bundesrepublik Deutschland Verträge mit anderen Staaten. Auf den Inhalt der Verträge hat er formal keinen direkten Einfluss; er kann aber raten und empfehlen.

Beispiel: Am 17. 2. 1986 wurde von den Bevollmächtigten der 12 EG-Staaten die *Einheitliche Europäische Akte* unterzeichnet, die zur Europäischen Union führen soll. Das Dokument beginnt mit den Worten: „Seine Majestät der König der Belgier, Ihre Majestät die Königin von Dänemark, der Präsident der Bundesrepublik Deutschland … (es folgen die weiteren neun Staatsoberhäupter) … haben beschlossen, diese Akte zu erstellen und haben zu diesem Zweck als Bevollmächtigte ernannt …" Der Bevollmächtigte der Bundesrepublik Deutschland war der „Bundesminister des Auswärtigen" *(Hans-Dietrich Genscher)*.

Das Verfahren zum Abschluss eines völkerrechtlichen Vertrages verläuft wie folgt:

1. *Verhandlungen* durch die bevollmächtigten Vertreter der beteiligten Staaten;

2. *Paraphierung* (Paraphe ist der Anfangsbuchstabe eines Namens oder ein Namenszug) des Vertragsentwurfes durch die Verhandlungsführer;

3. *Unterzeichnung* des Vertagstextes durch besonders Bevollmächtigte oder je nach Bedeutung durch Bundesminister oder Bundeskanzler;

4. *Ratifikation* durch den Bundespräsidenten als Erklärung, dass der Staat diesen Vertrag als für sich verbindlich betrachtet.

„Beglaubigung" ist die förmliche Erklärung, dass eine bestimmte (beglaubigte) Person berechtigt ist, die Bundesrepublik Deutschland in einem anderen Staat oder bei einer internationalen Organisation, wie z. B. der UNO, völkerrechtlich zu vertreten, sog. *aktives Gesandtschaftsrecht*.

„Empfang" ist die formelle Entgegennahme des Beglaubigungsschreibens des Vertreters eines anderen Staates, sog. *passives Gesandtschaftsrecht*.

(2) Verträge, welche die politischen Beziehungen des Bundes regeln oder sich auf Gegenstände der Bundesgesetzgebung beziehen, bedürfen der Zustimmung oder der Mitwirkung der jeweils für die Bundesgesetzgebung zuständigen Körperschaften in der Form eines Bundesgesetzes. Für Verwaltungsabkommen gelten die Vorschriften über die Bundesverwaltung entsprechend.

Außenpolitische Verträge sind alle Verträge, die wesentlich und unmittelbar die Beziehungen des Staates zu anderen Staaten oder Staatengemeinschaften regeln. Alle diese Verträge bedürfen regelmäßig der Zustimmung durch Bundestag und ggf. auch Bundesrat, wenn Länderinteressen berührt werden.

> **Beispiele:** Bündnisverträge wie die NATO, Gewaltverzichtsabkommen wie in den Ostverträgen mit Moskau und Warschau, Gebietsverzichtserklärungen, z. B. zur Oder-Neiße-Grenze.

Kulturabkommen, z. B. über Schüleraustausch, oder Wirtschaftsvereinbarungen über gegenseitigen Technologietransfer, zählen nicht zu Verträgen nach Abs. 2.

Verwaltungsabkommen mit anderen Staaten sind ebenfalls Verträge, welche die staatliche Verwaltung aus eigener Machtvollkommenheit ohne Einschaltung des Gesetzgebers abschließen darf, z. B. ein Abkommen zur besseren Bekämpfung international arbeitender Drogenhändler.

Art. 60 [Ernennung der Bundesbeamten]

(1) Der Bundespräsident ernennt und entläßt die Bundesrichter, die Bundesbeamten, die Offiziere und Unteroffiziere, soweit gesetzlich nichts anderes bestimmt ist.

„Ernennung" ist jede Berufung (einschl. Beförderung) in ein öffentlich-rechtliches Dienstverhältnis; „Entlassung" ist dessen Beendigung, etwa durch Versetzung in den Ruhestand.

Dem Bundespräsidenten steht dabei, anders als bei der Gesetzesausfertigung, ein materielles Prüfungs- und Ablehnungsrecht zu, d. h. er darf nicht nur prüfen, ob die Formvorschriften eingehalten worden sind, sondern kann auch einen Vorschlag inhaltlich prüfen. Er wird dieses Recht allerdings nur maßvoll ausüben.

> **Beispiel:** Der Bundespräsident kann die Ernennung von Bundesbeamten verweigern, wenn für ein Ministerium ausschließlich Bewerber einer bestimmten Partei vorgeschlagen werden.

(2) Er übt im Einzelfalle für den Bund das Begnadigungsrecht aus.

Zum Begnadigungsrecht „im Einzelfall" gehört nicht die Amnestie. Diese kann nur der Bundestag durch ein Gesetz beschließen. Das Begnadigungsrecht erstreckt sich nur auf Entscheidungen von Bundesgerichten und Straftaten gem. § 120 des Gerichtsverfassungsgesetzes, wie z. B. Hochverrat. – Für alle anderen Fälle, also die überwiegende Mehrzahl, sind bei Begnadigungen die betreffenden Bundesländer zuständig.

(3) Er kann diese Befugnisse auf andere Behörden übertragen.

Die Übertragung der Kompetenzen, aus praktischen Gründen unabweisbar, darf nur auf Bundesbehörden erfolgen und bedarf der Gegenzeichnung durch den Bundeskanzler gem. Art. 58.

(4) Die Absätze 2 bis 4 des Artikels 46 finden auf den Bundespräsidenten entsprechende Anwendung.

Der Bundespräsident genießt nach dieser Verfassungsvorschrift Immunität, aber nicht Indemnität (s. Bemerkung zu Art. 46).

Art. 61 [Anklage vor dem Bundesverfassungsgericht]

(1) Der Bundestag oder der Bundesrat können den Bundespräsidenten wegen vorsätzlicher Verletzung des Grundgesetzes oder eines anderen Bundesgesetzes vor dem Bundesverfassungsgericht ankla-

gen. Der Antrag auf Erhebung der Anklage muß von mindestens einem Viertel der Mitglieder des Bundestages oder einem Viertel der Stimmen des Bundesrates gestellt werden. Der Beschluß auf Erhebung der Anklage bedarf der Mehrheit von zwei Dritteln der Mitglieder des Bundestages oder von zwei Dritteln der Stimmen des Bundesrates. Die Anklage wird von einem Beauftragten der anklagenden Körperschaft vertreten.

(2) Stellt das Bundesverfassungsgericht fest, daß der Bundespräsident einer vorsätzlichen Verletzung des Grundgesetzes oder eines anderen Bundesgesetzes schuldig ist, so kann es ihn des Amtes für verlustig erklären. Durch einstweilige Anordnung kann es nach der Erhebung der Anklage bestimmen, daß er an der Ausübung seines Amtes verhindert ist.

Kein Kommentar, weil praktisch bedeutungslos.

Die Bundesregierung

VI

Art. 62   Zusammensetzung 167

Art. 63   Wahl des Bundeskanzlers;
              Bundestagsauflösung 167

Art. 64   Ernennung der Bundesminister 169

Art. 65   Verantwortung, Geschäftsordnung 170

Art. 65a   Befehls- und Kommandogewalt 171

Art. 66   Kein Nebenberuf 172

Art. 67   Misstrauensvotum 172

Art. 68   Vertrauensvotum –
              Bundestagsauflösung 173

Art. 69   Stellvertreter des Bundeskanzlers 177

VI. Die Bundesregierung

Vorbemerkungen:

Die Bundesregierung wird oft mit dem aus monarchischer Zeit stammenden Ausdruck als Kabinett bezeichnet; verfassungsrechtlich ist diese Bezeichnung bedeutungslos.

Die Bundesregierung hat die Stellung eines *Verfassungs- und obersten Bundesorgans*. Sie übt zusammen mit dem Bundespräsidenten die *höchste Staatsleitung* aus. Im Gegensatz zur Weimarer Verfassung hat aber der Verfassungsgeber des GG das Schwergewicht des politischen Willens eindeutig auf die Regierung gelegt. Diese hat nicht nur die Aufgabe, den Willen anderer Verfassungsorgane, etwa des Bundestages, zu vollziehen. Die Bundesregierung übt ihre Rechte kraft GG aus und ist kein Vollzugsorgan des Bundestages, das seine Kompetenzen von ihm ableitet. Der Bundestag kann die Bundesregierung scharf kritisieren, er kann sie nachdrücklich ersuchen, sie energisch auffordern, vielfältige Anregungen geben und bestimmte Hoffnungen oder Erwartungen aussprechen; er kann ihr aber nicht befehlen. Nur wenn er ein Gesetz beschließt, das die Bundesregierung zu einem bestimmten, vom Bundestag erwünschten Handeln zwingt, kann er seinen Willen unmittelbar auch gegen die Regierung durchsetzen.

Gerade weil im modernen parlamentarischen System sich nicht mehr Regierung und Parlament gegenüberstehen, sondern die Regierung, zusammen mit der sie tragenden parlamentarischen Mehrheit, gegen die parlamentarische Opposition, ist die Regierung in ihrer Öffentlichkeitsarbeit zur Zurückhaltung und Neutralität verpflichtet, insbesondere in Wahlkampfzeiten. Ihre amtlichen Meinungsäußerungen unterliegen strengeren Wahrheits- und Prüfungsanforderungen als private Meinungsbekundungen.

Beispiel: Die Bundesregierung hat das Recht (und die Pflicht), die Öffentlichkeit zu unterrichten, sie darf aber nicht in Wahlzeiten mit nur notdürftig als Öffentlichkeitsarbeit getarnten Postwurfsendungen Werbung für die Regierungsparteien treiben. In jedem Fall hat sie sich polemischer Darstellung zu enthalten.

Art. 62 [Zusammensetzung]

Die Bundesregierung besteht aus dem Bundeskanzler und aus den Bundesministern.

Der Bundeskanzler ist der leitende Staatsmann der Bundesrepublik Deutschland, er ist „der erste Angestellte" *(Helmut Schmidt)* dieser Republik. Nur er allein ist dem Bundestag unmittelbar verantwortlich. Zur Bundesregierung gehören alle Bundesminister, auch solche ohne Geschäftsbereich. Staatssekretäre, ob beamtete oder parlamentarische, sowie Generalbevollmächtigte, können nicht Mitglieder des Kabinetts sein, wohl aber Minister erforderlichenfalls vertreten.

Art. 63 [Wahl des Bundeskanzlers; Bundestagsauflösung]

(1) Der Bundeskanzler wird auf Vorschlag des Bundespräsidenten vom Bundestage ohne Aussprache gewählt.

Der Bundespräsident ist in seinem Kanzlervorschlag rechtlich frei, tatsächlich jedoch politisch sehr eingeengt. In der Regel gehen der Kanzlerwahl eingehende Gespräche über die parlamentarische Mehrheitsbildung voraus. Das Staatsoberhaupt braucht sich nicht an Koalitionsvereinbarungen zu halten und etwa den Vorsitzenden der stärksten Bundestagspartei nominieren. Würde aber der Bundespräsident einen Kandidaten vorschlagen, der sich nicht auf eine Mehrheit stützen kann, läuft er Gefahr, dass der Vorgeschlagene nicht gewählt wird und der Präsident einen Ansehensverlust erleidet.

Die Wahl erfolgt gem. Geschäftsordnung geheim. Verfassungsrechtlich wäre auch eine offene Wahl möglich. Zum Ausdruck „ohne Aussprache" s. Bemerkung zu Art. 54 Abs. 1.

(2) Gewählt ist, wer die Stimmen der Mehrheit der Mitglieder des Bundestages auf sich vereinigt. Der Gewählte ist vom Bundespräsidenten zu ernennen.

Die erforderliche Stimmenmindestzahl für die absolute Mehrheit wird deshalb auch als *Kanzlermehrheit* bezeichnet; Näheres zum Begriff der „Mehrheit" s. Bemerk. zu Art. 121.

Als Bundeskanzler wählbar ist jeder, der das Wahlrecht zum Deutschen Bundestag besitzt. Er ist i. d. R. Mitglied des Bundestages, braucht es aber nicht zu sein.

    Beispiel: *K. G. Kiesinger* (CDU) von 1966–69.

Wird der Vorgeschlagene mit absoluter Mehrheit gewählt, so hat ihn der Bundespräsident unverzüglich ohne Gegenzeichnung zu ernennen. Zu keinem Zeitpunkt bis zur Ernennung hat der Bundespräsident das Recht, sich das geplante Regierungsprogramm oder die beabsichtigte „Ministerliste" vorlegen zu lassen.

(3) Wird der Vorgeschlagene nicht gewählt, so kann der Bundestag binnen vierzehn Tagen nach dem Wahlgange mit mehr als der Hälfte seiner Mitglieder einen Bundeskanzler wählen.

Abs. 3 regelt die 2. Wahlphase. Das Vorschlagsrecht des Bundespräsidenten ist nunmehr erloschen und geht auf den Bundestag über. Innerhalb der 14-tägigen Frist können beliebig viele Versuche unternommen werden, eine (absolute) Mehrheit für einen Kandidaten zu erhalten. Kommt eine solche zustande, so muss der Bundespräsident ihn ernennen. Er kann allenfalls rechtlich prüfen, z. B. ob der Gewählte Deutscher ist.

(4) Kommt eine Wahl innerhalb dieser Frist nicht zustande, so findet unverzüglich ein neuer Wahlgang statt, in dem gewählt ist, wer die meisten Stimmen erhält. Vereinigt der Gewählte die Stimmen der Mehrheit der Mitglieder des Bundestages auf sich, so muß der Bundespräsident ihn binnen sieben Tagen nach der Wahl ernennen. Erreicht der Gewählte diese Mehrheit nicht, so hat der Bundespräsident binnen sieben Tagen entweder ihn zu ernennen oder den Bundestag aufzulösen.

Abs. 4 bestimmt die dritte und letzte Wahlphase, die nur noch aus einem einzigen Wahlgang besteht. Wird in diesem der vom Bundestag Vorgeschlagene von der Mehrheit seiner Mitglieder gewählt, so muss ihn der Bundespräsident, wie in Abs. 3 geregelt, ernennen. Erreicht der Kandidat nur die einfache (relative) Mehrheit, so hat der Bundespräsident eine fristgebundene Entscheidungsfreiheit:

— Er kann diesen sog. Minderheitskanzler, weil nur eine Minderheit des Bundestages ihn gewählt hat, innerhalb von sieben Tagen ernennen oder

— er muss binnen dieser Frist den Bundestag ohne Gegenzeichnung auflösen, was Neuwahlen zur Folge hat.

Wird die Siebentagefrist ohne Entscheidung des Präsidenten überschritten, bleibt ihm danach nur noch die Möglichkeit der Ernennung.

In der Geschichte der Bundesrepublik Deutschland hat es bisher (2002) niemals einen Minderheitskanzler und damit eine *Minderheitsregierung* gegeben; alle vom Bundespräsidenten Vorgeschlagenen wurden vom Bundestag bereits im 1. Wahlgang mit der erforderlichen absoluten Stimmenmehrheit gewählt.

Art. 64 [Ernennung der Bundesminister]

Vorbemerkung:

Art. 64 festigt in besonderem Maße die Machtstellung des Bundeskanzlers, so dass die Bundesrepublik Deutschland auch schon eine *Kanzlerdemokratie* genannt wurde.

(1) Die Bundesminister werden auf Vorschlag des Bundeskanzlers vom Bundespräsidenten ernannt und entlassen.

Abs. 1 legt die Rechte des Bundeskanzlers bei der Bildung seiner Regierung fest:

– Ernennungs- und Entlassungsvorschlag sind in das rechtlich freie Ermessen des Regierungschefs gestellt. Bundesminister müssen nicht Mitglied des Bundestages sein, und können auch parteilos sein, wie z. B der Bundeswirtschaftsminister *Werner Müller* von 1998 bis 2002. Der Bundeskanzler kann sich auch ein reines Fachkabinett „zusammenstellen". Allerdings können Koalitionsvereinbarungen diesen Spielraum politisch sehr einengen.

– Der Kanzler bestimmt Art und Zahl der Ministerien. Er hat damit die sog. *Organisationsgewalt*. Aus den Verfassungsbestimmungen ergibt sich aber, dass folgende Minister auf jeden Fall zu ernennen sind:

Bundesverteidigungsminister (Art. 65a), Stellvertreter des Bundeskanzlers (Art. 69 Abs. 1), Bundesjustizminister (Art. 96 Abs. 2) und Bundesfinanzminister (z. B. Art. 112). Zu den regelmäßig gebildeten Ministerien gehören die „fünf klassischen": Inneres, Äußeres, Verteidigung, Finanzen und Justiz.

– Der Regierungschef kann ferner Minister zu „Doppelministern" bestimmen, z. B. das Wirtschafts- und Finanzministerium in eine Hand legen.

– Der Bundeskanzler kann auch einzelne Ressorts sich selbst unterstellen. Ihm ständig unterstehende Dienststellen sind:

Das *Bundeskanzleramt*, das vom „Chef des Bundeskanzleramtes", der im Rang eines Ministers stehen kann, geleitet wird.

Das *Presse- und Informationsamt*, das dem „Sprecher der Bundesregierung" untersteht.

Der *Bundesnachrichtendienst* (Sitz: Pullach/München).

Der Bundespräsident muss den Vorgeschlagenen ernennen bzw. entlassen. Er kann lediglich Bedenken geltend machen, hat aber bei der Ernennung wiederum nur eine rechtliche Prüfungsmöglichkeit, z. B. ob der zu Ernennende nicht bereits Mitglied einer Landesregierung ist (Prüfung der Inkompatibilität).

Ein Minister hat jederzeit das Recht, ohne Angabe von Gründen seinen Rücktritt zu verlangen.

Der Bundestag kann einem Bundesminister nicht unmittelbar sein Misstrauen aussprechen, sondern nur über den Misstrauensantrag gegen den Bundeskanzler gem. Art. 67. Einem Ersuchen des Bundestages, einen bestimmten Minister zu entlassen (genauer: entlassen zu lassen), braucht der Bundeskanzler nicht nachzukommen.

(2) Der Bundeskanzler und die Bundesminister leisten bei der Amtsübernahme vor dem Bundestage den in Artikel 56 vorgesehenen Eid.

(s. Bemerkung zu Art. 56)

Art. 65 [Verantwortung, Geschäftsordnung]

Der Bundeskanzler bestimmt die Richtlinien der Politik und trägt dafür die Verantwortung. Innerhalb dieser Richtlinien leitet jeder Bundesminister seinen Geschäftsbereich selbständig und unter eigener Verantwortung. Über Meinungsverschiedenheiten zwischen den Bundesministern entscheidet die Bundesregierung. Der Bundeskanzler leitet ihre Geschäfte nach einer von der Bundesregierung beschlossenen und vom Bundespräsidenten genehmigten Geschäftsordnung.

In Art. 65 sind drei Zuständigkeitsprinzipien vereinigt:

1. Das *Kanzlerprinzip*, nach dem der Bundeskanzler die „Richtlinien der Politik" bestimmt. Darunter sind grundlegende und richtungsweisende Leitlinien zu verstehen; sie können sich aber auch auf Einzelfälle von besonderer Bedeutung beziehen.

2. Das *Ressortprinzip,* das den Bundesministern für ihren Geschäftsbereich, das Ministerium, eine – durch Richtlinienkompetenz und Kollegialprinzip – begrenzte Selbstständigkeit einräumt.

3. Das *Kollegialprinzip,* nach dem das Kabinettskollegium die Regierungs-beschlüsse (mehrheitlich) fasst.

Von diesen drei Prinzipien ist das Kanzlerprinzip das weitaus bedeutendste. Der Bundeskanzler ist in seiner Richtlinienkompetenz frei, d. h. er ist weder an Beschlüsse des Parlaments oder der ihn tragenden Fraktion(en), noch an Parteitagsbeschlüsse gebunden. Er wird allerdings in der politischen Praxis seine Richtlinien innerhalb der großen Vorgaben seiner Partei und der Koali-tionsabsprachen formulieren.

Der Bundeskanzler hat ferner die sog. *Kompetenz-Kompetenz,* d. h. er kann selbst bestimmen, welche Frage so bedeutsam ist, dass er sie unter seine Richtlinienkompetenz als sog. *Chefsache* stellt, z. B. „Aufbau Ost". Theoretisch könnte er im Kabinett kraft Kollegialprinzip überstimmt wer-den, aber er kann sich mit Hilfe der Richtlinienkompetenz und notfalls mit Entlassungsdrohung dagegen zur Wehr setzen.

In der vom Bundespräsidenten genehmigten Geschäftsordnung ist auch die Verpflichtung zur laufenden Unterrichtung des Staatsoberhauptes veran-kert.

Art. 65a [Befehls- und Kommandogewalt]

Der Bundesminister für Verteidigung hat die Befehls- und Komman-dogewalt über die Streitkräfte.

Entgegen der deutschen Verfassungstradition sind die Streitkräfte nicht mehr dem Staatsoberhaupt als Oberbefehlshaber unterstellt. Damit sollte klar ausgedrückt werden, dass die Armee Teil der vollziehenden Gewalt ist, ein militärisches Instrument, aber eines der Politik.

Art. 65a wurde 1956 beim Aufbau der Bundeswehr und Eintritt in die NATO durch eine Grundgesetzänderung eingebaut. Die scheinbar inhaltsgleiche Begriffswiederholung „Befehls- und Kommandogewalt" soll ausdrücken, dass der Bundesminister nicht nur der förmliche Oberbefehlshaber ist, wie der Reichspräsident der Weimarer Republik (1919–1933), sondern dass er auch das Recht hat, der Truppe unmittelbar Weisungen zu erteilen. Eine Trennung der höchsten politischen Befehlsgewalt von der obersten militäri-schen Kommandobefugnis gibt es damit nicht mehr. *Befehl* ist eine Anwei-sung eines Vorgesetzten an einen Untergebenen zu einem bestimmten, der Gehorsamspflicht unterworfenen Verhalten. – Ein *Kommando* ist ein im Wortlaut formal festgelegter Befehl, z. B. „stillgestanden!"

Die Amtsbezeichnung des *Bundesverteidigungsministers* ist – entgegen dem Wortlaut des GG – „Bundesminister der Verteidigung". Beim Aufbau der Bundeswehr erhielt das zunächst kleine Ministerium die rangniedrigere Bezeichnung „für". Seit 1963 ist das Bundesministerium für Verteidigung (BMVg) den klassischen Ministerien (s. Bemerkung zu Art. 64) gleichgestellt.

Der *Bundesminister der Verteidigung* darf nicht gleichzeitig aktiver Soldat sein; auch damit soll deutlich werden, dass die Streitkräfte in höchster Instanz nur der zivilen Gewalt unterstellt sind. Zu beachten ist, dass auch schon in Friedenszeiten die Befehls- und Kommandogewalt durch Unterstellung, z. B. der meisten Teile der Bundesluftwaffe unter den Oberbefehl der NATO, begrenzt ist.

Art. 66 [Kein Nebenberuf]

Der Bundeskanzler und die Bundesminister dürfen kein anderes besoldetes Amt, kein Gewerbe und keinen Beruf ausüben und weder der Leitung noch ohne Zustimmung des Bundestages dem Aufsichtsrate eines auf Erwerb gerichteten Unternehmens angehören.

Die Regelung entspricht der des Art. 55 Abs. 2 mit der Ausnahme, dass der Bundestag fallweise seine Zustimmung zur Leitung oder Aufsichtsratsmitgliedschaft in einem gewinnorientierten Unternehmen geben kann. Praktische Auswirkungen sind nicht bekannt.

Üblich und zulässig ist die gleichzeitige Mitgliedschaft im Bundestag. Auch ein Mandat in einem Landtag oder in einer Gemeindevertretung ist verfassungsrechtlich erlaubt, wenn auch praktisch selten. Unzulässig ist dagegen die gleichzeitige Mitgliedschaft in einer Landesregierung.

Art. 67 [Misstrauensvotum]

Vorbemerkung:

Art. 67 hat in Verbindung mit Art. 64 und 65 erheblich zur Regierungsstabilität der Bundesrepublik Deutschland beigetragen. Die Verfassungsbestimmung des *konstruktiven* (positiven) *Misstrauensvotums* – in der Welt ohne Beispiel und Nachahmung – hat sich bewährt. Ein Antrag gem. Art. 67 wurde in der Geschichte der Bundesrepublik Deutschland nur zweimal gestellt: 1972 von der CDU/CSU-Fraktion (Kandidat: *Rainer Barzel*) gegen *Willy Brandt* (SPD). Der Antrag scheiterte, weil die absolute Mehrheit knapp verfehlt wurde. Dagegen konnte sich *Helmut Kohl* (CDU) 1982 gem. Art. 67 gegen *Helmut Schmidt* (SPD) durchsetzen.

(1) Der Bundestag kann dem Bundeskanzler das Mißtrauen nur dadurch aussprechen, daß er mit der Mehrheit seiner Mitglieder einen Nachfolger wählt und den Bundespräsidenten ersucht, den Bundeskanzler zu entlassen. Der Bundespräsident muß dem Ersuchen entsprechen und den Gewählten ernennen.

Das Misstrauensvotum kann nur gegen den Kanzler, nicht gegen die Regierung insgesamt ausgesprochen werden; doch führt die Entlassung des Kanzlers automatisch zum Ende der Amtszeit aller Minister. Ein Misstrauensvotum enthält keinen wie auch immer gearteten Vorwurf der Amtspflichtverletzung oder gar einen moralischen Schuldvorwurf. Es drückt lediglich in verfassungsrechtlich schärfster Form die Missbilligung der Politik und Amtsführung des Bundeskanzlers aus.

Andere Formen des Tadels wie Kritik, Aufforderung zum „freiwilligen" Rücktritt oder Ablehnung eines Vertrauensvotums (vgl. Art. 68) zwingen den Kanzler nicht zum Rücktritt. Auch kann der Bundestag nicht durch einfache Beschlüsse dem Kanzler und der Regierung seine Vorstellungen darüber, „was getan werden muss", aufzwingen, es sei denn, der Bundestag beschließt ein Gesetz, um seinen Willen durchzusetzen. An dieses wäre die Regierung trotz ihrer abweichenden Meinung gebunden.

Der Misstrauensantrag, der nach der Geschäftsordnung von mindestens einem Viertel der Bundestagsabgeordneten zu unterstützen ist, muss einen namentlich benannten Kandidaten zum Nachfolger als Wahlvorschlag enthalten. Der Bundespräsident hat ihn, wenn er gewählt wird, gem. Art. 63 Abs. 2 zu ernennen.

(2) Zwischen dem Antrage und der Wahl müssen 48 Stunden liegen.

Die Frist soll allen Abgeordneten Zeit zur Überlegung geben und vor übereilten Beschlüssen schützen.

Art. 68 [Vertrauensvotum – Bundestagsauflösung]

Vorbemerkung:

Mit der *Vertrauensfrage* wurde der Regierung von den Verfassungsvätern (und -müttern) ein Instrument in die Hand gegeben, sich der Unterstützung durch die Parlamentsmehrheit zu vergewissern. Dies gilt vor allem dann, wenn diese Frage in Verbindung mit einem Gesetzesvorschlag gestellt wird (s. Art. 81 Abs. 1).

In diesem vom Grundgesetz beabsichtigten Sinne wurde das Verfassungsinstrument bisher zweimal angewandt:

- im Februar 1982 durch Bundeskanzler *Helmut Schmidt*: Er wollte seine aus SPD und FDP bestehende Regierungskoalition auf diese Weise zwingen, sich öffentlich zu ihm als Bundeskanzler zu bekennen. Ihm wurde damals mit Mehrheit das Vertrauen ausgesprochen.

- im November 2001 durch *Gerhard Schröder*: Er verband die Vertrauensfrage erstmalig mit dem Art. 81 Abs. 1 Satz 2 (s. dort), um nach dem Anschlag auf das WTC vom 11. September 2001 die Zustimmung des Bundestages zum Einsatz der Bundeswehr zur Bekämpfung des internationalen Terrorismus zu erhalten.

Eine ganz andere Nutzung des Art. 68 geschieht durch die „unechte Vertrauensfrage". Sie hat eben *nicht* das Ziel, sich die Unterstützung der Parlamentsmehrheit zu sichern, sondern wird mit der Absicht gestellt, das Vertrauen *nicht* zu erhalten, um zwecks Neuwahlen eine Handhabe zur Auflösung des Bundestages zu erhalten.

Im Wortlaut der Verfassungsbestimmung ist seine Praktizierung für den „normalen Bürger" schwer nachvollziehbar:

- Der amtierende Kanzler bittet seine ihn stützende Fraktion bzw. seine Minister darum, ihm in der Vertrauensfrage nicht öffentlich das Vertrauen auszusprechen.

- Gleichzeitig bittet er darum, ihm aber (heimlich) zu vertrauen, denn er möchte mit seiner Fraktion in der nächsten Legislaturperiode weiterregieren.

- Teile der Fraktion geben durch ihr Abstimmungsverhalten (Stimmenthaltung) kund: Wir vertrauen dem Kanzler heimlich, indem wir ihm öffentlich nicht trauen.

Alle durchschauen dieses Spiel mit „gespaltener Zunge": Kanzler, Parlament, Staatsoberhaupt, Verfassungsgericht und die Öffentlichkeit. Dennoch ist es Recht, weil es legal, also verfassungskonform interpretiert werden kann. Denn das BVerfG hat dem Kanzler das Recht zur „auflösungsgerichteten" Vertrauensfrage gegeben. Aber besteht nicht die Gefahr, dass dies so interpretierte Recht des Art. 68 missbraucht werden kann, nur um Neuwahlen zu einem Zeitpunkt zu erreichen, an dem die Wahlchancen für die amtierende Regierung günstig erscheinen? Die Entwicklung der Verfassungswirklichkeit wird dies zeigen.

Einzelheiten dazu bei den Bemerkungen zu Abs. 1 des Artikels.

(1) Findet ein Antrag des Bundeskanzlers, ihm das Vertrauen auszusprechen, nicht die Zustimmung der Mehrheit der Mitglieder des Bundestages, so kann der Bundespräsident auf Vorschlag des Bun-

deskanzlers binnen 21 Tagen den Bundestag auflösen. Das Recht zur Auflösung erlischt, sobald der Bundestag mit der Mehrheit seiner Mitglieder einen anderen Bundeskanzler wählt.

Abs. 1 enthält die drei Ermessensspielräume:

1. Der Bundeskanzler kann (aber muss nicht) die Vertrauensfrage stellen. Spricht ihm die Mehrheit nicht das Vertrauen aus, so kann er, aber er ist dazu nicht gezwungen, den Bundespräsidenten bitten, den Bundestag aufzulösen.

2. Der Bundestag kann das Vertrauen aussprechen oder verweigern.

3. Der Bundespräsident kann nach Antrag des Bundeskanzlers den Bundestag auflösen, aber er kann diesen Antrag auch ablehnen.

Innerhalb der 21-Tage-Frist kann der Bundestag mit absoluter Mehrheit einen anderen Kanzler wählen, dann erlischt das Auflösungsrecht des Präsidenten, er hat den neuen Bundeskanzler zu ernennen.

Diese Verfassungsbestimmung des Abs. 1 Satz 1 wurde in der Geschichte der Bundesrepublik Deutschland dreimal – wie Kritiker meinen: zweimal missbräuchlich – angewandt, um die Auflösung des Parlaments zu erreichen:

– Im September 1972 stellte Bundeskanzler *Willy Brandt* die Vertrauensfrage, nachdem bei der Abstimmung über das Haushaltsgesetz Stimmengleichheit vorlag, und die CDU/CSU-Opposition gegen Gesetzesvorhaben der Regierung Änderungen mit einer Stimme Mehrheit durchsetzen konnte. Die Krise für die Regierung war offenkundig und für jedermann erkennbar. Bei der Abstimmung über die Vertrauensfrage enthielten sich die stimmberechtigten SPD-Minister: Willy Brandt erhielt die Zustimmung der Mehrheit des Bundestages nicht und konnte den Antrag zur Auflösung stellen, woraufhin der Bundespräsident den Bundestag auflöste und Neuwahlen ausschrieb.

– Im Dezember 1982 stellte der durch ein erfolgreiches konstruktives Misstrauensvotum (s. Vorbemerkung zu Art. 67) ins Amt gewählte Bundeskanzler *Helmut Kohl* die Vertrauensfrage mit dem gleichen Ziel. Diesmal herrschte kein parlamentarisches Patt; aber Kohl und seine CDU/FDP-Regierung wollten den Makel loswerden, nur durch ein Misstrauensvotum ins Amt gekommen zu sein. Sie suchten die direkte Legitimation durch das Volk, also durch Neuwahlen. Diesmal wurde von einzelnen Abgeordneten das BVerfG angerufen. In seinem Urteil führte es aus, dass die Verfassungsbestimmung des Art. 68 nicht nur *formell* nach der offenkundigen Mehrheit der Zahl zu interpretieren sei, sondern *materiell*. Dabei räumte es dem Bundeskanzler einen breiten Beurteilungsspielraum ein, ob tatsächlich ein stabiles Vertrauensverhältnis zwischen Kanzler und Bundestag besteht. Doch eine „unechte Vertrauensfrage" nur mit dem Ziel zu stellen, vorzeitige Neuwahlen zu erreichen, weil der Termin – tatsächlich oder vermeintlich – für die Regierung günstig erscheint, ist nicht statthaft. Bei abweichenden Voten stimmte das Gericht dem Verfahren – salopp formuliert – „mit Bauchschmerzen" mehrheitlich zu.

– Im Juli 2005 stellte Bundeskanzler *Gerhard Schröder* die Vertrauensfrage mit dem Ziel der Parlamentsauflösung zwecks Neuwahlen unter Berufung auf den Streit innerhalb seiner Partei über die „Agenda 2010". Geplant und beabsichtigt erhielt der Kanzler keine Mehrheit, weil die meisten Mitglieder der SPD-Fraktion sich der Stimme enthielten. Der Vorgang löste ein großes publizistisches Echo aus und seine Rechtmäßigkeit wurde auch unter Staats- und Verfassungsrechtlern äußerst kontrovers diskutiert. Bundespräsident *Horst Köhler* löste nach Ausschöpfung der Frist von 21 Tagen den Bundestag auf und schrieb Neuwahlen aus. Er begründete seine Entscheidung mit der kritischen Lage der Nation auch unter Hinweis auf die Folgen des Geburtenschwunds. Ausnahmslos begrüßten alle Parteien die Neuwahlen, insbesondere die CDU/CSU hoffte auf einen großen Wahlerfolg. Wieder wurde von einzelnen Abgeordneten das BVerfG angerufen, weil sie sich durch die vorzeitige Parlamentsauflösung in ihren Rechten verletzt sahen. In seinem Urteil vom 25. August 2005 billigte das Gericht die Auflösung durch den Bundespräsidenten. Dabei ging es in seiner Begründung (wiederum nicht einstimmig) noch weiter als das BVerfG in seinem Urteil von 1982. Es räumte dem Bundeskanzler eine Art Monopolrecht ein zu beurteilen, ob er langfristig im bestehenden Bundestag mit einer ausreichenden parlamentarischen Unterstützung rechnen kann. Seine Einschätzung kann „durch das Bundesverfassungsgericht schon praktisch nicht eindeutig und nicht vollständig überprüft werden". Der Kernsatz lautet: „Die Vertrauensfrage wurde nicht zweckwidrig gebraucht." Und: „Es sind keine Tatsachen vorgetragen oder erkennbar, welche die Einschätzung des Bundeskanzlers unzweifelhaft widerlegen." Mit anderen Worten: Im Zweifel gilt die Auslegung des Kanzlers, ob eine dauerhafte hinlängliche Mehrheit vorhanden ist oder nicht. – Das Urteil des Gerichts wird sogar von ehemaligen Verfassungsrichtern kritisiert.

(2) Zwischen dem Antrage und der Abstimmung müssen 48 Stunden liegen.

(s. Bemerkung zu Art. 67 Abs. 2)

Art. 69 [Stellvertreter des Bundeskanzlers]

(1) Der Bundeskanzler ernennt einen Bundesminister zu seinem Stellvertreter.

Die Ernennung eines Stellvertreters schreibt die Verfassung zwingend vor. Er führt den inoffiziellen Titel „Vizekanzler". *Vizekanzler* ist jedoch kein Amt, sondern nur eine (von der Presse kreierte) Bezeichnung. Deshalb gibt es auch kein Vizekanzleramt. Die Bestimmung seines Stellvertreters nimmt der Kanzler ohne jede Mitwirkung des Bundespräsidenten vor. Umstritten ist, ob der Vizekanzler auch die *Richtlinienkompetenz* gem. Art. 65 besitzt, wenn er den Kanzler vertritt. Relativ einmütig gilt dagegen, dass er nicht für den verhinderten Bundeskanzler die *Vertrauensfrage* stellen kann. Die praktisch wahrzunehmenden Kompetenzen durch den „Vizekanzler" werden fallweise auch durch Art und Dauer der Kanzlerabwesenheit zu bestimmen sein.

> **Beispiel:** Es macht einen Unterschied, ob der Regierungschef sich auf einer 14-tägigen Reise befindet, auf der er gleichwohl ständig telefonisch erreichbar ist, oder monatelang schwer erkrankt ist.

(2) Das Amt des Bundeskanzlers oder eines Bundesministers endigt in jedem Falle mit dem Zusammentritt eines neuen Bundestages, das Amt eines Bundesministers auch mit jeder anderen Erledigung des Amtes des Bundeskanzlers.

Das politische Schicksal der Bundesminister ist mit dem des Kanzlers verknüpft. Das Kabinett „stirbt", wenn die Amtszeit des Kanzlers endet. Dies ist außer Tod, Entlassung und Verlust der Amtsfähigkeit kraft Richterspruch regelmäßig nach Wahlen beim ersten Zusammentritt des neuen Bundestages der Fall.

(3) Auf Ersuchen des Bundespräsidenten ist der Bundeskanzler, auf Ersuchen des Bundeskanzlers oder des Bundespräsidenten ein Bundesminister verpflichtet, die Geschäfte bis zur Ernennung seines Nachfolgers weiterzuführen.

Abs. 3 soll sicherstellen, dass die Bundesrepublik Deutschland jederzeit über eine handlungsfähige Regierung verfügt. Auf Ersuchen des Bundespräsidenten, zu dem dieser verpflichtet ist, bleibt die Regierung so lange mit den Geschäften betraut, bis der neue Bundeskanzler vom Bundestag gewählt ist. In der Zwischenzeit können auch neue geschäftsführende Minister ernannt werden.

Die Gesetzgebung des Bundes

VII

Art. 70	Gesetzgebung des Bundes und der Länder	180
Art. 71	Ausschließliche Gesetzgebung	181
Art. 72	Konkurrierende Gesetzgebung	182
Art. 73	Sachgebiete der ausschließlichen Gesetzgebung	184
Art. 74	Sachgebiete der konkurrierenden Gesetzgebung	186
Art. 74a	(aufgehoben)	189
Art. 75	(aufgehoben)	189
Art. 76	Gesetzesvorlagen	190
Art. 77	Gesetzgebungsverfahren	193
Art. 78	Zustandekommen der Gesetze	197
Art. 79	Änderung des Grundgesetzes	198
Art. 80	Erlass von Rechtsverordnungen	201
Art. 80a	Spannungsfall	203
Art. 81	Gesetzgebungsnotstand	204
Art. 82	Verkündung, Inkrafttreten	205

VII. Die Gesetzgebung des Bundes

Vorbemerkungen:

Ein Gesetz ist eine prinzipiell abstrakte (d. h. grundsätzlich nicht auf einen konkreten Einzelfall bezogene) Rechtsvorschrift. *Einzelfallgesetze* sind nur ausnahmsweise zulässig und auch dann nicht, wenn sie sich auf *Grundrechtseinschränkungen* (s. Art. 19 Abs. 1) beziehen. Das Recht der parlamentarischen Volksvertretung, Gesetze zu erlassen, macht sie zur „gesetzgebenden Gewalt", zur *Legislative* (vgl. Art. 20 Abs. 2). Im Bund sind die *gesetzgebenden Körperschaften,* eine andere Bezeichnung dafür, der Bundestag und Bundesrat.

Der moderne Staat ist durch eine „Normenflut" gekennzeichnet, die gerade in Deutschland zu einer starken *Verrechtlichung* geführt hat, wozu die *Wesentlichkeitstheorie* (s. Bemerkung zu Art. 20 Abs. 3) des BVerfG nicht wenig beigetragen hat. Das damit verbundene *Bestimmtheitsgebot* zwingt den Gesetzgeber, den Ermessensspielraum der Verwaltung durch immer genauere gesetzliche Regelungen einzuschränken.

Im Bund gelten derzeit über 2 200 Gesetze mit rd. 47 000 Einzelvorschriften und etwa 3 200 Rechtsverordnungen mit wieder fast 40 000 Einzelvorschriften, deren Gesamtzahl mithin rd. 87 000 beträgt. Hinzu kommt eine Vielzahl von landesrechtlichen Bestimmungen zuzüglich des unübersehbaren Bestandes an Rechtsnormen der EU, deren Umfang sich auf über 100 000 Seiten beläuft. Zum Vergleich: Die Zehn Gebote umfassen 179 Wörter, die amerikanische Unabhängigkeitserklärung 300; aber allein § 19 des deutschen Einkommensteuergesetzes besteht aus 1 862 Wörtern.

Art. 70 [Gesetzgebung des Bundes und der Länder]

Vorbemerkung:

Außer den im GG ausdrücklich genannten Zuständigkeiten des Bundes gibt es noch ungeschriebene, deren Umfang allerdings umstritten sind. Es sind dies Gesetze

- zur *Ordnung wesentlicher Lebensbereiche* – s. Bemerkung zu Art. 20 Abs. 2

- *kraft Sachzusammenhang,* z. B. mit Recht zur öffentlichen Fürsorge auch die Jugendpflege

- aus der *Natur der Sache* heraus, z. B. Festsetzung des Datums des Nationalfeiertages

Mit der am 1. September 2006 in Kraft getretenen *Föderalismusreform* sollen einerseits die Kompetenzen der Länder gestärkt und erweitert werden, andererseits die Zahl der Zustimmungsgesetze, d. h. Bundesgesetze, die nur mit Zustimmung des Bundesrates gültig werden können, verringert werden. Kernpunkte dieser Reform sind: die Terrorismusbekämpfung, der Naturschutz, das Hochschul- und Beamtenrecht sowie die finanzielle Schuldhaftung von Bund und Ländern. Für die überwiegende Mehrheit der Staatsbürger ändert sich praktisch nichts – höchstens, dass nunmehr die Gesetzgebungszuständigkeit noch schwerer verständlich, da komplizierter geworden ist.

(1) Die Länder haben das Recht der Gesetzgebung, soweit dieses Grundgesetz nicht dem Bunde Gesetzgebungsbefugnisse verleiht.

Art. 70 konkretisiert den Art. 30 der Kompetenzverteilung zwischen Bund und Ländern. Als Grundsatz gilt:

Die Länder sind für die Gesetzgebung im Gebiet der Bundesrepublik Deutschland zuständig. Die sog. *Zuständigkeitsvermutung* spricht für ihre Gesetzgebungskompetenz. Der Bund hat diese nur, soweit sie ihm vom GG verliehen wird.

Entgegen dem Anschein des Verfassungstextes – vor allem für den Nichtjuristen nicht von vornherein erkennbar, vgl. auch Bemerkung zu Art. 30 – lag von Anbeginn (1949) das Schwergewicht der Gesetzgebung beim Bund und hat sich bis in die Gegenwart weiter auf ihn konzentriert. Diese Entwicklung soll durch die Föderalismusreform wenigstens abgeschwächt werden.

(2) Die Abgrenzung der Zuständigkeit zwischen Bund und Ländern bemißt sich nach den Vorschriften dieses Grundgesetzes über die ausschließliche und die konkurrierende Gesetzgebung.

Die Formulierung legt nahe, dass es nur zwei Gesetzgebungsbereiche des Bundes gibt: Die ausschließliche (Art. 71) und die konkurrierende (Art. 74). Wird die *Rahmengesetzgebung* (Art. 73) nicht als Teil der konkurrierenden Gesetzgebung betrachtet, so ist sie der dritte Gesetzgebungsbereich.

Art. 71 [Ausschließliche Gesetzgebung]

Im Bereiche der ausschließlichen Gesetzgebung des Bundes haben die Länder die Befugnis zur Gesetzgebung nur, wenn und soweit sie hierzu in einem Bundesgesetze ausdrücklich ermächtigt werden.

Der Bund hat bisher von seinem *Ermächtigungsrecht* kaum Gebrauch gemacht. – Würde ein Bundesland auf dem Gebiet der ausschließlichen Gesetzgebung ein (Landes-)Gesetz erlassen, z. B. zur Schaffung einer eigenen Landeswährung, ohne dazu vorher vom Bund ermächtigt worden zu sein, so wäre dies von Anfang an ungültig.

Art. 72 [Konkurrierende Gesetzgebung]

Vorbemerkung:

Der Artikel wurde im Rahmen der Verfassungsreform von 1994 neu gefasst um die Rechte der Länder zur Gesetzgebung zu stärken. – Auf dem Gebiet der konkurrierenden Gesetzgebung haben im Prinzip Bund und Länder die Gesetzgebungskompetenz, der Bund hat aber ein *Gesetzgebungsvorrecht*.

(1) Im Bereich der konkurrierenden Gesetzgebung haben die Länder die Befugnis zur Gesetzgebung, solange und soweit der Bund von seiner Gesetzgebungszuständigkeit nicht durch Gesetz Gebrauch gemacht hat.

Die Fassung präzisiert im Interesse der Länderrechte das Recht zur Gesetzgebung. Erst wenn der Bund definitiv seine Zuständigkeit durch Gesetz erschöpft hat, erlischt das Gesetzgebungsrecht der Länder. Das „Gebrauchmachen" kann nicht durch eine Rechtsverordnung des Bundes erfolgen. Existiert ein Landesgesetz noch aus der Zeit, in welcher der Bund von seinem Gesetzgebungsrecht noch keinen Gebrauch gemacht hat, liegt eine *Normenkollision* vor. Dann greift der Art. 131 (s. dort).

Dem Ausdruck „soweit" ist zu entnehmen, dass die Länder ihre Gesetzgebungszuständigkeit behalten, wenn der Bund nur teilweise von seiner Kompetenz Gebrauch macht, also eine Materie nach Inhalt und Umfang nicht erschöpfend regelt. Den Ländern verbleibt dann der „freie Restbereich" zur gesetzlichen Regelung.

Beispiel: In Baden-Württemberg gelten für die Abfallbeseitigung Bundesgesetz und Landesgesetz gleichzeitig.

Zur konkurrierenden Gesetzgebung (genauer müsste es heißen: zum konkurrierenden Gesetzgebungsbereich) zählen nicht nur die in Art. 74 katalogisierten Materien (= Bereiche, auf die sich die Gesetzgebung erstrecken kann), sondern auch die der Art. 74a und 105 Abs. 2.

(2)* Auf den Gebieten des Artikels 74 Abs. 1 Nr. 4, 7, 11, 13, 15, 19a, 20, 22, 25 und 26 hat der Bund das Gesetzgebungsrecht, wenn und soweit die Herstellung gleichwertiger Lebensverhältnisse im Bun-

desgebiet oder die Wahrung der Rechts- oder Wirtschaftseinheit im gesamtstaatlichen Interesse eine bundesgesetzliche Regelung erforderlich macht.

Der Bund bestimmt in freiem politischem Ermessen, ob „ein Bedürfnis nach bundesgesetzlicher Regelung" besteht. Sein Spielraum ist groß. Das BVerfG hat nur ein Recht zur Nachprüfung, z. B. auf Antrag eines Bundeslandes, ob ein eindeutiger Ermessensmissbrauch vorliegt. Bisher ist noch kein Gesetz wegen Verstoßes gegen Art. 72 Abs. 2 für verfassungswidrig erklärt worden.

Die Bedeutung dieser Verfassungsbestimmung ist in Zusammenhang mit dem Beitritt der DDR zur Bundesrepublik Deutschland stark gewachsen. Alle mit dieser Überleitung verbundenen und speziell dafür gesetzlich zu regelnden Materien dienen der „Rechts- und Wirtschaftseinheit". Der Begriff „Wahrung" muss zukunfts- und nicht vergangenheitsorientiert verstanden werden. Der Bund hat auch die Pflicht, gleichwertige Lebensverhältnisse zu schaffen. Der bis 1994 geltende und missverständliche Wortlaut von der „Einheitlichkeit der Lebensverhältnisse" wurde durch die neue Formulierung der *Gleichwertigkeit* ersetzt. Der Begriff spiegelt besser die föderalistische Struktur gerade nach der Wiedervereinigung wider, welche eben keine nivellierende Einheitlichkeit verlangt.

Beispiel: Nach dem Fleischskandal in Bayern, bei dem die landesstaatliche Lebensmittelkontrolle versagt hat, wird eine bundeseinheitliche Regelung für solche Überprüfungen in Angriff genommen.

Eine Gleichheit etwa im Lebensstandard je Kopf hat es nicht einmal in den alten Bundesländern je gegeben, noch viel weniger wird sie auf absehbare Zeit zusammen mit den neuen Bundesländern zu erreichen sein. Der Bund hat aber die verfassungsrechtlich gebotene Pflicht, krasse Unterschiede innerhalb des Bundesgebietes einzuebnen.

(3)* Hat der Bund von seiner Gesetzgebungszuständigkeit Gebrauch gemacht, können die Länder durch Gesetz hiervon abweichende Regelungen treffen über:

1. **das Jagdwesen (ohne das Recht der Jagdscheine);**

2. **den Naturschutz und die Landschaftspflege (ohne die allgemeinen Grundsätze des Naturschutzes, das Recht des Artenschutzes oder des Meeresnaturschutzes);**

3. **die Bodenverteilung;**

4. **die Raumordnung;**

5. **den Wasserhaushalt (ohne stoff- oder anlagenbezogene Regelungen);**

6. **die Hochschulzulassung und die Hochschulabschlüsse.**

Bundesgesetze auf diesen Gebieten treten frühestens sechs Monate nach ihrer Verkündung in Kraft, soweit nicht mit Zustimmung des Bundesrates anderes bestimmt ist. Auf den Gebieten des Satzes 1 geht im Verhältnis von Bundes- und Landesrecht das jeweils spätere Gesetz vor.

Mit dieser Bestimmung wird zum ersten Mal eine *Abweichungsgesetzgebung* festgelegt, auch Abweichungskompetenz genannt. Die Länder können also eine von der Bundesgesetzgebung abweichende Regelung treffen. Damit diese scheinbar einfache Bestimmung nicht zu unkompliziert wird, sind aber davon wieder Ausnahmen vorgesehen: Jagdscheine, Grundsätze des Naturschutzes, Rechte des Arten- und des Meeresnaturschutzes und Bestimmungen beim Wasserhaushalt; sie blieben in der Kompetenz des Bundes. Eine um sechs Monate verzögerte Gültigkeit soll den Ländern praktisch die Möglichkeit einräumen, vorher eine andere Regelung zu treffen – mit einer Ausnahmeregelung. Ob das alles die jeweils rechtliche Lage durchschaubarer und den Bundes- und Landesgesetzgeber berechenbarer macht, darf bezweifelt werden.

(4)* Durch Bundesgesetz kann bestimmt werden, daß eine bundesgesetzliche Regelung, für die eine Erforderlichkeit im Sinne des Absatzes 2 nicht mehr besteht, durch Landesrecht ersetzt werden kann.

Es bleibt abzuwarten, ob die Verfassungsbestimmung praktische Bedeutung erlangt.

Art. 73*   [Sachgebiete der ausschließlichen Gesetzgebung]

Vorbemerkung: ───────────────────────

Der Verfassungsgesetzgeber hat hier als „technisches Mittel das in der deutschen Verfassungstradition stehende Enumerationsprinzip gewählt, das eine nahezu vollständige Aufzählung der zu regelnden Gesetzesmaterien enthält. Erschöpfend ist diese jedoch nicht. Dazu gehören auch der Art. 105 Abs. 1 (s. dort) und alle Stellen des GG, in denen eine gesetzliche Regelung durch den Bund angekündigt oder vorgeschrieben ist, z. B. Art. 21 Abs. 3.

(1) Der Bund hat die ausschließliche Gesetzgebung über:

1. die auswärtigen Angelegenheiten sowie die Verteidigung einschließlich des Schutzes der Zivilbevölkerung;

2. die Staatsangehörigkeit im Bunde;

3. die Freizügigkeit, das Passwesen, das Melde- und Ausweiswesen, die Ein- und Auswanderung und die Auslieferung;

4. das Währungs-, Geld- und Münzwesen, Maße und Gewichte sowie die Zeitbestimmung;

5. die Einheit des Zoll- und Handelsgebietes, die Handels- und Schiffahrtsverträge, die Freizügigkeit des Warenverkehrs und den Waren- und Zahlungsverkehr mit dem Auslande einschließlich des Zoll- und Grenzschutzes;

5a. den Schutz deutschen Kulturgutes gegen Abwanderung ins Ausland;

6. den Luftverkehr;

6a. den Verkehr von Eisenbahnen, die ganz oder mehrheitlich im Eigentum des Bundes stehen (Eisenbahnen des Bundes), den Bau, die Unterhaltung und das Betreiben von Schienenwegen der Eisenbahnen des Bundes sowie die Erhebung von Entgelten für die Benutzung dieser Schienenwege;

7. das Postwesen und die Telekommunikation;

8. die Rechtsverhältnisse der im Dienste des Bundes und der bundesunmittelbaren Körperschaften des öffentlichen Rechtes stehenden Personen;

9. den gewerblichen Rechtsschutz, das Urheberrecht und das Verlagsrecht;

9a. die Abwehr von Gefahren des internationalen Terrorismus durch das Bundeskriminalpolizeiamt in Fällen, in denen eine länderübergreifende Gefahr vorliegt, die Zuständigkeit einer Landespolizeibehörde nicht erkennbar ist oder die oberste Landesbehörde um eine Übernahme ersucht;

10. die Zusammenarbeit des Bundes und der Länder

    a) in der Kriminalpolizei,

    b) zum Schutze der freiheitlichen demokratischen Grundordnung, des Bestandes und der Sicherheit des Bundes oder eines Landes (Verfassungsschutz) und

    c) zum Schutze gegen Bestrebungen im Bundesgebiet, die durch Anwendung von Gewalt oder darauf gerichtete Vorbereitungshandlungen auswärtige Belange der Bundesrepublik Deutschland gefährden,

    sowie die Einrichtung eines Bundeskriminalpolizeiamtes und die internationale Verbrechensbekämpfung;

11. die Statistik für Bundeszwecke;

12. das Waffen- und das Sprengstoffrecht;

13. die Versorgung der Kriegsbeschädigten und Kriegshinterbliebenen und die Fürsorge für die ehemaligen Kriegsgefangenen;

14. die Erzeugung und Nutzung der Kernenergie zu friedlichen Zwecken, die Errichtung und den Betrieb von Anlagen, die diesen Zwecken dienen, den Schutz gegen Gefahren, die bei Freiwerden von Kernenergie oder durch ionisierende Strahlen entstehen, und die Beseitigung radioaktiver Stoffe.

Die neu eingefügte Ziff. 9a ist wohl das wichtigste Zugeständnis der Länder an den Bund im Rahmen der Verfassungsänderung, wird dieser doch damit zum Herrn des Verfahrens. Zwar bleibt Polizei Ländersache, für die Bekämpfung des internationalen Terrorismus wird jedoch das Bundeskriminalamt (BKA) zuständig sein.

Beispiel: Die Zentrale der Anti-Terror-Datei wird deshalb konsequenterweise dem BKA zugeordnet.

(2) Gesetze nach Absatz 1 Nr. 9a bedürfen der Zustimmung des Bundesrates.

Art. 74* [Sachgebiete der konkurrierenden Gesetzgebung]

(1) Die konkurrierende Gesetzgebung erstreckt sich auf folgende Gebiete:

1. das bürgerliche Recht, das Strafrecht, die Gerichtsverfassung, das gerichtliche Verfahren (ohne das Recht des Untersuchungshaftvollzugs), die Rechtsanwaltschaft, das Notariat und die Rechtsberatung;

2. das Personenstandswesen;

3. das Vereinsrecht;

4. das Aufenthalts- und Niederlassungsrecht der Ausländer;

4a. (aufgehoben)

5. (aufgehoben)

6. die Angelegenheiten der Flüchtlinge und Vertriebenen;

7. die öffentliche Fürsorge (ohne das Heimrecht);

8. (aufgehoben)

9. die Kriegsschäden und die Wiedergutmachung;

10. die Kriegsgräber und Gräber anderer Opfer des Krieges und Opfer von Gewaltherrschaft;

11. das Recht der Wirtschaft (Bergbau, Industrie, Energiewirtschaft, Handwerk, Gewerbe, Handel, Bank- und Börsenwesen, privatrechtliches Versicherungswesen) ohne das Recht des Ladenschlusses, der Gaststätten, der Spielhallen, der Schaustellung von Personen, der Messen, der Ausstellungen und der Märkte;

11a. (aufgehoben)

12. das Arbeitsrecht einschließlich der Betriebsverfassung, des Arbeitsschutzes und der Arbeitsvermittlung sowie die Sozialversicherung einschließlich der Arbeitslosenversicherung;

13. die Regelung der Ausbildungsbeihilfen und die Förderung der wissenschaftlichen Forschung;

14. das Recht der Enteignung, soweit sie auf den Sachgebieten der Artikel 73 und 74 in Betracht kommt;

15. die Überführung von Grund und Boden, von Naturschätzen und Produktionsmitteln in Gemeineigentum oder in andere Formen der Gemeinwirtschaft;

16. die Verhütung des Mißbrauchs wirtschaftlicher Machtstellung;

17. die Förderung der land- und forstwirtschaftlichen Erzeugung (ohne das Recht der Flurbereinigung), die Sicherung der Ernährung, die Ein- und Ausfuhr land- und forstwirtschaftlicher Erzeugnisse, die Hochsee- und Küstenfischerei und den Küstenschutz;

18. den städtebaulichen Grundstücksverkehr, das Bodenrecht (ohne das Recht der Erschließungsbeiträge) und das Wohngeldrecht, das Altschuldenhilferecht, das Wohnungsbauprämienrecht, das Bergarbeiterwohnungsbaurecht und das Bergmannssiedlungsrecht;

19. Maßnahmen gegen gemeingefährliche oder übertragbare Krankheiten bei Menschen und Tieren, Zulassung zu ärztlichen und anderen Heilberufen und zum Heilgewerbe, sowie das Recht des Apothekenwesens, der Arzneien, der Medizinprodukte, der Heilmittel, der Betäubungsmittel und der Gifte;

19a. die wirtschaftliche Sicherung der Krankenhäuser und die Regelung der Krankenhauspflegesätze;

20. das Recht der Lebensmittel einschließlich der ihrer Gewinnung dienenden Tiere, das Recht der Genussmittel, Bedarfsgegenstände und Futtermittel sowie den Schutz beim Verkehr mit

land- und forstwirtschaftlichem Saat- und Pflanzgut, den Schutz der Pflanzen gegen Krankheiten und Schädlinge sowie den Tierschutz;

21. die Hochsee- und Küstenschiffahrt sowie die Seezeichen, die Binnenschiffahrt, den Wetterdienst, die Seewasserstraßen und die dem allgemeinen Verkehr dienenden Binnenwasserstraßen;

22. den Straßenverkehr, das Kraftfahrwesen, den Bau und die Unterhaltung von Landstraßen für den Fernverkehr sowie die Erhebung und Verteilung von Gebühren oder Entgelten für die Benutzung öffentlicher Straßen mit Fahrzeugen;

23. die Schienenbahnen, die nicht Eisenbahnen des Bundes sind, mit Ausnahme der Bergbahnen;

24. die Abfallwirtschaft, die Luftreinhaltung und die Lärmbekämpfung (ohne Schutz vor verhaltensbezogenem Lärm);

25. die Staatshaftung;

26. die medizinisch unterstützte Erzeugung menschlichen Lebens, die Untersuchung und die künstliche Veränderung von Erbinformationen sowie Regelungen zur Transplantation von Organen, Geweben und Zellen;

27. die Statusrechte und -pflichten der Beamten der Länder, Gemeinden und anderen Körperschaften des öffentlichen Rechts sowie der Richter in den Ländern mit Ausnahme der Laufbahnen, Besoldung und Versorgung;

28. das Jagdwesen;

29. den Naturschutz und die Landschaftspflege;

30. die Bodenverteilung;

31. die Raumordnung;

32. den Wasserhaushalt;

33. die Hochschulzulassung und die Hochschulabschlüsse.

Wieder folgt das GG dem Enumerationsprinzip (vgl. Vorbemerkung zu Art. 73). Naturschutz und Landschaftspflege sind nunmehr von der Rahmengesetzgebung, die aufgehoben worden ist (Art. 75), in die konkurrierende Gesetzgebung überführt, also haben beide, Bund und Länder die Möglichkeit, Gesetze zu erlassen. Verabschiedet der Bund auf diesem Gebiet ein Gesetz, können die Länder von der Abweichungsregel (s. Bemerkung zu Art. 72 Abs. 3) Gebrauch machen. Erlässt der Bund dann – etwa zur Umsetzung einer europäischen Richtlinie – ein neues Gesetz, geht dies dem Landesrecht vor, von dem wiederum die Länder im Rahmen der EU-Vorgaben abweichen können.

Um es aber noch ein wenig komplizierter zu machen, gibt es davon wieder Ausnahmen: Für die Grundsätze des Naturschutzes, das Recht des Arten- und Meeresnaturschutzes ist gem. Art. 72 Abs. 3 keine abweichende Landesgesetzgebung erlaubt.

Kritiker der neuen Verfassungsbestimmungen fürchten einen „Ping-Pong-Effekt", bei dem fortlaufend die Gesetzgebungskompetenz zwischen Bund und Ländern wechselt.

Gravierend ist für die Landesbeamten, dass nunmehr wieder die Länder für ihre Besoldung und Versorgung zuständig sind; der Bund ist nur noch für Statusrechte und -pflichten zuständig, wie etwa die Dienstpflicht ohne Streikrecht. – Einige Kritiker dieser Neuregelung fürchten einen Besoldungswettlauf „nach oben".

Beispiel: Sog. reiche Bundesländer wie Bayern und Baden-Württemberg werben von den „armen" Ländern wie Sachsen-Anhalt und Mecklenburg-Vorpommern qualifizierte Beamte ab. Genau das Gegenteil macht dem DGB und dem Beamtenbund Sorge, dass die Länder den Besoldungsspielraum zur Sanierung ihrer defizitären Haushalte nutzen könnten und einen Besoldungswettbewerb „nach unten" beginnen.

Als Folge dieser erweiterten Personalhoheit zu Gunsten der Länder könnte eine Zersplitterung im Besoldungs- und Versorgungsrecht eintreten, die in diesem Bereich zu 17 (16 Länder und Bund) unterschiedlichen Gesetzen führen kann.

Der Ladenschluss (Ziff. 11) wurde ausdrücklich aus der konkurrierenden Gesetzgebungszuständigkeit herausgenommen und ist damit reine Ländersache geworden. Die einzelnen Bundesländer werden unterschiedliche Ladenschlusszeiten festlegen, was zu einer weiteren, wenngleich in diesem Bereich relativ harmlosen Rechtszersplitterung im Bundesgebiet führt.

(2) Gesetze nach Absatz 1 Nr. 25 und 27 bedürfen der Zustimmung des Bundesrates.

Art. 74a [aufgehoben]

Art. 75 [aufgehoben]

Art. 76 [Gesetzesvorlagen]

Vorbemerkung: _____

Art. 76 regelt die *Gesetzesinitiative*, das ist das Recht, der Volksvertretung einen Gesetzesvorschlag zu unterbreiten, den diese beraten und beschließen muss. Der Beschluss kann auch in einer Ablehnung oder Abänderung bestehen.

Initiativrecht heißt, einen ausformulierten Gesetzesentwurf vorzulegen. Es darf nicht verlangt werden, dass dieser – falls er kostenträchtig ist – auch einen Deckungsvorschlag enthalten muss.

Gesetzesvorlagen sind von den *Rechtsverordnungen* i. S. von Art. 80 und sog. *schlichten Parlamentsbeschlüssen* ohne rechtliche Wirkung, z. B. Entschließungen und Erklärungen, zu unterscheiden.

(1) Gesetzesvorlagen werden beim Bundestage durch die Bundesregierung, aus der Mitte des Bundestages oder durch den Bundesrat eingebracht.

Der Kreis der Initiativberechtigten ist vollständig aufgezählt. Ein plebiszitäres Initiativrecht (= *Volksbegehren*) kennt das GG nicht.

In der politischen Praxis hat die Gesetzesinitiative der Bundesregierung die weitaus größte Bedeutung. Der Grund liegt darin, dass eine ausformulierte und beratungsreife Gesetzesvorlage normalerweise umfangreiche Vorarbeiten erfordert, die nur von einer weit gefächerten und qualifizierten Ministerialbürokratie geleistet werden kann. In ihr sind Sachwissen und Fachkenntnisse in allen Angelegenheiten der Staatsführung gebündelt, das unabhängig von der persönlichen und fachlichen Kompetenz der Ressortchefs existiert. Die *Ministerialbürokratie* stellt einen ruhenden Pol in der Flut des parteilichen und persönlichen Wechsels der Ministerämter dar. Nur so ist es möglich, dass auch ein fachfremder Minister sein Ministerium durchaus erfolgreich leiten kann, z. B. Verteidigungsminister, die selbst nie Soldaten waren.

Beispiel: Die Überleitungsgesetze für den Beitritt der früheren DDR zum Geltungsbereich des Grundgesetzes der Bundesrepublik Deutschland mit Hunderten von Einzelbestimmungen und weitverzweigten juristischen, ökonomischen und finanziellen Aspekten konnten auch von fachlich kompetenten Bundestagsabgeordneten nicht hinlänglich genug ausgearbeitet werden. Sie mussten daher als *Referentenentwürfe* im Regierungsapparat, vor allem des für die Vorlage „federführenden" Ministeriums, entwickelt werden.

Das Initiativrecht des Bundestages ist vornehmlich ein Instrument der Opposition. Aus „der Mitte des Bundestages" bedeutet nicht, dass der einzelne Abgeordnete eine Vorlage einbringen kann. Vielmehr müssen Bundestagsvorlagen nach der Geschäftsordnung des Deutschen Bundestages von einer Fraktion oder mindestens von fünf Prozent der Mitglieder des Hauses unterzeichnet sein.

Vom Bundesrat, als Vertretung der Länder, kommen vergleichsweise die wenigsten Vorlagen. Ihre Zahl hat aber in den letzten Jahren zugenommen.

Der zur Initiative Berechtigte kann verlangen, dass sich die gesetzgebende Körperschaft, also der Bundestag, mit der Vorlage „befasst". Bis zur Schlussabstimmung in der 3. Lesung kann er seine Vorlage jederzeit zurückziehen.

(2) Vorlagen der Bundesregierung sind zunächst dem Bundesrat zuzuleiten. Der Bundesrat ist berechtigt, innerhalb von sechs Wochen zu diesen Vorlagen Stellung zu nehmen. Verlangt er aus wichtigem Grunde, insbesondere mit Rücksicht auf den Umfang einer Vorlage, eine Fristverlängerung, so beträgt die Frist neun Wochen. Die Bundesregierung kann eine Vorlage, die sie bei der Zuleitung an den Bundesrat ausnahmsweise als besonders eilbedürftig bezeichnet hat, nach drei Wochen oder, wenn der Bundesrat ein Verlangen nach Satz 3 geäußert hat, nach sechs Wochen dem Bundestag zuleiten, auch wenn die Stellungnahme des Bundesrates noch nicht bei ihr eingegangen ist; sie hat die Stellungnahme des Bundesrates unverzüglich nach Eingang dem Bundestag nachzureichen. Bei Vorlagen zur Änderung dieses Grundgesetzes und zur Übertragung von Hoheitsrechten nach Artikel 23 oder Artikel 24 beträgt die Frist zur Stellungnahme neun Wochen; Satz 4 findet keine Anwendung.

Abs. 2 regelt das Verfahren, wenn – wie zumeist in der politischen Praxis – die Bundesregierung die Gesetzesinitiative ergreift. Der Bundesrat erhält zunächst die Vorlage (= 1. Durchgang), der binnen sechs – bei Eilbedürftigkeit drei – Wochen dazu Stellung nehmen kann, aber nicht muss. Gibt der Bundesrat seine Stellungnahme, die in einer Zustimmung, Ablehnung oder Abänderung bestehen kann, nicht oder verspätet ab, bleibt die Vorlage gültig und ist dem Bundestag nach Fristablauf zuzuleiten. Mit dieser Regelung soll verhindert werden, dass die Länderkammer eine Vorlage durch Nichtbefassung einfach blockiert.

Auch diese mit der Verfassungsreform von 1994 neu formulierte Bestimmung soll die Länderrechte verstärken. Deshalb kann der Bundesrat bei schwirigen Gesetzesvorlagen eine Fristverlängerung zur Stellungnahme auf neun Wochen verlangen.

Beispiel: Ein Gesetz zur (großen) Einkommensteuerreform wäre eine so komplexe und umfangreiche Materie, dass der Bundesrat eine Fristverlängerung verlangen könnte.

Bei Eilbedürftigkeit einer Vorlage verlängert sich die Frist zur Stellungnahme nur bis sechs Wochen. Damit soll eine – womöglich parteipolitisch motivierte – lange Verzögerung verhindert werden.

Bei verfassungsändernden Gesetzen sowie Gesetzen zur Übertragung von Hoheitsrechten, z. B. Verzicht auf die nationale Währungshoheit durch Einführung der *Europawährung*, bleibt es wegen der Bedeutung der Materie in jedem Fall bei einer Frist von neun Wochen.

Der Bundestag ist selbstverständlich an die Stellungnahme des Bundesrates nicht gebunden.

Bei seiner abschließenden Beratung (= 2. Durchgang) kann der Bundestag die Fassung des 1. Durchgangs verändern.

Vorlagen aus dem Bundestag werden erst nach der Beschlussfassung dem Bundesrat gem. Art. 77 Abs. 1 zugeleitet.

(3) Vorlagen des Bundesrates sind dem Bundestag durch die Bundesregierung innerhalb von sechs Wochen zuzuleiten. Sie soll hierbei ihre Auffassung darlegen. Verlangt sie aus wichtigem Grunde, insbesondere mit Rücksicht auf den Umfang einer Vorlage, eine Fristverlängerung, so beträgt die Frist neun Wochen. Wenn der Bundesrat eine Vorlage ausnahmsweise als besonders eilbedürftig bezeichnet hat, beträgt die Frist drei Wochen oder, wenn die Bundesregierung ein Verlangen nach Satz 3 geäußert hat, sechs Wochen. Bei Vorlagen zur Änderung dieses Grundgesetzes und zur Übertragung von Hoheitsrechten nach Artikel 23 oder Artikel 24 beträgt die Frist neun Wochen; Satz 4 findet keine Anwendung. Der Bundestag hat über die Vorlagen in angemessener Frist zu beraten und Beschluß zu fassen.

Abs. 3 regelt das Verfahren, wenn der Bundesrat die Gesetzesinitiative ergreift. Die Fristenbestimmungen gleichen denen des Abs. 2; vgl. Bemerkung dort. – Der letzte Satz dieses Abs. soll verhindern, dass der Bundestag Beratung und Beschlussfassung ungebührlich verzögert. Die „angemessene Frist" unterliegt natürlich einem großen Ermessensspielraum und richtet sich nach Bedeutung und Dringlichkeit der Vorlage.

Art. 77 [Gesetzgebungsverfahren]

Vorbemerkung:

Art. 77 regelt das Gesetzgebungsverfahren über die Beschlussfassung des Bundestages und die Mitwirkung des Bundesrates. Dabei wird zwischen zwei Gesetzesarten unterschieden:

1. Gesetze, die nur mit Zustimmung des Bundesrates zustande kommen können, sog. *Zustimmungsgesetze.*

2. Gesetze, die auch ohne Billigung durch den Bundesrat gültig werden, bei denen die Länderkammer lediglich einen aufhebbaren Einspruch einlegen kann, sog. *Einspruchsgesetze.*

Zustimmungsbedürftig sind Gesetze, welche die Interessenbereiche der Länder besonders stark berühren. Diese Bereiche sind im Grundgesetz vollständig aufgezählt (s. z. B. die Angelegenheiten der Art. 84 Abs. 1, Art. 85 Abs. 1, Art. 91a, Art. 105 Abs. 3, Art. 108 Abs. 2, Art. 115c Abs. 1), wobei Auslegungen erforderlich sind. Im Streitfall entscheidet das BVerfG. Am häufigsten sind Gesetze zustimmungsbedürftig aufgrund des Art. 84 Abs. 1 (Ausführung der Bundesgesetze).

Der wissenschaftliche Dienst des Bundestages kam zu dem Ergebnis, dass der Anteil der Zustimmungsgesetze – wenn die Föderalismusreform bereits gültig gewesen wäre – in den letzten beiden Wahlperioden (1998–2002 und 2002–2005) von 55,2 % auf 25,8 % bzw. von 51 % auf 24 % gefallen wäre. – Wenn dies auch für die laufende Legislaturperiode gelten würde, wäre ein Ziel der Föderalismusreform erreicht.

Gesetze, die zu ihrem Zustandekommen der Zustimmung des Bundesrates bedürfen, werden häufig auch „zustimmungspflichtige" Gesetze genannt. Der Ausdruck ist jedoch missverständlich, denn es gibt keine „Pflicht" des Bundesrates, einem Gesetz seine Zustimmung zu erteilen.

Ist nur ein Teil eines Gesetzes zustimmungsbedürftig, so gilt das gesamte Gesetz als Zustimmungsgesetz. Der Bundestag kann aber die Gesetzesmaterie teilen. Der erste Teil enthält z. B. die zustimmungsbedürftige Rechtsmaterie, der andere den Gesetzesteil, der auch ohne Bundesratszustimmung gültig werden kann.

(1) Die Bundesgesetze werden vom Bundestage beschlossen. Sie sind nach ihrer Annahme durch den Präsidenten des Bundestages unverzüglich dem Bundesrate zuzuleiten.

Abs. 1 bestimmt den Bundestag als den *eigentlichen Gesetzgeber*, der Bundesrat wirkt bei der Gesetzgebung nur mit (Art. 50). Die üblichen drei Lesungen des Gesetzes sind verfassungsrechtlich nicht erforderlich, sondern nur nach der *Geschäftsordnung des Bundestages* vorgeschrieben. Nach der Schlussabstimmung hat der Bundestagspräsident das Gesetz „unverzüglich", d. h. ohne schuldhaftes Zögern, dem Bundesrat zuzuleiten. Eine inhaltliche Änderung ist danach nicht mehr möglich. Lediglich Druckfehler oder offenkundig falsche Angaben, wie etwa der „31. April" können korrigiert werden.

Für einen Gesetzesbeschluss des Bundestages genügt im Regelfall – anders als etwa bei der Wahl des Bundeskanzlers – die Mehrheit der abgegebenen Stimmen (s. Bemerkung zu Art. 121). Eine qualifizierte Mehrheit ist nur in den Fällen der Art. 29 Abs. 7 und Art. 87 Abs. 3 sowie bei Verfassungsänderungen (Art. 79) erforderlich.

(2) Der Bundesrat kann binnen drei Wochen nach Eingang des Gesetzesbeschlusses verlangen, daß ein aus Mitgliedern des Bundestages und des Bundesrates für die gemeinsame Beratung von Vorlagen gebildeter Ausschuß einberufen wird. Die Zusammensetzung und das Verfahren dieses Ausschusses regelt eine Geschäftsordnung, die vom Bundestag beschlossen wird und der Zustimmung des Bundesrates bedarf. Die in diesen Ausschuß entsandten Mitglieder des Bundesrates sind nicht an Weisungen gebunden. Ist zu einem Gesetz die Zustimmung des Bundesrates erforderlich, so können auch der Bundestag und die Bundesregierung die Einberufung verlangen. Schlägt der Ausschuß eine Änderung des Gesetzesbeschlusses vor, so hat der Bundestag erneut Beschluß zu fassen.

Abs. 2 regelt das Vermittlungsverfahren über den *Vermittlungsausschuss*, der ein *Verfassungsorgan* ist, also nicht durch eine Geschäftsordnungsregelung ersetzt oder in seinen Kompetenzen beschnitten werden kann. Er bestand aus 32 Mitgliedern, die je zur Hälfte vom Bundestag und Bundesrat entsandt wurden. Um die Kompromissfähigkeit zu erhöhen, sind im Vermittlungsausschuss auch die Vertreter des Bundesrates nicht an Weisungen gebunden.

Dabei ist zwischen den beiden Gesetzesarten zu unterscheiden:

– Bei *Einspruchsgesetzen* kann nur der Bundesrat den Vermittlungsausschuss anrufen.

– Bei *Zustimmungsgesetzen* können außer dem Bundesrat auch Bundesregierung und Bundestag den Vermittlungsausschuss anrufen.

Das Anrufungsrecht kann während eines Gesetzesverfahrens nur einmal ausgeübt werden.

Der Grund für diese unterschiedlichen Regelungen ist einsichtig: Bei Einspruchsgesetzen vermag der Bundestag sich über das Votum des Bundesrates hinwegzusetzen. Der Bundesrat ist bei diesen Gesetzen der schwächere, sozusagen der schutzbedürftigere Teil, dem über den Vermittlungsausschuss die Chance gegeben werden soll, auch seine Vorstellungen in das Gesetz einzubringen.

Bei Zustimmungsgesetzen ist die Machtverteilung umgekehrt: Bundestag und Bundesregierung sind auf die Bundesratszustimmung angewiesen und sollen die Möglichkeit haben, über den Vermittlungsausschuss einen Kompromiss zu finden, damit der Bundesrat das Gesetz passieren lässt.

Jedes Organ, das den Vermittlungsausschuss anrufen kann, also Bundesrat, Bundestag und Bundesregierung, kann eine Änderung des Gesetzes fordern. Völlige Aufhebung kann nur der Bundesrat beantragen.

Das Vermittlungsverfahren kann folgenden Ausgang nehmen:

– Der Vermittlungsausschuss einigt sich auf eine Gesetzesänderung oder Aufhebung und der Bundestag stimmt nach einer einzigen Beratung über den Einigungsvorschlag ab. Dann ergeben sich zwei Möglichkeiten:

   1. Stimmt der Bundestag der Gesetzesänderung zu, geht die Vorlage an den Bundesrat zur erneuten Beschlussfassung. Billigt der Bundestag die Aufhebung, so ist das Gesetz endgültig gescheitert.

   2. Lehnt der Bundestag eine Änderung oder Aufhebung des ursprünglichen Gesetzesvorschlages ab, so geht das Gesetz wieder zur neuerlichen Beschlussfassung an den Bundesrat.

– Wenn der Vermittlungsausschuss sich nicht einigt oder das Gesetz bestätigt, wird der Bundestag damit nicht mehr befasst. Der Bundesrat hat nunmehr im Rahmen seiner Kompetenzen zu entscheiden. Diese hängen davon ab, ob das Gesetz zustimmungsbedürftig ist oder nicht. Bei Zustimmungsgesetzen kann der Bundesrat keinen Einspruch einlegen (s. Bemerkung Abs. 3), sondern außer der Anrufung des Vermittlungsausschusses nur zustimmen oder ablehnen.

Gab es zwischen 1972 und 1980 noch 181 Vermittlungsverfahren, so ist diese Zahl in der Zeit von 1983 bis 1990 auf 19 gesunken. Seit 1994 hat die Bedeutung des Vermittlungsausschusses wieder zugenommen, weil die Parteimehrheiten im Bundestag und Bundesrat jeweils gegeneinander standen.

(2a) Soweit zu einem Gesetz die Zustimmung des Bundesrates erforderlich ist, hat der Bundesrat, wenn ein Verlangen nach Absatz 2 Satz 1 nicht gestellt oder das Vermittlungsverfahren ohne einen Vorschlag zur Änderung des Gesetzesbeschlusses beendet ist, in angemessener Frist über die Zustimmung Beschluß zu fassen.

Mit dieser Bestimmung soll verhindert werden, dass der Bundesrat einfach durch *Nichtbefassung* das Gesetzgebungsverfahren blockiert. – Eine solche Gefahr besteht, wenn der Bundesrat in seiner Mehrheit parteilich anders zusammengesetzt ist als der Bundestag, wie dies z. B. in der 13. bis 15. Legislaturperiode möglich war bzw. ist, wenngleich jeweils mit anderen parteilichen Mehrheiten. Ein Bundesgesetz bedarf nur dann der Zustimmung des Bundesrates, wenn das GG dies ausdrücklich bestimmt. Häufigste Fälle sind die, bei denen die Länder die Bundesgesetze ausführen müssen (Art. 83). Zur „angemessenen Frist" s. Bemerkung zu Art. 76 Abs. 3 letzter Satz.

(3) Soweit zu einem Gesetze die Zustimmung des Bundesrates nicht erforderlich ist, kann der Bundesrat, wenn das Verfahren nach Abs. 2 beendigt ist, gegen ein vom Bundestage beschlossenes Gesetz binnen zwei Wochen Einspruch einlegen. Die Einspruchsfrist beginnt im Falle des Absatzes 2 letzter Satz mit dem Eingange des vom Bundestage erneut gefaßten Beschlusses, in allen anderen Fällen mit dem Eingange der Mitteilung des Vorsitzenden des in Absatz 2 vorgesehenen Ausschusses, daß das Verfahren vor dem Ausschusse abgeschlossen ist.

Abs. 3 regelt das Verfahren bei *Einspruchsgesetzen*. Nur wenn der Bundesrat zuvor den Vermittlungsausschuss angerufen hat, ist der Einspruch zulässig. Er braucht nicht begründet zu werden und muss innerhalb von 14 Tagen beim Bundestagspräsidenten vorgebracht werden.

Der Einspruch hat die rechtliche Wirkung eines aufschiebenden *Vetos*, d. h. das Gesetz kann zunächst nicht zustande kommen. Der Einspruch braucht nicht begründet zu werden. Er kann bis zur erneuten Beschlussfassung des Bundestages jederzeit zurückgenommen werden.

(4) Wird der Einspruch mit der Mehrheit der Stimmen des Bundesrates beschlossen, so kann er durch Beschluß der Mehrheit der Mitglieder des Bundestages zurückgewiesen werden. Hat der Bundesrat den Einspruch mit einer Mehrheit von mindestens zwei Dritteln seiner Stimmen beschlossen, so bedarf die Zurückweisung durch den Bundestag einer Mehrheit von zwei Dritteln, mindestens der Mehrheit der Mitglieder des Bundestages.

Der Bundestag hat die Möglichkeit, den Einspruch des Bundesrates zurückzuweisen. Dafür kann eine unterschiedliche qualifizierte Mehrheit erforderlich sein:

– Hat der Bundesrat den Einspruch mit einfacher Mehrheit beschlossen, so genügt zur Zurückweisung des Einspruches die Mehrheit der Mitglieder des Bundestages (= absolute Mehrheit).

– Unterstützen im Bundesrat mindestens zwei Drittel der Stimmen den Einspruch, benötigt der Bundestag zur Zurückweisung ebenso zwei Drittel seiner Stimmen, die aber mindestens der Mehrheit der Mitglieder entsprechen sollen.

Auf diese Weise soll verhindert werden, dass der Bundestag mit Zweidrittelmehrheit einen Einspruch zurückweist, obwohl bei der Abstimmung u. U. nicht einmal die Hälfte der Mitglieder anwesend waren. Der letzte Satz des Abs. 4 ist missverständlich. Er kann auch im Sinne einer Alternative interpretiert werden, bei der beide Möglichkeiten nebeneinander stehen. Der Einspruch könnte dann also mit der Zweitdrittelmehrheit der Anwesenden *oder* mit der absoluten Mehrheit zurückgewiesen werden. Zum Begriff der Mehrheit s. Erläuterungen zu Art. 121.

Weist der Bundestag den Einspruch nicht oder mit nicht ausreichender Mehrheit zurück, so ist das Gesetz endgültig gescheitert (zum Zustandekommen eines Gesetzes s. folgenden Art. 78).

Art. 78   [Zustandekommen der Gesetze]

Ein vom Bundestage beschlossenes Gesetz kommt zustande, wenn der Bundesrat zustimmt, den Antrag gemäß Artikel 77 Abs. 2 nicht stellt, innerhalb der Frist des Artikels 77 Abs. 3 keinen Einspruch einlegt oder ihn zurücknimmt oder wenn der Einspruch vom Bundestage überstimmt wird.

Das GG unterscheidet zwischen der *Verabschiedung* eines Gesetzes durch den Bundestag (Art. 77), dem *Zustandekommen* (Art. 78) und *Ausfertigung*, *Verkündung* und *In-Kraft-Treten* (Art. 82). Unabdingbare Voraussetzung für das Zustandekommen bis zum Inkrafttreten ist die Annahme des Gesetzes durch den Bundestag.

Für dieses Zustandekommen ist wiederum zu unterscheiden:

– Bei Zustimmungsgesetzen (zum Begriff s. Vorbemerkung zu Art. 77) ist die ausdrückliche Zustimmung des Bundestages erforderlich, das sog. *positive Votum.*

    Zustimmungsgesetze werden im *Bundesgesetzblatt* mit den einleitenden Worten veröffentlicht: „Der Bundestag hat mit Zustimmung des Bundesrates das folgende Gesetz beschlossen: …" Darin kommt das Mitentscheidungsrecht des Bundesrates zum Ausdruck.

– *Einspruchsgesetze* (zum Begriff s. Vorbemerkung zu Art. 77) kommen unter einer der folgenden Bedingungen zustande:

Der Bundesrat

stellt den Antrag auf Einberufung des Vermittlungsausschusses gem. Art. 77 Abs. 2 nicht oder zieht ihn zurück;

legt keinen fristgerechten Einspruch gem. Art. 77 Abs. 3 ein, er „schweigt" einfach;

zieht seinen Einspruch vor dem Bundestagsbeschluss nach Art. 77 Abs. 4 zurück;

wird vom Bundestag nach Art. 77 Abs. 4 mit ausreichender Mehrheit überstimmt; der Einspruch ist also zurückgewiesen.

Einspruchsgesetze werden im Bundesgesetzblatt mit der Schlussformel veröffentlicht: „Die verfassungsmäßigen Rechte des Bundesrates sind gewahrt." Damit wird das Mitwirkungsrecht des Bundesrates ausgedrückt.

In folgenden drei Fällen kommt ein Gesetz endgültig nicht zustande:

– Der Bundestag nimmt den Einigungsvorschlag des Vermittlungsausschusses zur Aufhebung des Gesetzesbeschlusses an.

– Nach Abschluss des Vermittlungsverfahrens verweigert der Bundesrat seine Zustimmung zu dem zustimmungsbedürftigen Gesetz.

– Der Bundestag weist den Einspruch des Bundesrates (Einspruchsgesetz) wegen fehlender Mehrheit nicht zurück.

Da der Grundsatz der *sachlichen Diskontinuität* (s. Bemerkung zu Art. 39 Abs. 1) für den Bundesrat nicht gilt, kann dieser seine Entscheidung auch noch nach dem Ende der Wahlperiode des Bundestages treffen.

Art. 79 [Änderung des Grundgesetzes]

Vorbemerkung:

Die *verfassungsgebende Gewalt* liegt beim Volk (s. Art. 146). Sie ist nicht an Art. 79 gebunden. Davon zu unterscheiden ist aber der *Verfassungsgesetzgeber*, der die gesetzgebende Gewalt zur *Verfassungsänderung* innehat. Seine Kompetenzen werden in Art. 79 inhaltlich bestimmt und begrenzt.

(1) Das Grundgesetz kann nur durch ein Gesetz geändert werden, das den Wortlaut des Grundgesetzes ausdrücklich ändert oder ergänzt. Bei völkerrechtlichen Verträgen, die eine Friedensregelung,

die Vorbereitung einer Friedensregelung oder den Abbau einer besatzungsrechtlichen Ordnung zum Gegenstand haben oder der Verteidigung der Bundesrepublik zu dienen bestimmt sind, genügt zur Klarstellung, daß die Bestimmungen des Grundgesetzes dem Abschluß und dem Inkraftsetzen der Verträge nicht entgegenstehen, eine Ergänzung des Wortlautes des Grundgesetzes, die sich auf diese Klarstellung beschränkt.

Von der Verfassungs*änderung* ist die (schleichende) Verfassungs*entwicklung* zu unterscheiden, die durch *Verfassungsauslegung* oder Verfassungs*wandel* bewirkt wird. Rasche politische Veränderungen, neue gesellschaftliche Probleme, unvorhersehbare Konflikte erheischen eine Fort- und Weiterentwicklung des Verfassungsrechts, ohne dass der Text der Verfassung geändert werden muss.

Verfassungswandel ist eine durch politischen und sozialen Wandel hervorgerufene Veränderung des inhaltlichen Verständnisses der Verfassung. Der Übergang zur (geänderten) *Verfassungsauslegung* ist fließend.

> **Beispiel:** Die Freiheitsrechte werden nicht mehr nur als die klassischen Abwehrrechte gegen Eingriffe, sondern als Anspruchsrechte gegen den Staat verstanden, z. B. die freie Wahl der Ausbildungsstätte nicht nur formal zu garantieren, sondern auch durch Bereitstellen von mehr Studienplätzen (vgl. Art. 12 Abs. 1) real zu ermöglichen.

Abs. 1 legt den Grundsatz fest: Keine Verfassungs*änderung* ohne Verfassungs*textänderung* oder *-ergänzung*.

Damit soll der in der Weimarer Republik üblichen Praxis der sog. *Verfassungsdurchbrechung* vorgebeugt werden. Damals wurden mit verfassungsändernden Mehrheiten Gesetze beschlossen, die gegen den gültigen Verfassungstext verstießen, ohne diesen zu verändern.

Eine Textänderung geschieht durch Hinzufügen und/oder Weglassen von Worten wie z. B. im zweiten Satz dieses Abs. 1. Er wurde 1954 eingefügt, nachdem *nachträglich* die Mehrheit des Bundestages zu der Überzeugung kam, dass die ratifizierten Verträge zur Europäischen Verteidigungsgemeinschaft (EVG) u. U. nicht verfassungskonform sein könnten. Der Gesetzgeber hat sich diese Konformität durch „Klarstellung" selbst beschafft, er hat sozusagen eine „authentische Interpretation" vorgenommen, wie der Völkerrechtsvertrag zu verstehen sei.

Praktische Auswirkung hat dieses Verfahren, bisher erst einmal angewandt, nicht gehabt, weil die EVG nur wenig später von der französischen Nationalversammlung abgelehnt wurde.

(2) Ein solches Gesetz bedarf der Zustimmung von zwei Dritteln der Mitglieder des Bundestages und zwei Dritteln der Stimmen des Bundesrates.

Ein verfassungsänderndes Gesetz ist selbstverständlich ein Zustimmungsgesetz im Sinne des Art. 77 Abs. 3. Die qualifizierte Mehrheit von zwei Dritteln des Bundestages und Bundesrates stellt eine Erschwerung von Grundgesetzänderungen dar, indem schwache oder zufällige Mehrheiten nicht rechtswirksam beschließen können.

Das GG ist in einem halben Jahrhundert mehrmals durch *verfassungsändernde Gesetze* geändert worden, die insgesamt über 250 Einzelbestimmungen betrafen. Auch wohlwollende Kritiker sind sich darin einig, dass dies dem GG weder inhaltlich noch sprachlich gut getan hat.

Sollte das BVerfG ein verfassungsänderndes Gesetz selbst als verfassungswidrig erklären (sog. verfassungswidriges Verfassungsrecht), so wäre dieses Gesetz nichtig. Aber alle bisher als Verstoß gegen Art. 79 beanstandeten verfassungsändernden Gesetze haben der Prüfung durch das BVerfG standgehalten.

(3) Eine Änderung dieses Grundgesetzes, durch welche die Gliederung des Bundes in Länder, die grundsätzliche Mitwirkung der Länder bei der Gesetzgebung oder die in den Artikeln 1 und 20 niedergelegten Grundsätze berührt werden, ist unzulässig.

Abs. 3 gibt die Schranken einer Verfassungsänderung an. Das Grundgesetz versucht sich mit dieser Bestimmung selbst zu schützen; Art. 79 Abs. 3 enthält eine Art „Ewigkeitsgarantie".

Zu den geschützten Teilen gehören:

– Das bundesstaatliche Prinzip mit der Gliederung des Bundesgebietes in Länder. Damit sind aber weder Zahl noch Grenzen der Bundesländer festgelegt; es müssen jedoch mindestens zwei sein.

– Die Mitwirkung der Länder bei der Bundesgesetzgebung. Der Umfang dieser Mitwirkung ist nicht garantiert.

– Die in Artikel 1 bis 20 niedergelegten Grundsätze (s. auch Art. 19 Abs. 2).

Als Konsequenz des Sinngehalts von Abs. 3 des Art. 79 folgt, dass dieser selbst auch nicht durch ein verfassungsänderndes Gesetz aufgehoben werden darf. Nur das deutsche Volk selbst als souveräner *Verfassungsgeber*, von dem „alle Staatsgewalt ausgeht" (Art. 20 Abs. 2), wäre in seiner Entscheidung frei; vgl. Art. 146.

Art. 80 [Erlass von Rechtsverordnungen]

Vorbemerkung: _____

Rechtsverordnung (= Verordnung) ist ein Rechtssatz, der von der *Exekutive*, also einer Regierung, einem Ministerium oder einer Verwaltungsbehörde, auf Grund einer gesetzlichen Ermächtigung erlassen wird. Eine Rechtsverordnung dient der Entlastung des Parlaments, das angesichts der ständig wachsenden und sich wandelnden Komplexität der gesellschaftlichen Vorgänge nicht alle Einzelheiten regeln kann. Eine Rechtsverordnung ist formell einem Gesetz nicht ranggleich, sie steht unter ihm; in Inhalt und Wirkung aber ist sie wie ein Gesetz. Sie ist in der Staatspraxis die Regel und nicht die Ausnahme der staatlichen Rechtssetzung, denn die Zahl der Rechtsverordnungen des Bundes übertrifft die Zahl der Bundesgesetze um das Zwei- bis Dreifache (s. Beispiel in Abs. 1).

(1) Durch Gesetz können die Bundesregierung, ein Bundesminister oder die Landesregierungen ermächtigt werden, Rechtsverordnungen zu erlassen. Dabei müssen Inhalt, Zweck und Ausmaß der erteilten Ermächtigung im Gesetze bestimmt werden. Die Rechtsgrundlage ist in der Verordnung anzugeben. Ist durch Gesetz vorgesehen, daß eine Ermächtigung weiter übertragen werden kann, so bedarf es zur Übertragung der Ermächtigung einer Rechtsverordnung.

Die Ermächtigung darf nur der Bundesregierung, einem Bundesminister, z. B. für die Straßenverkehrs-Ordnung (StVO) dem Bundesminister für Verkehr, (auch mehreren Ministern gemeinsam) und den Länderregierungen gegeben werden.

Das Gesetz kann aber eine Übertragung, z. B. an eine obere Bundesbehörde wie etwa das Bundesumweltamt in Berlin, zulassen. Diese sog. *Subdelegation* muss durch eine Rechtsverordnung des dazu gesetzlich Ermächtigten wie des Bundesministers für Umwelt, Naturschutz und Reaktorsicherheit vorgenommen werden.

Das Gesetz, mit dem eine Ermächtigung zugelassen wird, muss folgende Merkmale aufweisen:

– Inhaltsbestimmung: Welche Fragen sollen in der Rechtsverordnung geregelt werden?

– Ausmaßbestimmung: Wo liegen die Grenzen für den der Verwaltung gegebenen Ermessensspielraum?

– Zweckbestimmung: Welches Ziel soll mit der Rechtsverordnung verfolgt werden?

Jede Rechtsverordnung muss die gesetzliche Grundlage angeben, auf die sie sich stützt (s. auch Bemerkung zu Art. 20 Abs. 3).

> **Beispiel:** Nach § 26 des Straßenverkehrsgesetzes (StVG) erlässt der Bundesminister für Verkehr „durch Rechtsverordnung … Vorschriften über Regelsätze für Geldbußen wegen einer Ordnungswidrigkeit …". Die weit bekanntere Straßenverkehrs-Ordnung (StVO) ist eine Rechtsverordnung, die aufgrund des StVG erlassen wurde. In ihr sind die Ordnungswidrigkeiten aufgelistet.

(2) Der Zustimmung des Bundesrates bedürfen, vorbehaltlich anderweitiger bundesgesetzlicher Regelung, Rechtsverordnungen der Bundesregierung oder eines Bundesministers über Grundsätze und Gebühren für die Benutzung der Einrichtungen des Postwesens und der Telekommunikation, über die Grundsätze der Erhebung des Entgelts für die Benutzung der Einrichtungen der Eisenbahnen des Bundes, über den Bau und Betrieb der Eisenbahnen, sowie Rechtsverordnungen auf Grund von Bundesgesetzen, die der Zustimmung des Bundesrates bedürfen oder die von den Ländern im Auftrage des Bundes oder als eigene Angelegenheit ausgeführt werden.

Die Zahl der Zustimmungsgesetze (s. Vorbemerkung zu Art. 77) hat erheblich zugenommen. Da die Bundesgesetze überwiegend von den Ländern ausgeführt werden, bedarf es auch der Zustimmung des Bundesrates bei Rechtsverordnungen zu solchen Gesetzen. Die überwiegende Zahl der zustimmungsbedürftigen Rechtsverordnungen bezieht sich auf diesen Bereich, wie z. B. die o. a. Straßenverkehrsordnung, die „mit Zustimmung des Bundesrates" vom Bundesverkehrsminister erlassen wurde.

(3) Der Bundesrat kann der Bundesregierung Vorlagen für den Erlaß von Rechtsverordnungen zuleiten, die seiner Zustimmung bedürfen.

Mit dieser Bestimmung hat auch der Bundesrat ein Recht erhalten, Rechtsverordnungen vorzuschlagen. Das Recht beschränkt sich aber auf solche Verordnungen, die seiner Zustimmung gemäß Abs. 2 dieses Artikels bedürfen.

(4) Soweit durch Bundesgesetz oder auf Grund von Bundesgesetzen Landesregierungen ermächtigt werden, Rechtsverordnungen zu erlassen, sind die Länder zu einer Regelung auch durch Gesetz befugt.

Mit dieser durch die Verfassungsreform von 1994 eingeführten Vorschrift erhalten die Länder bei Vorliegen der in Abs. 2 genannten Voraussetzung ein Wahlrecht, ob sie eine Materie lediglich durch eine Verordnung oder durch ein (im Range höher stehendes) Gesetz regeln wollen.

Art. 80a [Spannungsfall]

Vorbemerkung: _____

Art. 80a trifft Vorkehrungen für eine erhöhte *Verteidigungsbereitschaft* und bezieht sich auf den *äußeren Notstand* im Gegensatz zum *inneren Notstand* (Art. 91). Im Gegensatz zum Verteidigungsfall (zum Begriff s. Art. 115a) ist der *Spannungsfall* im GG nicht definiert. Generell kann er als eine Situation beschrieben werden, in der eine erhebliche Gefahr für einen von außen geführten Angriff auf das Bundesgebiet besteht. Er kann auch als Vorstufe des *Verteidigungsfalls* betrachtet werden.

(1) Ist in diesem Grundgesetz oder in einem Bundesgesetz über die Verteidigung einschließlich des Schutzes der Zivilbevölkerung bestimmt, daß Rechtsvorschriften nur nach Maßgabe dieses Artikels angewandt werden dürfen, so ist die Anwendung außer im Verteidigungsfalle nur zulässig, wenn der Bundestag den Eintritt des Spannungsfalles festgestellt oder wenn er der Anwendung besonders zugestimmt hat. Die Feststellung des Spannungsfalles und die besondere Zustimmung in den Fällen des Artikels 12a Abs. 5 Satz 1 und Abs. 6 Satz 2 bedürfen einer Mehrheit von zwei Dritteln der abgegebenen Stimmen.

Art. 80a Abs. 1 regelt zwei Tatbestände:

1. Den *Spannungsfall*, der vom Bundestag ausdrücklich „festgestellt" werden muss. Erst nach einem Beschluss, dass der Spannungsfall eingetreten ist, können z. B. die Vorschriften der Art. 12a Abs. 4 und Art. 87a Abs. 3 angewandt werden. Der Spannungsfall ist bisher vom Deutschen Bundestag noch nie „festgestellt" worden.

2. Der sog. *Zustimmungsfall*, bei dem der Bundestag – ohne den Spannungsfall auszurufen – der Anwendung einzelner Vorschriften vorher zustimmt. Auch dieser Fall ist bisher nicht eingetreten.

(2) Maßnahmen auf Grund von Rechtsvorschriften nach Absatz 1 sind aufzuheben, wenn der Bundestag es verlangt.

Im Gegensatz zur erforderlichen qualifizierten Beschlussmehrheit über den Eintritt des Spannungsfalles bedarf es zur Aufhebung aller Maßnahmen, die im Zusammenhang mit dem *Spannungsfall* oder *Zustimmungsfall* getroffen wurden, nur der einfachen Mehrheit der im Bundestag abgegebenen Stimmen.

(3) Abweichend von Absatz 1 ist die Anwendung solcher Rechtsvorschriften auch auf der Grundlage und nach Maßgabe eines Beschlus-

ses zulässig, der von einem internationalen Organ im Rahmen eines Bündnisvertrages mit Zustimmung der Bundesregierung gefaßt wird. Maßnahmen nach diesem Absatz sind aufzuheben, wenn der Bundestag es mit der Mehrheit seiner Mitglieder verlangt.

Abs. 3 enthält die sog. *NATO-Klausel*. Auch wenn der Bundestag den Spannungsfall nicht „festgestellt" oder seine Zustimmung zur Anwendung des Art. 80a (noch) nicht gegeben hat, kann z. B. die Mobilmachung durch den NATO-Rat angeordnet werden. Der Sinn des Art. 80a liegt darin, jeden Zweifel an der Bündnistreue der Bundesrepublik Deutschland auszuschließen. Im Verteidigungsfall (Art. 115a) kann Art. 80a sofort angewandt werden.

Der Art. 80a Abs. 3 bezieht sich auf den *Bündnisfall*. Er kann vom NATO-Rat nur einstimmig beschlossen werden und bedarf deshalb auch der Zustimmung des deutschen Vertreters. Der Bundestag wird vor einem solchen Beschluss sicherlich – sofern dafür Zeit verbleibt – „gehört" werden, er wird also in einer Plenarsitzung über den möglichen Bündnisfall debattieren. Nach überwiegender Rechtsauffassung kann der Bundestag aber über den Eintritt des Bündnisfalles – im Gegensatz zum Spannungs- und Verteidigungsfall – weder einen zustimmenden noch ablehnenden Beschluss mit rechtlicher Wirkung fassen. – Vgl. Bemerkungen zu Art. 87a Abs. 2.

Erstmals in der Geschichte der NATO stellte der NATO-Rat am 12. September 2001, einen Tag nach den Anschlägen auf das *World Trade Center* in New York, einstimmig den Verteidigungsfall gem. Art. 5 des NATO-Bündnisvertrages fest (*Bündnisfall*).

Ein *Bündnisfall* liegt nicht vor, wenn Streitkräfte, die dem NATO-Kommando unterstehen, in die Gebiete anderer Mitgliedstaaten der NATO verlegt werden, die nicht oder noch nicht einem militärischen Angriff ausgesetzt sind.

Beispiel: Teile der Bundesluftwaffe werden auf Flugplätzen in der Türkei stationiert, um einen möglichen Aggressor abzuschrecken.

Siehe auch Kommentierung zu Art. 115a Abs. 1.

Art. 81 [Gesetzgebungsnotstand]

(1) Wird im Falle des Artikels 68 der Bundestag nicht aufgelöst, so kann der Bundespräsident auf Antrag der Bundesregierung mit Zustimmung des Bundesrates für eine Gesetzesvorlage den Gesetzgebungsnotstand erklären, wenn der Bundestag sie ablehnt, obwohl die Bundesregierung sie als dringlich bezeichnet hat. Das gleiche gilt, wenn eine Gesetzesvorlage abgelehnt worden ist, obwohl der Bundeskanzler mit ihr den Antrag des Artikels 68 verbunden hatte.

(2) Lehnt der Bundestag die Gesetzesvorlage nach Erklärung des Gesetzgebungsnotstandes erneut ab oder nimmt er sie in einer für die Bundesregierung als unannehmbar bezeichneten Fassung an, so gilt das Gesetz als zustande gekommen, soweit der Bundesrat ihm zustimmt. Das gleiche gilt, wenn die Vorlage vom Bundestage nicht innerhalb von vier Wochen nach der erneuten Einbringung verabschiedet wird.

(3) Während der Amtszeit eines Bundeskanzlers kann auch jede andere vom Bundestage abgelehnte Gesetzesvorlage innerhalb einer Frist von sechs Monaten nach der ersten Erklärung des Gesetzgebungsnotstandes gemäß Absatz 1 und 2 verabschiedet werden. Nach Ablauf der Frist ist während der Amtszeit des gleichen Bundeskanzlers eine weitere Erklärung des Gesetzgebungsnotstandes unzulässig.

(4) Das Grundgesetz darf durch ein Gesetz, das nach Absatz 2 zustande kommt, weder geändert noch ganz oder teilweise außer Kraft oder außer Anwendung gesetzt werden.

Ein *Gesetzgebungsnotstand* ist eine politische Krisensituation, in der das normale gesetzgeberische Verfahren nicht oder nur mit nicht verantwortbarer Verzögerung in Gang gesetzt werden kann. Der Gesetzgebungsnotstand darf nicht mit der *Notstandsgesetzgebung* zur Schaffung einer *Notstandsverfassung* (zum Begriff s. Vorbemerkung zu Art. 91) verwechselt werden. Gem. Art. 81 müssen für ihn alle der folgenden Voraussetzungen nacheinander vorliegen:

1. Die Vertrauensfrage gem. Art. 68 ist verneint worden.

2. Der Bundeskanzler amtiert weiter.

3. Der Bundestag ist vom Bundespräsidenten nicht aufgelöst worden.

4. Der Bundestag hat eine von der Bundesregierung als dringlich bezeichnete Gesetzesvorlage abgelehnt.

Der Fall des Gesetzgebungsnotstandes ist bisher nicht eingetreten.

Art. 82 [Verkündung, Inkrafttreten]

Vorbemerkung:

Art. 82 bestimmt die letzten Verfahrensschritte des Gesetzgebungsweges. Sie bestehen in Ausfertigung, Gegenzeichnung, Verkündung und dem In-Kraft-Treten.

**(1) Die nach den Vorschriften dieses Grundgesetzes zustande ge-
kommenen Gesetze werden vom Bundespräsidenten nach Gegenzeichnung ausgefertigt und im Bundesgesetzblatte verkündet.
Rechtsverordnungen werden von der Stelle, die sie erläßt, ausgefertigt und vorbehaltlich anderweitiger gesetzlicher Regelung im Bundesgesetzblatte verkündet.**

Ausfertigung ist die Erstellung der Urschrift der Gesetzesurkunde, die
mit dem vom Bundestag (ggf. auch Bundesrat) beschlossenen Gesetzes-
text übereinstimmen muss. Lediglich Druckfehler und offenbare Unrich-
tigkeiten, z. B. Verwechslung der Namen von Bundesländern, dürfen
korrigiert werden. Der Bundespräsident hat innerhalb einer angemessenen Frist diese Urkunde mit vollem Namen zu unterzeichnen und zu ver-
künden.

Umstritten ist, wie weit sein Recht reicht, zu prüfen, ob das Gesetz verfassungskonform ist. Aus Satz 1 des Abs. 1 kann gefolgert werden, dass er auf
jeden Fall ein formelles Prüfungsrecht hat, ob das Gesetz „nach den Vorschriften dieses Grundgesetzes zustande gekommen" ist. Generell kann
der Bundespräsident aber nicht gezwungen werden, ein verfassungswidriges Gesetz zu unterzeichnen. Also hat er ein Verweigerungsrecht, wenn für
ihn „offenkundig und zweifelsfrei" ist, dass das ihm vorgelegte Gesetz formell und/oder inhaltlich im Widerspruch zum GG steht.

> **Beispiel:** Im Januar 1991 weigerte sich Bundespräsident Richard
> von Weizsäcker, ein vom Bundestag und Bundesrat beschlossenes
> Gesetz zur Privatisierung der Flugsicherung zu unterzeichnen. Er sah in
> diesem Gesetz einen Grundgesetzverstoß, weil nach Art. 87d (s. dort)
> die Luftverkehrsverwaltung „in bundeseigener Verwaltung geführt"
> wird.

Falls gesetzgebende Körperschaften und der Bundespräsident keine Einigung darüber erzielen können, ob ein beschlossenes Gesetz mit der Verfassung vereinbar ist, muss das BVerfG gem. Art. 93 Abs. 1 (s. Bemerkungen
dort) entscheiden.

Die *Gegenzeichnung* durch den Bundeskanzler und den fachlich zuständigen Bundesminister kann vor oder nach der Ausfertigung erfolgen, also
auch nach der Unterzeichnung durch den Bundespräsidenten.

Die *Verkündung* des Gesetzes ist die Veröffentlichung des vollständigen
Gesetzestextes im Bundesgesetzblatt (BGBl.). Damit ist das Gesetz rechtlich
gültig, aber noch nicht wirksam. Es ist nicht erforderlich, dass ein Gesetz der
Öffentlichkeit auch tatsächlich „bekannt" wird, was bei der Fülle der
Gesetze auch kaum möglich ist. Es genügt, dass jedermann die Möglichkeit
hat, „Zugang" zum Text des Gesetzes zu finden.

(2) Jedes Gesetz und jede Rechtsverordnung soll den Tag des Inkrafttretens bestimmen. Fehlt eine solche Bestimmung, so treten sie mit dem 14. Tage nach Ablauf des Tages in Kraft, an dem das Bundesgesetzblatt ausgegeben worden ist.

Erst mit dem *In-Kraft-Treten* wird das Gesetz rechtsverbindlich wirksam. Der Tag dafür wird i. d. R. kalendermäßig bestimmt, das Gesetz ist dann ab 0:00 Uhr in Kraft. Für den Zeitpunkt des In-Kraft-Tretens kann auch der Eintritt eines bestimmten Ereignisses gewählt werden.

Für völkerrechtliche Verträge gilt in der Regel, dass sie rechtlich erst wirksam werden, wenn die *Ratifikationsurkunde* am Regierungssitz eines der beteiligten Staaten hinterlegt wird, z. B. Berlin. – Zur Ratifikation s. auch Kommentierung zu Art. 59 Abs. 1.

Die Ausführung der Bundesgesetze und die Bundesverwaltung

VIII

Art. 83 Grundsatz:
         landeseigene Verwaltung 210
Art. 84 Bundesaufsicht bei
         landeseigener Verwaltung 211
Art. 85 Landesverwaltung im
         Bundesauftrag 213
Art. 86 Bundeseigene Verwaltung 214
Art. 87 Gegenstände der
         Bundeseigenverwaltung 215
Art. 87a Streitkräfte und ihr Einsatz 216
Art. 87b Bundeswehrverwaltung 219
Art. 87c Auftragsverwaltung im
          Kernenergiebereich 220
Art. 87d Luftverkehrsverwaltung 220
Art. 87e Verwaltung Eisenbahnen 221
Art. 87f Dienstleistungsgewähr Post,
          Telekommunikation 222
Art. 88 Bundesbank 223
Art. 89 Bundeswasserstraßen 224
Art. 90 Bundesstraßen 225
Art. 91 Abwehr drohender Gefahr 225

VIII. Die Ausführung der Bundesgesetze und die Bundesverwaltung

Vorbemerkungen: _____

Abschnitt VIII regelt den Vollzug der Bundesgesetze und die Bundesverwaltung. Unter „Bundesgesetze" sind nicht nur die Gesetze im formellen Sinne zu verstehen, sondern dazu gehört das gesamte Bundesrecht, also auch Rechtsverordnungen des Bundes. Verordnungen des *Gemeinschaftsrechts*, z. B. der EU, werden ebenfalls wie Bundesrecht behandelt. „Ausführung" ist die Umsetzung der Gesetzesbestimmung in die Lebenswirklichkeit.

Beispiel: Das Umsatzsteuergesetz legt die Höhe der vom Steuerpflichtigen zu entrichtenden Mehrwertsteuer fest. Die Verwaltung treibt notfalls durch Zwangsvollstreckung die Steuer ein.

Die ländereigenen Gesetze, z. B. die Schulgesetze, führen die Bundesländer selbstverständlich als eigene Angelegenheit aus, der gesamte Abschnitt bezieht sich also nur auf Bundesgesetze.

Eine grundgesetzliche Regelung, wer EU-Verordnungen ausführt, fehlt bis jetzt. Soweit diese unmittelbare Wirkung haben, werden die Art. 30 und 83 sinngemäß angewandt.

Die öffentliche Verwaltung in Bund und Ländern kann durch staatliche Behörden oder durch juristische Personen des öffentlichen Rechts ausgeübt werden.

Art. 83 [Grundsatz: landeseigene Verwaltung]

Die Länder führen die Bundesgesetze als eigene Angelegenheit aus, soweit dieses Grundgesetz nichts anderes bestimmt oder zuläßt.

Getreu der deutschen bundesstaatlichen Tradition liegt das Schwergewicht der Gesetzesausführung bei den Ländern. Die Verwaltungskompetenz gleicht nicht der Gesetzgebungskompetenz, d. h. selbst Gesetze aus dem Bereich der ausschließlichen Gesetzgebung (Art. 73), z. B. zum Passwesen, werden von den Ländern exekutiert (= ausgeführt). Lapidar und verkürzend gilt als Grundsatz: Die Länder exekutieren (ausführen) das Bundesrecht. Der *Föderalismus* der Bundesrepublik Deutschland ist also primär ein *Exekutiv*-Föderalismus und nur sehr abgeschwächt ein Föderalismus der Gesetzgebung (s. Art. 73 f).

Art. 83 spricht eine Zuständigkeitsvermutung zu Gunsten der Länder aus, d. h. nur wenn das GG ausdrücklich etwas anderes vorsieht oder erlaubt, wird Bundesrecht in *Auftragsverwaltung* (Art. 85) oder bundeseigener Verwaltung (Art. 86) ausgeführt. Die äußerste Grenze für jede Art von Einflussnahme des Bundes auf die Verwaltung der Länder ist der Zuständigkeitsbereich des Bundes für die Gesetzgebung (Art. 71 u. 72).

Der Begriff „eigene Angelegenheit" besagt, dass die Länder sachlich und personell alles zu stellen haben, was zur Ausführung des Bundesgesetzes erforderlich ist, also z. B. Einrichtung von Notaufnahmelagern für Asylbewerber. Die Länderverwaltungen unterstehen nicht der Bundesverwaltung, aber sie haben nicht nur das Recht, sondern auch die Pflicht, die Bundesgesetze zu vollziehen.

Art. 84 [Bundesaufsicht bei landeseigener Verwaltung]

Vorbemerkung:

Art. 84 regelt die erste Form, wie Bundesgesetze ausgeführt werden können: In landeseigener Verwaltung (die beiden übrigen Verwaltungstypen s. Art. 85 u. 86). Mit Art. 84 soll sichergestellt werden, dass trotz der voneinander getrennten, ländereigenen Verwaltungen die Vollzugspraxis der Bundesgesetze im gesamten Bundesgebiet einheitlich gehandhabt wird.

(1)* Führen die Länder die Bundesgesetze als eigene Angelegenheit aus, so regeln sie die Einrichtung der Behörden und das Verwaltungsverfahren. Wenn Bundesgesetze etwas anderes bestimmen, können die Länder davon abweichende Regelungen treffen. Hat ein Land eine abweichende Regelung nach Satz 2 getroffen, treten in diesem Land hierauf bezogene spätere bundesgesetzliche Regelungen der Einrichtung der Behörden und des Verwaltungsverfahrens frühestens sechs Monate nach ihrer Verkündung in Kraft, soweit nicht mit Zustimmung des Bundesrates anderes bestimmt ist. Artikel 72 Abs. 3 Satz 3 gilt entsprechend. In Ausnahmefällen kann der Bund wegen eines besonderen Bedürfnisses nach bundeseinheitlicher Regelung das Verwaltungsverfahren ohne Abweichungsmöglichkeit für die Länder regeln. Diese Gesetze bedürfen der Zustimmung des Bundesrates. Durch Bundesgesetz dürfen Gemeinden und Gemeindeverbänden Aufgaben nicht übertragen werden.

Wie schon bisher führen die Länder die Bundesgesetze aus; neu ist, dass sie nunmehr gem. der Abweichungsregel (vgl. Art. 72 Abs. 3) andere Regeln als die in den Bundesgesetzen enthaltenen aufstellen können.

(2) Die Bundesregierung kann mit Zustimmung des Bundesrates allgemeine Verwaltungsvorschriften erlassen.

Verwaltungsvorschriften sind amtliche Regeln zur Gesetzesauslegung.

> **Beispiel:** Die Straßenverkehrsordnung stellt eine Trunkenheitsfahrt unter Strafe. Die Polizei der Länder kontrolliert die Einhaltung der StVO. Bundeseinheitliche Verwaltungsvorschriften, z. B. die Promillegrenze der absoluten Fahruntüchtigkeit, sollen garantieren, dass in einer süddeutschen „Bierstadt" keine anderen Trunkenheitskriterien gelten als in einem Weindorf der Pfalz. Diese Kriterien sind kein Eingriff in den richterlichen Ermessensspielraum zur Festsetzung des Strafmaßes.

(3) Die Bundesregierung übt die Aufsicht darüber aus, daß die Länder die Bundesgesetze dem geltenden Rechte gemäß ausführen. Die Bundesregierung kann zu diesem Zwecke Beauftragte zu den obersten Landesbehörden entsenden, mit deren Zustimmung und, falls diese Zustimmung versagt wird, mit Zustimmung des Bundesrates auch zu den nachgeordneten Behörden.

„Aufsicht" heißt hier *Rechtsaufsicht*, nicht Zweckmäßigkeitskontrolle. Ein ggf. von der Bundesregierung entsandter Beauftragter kann sich unterrichten, beobachten und den Länderbeamten nötigenfalls raten, ein Weisungsrecht hat er jedoch nicht. Der Schutz der Länder gegen eine missbräuchliche Anwendung des Prüfungsrechts ist durch die erforderliche Bundesratszustimmung gegeben.

> **Beispiel:** Der Bund kann prüfen lassen, ob eine Oberfinanzdirektion die bundeseinheitlichen Steuern entsprechend dem Bundesrecht vereinnahmt. Er kann aber nicht förmlich kritisieren oder gar eingreifen, wenn die Finanzbehörde mit einem unnötigen bürokratischen Aufwand arbeitet.

(4) Werden Mängel, die die Bundesregierung bei der Ausführung der Bundesgesetze in den Ländern festgestellt hat, nicht beseitigt, so beschließt auf Antrag der Bundesregierung oder des Landes der Bundesrat, ob das Land das Recht verletzt hat. Gegen den Beschluß des Bundesrates kann das Bundesverfassungsgericht angerufen werden.

Falls bei einer solchen *Bundesaufsicht* i. S. des Abs. 3 Mängel in der Durchführung eines Bundesgesetzes festgestellt werden, sog. *Mängelrüge*, hat der Bundesrat auf Antrag der Bundesregierung darüber zu entscheiden, ob eine Rechtsverletzung vorliegt. Beseitigt das Land einen vom Bundesrat festgestellten Rechtsmangel, ist die Bundesaufsicht beendet. Andernfalls liegt eine Voraussetzung vor, den *Bundeszwang* gem. Art. 37 anzuwenden. Verneint der Bundesrat einen Mangel, entscheidet ggf. das BVerfG.

(5) Der Bundesregierung kann durch Bundesgesetz, das der Zustimmung des Bundesrates bedarf, zur Ausführung von Bundesgesetzen die Befugnis verliehen werden, für besondere Fälle Einzelweisungen zu erteilen. Sie sind, außer wenn die Bundesregierung den Fall für dringlich erachtet, an die obersten Landesbehörden zu richten.

Abs. 5 stellt eine Ausnahmeregelung dar. Mit derartigen Einzelanweisungen ist dem Bund das schärfste Instrument zur direkten Einflussnahme auf die Länderverwaltung bei der Ausführung von Bundesgesetzen gegeben. Praktische Bedeutung hat diese Verfassungsbestimmung bisher nicht gehabt.

Art. 85 [Landesverwaltung im Bundesauftrag]

Vorbemerkung:

> Die *Bundesauftragsverwaltung* ist der zweite Verwaltungstyp zur Ausführung von Bundesgesetzen (erster Typ s. Art. 84). Sie ist entweder von der Verfassung zwingend vorgeschrieben (obligatorisch) oder *kann* vom Bund eingerichtet werden (fakultativ).
>
> Das GG schreibt die bundeseigene Auftragsverwaltung in folgenden Fällen vor: Art. 90 Abs. 2; Art. 104a Abs. 3; Art. 108 Abs. 3.
>
> Der Ausdruck „Bundesauftragsverwaltung" ist sprachlich missverständlich, denn es handelt sich um eine Form der Länderverwaltung (einschl. Gemeinden) und nicht um eine Bundesverwaltung.
>
> In folgenden Fällen hat das GG die Verwaltung im Auftrag des Bundes „zugelassen": Art. 87b Abs. 2; Art. 87c; Art. 87d Abs. 2; Art. 89 Abs. 2; Art. 120a. Diese Aufzählung ist vollständig; weitere Auftragsverwaltungen könnten nur durch Verfassungsänderung eingerichtet werden.

(1)* Führen die Länder die Bundesgesetze im Auftrage des Bundes aus, so bleibt die Einrichtung der Behörden Angelegenheit der Länder, soweit nicht Bundesgesetze mit Zustimmung des Bundesrates etwas anderes bestimmen. Durch Bundesgesetz dürfen Gemeinden und Gemeindeverbänden Aufgaben nicht übertragen werden.

Neu ist, dass ausdrücklich ausgeschlossen wird, dass der Bund direkt Aufgaben auf die Gemeinden überträgt. Solche Aufgabendelegation ist Sache der Länder.

(2) Die Bundesregierung kann mit Zustimmung des Bundesrates allgemeine Verwaltungsvorschriften erlassen. Sie kann die einheitliche Ausbildung der Beamten und Angestellten regeln. Die Leiter der Mittelbehörden sind mit ihrem Einvernehmen zu bestellen.

Satz 1 des Abs. 2 ist im Kern deckungsgleich mit Abs. 2 des Art. 84. Satz 2 gibt dem Bund die Möglichkeit, Ausbildungsvorschriften, z. B. zur Inspektorenlaufbahn, zu erlassen.

„Mittelbehörden" sind Landesbehörden, die weder Unterbehörden noch oberste Behörden sind, z. B. das Regierungspräsidium.

(3) Die Landesbehörden unterstehen den Weisungen der zuständigen obersten Bundesbehörden. Die Weisungen sind, außer wenn die Bundesregierung es für dringlich erachtet, an die obersten Landesbehörden zu richten. Der Vollzug der Weisung ist durch die obersten Landesbehörden sicherzustellen.

Oberste Bundesbehörden sind solche, die keiner anderen Bundesbehörde unterstehen, wie z. B. die Bundesministerien. Das Weisungsrecht schließt hier auch das Recht ein, Anordnungen aus Gründen der Zweckmäßigkeit und etwa der Sparsamkeit zu erteilen.

(4) Die Bundesaufsicht erstreckt sich auf Gesetzmäßigkeit und Zweckmäßigkeit der Ausführung. Die Bundesregierung kann zu diesem Zwecke Bericht und Vorlage der Akten verlangen und Beauftragte zu allen Behörden entsenden.

Im Gegensatz zur Bundesaufsicht des Art. 84 Abs. 3 erstreckt sich die des Art. 85 Abs. 4 auch auf die Zweckmäßigkeit, ist also nicht nur Rechts-, sondern auch *Fachaufsicht*. Ihr dient die Pflicht zur Berichterstattung und Vorlage der Akten. Selbstverständlich kann die Bundesregierung zur Durchsetzung ihrer Weisungen auch den Bundeszwang (Art. 37) benutzen. – Praktische Bedeutung hat diese Verfassungsbestimmung nicht.

Art. 86 [Bundeseigene Verwaltung]

Führt der Bund die Gesetze durch bundeseigene Verwaltung oder durch bundesunmittelbare Körperschaften oder Anstalten des öffentlichen Rechtes aus, so erläßt die Bundesregierung, soweit nicht das Gesetz Besonderes vorschreibt, die allgemeinen Verwaltungsvorschriften. Sie regelt, soweit das Gesetz nichts anderes bestimmt, die Einrichtung der Behörden.

Art. 86 regelt den dritten Verwaltungstyp zur Ausführung der Bundesgesetze: Die *bundeseigene Verwaltung* (zu den beiden anderen s. Vorbemerkung zu Art. 84 und 85).

„Bundeseigene Verwaltung" ist die Verwaltung durch unselbstständige, dem Bund zugehörige Behörden. Sie unterstehen selbstverständlich der unmittelbaren Rechts- und Fachaufsicht des Bundes.

Beispiel: Die Bundesfinanzbehörde in ihrer Zuständigkeit für die Ausführung der Zollbestimmungen.

Von der bundeseigenen Verwaltung als *unmittelbare Bundesverwaltung* ist die *mittelbare Bundesverwaltung* durch Körperschaften und Anstalten des öffentlichen Rechts zu unterscheiden. Der Unterschied bestimmt das Ausmaß der rechtlichen und organisatorischen Selbstständigkeit, die bei letzteren größer ist.

Art. 87 [Gegenstände der Bundeseigenverwaltung]

Vorbemerkung: _____

Art. 87 enthält die Gegenstände (Materien, Verwaltungsbereiche) der *Bundeseigenverwaltung*. Diese ist entweder obligatorisch oder fakultativ eingerichtet (s. Vorbemerkung zu Art. 85).

(1) In bundeseigener Verwaltung mit eigenem Verwaltungsunterbau werden geführt der Auswärtige Dienst, die Bundesfinanzverwaltung und nach Maßgabe des Artikels 89 die Verwaltung der Bundeswasserstraßen und der Schiffahrt. Durch Bundesgesetz können Bundesgrenzschutzbehörden, Zentralstellen für das polizeiliche Auskunfts- und Nachrichtenwesen, für die Kriminalpolizei und zur Sammlung von Unterlagen für Zwecke des Verfassungsschutzes und des Schutzes gegen Bestrebungen im Bundesgebiet, die durch Anwendung von Gewalt oder darauf gerichtete Vorbereitungshandlungen auswärtige Belange der Bundesrepublik Deutschland gefährden, eingerichtet werden.

Der Bund ist berechtigt und verpflichtet, die in Satz 1 genannten Verwaltungsaufgaben in eigener Zuständigkeit und Verantwortung zu erfüllen.

Durch Bundesgesetz hat der Bund auch die in Abs. 1 Satz 2 genannten Verwaltungsbehörden eingerichtet. Mit dem *Bundesgrenzschutz* (BGS) hat sich der Bund eine eigene Polizei geschaffen. Wegen der veränderten Aufgaben – ein Grenzschutz im eigentlichen Sinne ist, da von Freunden umzingelt, nicht mehr notwendig – wurde der Bundesgrenzschutz am 30. Juni 2005 in *Bundespolizei* umbenannt. An seiner rechtlichen Stellung hat sich dadurch nichts geändert. Die Bundespolizei wird außer im Katastrophen- und Notstandsfall (Art. 35) zum Grenzschutz und zum Schutz der Bundesorgane eingesetzt. Seit 1992 hat die Bundespolizei u. a. auch die Aufgaben der Bahnpolizei übernommen. – Für die übrigen genannten Bereiche sind nur „Zentralstellen", also Behörden ohne Mittel- und Unterbau, zulässig. Diese sind das Bundesamt für Verfassungsschutz (Sitz: Köln) und das Bundeskriminalamt (Sitz: Wiesbaden).

Auch eine Beobachtung extremistischer Parteien fällt in Verbindung mit Art. 73 Ziff. 10b in die Verwaltungskompetenz des Bundes.

Beispiel: So hat das *Bundesamt für Verfassungsschutz* im Fall der PDS nach jahrelangen Prüfungen des zugänglichen Materials Anhaltspunkte dafür gefunden, dass diese Nachfolgeorganisation der SED „Bestrebungen von Linksextremisten gegen die freiheitliche demokratische Grundordnung" dulde.

(2) Als bundesunmittelbare Körperschaften des öffentlichen Rechtes werden diejenigen sozialen Versicherungsträger geführt, deren Zu-

ständigkeitsbereich sich über das Gebiet eines Landes hinaus erstreckt. Soziale Versicherungsträger, deren Zuständigkeitsbereich sich über das Gebiet eines Landes, aber nicht über mehr als drei Länder hinaus erstreckt, werden abweichend von Satz 1 als landesunmittelbare Körperschaften des öffentlichen Rechtes geführt, wenn das aufsichtsführende Land durch die beteiligten Länder bestimmt ist.

Der letzte Satz dieser Bestimmung folgt dem *Subsidiaritätsprinzip*, nach dem eine Angelegenheit dann den Ländern bleibt, wenn diese sich zu einer Regelung in der Lage sehen; jedoch vgl. Art. 72 Abs. 2.

Der Begriff „bundesunmittelbare Körperschaften" besagt, dass diese nicht den Ländern unterstehen.

(3) Außerdem können für Angelegenheiten, für die dem Bunde die Gesetzgebung zusteht, selbständige Bundesoberbehörden und neue bundesunmittelbare Körperschaften und Anstalten des öffentlichen Rechtes durch Bundesgesetz errichtet werden. Erwachsen dem Bunde auf Gebieten, für die ihm die Gesetzgebung zusteht, neue Aufgaben, so können bei dringendem Bedarf bundeseigene Mittel- und Unterbehörden mit Zustimmung des Bundesrates und der Mehrheit der Mitglieder des Bundestages errichtet werden.

Abs. 3 gibt dem Bund das Recht, durch ein zustimmungsbedürftiges Gesetz die Verwaltungshoheit der Länder zu beenden und eine eigene Verwaltungszuständigkeit zu begründen. Der Bund hat von dieser Ermächtigung häufig Gebrauch gemacht und insgesamt 20 selbstständige *Bundesoberbehörden* geschaffen. Sie sind einem Bundesministerium unterstellt, sind aber nicht nur weisungsgebunden, sondern haben auch einen z. T. erheblichen Ermessensspielraum, z. B. das Bundeskartellamt in Berlin.

Art. 87a [Streitkräfte und ihr Einsatz]

Vorbemerkung:

Art. 87a hat eine dreifache Funktion:

– Er schafft eine Bundeszuständigkeit zur Aufstellung von Streitkräften.

– In Verbindung mit den Art. 12a, Art. 73 Abs. 1 und Art. 115b ist diese Verfassungsbestimmung Grundlage der sog. *Wehrverfassung*, durch die eine verfassungsrechtliche Grundentscheidung zur bewaffneten Landesverteidigung getroffen wurde.

– Die Aufgaben der Streitkräfte werden genau umrissen und damit begrenzt.

Zu den Streitkräften – der Gesetzgeber gab ihnen 1954 den Namen Bundeswehr – zählen alle militärischen Verbände einschl. Sanitätsgruppen.

Zu ihnen gehören jedoch nicht der Bundesgrenzschutz (Art. 87), die Bundeswehrverwaltung (Art. 87b), die Rechtspflege der Bundeswehr (Art. 96) und die Militärseelsorge (Art. 140).

(1) Der Bund stellt Streitkräfte zur Verteidigung auf. Ihre zahlenmäßige Stärke und die Grundzüge ihrer Organisation müssen sich aus dem Haushaltsplan ergeben.

Dies ist die verfassungsrechtliche Grundentscheidung für eine bewaffnete Landesverteidigung schlechthin. Einer Landesverteidigung durch „passiven Widerstand" oder „Zivilverteidigung" hat das GG eine klare Absage erteilt. Der Bund ist zur Aufstellung und zum Unterhalt bewaffneter Streitkräfte berechtigt und verpflichtet. Dem Gesetzgeber ist es frei zu entscheiden, ob er dieser Aufgabe durch eine Wehrpflicht- oder eine Freiwilligenarmee nachkommen will. Er muss aber dafür sorgen, dass die Streitkräfte stark genug sind, um ihren Auftrag zu erfüllen, einen militärischen Angriff gegen die Bundesrepublik Deutschland abzuwehren.

Die Gesamtstärke der Bundeswehr umfasst Ende 2006 etwa 248 000 Soldaten (Frauenquote 6,5 %). Davon gehören 35 000 zu den Eingreifkräften zur Friedenserzwingung, 70 000 Soldaten zählen zu den Stabilisierungskräften der Friedenserhaltung und der Rest gehört zu den Unterstützungskräften, die auch den Grundbetrieb im Inland, z. B. Ausbildung, gewährleisten sollen.

Satz 2 ist eine Konkretisierung des haushaltsrechtlichen Gebotes zur Transparenz gem. Art. 110. Mit ihm soll die parlamentarische Kontrolle über die Streitkräfte erleichtert werden.

Mit den Verteidigungspolitischen Richtlinien vom 21. Mai 2003 wurden die veränderten Grundsätze deutscher Sicherheitspolitik und der damit veränderte Auftrag der Bundeswehr offiziell festgelegt. Hauptaufgabe ist nunmehr die *Krisenbewältigung*.

Diese Richtlinien beenden den fast 50 Jahre geltenden *Primat der Landesverteidigung* und legen eine völlig veränderte militärische Gefährdungslage Deutschlands zugrunde (s. auch Art. 115a Abs. 1).

> **Beispiel:** Bundeswehrbeteiligung mit etwa 1 800 Soldaten an der Internationalen Schutztruppe in Afghanistan (ISAF = International Security Assistance Force).

(2) Außer zur Verteidigung dürfen die Streitkräfte nur eingesetzt werden, soweit dieses Grundgesetz es ausdrücklich zuläßt.

Die Einsatzmöglichkeiten der Streitkräfte (Bundeswehr) sind verfassungsrechtlich vollständig aufgeführt. Ihr primärer Auftrag ist die Abwehr eines bewaffneten Angriffs gegen die Bundesrepublik Deutschland (Verteidigungsfall Art. 115a). Alle übrigen Einsätze sind Ausnahmen von dieser Regel (s. Art. 87a Abs. 3 u. Abs. 4 und Art. 35 Abs. 2 u. Abs. 3). Einsatz ist jede bewaffnete Aktion von Truppenteilen, unabhängig von Art und Anwendung der Waffen.

Beispiel: Ein Katastrophengebiet wird gegen störende Menschenmassen von der Bundeswehr abgeschirmt.

Kein „Einsatz" ist dagegen – unbeschadet des anderen Sprachgebrauchs innerhalb der Bundeswehr – die Verwendung der Bundeswehr zu karitativen oder repräsentativen Zwecken.

Beispiel: Die Bundesluftwaffe fliegt Nahrungsmittel in die Sahelzone.

Zum Einsatz der Bundeswehr außerhalb des NATO-Gebietes im Rahmen des sich fortentwickelten Völkerrechts s. Kommentierung zu Art. 24 Abs. 2. Grundsätzlich gilt, dass der Bundestag jedem militärischen Einsatz der Streitkräfte vorher zustimmen muss, weil die Bundeswehr ein „Parlamentsheer" ist und nicht – wie früher für die Armee üblich – dem Staatsoberhaupt untersteht.

(3) Die Streitkräfte haben im Verteidigungsfalle und im Spannungsfalle die Befugnis, zivile Objekte zu schützen und Aufgaben der Verkehrsregelung wahrzunehmen, soweit dies zur Erfüllung ihres Verteidigungsauftrages erforderlich ist. Außerdem kann den Streitkräften im Verteidigungsfalle und im Spannungsfalle der Schutz ziviler Objekte auch zur Unterstützung polizeilicher Maßnahmen übertragen werden; die Streitkräfte wirken dabei mit den zuständigen Behörden zusammen.

Abs. 3 regelt den Einsatz der Streitkräfte gegenüber Zivilisten im *Verteidigungs- und Spannungsfall*. Der Bundeswehr kann dabei die Aufgabe übertragen werden, zivile Objekte zu schützen, z. B. Brücken, und die Verkehrsregelung vorzunehmen. Beides muss jedoch zur Erfüllung des Verteidigungsauftrages erforderlich sein. Außerdem kann die Bundeswehr im Verteidigungs- und Spannungsfall zur Unterstützung der Polizei herangezogen werden.

(4) Zur Abwehr einer drohenden Gefahr für den Bestand oder die freiheitliche demokratische Grundordnung des Bundes oder eines Landes kann die Bundesregierung, wenn die Voraussetzungen des Artikels 91 Abs. 2 vorliegen und die Polizeikräfte sowie der Bundesgrenzschutz nicht ausreichen, Streitkräfte zur Unterstützung der Polizei und des Bundesgrenzschutzes beim Schutze von zivilen Objekten und bei der Bekämpfung organisierter und militärisch bewaffneter Aufständischer einsetzen. Der Einsatz von Streitkräften ist einzustellen, wenn der Bundestag oder der Bundesrat es verlangen.

Für den Einsatz gem. Satz 1 des Abs. 4 müssen folgende Voraussetzungen gegeben sein:

1. Es muss ein Notstand gem. Art. 91 vorliegen.

2. Die Polizeikräfte des Bundes und der Länder reichen nicht aus, um die drohende Gefahr für den Bestand oder die freiheitliche demokratische Grundordnung des Bundes oder eines Landes abzuwehren.

3. Die Gefahr geht von einem Bürgerkrieg oder einer bürgerkriegsähnlichen Situation aus, weil der Aufstand organisiert und mit militärischen Waffen durchgeführt wird.

Die Bestimmung des Abs. 4 wurde 1968 nach langen parlamentarischen Auseinandersetzungen in das GG eingefügt.

Die Absätze 3 und 4 des Art. 87a brauchten bisher nicht angewendet zu werden.

Art. 87b [Bundeswehrverwaltung]

Vorbemerkung:

Die Bundeswehrverwaltung ist nicht Teil der Streitkräfte, sondern eine von ihnen getrennte, wenn auch zu enger Zusammenarbeit verpflichtete, zivile Verwaltung für den militärischen Bereich. Diese Verfassungskonstruktion dient der politischen Kontrolle der Bundeswehr.

(1) Die Bundeswehrverwaltung wird in bundeseigener Verwaltung mit eigenem Verwaltungsunterbau geführt. Sie dient den Aufgaben des Personalwesens und der unmittelbaren Deckung des Sachbedarfs der Streitkräfte. Aufgaben der Beschädigtenversorgung und des Bauwesens können der Bundeswehrverwaltung nur durch Bundesgesetz, das der Zustimmung des Bundesrates bedarf, übertragen werden. Der Zustimmung des Bundesrates bedürfen ferner Gesetze, soweit sie die Bundeswehrverwaltung zu Eingriffen in Rechte Dritter ermächtigen; das gilt nicht für Gesetze auf dem Gebiete des Personalwesens.

Satz 1 des Abs. 1 bestimmt die Bundeswehrverwaltung als eine obligatorische, unmittelbare Bundesverwaltung mit eigenem Unterbau (s. Bemerkung zu Art. 86). Sie hat für die Deckung des Personal- und Sachbedarfs zu sorgen.

Beispiel: Einberufung der Wehrpflichtigen, Bau und Stellung von Unterkünften (Kasernen), Beschaffung der persönlichen Ausrüstung der Soldaten (Uniformen), Material, Waffen, Geräte.

Satz 3 und 4 sollen die Mitwirkung der Länder beim Vollzug der Aufgaben durch die Bundeswehrverwaltung sichern.

(2) Im übrigen können Bundesgesetze, die der Verteidigung einschließlich des Wehrersatzwesens und des Schutzes der Zivilbevölkerung dienen, mit Zustimmung des Bundesrates bestimmen, daß sie ganz oder teilweise in bundeseigener Verwaltung mit eigenem Verwaltungsunterbau oder von den Ländern im Auftrage des Bundes ausgeführt werden. Werden solche Gesetze von den Ländern im Auftrage des Bundes ausgeführt, so können sie mit Zustimmung des Bundesrates bestimmen, daß die der Bundesregierung und den zuständigen obersten Bundesbehörden auf Grund des Artikels 85 zustehenden Befugnisse ganz oder teilweise Bundesoberbehörden übertragen werden; dabei kann bestimmt werden, daß diese Behörden beim Erlaß allgemeiner Verwaltungsvorschriften gemäß Artikel 85 Abs. 2 Satz 1 nicht der Zustimmung des Bundesrates bedürfen.

Die Ermächtigung zu „teilweiser" Übertragung lässt nur die Aufteilung nach Sachgebieten zu, weil eine *Mischverwaltung* zwischen Bund und Länder grundgesetzlich unzulässig ist.

Die Bestimmungen des Abs. 2 sind „Kannbestimmungen" und praktisch wenig bedeutsam, so dass sie nicht weiter kommentiert zu werden brauchen.

Art. 87c* [Auftragsverwaltung im Kernenergiebereich]

Gesetze, die auf Grund des Artikels 73 Abs. 1 Nr. 14 ergehen, können mit Zustimmung des Bundesrates bestimmen, daß sie von den Ländern im Auftrag des Bundes ausgeführt werden.

Art. 87c räumt dem Bund die Möglichkeit ein, eine eigene Bundesauftragsverwaltung auf dem Gebiet der Kernenergie einzuführen (s. Bemerkung zu Art. 85). Von dieser Ermächtigung hat der Bundesgesetzgeber mit dem „Gesetz über die friedliche Verwendung der Kernenergie und den Schutz gegen ihre Gefahren (Atomgesetz)" i. d. F. v. 1985 Gebrauch gemacht.

Beispiel: Ultimative Aufforderung der Bundesministerin für Natur, Umweltschutz und Reaktorsicherheit im Jahre 1995 an die Niedersächsische Landesregierung, einen Castortransport zur Zwischenlagerung von radioaktivem Material in Gorleben zuzulassen und zu beschützen.

Art. 87d [Luftverkehrsverwaltung]

(1) Die Luftverkehrsverwaltung wird in bundeseigener Verwaltung geführt. Über die öffentlich-rechtliche oder privat-rechtliche Organisationsform wird durch Bundesgesetz entschieden.

(2) Durch Bundesgesetz, das der Zustimmung des Bundesrates bedarf, können Aufgaben der Luftverkehrsverwaltung den Ländern als Auftragsverwaltung übertragen werden.

Art. 87d wurde 1961 in das GG eingefügt, nachdem die alliierten Vorbehalte gegenüber der zivilen Luftfahrt nach Aufhebung des Besatzungsstatuts (1955) erloschen waren.

Art. 87e [Verwaltung Eisenbahnen]

Vorbemerkung:

Der neue Artikel steht in Zusammenhang mit der Umwandlung der *Deutschen Bundesbahn* und der *Deutschen Reichsbahn* (der DDR) in ein selbstständiges Wirtschaftsunternehmen, das seit 1994 als *Deutsche Bahn AG* geführt wird. – Der Art. muss in Verbindung mit Art. 143a verstanden werden.

(1) Die Eisenbahnverkehrsverwaltung für Eisenbahnen des Bundes wird in bundeseigener Verwaltung geführt. Durch Bundesgesetz können Aufgaben der Eisenbahnverkehrssverwaltung den Ländern als eigene Angelegenheit übertragen werden.

Die Kannvorschrift bedeutet eine mögliche Erweiterung der Länderkompetenzen; zum Begriff „bundeseigene Verwaltung" s. Bemerkung zu Art. 86.

(2) Der Bund nimmt die über den Bereich der Eisenbahnen des Bundes hinausgehenden Aufgaben der Eisenbahnverkehrsverwaltung wahr, die ihm durch Bundesgesetz übertragen werden.

Solche Aufgaben sind beispielsweise die Abstimmung mit den EU-Partnern im grenzüberschreitenden Verkehr oder die Tätigkeiten der Bahnpolizei und des Bundesgrenzschutzes (seit 30. Juni 2005 umbenannt in Bundespolizei).

(3) Eisenbahnen des Bundes werden als Wirtschaftsunternehmen in privat-rechtlicher Form geführt. Diese stehen im Eigentum des Bundes, soweit die Tätigkeit des Wirtschaftsunternehmens den Bau, die Unterhaltung und das Betreiben von Schienenwegen umfaßt. Die Veräußerung von Anteilen des Bundes an den Unternehmen nach Satz 2 erfolgt auf Grund eines Gesetzes; die Mehrheit der Anteile an diesen Unternehmen verbleibt beim Bund. Das Nähere wird durch Bundesgesetz geregelt.

Der alleinige Aktionär der Deutsche Bahn AG ist vorläufig der Bund; später sollen auch Privatpersonen Aktien der Bahn erwerben können. Die Anteilsmehrheit soll allerdings beim Bund verbleiben. Die Entscheidung, die Eisenbahnen als privatrechtliche Wirtschaftsunternehmen zu führen, schließt das Streben nach Gewinnerzielung ein und steht nicht im Widerspruch zum nächsten Abs. 4; s. auch Art. 143a.

(4) Der Bund gewährleistet, daß dem Wohl der Allgemeinheit, insbesondere den Verkehrsbedürfnissen, beim Ausbau und Erhalt des

Schienennetzes der Eisenbahnen des Bundes sowie bei deren Verkehrsangeboten auf diesem Schienennetz, soweit diese nicht den Schienenpersonennahverkehr betreffen, Rechnung getragen wird. Das Nähere wird durch Bundesgesetz geregelt.

Die Bestimmung soll sicherstellen, dass einzelne Regionen des Bundesgebietes nicht vom Eisenbahnfernverkehr vernachlässigt werden. Damit soll der „Eisenbahnverödung" entgegengewirkt werden; vgl. Bemerkung zu Art. 87f Abs. 1.

(5) Gesetze auf Grund der Absätze 1 bis 4 bedürfen der Zustimmung des Bundesrates. Der Zustimmung des Bundesrates bedürfen ferner Gesetze, die die Auflösung, die Verschmelzung und die Aufspaltung von Eisenbahnunternehmen des Bundes, die Übertragung von Schienenwegen der Eisenbahnen des Bundes an Dritte sowie die Stilllegung von Schienenwegen der Eisenbahnen des Bundes regeln oder Auswirkungen auf den Schienenpersonennahverkehr haben.

Auch diese Bestimmung dient, wie viele andere der nach Einigung Deutschlands in Kraft getretenen Verfassungsbestimmungen, der Stärkung der Länderkompetenzen, indem die Bundesgesetzgebung zu dieser Materie zustimmungspflichtig gemacht worden ist; vgl. Bemerkungen zu Art. 23, Art. 52 Abs. 3a, Art. 72 u. a.

Art. 87f [Dienstleistungsgewähr Post, Telekommunikation]

Vorbemerkung:

Dieser Artikel wurde im Rahmen der Politik, die Deutsche Bundespost zu privatisieren, am 30. August 1994 eingefügt. Er muss in Zusammenhang mit Art. 143b verstanden werden.

(1) Nach Maßgabe eines Bundesgesetzes, das der Zustimmung des Bundesrates bedarf, gewährleistet der Bund im Bereich des Postwesens und der Telekommunikation flächendeckend angemessene und ausreichende Dienstleistungen.

„Angemessen" hebt auf die Qualität und „ausreichend" auf die Quantität der Dienstleistungen zur Grundversorgung ab; s. auch Art. 143b.

Die Vorschrift soll sicherstellen, dass Postdienst und Telekom auch Gebiete bedienen, wie z. B. ländliche mit dünner Besiedlung, in denen ein Dienstleistungsangebot rein privatwirtschaftlich unrentabel wäre; vgl. Bemerkung zu Art. 87e Abs. 4.

(2) Dienstleistungen im Sinne des Absatzes 1 werden als privatwirtschaftliche Tätigkeiten durch die aus dem Sondervermögen Deutsche Bundespost hervorgegangenen Unternehmen und durch andere private Anbieter erbracht. Hoheitsaufgaben im Bereich des Postwesens und der Telekommunikation werden in bundeseigener Verwaltung ausgeführt.

Alle Dienstleistungen der ehemaligen Deutschen Bundespost werden künftig von selbstständigen Unternehmen erbracht. Dies können und werden im Rahmen der EU zunehmend auch nichtdeutsche sein. Hoheitsaufgaben sind z. B. die Telefonüberwachung gemäß Art. 10 Abs. 2; s. Bemerkung dort. – Zum Begriff „bundeseigene Verwaltung" s. Art. 86.

(3) Unbeschadet des Absatzes 2 Satz 2 führt der Bund in der Rechtsform einer bundesunmittelbaren Anstalt des öffentlichen Rechts einzelne Aufgaben in bezug auf die aus dem Sondervermögen Deutsche Bundespost hervorgegangenen Unternehmen nach Maßgabe eines Bundesgesetzes aus.

Zum Begriff „Anstalt des öffentlichen Rechts" s. Bemerkung zu Art. 86.

Art. 88 [Bundesbank]

Vorbemerkung: ─────────────────────────────

Der Artikel bestand bis Ende 1992 nur aus einem einzigen Satz, dem ersten. Der Satz 2 wurde in Zusammenhang mit den sog. *Europa-Artikeln* eingefügt.

Der Bund errichtet eine Währungs- und Notenbank als Bundesbank. Ihre Aufgaben und Befugnisse können im Rahmen der Europäischen Union der Europäischen Zentralbank übertragen werden, die unabhängig ist und dem vorrangigen Ziel der Sicherung der Preisstabilität verpflichtet.

Die Deutsche Bundesbank wurde als obligatorische Bundesverwaltung (s. Bemerk. zu Art. 86) mit dem Bundesbankgesetz von 1957 als *bundesunmittelbare Anstalt des öffentlichen Rechts* gegründet und hatte bis Ende 2001 das alleinige Recht zur Notenausgabe der DM.

Verfassungsrechtlich nicht geboten, aber zulässig ist die starke unabhängige Stellung, die der Gesetzgeber der Bundesbank eingeräumt hat. Die Bundesbank arbeitet „ministerialfrei", das bedeutet, sie ist nicht von Weisungen der Regierung abhängig und keiner parlamentarischen Kontrolle unterworfen. Diese Autonomie soll der Bundesbank helfen, den Geldwert stabil zu halten. Sie ist allerdings kraft Gesetzes verpflichtet, mit ihrer Währungs- und Kreditpolitik die wirtschaftspolitische Richtung der Bundesregierung zu unterstützen.

Beispiel: Trotz Bedenken der Bundesbank gegen eine rasche Einführung der DM in der DDR am 1. Juli 1990 und gegen den Umtauschkurs von 1 : 1 für Löhne und Renten hat sie die davon abweichende Entscheidung der Bundesregierung mitgetragen.

Seit dem 1. Januar 1999 liegen die wichtigsten Aufgaben der Bundesbank bei der *Europäischen Zentralbank* (EZB), die gleichfalls ihren Sitz in *Frankfurt/Main* hat. Da diese EZB

1. in die EU eingebunden ist,

2. eine Unabhängigkeit ähnlich die der Bundesbank besitzt und

3. gleichfalls vor allem dem Ziel der Preisstabilität verpflichtet ist,

sind die entscheidenden Vorgaben für die Übertragung der Hoheitsrechte der Bundesbank i. S. des Art. 23 Abs. 2 erfüllt.

Art. 89 [Bundeswasserstraßen]

Vorbemerkung: _____

Die Bundeswasserstraßen wurden bis zum 8. Mai 1945 Reichswasserstraßen genannt. Zu ihnen zählen die Binnenwasserstraßen, z. B. der Rhein, und die Seewasserstraßen, das sind die innerhalb des Hoheitsgebietes der Bundesrepublik Deutschland liegenden Schifffahrtstraßen, deren Grenzen zur offenen See hin auf Seekarten eingezeichnet sind.

(1) Der Bund ist Eigentümer der bisherigen Reichswasserstraßen.

Der Begriff „Eigentümer" bezieht sich auf das bürgerlich-rechtliche Eigentum, zu dem auch das Recht zur Jagdausübung (Fischfang) gehört.

(2) Der Bund verwaltet die Bundeswasserstraßen durch eigene Behörden. Er nimmt die über den Bereich eines Landes hinausgehenden staatlichen Aufgaben der Binnenschiffahrt und die Aufgaben der Seeschiffahrt wahr, die ihm durch Gesetz übertragen werden. Er kann die Verwaltung von Bundeswasserstraßen, soweit sie im Gebiete eines Landes liegen, diesem Lande auf Antrag als Auftragsverwaltung übertragen. Berührt eine Wasserstraße das Gebiet mehrerer Länder, so kann der Bund das Land beauftragen, für das die beteiligten Länder es beantragen.

Die Bundeswasserstraßenverwaltung ist eine Verkehrswegeverwaltung in Form einer bundeseigenen Verwaltung (Art. 86) mit Verwaltungsunterbau. Zu ihrer Kompetenz gehört auch der Neu- und Ausbau der Bundeswasserstraßen.

(3) Bei der Verwaltung, dem Ausbau und dem Neubau von Wasserstraßen sind die Bedürfnisse der Landeskultur und der Wasserwirtschaft im Einvernehmen mit den Ländern zu wahren.

Der Abs. 3 schafft ein Gebot der Rücksichtnahme, weil z. B. eine Bundeswasserstraße auch Wasserspender für Länder sein kann, wie etwa der Rhein.

Art. 90 [Bundesstraßen]

(1) Der Bund ist Eigentümer der bisherigen Reichsautobahnen und Reichsstraßen.

Zur Bezeichnung „Bundesautobahnen und -straßen" s. Vorbemerkung zu Art. 89.

(2) Die Länder oder die nach Landesrecht zuständigen Selbstverwaltungskörperschaften verwalten die Bundesautobahnen und sonstigen Bundesstraßen des Fernverkehrs im Auftrage des Bundes.

Die Verwaltung der Bundesfernstraßen (Bundesautobahnen und Bundesstraßen des Fernverkehrs) erfolgt normalerweise als Bundesauftragsverwaltung (Art. 85) durch die Länder.

(3) Auf Antrag eines Landes kann der Bund Bundesautobahnen und sonstige Bundesstraßen des Fernverkehrs, soweit sie im Gebiet dieses Landes liegen, in bundeseigene Verwaltung übernehmen.

Unkommentiert, da unerheblich.

Art. 91 [Abwehr drohender Gefahr]

Vorbemerkung:

Der Art. 91 gehört zu den Verfassungsänderungen der *Notstandsgesetzgebung* (nicht zu verwechseln mit dem Gesetzgebungsnotstand nach Art. 81!), die 1968 nach langer auch in der Öffentlichkeit zum Teil erbittert geführter Diskussion im Rahmen der Großen Koalition (1966–1969) beschlossen wurde. Der Art. ist Teil der sog. *Notstandsverfassung*, die sich ausschließlich mit dem *inneren Notstand* befasst. Der äußere Notstand ist als Spannungsfall und Verteidigungsfall in den Art. 80a und Abschn. Xa geregelt.

Innerer Notstand ist eine Gefährdung des Bestandes der Bundesrepublik Deutschland in ihrer freiheitlichen demokratischen Grundordnung oder ihrer Sicherheit durch innere Vorgänge, Revolten, illegale politische Streiks, Terrorismus u. a. Die Gefährdung kann auch für ein einzelnes Bundesland bestehen.

Die *Notstandsverfassung* wurde noch nicht angewandt, weil bisher niemals die Existenz der Bundesrepublik oder ihre Grundordnung ernsthaft in Gefahr war. Es genügt deshalb eine knappe Kommentierung.

(1) Zur Abwehr einer drohenden Gefahr für den Bestand oder die freiheitliche demokratische Grundordnung des Bundes oder eines Landes kann ein Land Polizeikräfte anderer Länder sowie Kräfte und Einrichtungen anderer Verwaltungen und des Bundesgrenzschutzes anfordern.

Abs. 1 ist Ausdruck der *wehrhaften Demokratie*. Die genannten Schutz-güter „Bestand" und „freiheitliche demokratische Grundordnung" müssen gefährdet sein, bevor die genannten Maßnahmen ergriffen werden kön-nen. Die Hilfskräfte anderer Bundesländer oder des Bundesgrenzschutzes (seit 30. Juni 2005 umbenannt in Bundespolizei) unterstehen im Einsatzfall dem anfordernden Land.

(2) Ist das Land, in dem die Gefahr droht, nicht selbst zur Bekämp-fung der Gefahr bereit oder in der Lage, so kann die Bundesregie-rung die Polizei in diesem Lande und die Polizeikräfte anderer Län-der ihren Weisungen unterstellen sowie Einheiten des Bundes-grenzschutzes einsetzen. Die Anordnung ist nach Beseitigung der Gefahr, im übrigen jederzeit auf Verlangen des Bundesrates aufzu-heben. Erstreckt sich die Gefahr auf das Gebiet mehr als eines Lan-des, so kann die Bundesregierung, soweit es zur wirksamen Bekämpfung erforderlich ist, den Landesregierungen Weisungen erteilen; Satz 1 und Satz 2 bleiben unberührt.

Die Eingriffs- und Weisungszuständigkeit des Bundes ist an eine der beiden folgenden Voraussetzungen geknüpft:

– Ein Land ist (objektiv) nicht in der Lage, die drohende Gefahr wirksam zu bekämpfen, z. B. wegen zu schwacher Polizeikräfte.

– Ein Land ist (subjektiv) nicht oder nicht rechtzeitig bereit, die Gefahr abzuwehren.

Gemeinschaftsaufgaben

VIIIa

Art. 91a 228
Art. 91b 229

VIIIa. Gemeinschaftsaufgaben

Vorbemerkungen:

Ein „Gutachten über die Finanzreform in der Bundesrepublik Deutschland" aus dem Jahre 1966 gab den Anstoß für „Neue Formen der Zusammenarbeit zwischen Bund und Ländern", um das bundesstaatliche Prinzip besser zu verwirklichen. Zu den „Neuen Formen" eines „kooperativen Föderalismus" zählte auch die Einführung der „Gemeinschaftsaufgaben von Bund und Ländern". Daher wurde 1969 der Abschnitt VIIIa in das Grundgesetz eingefügt.

Der Abschnitt verdankt seine Entstehung der *Verfassungswirklichkeit*, weil der Bund schon sehr früh im Bereich der Gemeinschaftsaufgaben mitfinanziert hat. Damit wird allerdings – und daran entzündet sich die Kritik – das strenge Trennsystem der Aufgaben- und Lastenverteilung zwischen Bund und Ländern zum Teil beseitigt – vgl. Art. 30, 83 und 104a.

Die Verflechtungen zwischen Bund und Ländern nahmen diesen ihre Eigenständigkeit, der Wettbewerb um Kostensenkung und Erschließung eigener Finanzquellen erstickte, der Föderalismus erstarrte. Die *Mischfinanzierung* verwischt Verantwortlichkeiten, weshalb z. B. Studentenproteste wegen unzulänglicher Ausstattung der Hochschulen keinen rechten Adressaten haben. Wer trägt dafür die Verantwortung? Deshalb wird der Ruf nach Abschaffung der *Gemeinschaftsaufgaben* und Rückverlagerung von Zuständigkeiten auf die Länder laut. Das für die Europäische Union geltende *Subsidiaritätsprinzip*, was von den Regionen geregelt werden kann, soll nicht von der Zentrale gesteuert werden, wird auch für den Bundesstaat gefordert.

Art. 91a*

Vorbemerkung:

Bei den in Art. 91a genannten Gebieten handelt es sich um Bereiche, die an sich ausschließlich in die Zuständigkeit der Länder fallen. Der Bund erhält durch diese Verfassungsbestimmung Mitwirkungsrechte, ohne dass die grundsätzliche Länderkompetenz aufgehoben wird. Der Bund kann nicht allein tätig werden, er hat aber andererseits die Pflicht, sich diesen Länderaufgaben mitwirkend zu stellen.

(1) Der Bund wirkt auf folgenden Gebieten bei der Erfüllung von Aufgaben der Länder mit, wenn diese Aufgaben für die Gesamtheit bedeutsam sind und die Mitwirkung des Bundes zur Verbesserung der Lebensverhältnisse erforderlich ist (Gemeinschaftsaufgaben):

1. Verbesserung der regionalen Wirtschaftsstruktur,

2. Verbesserung der Agrarstruktur und des Küstenschutzes.

Damit gibt es nur noch zwei Gemeinschaftsaufgaben, der Hochschulneu- und -ausbau ist entfallen.

(2) Durch Bundesgesetz mit Zustimmung des Bundesrates werden die Gemeinschaftsaufgaben sowie Einzelheiten der Koordinierung näher bestimmt.

(3) Der Bund trägt in den Fällen des Absatzes 1 Nr. 1 die Hälfte der Ausgaben in jedem Land. In den Fällen des Absatzes 1 Nr. 2 trägt der Bund mindestens die Hälfte; die Beteiligung ist für alle Länder einheitlich festzusetzen. Das Nähere regelt das Gesetz. Die Bereitstellung der Mittel bleibt der Feststellung in den Haushaltsplänen des Bundes und der Länder vorbehalten.

Kommentierung ist überflüssig, weil die Bestimmung aus sich selbst heraus verständlich ist.

Art. 91b*

(1) Bund und Länder können auf Grund von Vereinbarungen in Fällen überregionaler Bedeutung zusammenwirken bei der Förderung von:

1. Einrichtungen und Vorhaben der wissenschaftlichen Forschung außerhalb von Hochschulen;

2. Vorhaben der Wissenschaft und Forschung an Hochschulen;

3. Forschungsbauten an Hochschulen einschließlich Großgeräten.

Vereinbarungen nach Satz 1 Nr. 2 bedürfen der Zustimmung aller Länder.

Die Verfassungsnorm ist eine Kannbestimmung; im Gegensatz zu Art. 91a besteht keine Mitwirkungspflicht des Bundes, die Vereinbarungen sind freiwilliger Art.

(2) Bund und Länder können auf Grund von Vereinbarungen zur Feststellung der Leistungsfähigkeit des Bildungswesens im interna-

tionalen Vergleich und bei diesbezüglichen Berichten und Empfehlungen zusammenwirken.

(3) Die Kostentragung wird in der Vereinbarung geregelt.

Die Möglichkeit, dass der Bund einen Teil der Kosten übernimmt, wird besonders die ärmeren Länder veranlassen, solche Vereinbarungen abzuschließen (vgl. Art. 104b Finanzhilfen).

Die Rechtsprechung

IX

Art. 92   Gerichtsorganisation 233

Art. 93   Bundesverfassungsgericht,
Zuständigkeit 234

Art. 94   Zusammensetzung, Verfahren 240

Art. 95   Oberste Gerichtshöfe 242

Art. 96   Bundesgerichte 243

Art. 97   Unabhängigkeit der Richter 244

Art. 98   Rechtsstellung der Richter 246

Art. 99   Verfassungsstreitigkeiten durch
Landesgesetz zugewiesen 246

Art. 100   Verfassungsrechtliche
Vorentscheidung 247

Art. 101   Verbot von Ausnahmegerichten 248

Art. 102   Abschaffung der Todesstrafe 248

Art. 103   Grundrechtsgarantien
für das Strafverfahren 249

Art. 104   Rechtsgarantien
bei Freiheitsentziehung 252

IX. Die Rechtsprechung

Abschnitt IX befasst sich mit der dritten der in Art. 20 Abs. 3 genannten drei Staatsgewalten, der *Rechtsprechung*. Sie ist eine in geregeltem Verfahren gefundene Entscheidung über Rechtsfälle anhand vorgegebener Rechtsnormen, vor allem der Gesetze. Sie dient zur Wahrung und Durchsetzung des Rechts. Der Rechtsspruch ist ein Urteil darüber, was in einem Streitfall „rechtens" ist. Kennzeichnend für die Wahrung des Rechts durch die Richter (Gerichte) ist die Wiederherstellung des *Rechtsfriedens* durch eine dauerhafte, in die Zukunft wirkende Entscheidung.

Zum Kernbereich der *Dritten Gewalt* gehören:

- Ausübung der Strafgerichtsbarkeit, z. B. Verhängung von Geld- und/oder Haftstrafen;
- gerichtlicher Rechtsschutz gegenüber der öffentlichen Verwaltung, z. B. durch Anrufung der Verwaltungsgerichte gegen die Ablehnung eines Antrages auf Baugenehmigung;
- Entscheidung in bürgerlichen Rechtsstreitigkeiten, z. B. über die Höhe des Mietzinses im Einzelfall.

In diesem Grundgesetzabschnitt werden folgende Bereiche geregelt:

- die Zuständigkeit der Bundesgerichte, vor allem des BVerfG (Art. 93 u. 99);
- die Verteilung der Kompetenzen zwischen Bund und Ländern zur Errichtung von Gerichten (Art. 92, 93, 95 u. 96);
- die Gerichtsorganisation, vor allem der Bundesgerichte (Art. 94, Art. 95 Abs. 2, Art. 96 Abs. 2, Art. 98 Abs. 4);
- das Richterrecht (Art. 97 u. 98);
- die Prinzipien des Gerichtsverfahrensrechts (Art. 97 Abs. 1, Art. 100 bis 104).

Abschnitt IX regelt nur die staatliche Rechtsprechung und nicht die der „privaten Gerichtsbarkeit", wie Ehren- und Standesgerichte, z. B. der Ärzte oder Anwälte. Die richterlichen Befugnisse dieser „Privatgerichte" enden allerdings dort, wo das Grundgesetz ausdrücklich den staatlichen Richter verlangt.

Die Richter der Verfassungsgerichtsbarkeit (Art. 93 u. 99 bis 100) und der übrigen Rechtsprechungszweige (Art. 95 Abs. 1) sind das zentrale Organ der *Rechtspflege*. Im weiteren Sinne gehören dazu:

– Die Staatsanwaltschaft als vollziehendes Organ des Staates zur Durchsetzung des staatlichen Strafanspruches. Sie allein hat das Recht zur Anklage *(Anklagemonopol)* und muss deshalb auch für den Angeklagten entlastende Momente beachten. Nicht ungern bezeichnet sie sich darum selbst als die „objektivste Behörde der Welt";

– der Rechtsanwalt, der einem Rechtsuchenden oder Angeklagten gerichtlich und außergerichtlich rechtlich zur Seite steht;

– der Notar, der für Beurkundungen zuständig ist, z. B. bei der Grundstücksübereignung;

– die sog. freiwillige (nichtstreitige) Gerichtsbarkeit, wie Vormundschafts- und Nachlassgerichte, Grundbuchamt, Vereins- und Handelsregister u. a.;

– der Gerichtsvollzieher als Organ der Zwangsvollstreckung.

Art. 92 [Gerichtsorganisation]

Vorbemerkung:

Kritische Beobachter sehen die Bundesrepublik Deutschland auf der „Reise in den Richterstaat" *(Rüthers)*. Die Gründe dafür sind vor allem folgende:

1. Die Gesetzgebung kann nur allgemeine Regelungen treffen, die Gerichte müssen die konkreten Streitfälle des Alltags lösen, z. B. ob der Mieter einer Wohnung die Herausgabe des dritten Hausschlüssels verlangen kann.

2. Der Gesetzgeber kann angesichts der rasanten gesellschaftlichen Entwicklung gar nicht voraussehen, welche Probleme und Interessenkonflikte entstehen können, welche die Gerichte lösen müssen. Selbst bei der Verabschiedung von Gesetzen bestehen Gesetzeslücken, weil der Gesetzgeber nicht alle Möglichkeiten kannte, z. B. Fragen des Datenschutzes im Internet.

3. Der Gesetzgeber, also der Bundestag, scheut sich, bestimmte stark konflikthaltige Politikfelder gesetzlich zu regeln, weil er die Auseinandersetzung darüber scheut.

   Beispiel: Arbeitskampfrecht mit Recht zum Streik und zur Aussperrung.

4. Nahezu alle heutigen Gesetze enthalten Generalklauseln – auch als Gummiparagraphen bezeichnet – wie „Treu und Glauben", „angemessen", „geeignet" usw. –, die von den Gerichten mit konkreten Inhalten gefüllt werden müssen.

Alle diese Gründe führen dazu, dass die Gerichte nicht nur Anwender der Gesetze sind, sondern Ausleger, Interpretatoren und letztlich rechtschöpferisch tätig werden, ja tätig werden müssen, d. h. das Recht neu-, fort- und weiterbilden.

Die rechtsprechende Gewalt ist den Richtern anvertraut; sie wird durch das Bundesverfassungsgericht, durch die in diesem Grundgesetze vorgesehenen Bundesgerichte und durch die Gerichte der Länder ausgeübt.

Die Rechtsprechung ist in Deutschland zweifach gegliedert, zum einen dem föderativen Aufbau der Republik entsprechend *in Bundes- und Ländergerichte,* zum anderen horizontal in die verschiedenen *Zweige der Gerichtsbarkeit* (s. Bemerkung zu Art. 95 Abs. 2).

Art. 92 konkretisiert den Art. 30. Für die Einrichtung der Gerichte sind grundsätzlich die Länder zuständig. Der Bund hat diese Kompetenz nur insoweit, wie sie ihm das GG ausdrücklich zuweist.

Richter sind gegenüber den an einem Prozess Beteiligten – Staatsanwalt, Angeklagter, Kläger, Beklagter – neutrale „unbeteiligte Dritte" und stehen zu ihnen in einer Distanz. Sie können haupt- oder ehrenamtliche Richter (Schöffen) sein.

Nur Richter (Gerichte) können die Rechtsprechung ausüben. Deshalb war die in einigen Ländern bei Gründung der Bundesrepublik Deutschland von Gemeindebeamten ausgeübte „Friedensgerichtsbarkeit" verfassungswidrig.

Ordnungswidrigkeiten gehören nicht zum Kernbereich, der ausschließlich der rechtsprechenden Gewalt zugewiesen ist. Sie können deshalb von der Exekutive geahndet werden, bleiben aber auf Antrag der richterlichen Prüfung unterworfen.

Beispiel: Der „Parksünder" zahlt den „Strafzettel" nicht und legt gegen den Bußgeldbescheid des Ordnungsamtes Einspruch ein.

Art. 93 [Bundesverfassungsgericht, Zuständigkeit]

Vorbemerkung:

Das BVerfG (Sitz: Karlsruhe) ist ein eigenständiges *Verfassungsorgan*, ein *oberstes Bundesorgan*, wie z. B. der Bundestag oder die Bundesregierung. Es hat sich selbst als „Hüter der Verfassung" bezeichnet, was leicht missverständlich sein kann, weil es nicht über, sondern unter der Verfassung steht und selbstverständlich auch an „Gesetz und Recht gebunden" (Art. 20 Abs. 3) ist.

Die Eigenständigkeit des Gerichtes kommt auch darin zum Ausdruck, dass es nicht einem Ministerium, etwa dem Bundesjustizministerium, zugeordnet ist, sondern einen eigenen Titel im Haushaltsplan hat wie die anderen Verfassungsorgane, z. B. der Bundespräsident.

Das BVerfG ist in zwei Senate mit je acht Richtern gegliedert. In beiden Senaten gibt es je drei Kammern mit jeweils drei Mitgliedern. Diese sind vor allem zuständig für *Verfassungsbeschwerden* und beschließen, ob eine solche zur Entscheidung angenommen wird (s. Bemerkung und Beispiele zu Abs. 1 Ziff. 4a). Zur Beachtung: *Entscheidungen* sind der Oberbegriff. *Urteile* ergehen von den Senaten nach vorausgegangener mündlicher Verhandlung; dagegen fassen die Kammern *Beschlüsse*. Die rechtliche Wirkung ist dieselbe.

Zwar kann das Gericht nur nach Anrufung tätig werden; aber danach hat es „Vorrang", denn die Karlsruher Entscheidungen binden alle Verfassungsorgane des Bundes und der Länder. Sie können auch *unmittelbare Gesetzeskraft* entfalten, also gelten wie ein Gesetz. Der Bundestag als Verkörperung der Volkssouveränität kann sich selbst bei Einmütigkeit nicht über ein Urteil des BVerfG hinwegsetzen. Es besitzt zudem das sog. *Verwerfungsmonopol*, d. h. nur das BVerfG kann darüber entscheiden, ob ein Gesetz verfassungswidrig oder -konform ist.

Wahrscheinlich hat dies Gericht die umfassendste Zuständigkeit, die je einem höchsten Gericht von einer demokratischen Verfassung eingeräumt wurde. Der verfassungsrechtliche Auftrag dieses Gerichts ist die Wahrung und Verteidigung des Grundgesetzes gegen verfassungswidrige Eingriffe staatlicher und gesellschaftlicher Machtträger. Aus dieser defensiven Aufgabe ist das Gericht längst in eine offensive Funktion hineingewachsen; es agiert nicht (nur) als Bewahrer, sondern als Beweger. Es begnügt sich oft nicht mehr damit, verfassungswidrige Vorschriften für nichtig zu erklären, sondern schreibt dem Gesetzgeber detailliert vor, wie er bestimmte Lebensbereiche zu gestalten hat.

Beispiele: Gleichstellung von Eigentums- und Besitzrecht bei Mietwohnungen (s. Bemerkung zu Art. 14 Abs. 1), Festsetzung eines (relativ hohen) Existenzminimums mit der Folge der Verletzung des Lohnabstandsgebotes für nicht „Besserverdienende", Verbot der staatlichen Anordnung religiöser Symbole („Kruzifix-Urteil" für Bayern), Priorität der Meinungs- und Kunstfreiheit (s. Bemerkungen zu Art. 5 Abs. 2).

Urteil zum ausreichenden Platz für Legehennen, ultimative Fristsetzung, bis zu der vom Gesetz die Steuerfreibeträge für Kinder neu zu regeln sind, andernfalls gilt automatisch ein ganz bestimmter, steuerlich abzugsfähiger Betrag.

Das Problem sind nicht immer die Urteilsinhalte; so kann z. B. das letztgenannte Urteil sich einer allgemeinen Zustimmung erfreuen. Aber fragwürdig ist, dass sich das Gericht an die Stelle des dafür eigentlich zuständigen Gesetzgebers setzt und so ganz nebenbei über einen nicht unbeträchtlichen Teil des Haushalts verfügt, wodurch das sonst ängstlich gewahrte *Budgetrecht* des Bundestages tangiert wird – s. Vorbemerkung zu Art. 110.

Gefordert wird deshalb von vielen kritischen Beobachtern, die eine Entwicklung vom *Rechts-* zum *Justizstaat* befürchten, eine stärkere, an der Gewaltenteilung orientierte Zurückhaltung, die sog. *judical self restraint* (= gerichtliche Selbstbeschränkung). Es ist allerdings anzumerken, dass es vielfach die Parteien selbst sind, die ein Urteil des BVerfG erzwingen, weil sie sich (unbequeme) politische Entscheidungen ersparen wollen. Beispiel dafür war die Streitfrage, ob deutsche Truppen im Auftrag der UN bei der Überwachung des Embargos gegen Restjugoslawien eingesetzt werden dürfen.

In den letzten Jahren ist das BVerfG allerdings in bisher erst- und einmaliger Weise in die massive Kritik nicht nur der breiteren Öffentlichkeit, sondern auch der juristischen Fachwelt geraten. Die zum Teil leidenschaftlich geführte Debatte entzündete sich vor allem an dem Kruzifix-Urteil (s. Bemerkung zu Art. 4 Abs. 1), den Urteilen zu „Soldaten sind Mörder" (s. Bemerkungen zu Art. 5) und zu dem Urteil über Lebenspartnerschaften (s. Kommentierung zu Art. 6 Abs. 1). – Im Zusammenhang mit der (zulässigen) „Urteilsschelte" wurde auch das nach Parteiproporz gestaltete Berufungsverfahren der höchsten Richter kritisch beleuchtet (s. Bemerkung zu Art. 94 Abs. 1).

(1) Das Bundesverfassungsgericht entscheidet:

1. über die Auslegung dieses Grundgesetzes aus Anlaß von Streitigkeiten über den Umfang der Rechte und Pflichten eines obersten Bundesorgans oder anderer Beteiligter, die durch dieses Grundgesetz oder in der Geschäftsordnung eines obersten Bundesorgans mit eigenen Rechten ausgestattet sind;

2. bei Meinungsverschiedenheiten oder Zweifeln über die förmliche und sachliche Vereinbarkeit von Bundesrecht oder Landesrecht mit diesem Grundgesetze oder die Vereinbarkeit von Landesrecht mit sonstigem Bundesrechte auf Antrag der Bundesregierung, einer Landesregierung oder eines Drittels der Mitglieder des Bundestages;

2a. bei Meinungsverschiedenheiten, ob ein Gesetz den Voraussetzungen des Artikels 72 Abs. 2 entspricht, auf Antrag des Bun-

desrates, einer Landesregierung oder der Volksvertretung eines Landes;

3. bei Meinungsverschiedenheiten über Rechte und Pflichten des Bundes und der Länder, insbesondere bei der Ausführung von Bundesrecht durch die Länder und bei der Ausübung der Bundesaufsicht;

4. in anderen öffentlich-rechtlichen Streitigkeiten zwischen dem Bunde und den Ländern, zwischen verschiedenen Ländern oder innerhalb eines Landes, soweit nicht ein anderer Rechtsweg gegeben ist;

4a. über Verfassungsbeschwerden, die von jedermann mit der Behauptung erhoben werden können, durch die öffentliche Gewalt in einem seiner Grundrechte oder in einem seiner in Artikel 20 Abs. 4, 33, 38, 101, 103 und 104 enthaltenen Rechte verletzt zu sein;

4b. über Verfassungsbeschwerden von Gemeinden und Gemeindeverbänden wegen Verletzung des Rechts auf Selbstverwaltung nach Artikel 28 durch ein Gesetz, bei Landesgesetzen jedoch nur, soweit nicht Beschwerde beim Landesverfassungsgericht erhoben werden kann;

5. in den übrigen in diesem Grundgesetze vorgesehenen Fällen.

Das GG folgt hier dem sog. *Enumerationsprinzip*, wie z. B. auch in Art. 73 und 74.

Die einzelnen Zuständigkeitsbereiche sind:

– Ziff. 1: *Organstreitigkeiten*. Streitfähig (parteifähig), d. h. anerkannt zu sein, vor dem BVerfG klagen zu können oder beklagt zu werden, sind Bundestag, Bundesrat, Bundesversammlung, Bundespräsident, die Mitglieder der Bundesregierung und der Gemeinsame Ausschuss (Art. 53a). „Andere Beteiligte" sind z. B. der Bundestagspräsident, grundgesetzlich vorgesehene Bundestagsausschüsse (z. B. für Verteidigung, Art. 45a) und – nach einem Urteil des BVerfG – die politischen Parteien.

Beispiel: Ein Bundeskanzler weigert sich trotz entgegenstehendem Mehrheitsbeschluss des Bundestages, bei einer Plenarsitzung anwesend zu sein. Der Bundestag kann ihn vor dem BVerfG wegen Verletzung seiner Pflichten gem. Art. 43 Abs. 1 verklagen.

– Ziff. 2: Sog. *abstrakte Normenkontrolle*. Sie ist ein gerichtliches Verfahren zur grundsätzlichen Feststellung, ob ein Bundesgesetz oder ein bestimmtes Landesrecht mit dem GG vereinbar ist. Der *abstrakten* Normenkontrolle liegt im Ggs. zur konkreten (Art. 100) kein Gerichtsverfahren oder die Behauptung einer bestimmten Grundrechtsverletzung zu Grunde. Antragsberechtigt sind nur die Bundesregierung, eine Landesregierung und ein Drittel des Bundestages. Bei diesem Prüfverfahren gibt es keinen Antragsgegner (vgl. konkrete Normenkontrolle, Art. 100).

Beispiel: Antrag der Bayerischen Staatsregierung vom Mai 1973 auf Feststellung, dass der *Grundlagenvertrag* mit der DDR vom 21. 12. 1972 gegen das GG verstößt. Im Juli 1973 erklärte das BVerfG den Vertrag als verfassungskonform.

– Ziff. 3: *Bund-Länder-Streitigkeiten*. Parteifähig (s. Bemerkung zu Ziff. 1) sind nur die Bundesregierung und Länderregierungen. Streitgegenstand ist eine offene Meinungsverschiedenheit über grundgesetzliche Rechte und Pflichten zwischen Bund und einem Land oder mehreren Bundesländern. Die Meinungsverschiedenheit muss einen Konflikt beinhalten, die bloße Äußerung unterschiedlicher Ansichten reicht zum Anrufen des BVerfG nicht aus.

Beispiel: Ein Land klagt gegen die seiner Ansicht nach zu intensiv vorgenommene Bundesaufsicht nach Art. 84 Abs. 3.

– Ziff. 4: Antragsberechtigt sind nur die Bundesregierung und die Länderregierungen, die z. B. Rechte aus dem Einigungsvertrag geltend machen wollen.

– Ziff. 4a: *Verfassungsbeschwerde*. Sie kann von jedermann eingelegt werden, also von allen Grundrechtsträgern (s. Bemerkung zu Art. 19 Abs. 3). Voraussetzung ist:

1. Der Beschwerdeführer muss sich selbst in seinem persönlichen Grundrecht konkret verletzt fühlen.

Beispiel: Eine junge Frau kann nicht im Grundrecht auf Kriegsdienstverweigerung (Art. 4 Abs. 3) verletzt sein, weil sie gar nicht wehrpflichtig ist. Sie kann auch nicht stellvertretend für ihren Freund klagen, der nicht als Kriegsdienstverweigerer anerkannt worden ist.

2. Die tatsächliche oder vermeintliche Verletzung muss von der öffentlichen Gewalt in der Bundesrepublik Deutschland ausgehen, also vom Bund, einem Land, einer Gemeinde oder einer öffentlich-rechtlichen Körperschaft.

Beispiel: Eine Schulbehörde übergeht bei der Besetzung einer Schulleiterstelle einen Bewerber trotz vergleichsweise besserer Qualifikation wegen dessen Zugehörigkeit zu einer bestimmten Partei (Verstoß gegen den Gleichbehandlungsgrundsatz des Art. 2 Abs. 3).

3. Die Anrufung des BVerfG ist erst möglich, wenn der Rechtsweg (erfolglos) erschöpft ist. In der Regel sind für Verfassungsbeschwerden die Verwaltungsgerichte zuständig (s. Bemerkung zu Art. 95 Abs. 1).

Das BVerfG hat ein Merkblatt über Form und Inhalt einer *Verfassungsbeschwerde* herausgegeben, die danach folgende Angaben enthalten muss:

1. Der staatliche Hoheitsakt, Gesetz, Gerichtsentscheidung oder Verwaltungsmaßnahme, gegen die sich die Verfassungsbeschwerde richtet;

2. Das Grundrecht, das verletzt sein soll;

3. Darlegung, worin der Antragsteller im Einzelnen die Grundrechtsverletzung zu erkennen glaubt;

4. Beglaubigte Abschriften bzw. Fotokopien der bisher in dieser Angelegenheit ergangenen Bescheide und Gerichtsentscheidungen.

Die tatsächliche Verletzung von Grundrechten ist in der Praxis viel seltener, als der Laie ahnt. Derzeit gehen jährlich etwa 5 000 Verfassungsbeschwerden ein, aber über 95 % werden wegen offensichtlicher Aussichtslosigkeit gar nicht erst zur Entscheidung angenommen; erfolgreich im Sinne der Antragsteller waren nicht einmal 3 %.

> **Beispiel:** Eine Verfassungsbeschwerde eines Cannabiskonsumenten, der ein „Recht auf Rausch" einforderte, wurde gar nicht erst zur Entscheidung angenommen. Die Kammer befand, dass „Sichberauschen" nicht „zum Kernbereich privater Lebensgestaltung" gehöre.

Das BVerfG kann übrigens eine Gebühr bis 2500 EUR verhängen, wenn die Verfassungsbeschwerde offensichtlich missbräuchlich eingereicht wird, es macht aber von dieser Möglichkeit nur selten Gebrauch. Im Jahre 2001 wurde diese Gebühr nur in 0,45 % der Fälle erhoben, darunter waren Kleinbeträge von 50 bis 150 EUR.

Die Verfassungsbeschwerde ist die einzige Möglichkeit für den Einzelnen, das BVerfG anzurufen.

– Ziff. 4b: Antragsberechtigt sind Gemeinden und Gemeindeverbände wegen Verletzung des Selbstverwaltungsrechts. – Im Übrigen gelten für diese seltenen Verfassungsbeschwerden die Regeln des vorhergehenden Absatzes.

– Ziff. 5: Diese Fälle sind aufgeführt in den folgenden Artikeln: Art. 18; Art. 21 Abs. 2; Art. 41 Abs. 2; Art. 61; Art. 84 Abs. 4 Satz 2; Art. 98 Abs. 2 u. 5; Art. 99; Art. 100; Art. 126.

(2)* Das Bundesverfassungsgericht entscheidet außerdem auf Antrag des Bundesrates, einer Landesregierung oder der Volksvertretung eines Landes, ob im Falle des Artikels 72 Abs. 4 die Erforderlichkeit für eine bundesgesetzliche Regelung nach Artikel 72 Abs. 2 nicht mehr besteht oder Bundesrecht in den Fällen des Artikels 125a Abs. 2 Satz 1 nicht mehr erlassen werden könnte. Die Feststellung, dass die Erforderlichkeit entfallen ist oder Bundesrecht nicht mehr

erlassen werden könnte, ersetzt ein Bundesgesetz nach Artikel 72 Abs. 4 oder nach Artikel 125a Abs. 2 Satz 2. Der Antrag nach Satz 1 ist nur zulässig, wenn eine Gesetzesvorlage nach Artikel 72 Abs. 4 oder nach Artikel 125a Abs. 2 Satz 2 im Bundestag abgelehnt oder über sie nicht innerhalb eines Jahres beraten und Beschluss gefasst oder wenn eine entsprechende Gesetzesvorlage im Bundesrat abgelehnt worden ist.

Da scheint Arbeit auf das BVerfG zuzukommen; eine Kommentierung erübrigt sich, da diese neue Bestimmung für den „normalen" Wahlbürger weitgehend irrelevant ist.

(3) Das Bundesverfassungsgericht wird ferner in den ihm sonst durch Bundesgesetz zugewiesenen Fällen tätig.

Das BVerfG kann z. B. eine *einstweilige Anordnung* erlassen, wenn dies zur Abwehr schwerer Nachteile oder zur Verhinderung drohender Gewalt dringend erforderlich ist. Sie bleibt bis zur Entscheidung in der Hauptsache gültig.

> **Beispiel:** Unterbindung der Anwendung des *Volkszählungsgesetzes*, das in der Hauptentscheidung als eine Verletzung des *informationellen Selbstbestimmungsrechts* angesehen wurde (s. Beispiel Art. 19 Abs. 4).

Art. 94 [Zusammensetzung, Verfahren]

(1) Das Bundesverfassungsgericht besteht aus Bundesrichtern und anderen Mitgliedern. Die Mitglieder des Bundesverfassungsgerichtes werden je zur Hälfte vom Bundestage und vom Bundesrate gewählt. Sie dürfen weder dem Bundestage, dem Bundesrate, der Bundesregierung noch entsprechenden Organen eines Landes angehören.

Das Gesetz über das Bundesverfassungsgericht (BVerfGG i. d. F. v. 1995) hat diese GG-Bestimmung folgendermaßen geregelt:

– Der Bundestag wählt die Hälfte der Richter durch einen 12-köpfigen Wahlmännerausschuss. Gewählt ist, wer mindestens acht Stimmen auf sich vereinigt.

– Der Bundesrat bestimmt die von ihm zu wählende andere Hälfte der Richter mit Zweidrittelmehrheit.

Mit diesem Verfahren wird zwar formal sichergestellt, dass keine starke Koalition (außer bei Zweidrittelmehrheit) „ihren" Richter gegen den Willen der Opposition durchsetzen kann. Es bildet sich ein gewisser Proporz bei der

Stellenbesetzung nach der Stärke der im Bundestag vertretenen Parteien heraus. Das führt dazu, dass die Wahl eigentlich gar keine Wahl mehr ist, sondern das Ergebnis politischer Abreden zwischen den Parteien bzw. Fraktionen. Sie suchen die Kandidaten aus dem Kreis ihrer Parteigänger oder ihr Nahestehender aus, die in einem „Paket" zusammengefasst werden. Die Wahl ist reine Formalie einer Vereinbarung, die scharfe Kritiker auch als „Klüngel" bezeichnen könnten.

Gemessen an ihrer Kompetenz zur verbindlichen Letztentscheidung (s. Kommentierung zum folgenden Abs. 2) ist die demokratische Legitimation der obersten Richter etwas schwach. Unbeschadet des persönlichen Ansehens einzelner Richter und dass wohl keiner von ihnen sich je an eine bestimmte „Parteilinie" gebunden fühlt, prägen sie das gesellschaftliche Leben auch nach ihrer persönlichen Einstellung.

Strittig ist, ob die Delegation der Wahlbefugnis auf den Wahlausschuss des Bundestages verfassungsrechtlich überhaupt zulässig ist. Das BVerfG hat das Verfahren nicht beanstandet. Die Wahl auf 12 Jahre bedeutet altersbedingt praktisch ausnahmslos, dass damit die Karriere eines Richters gekrönt wird und die Wahl zu diesem Amt das Ende der Laufbahn darstellt. Dies gibt ihm ein zusätzliches Gefühl persönlicher Unabhängigkeit, vgl. dazu auch Kommentierung zu Art. 97. Die Bundesverfassungsrichter sind ausschließlich Berufsrichter, es gibt also keine Schöffen. Eine Wiederwahl ist unzulässig.

(2) Ein Bundesgesetz regelt seine Verfassung und das Verfahren und bestimmt, in welchen Fällen seine Entscheidungen Gesetzeskraft haben. Es kann für Verfassungsbeschwerden die vorherige Erschöpfung des Rechtsweges zur Voraussetzung machen und ein besonderes Annahmeverfahren vorsehen.

Nach § 31 BVerfGG haben alle Entscheidungen des BVerfG unmittelbare inhaltliche bis ins Einzelne gehende Bindungswirkungen für alle anderen Verfassungsorgane des Bundes und der Länder sowie aller Behörden und Gerichte. *Unmittelbare Gesetzeskraft* haben Entscheidungen, wenn sie ein Gesetz für nichtig oder für unvereinbar mit dem GG erklärt haben. Sie sind damit für jedermann verbindlich. Konsequenterweise werden solche Entscheidungen auch im *Bundesgesetzblatt* veröffentlicht. So ist das BVerfG die autoritative Letztinstanz für alle in der gesellschaftlichen Wirklichkeit auftauchenden Rechtsfragen geworden. Und bei der juristischen Durchnormierung, der *Regeldichte* in der Bundesrepublik Deutschland, ist damit kein Teilbereich der Judikatur des BVerfG entzogen – mit der Einschränkung allerdings, dass dieses Gericht, wie jedes andere auch, nur auf Antrag tätig werden kann.

Beispiel: Nach dem Urteil zum Grundlagenvertrag von 1973 darf „kein Verfassungsorgan der Bundesrepublik Deutschland … die Wiederherstellung der staatlichen Einheit als politisches Ziel aufgeben, alle Verfassungsorgane sind verpflichtet … auf die Erreichung dieses Zieles hinzuwirken …"

Zu den Verfassungsbeschwerden s. auch Bemerkung zu Art. 93 Abs. 1 Ziff. 4a.

Art. 95 [Oberste Gerichtshöfe]

Vorbemerkung:

Mit der Bezeichnung „Oberste Gerichtshöfe" soll ausgedrückt werden, dass diese keinem anderen Gericht untergeordnet werden dürfen, es sei denn, es handelt sich um Verfassungsentscheidungen des BVerfG. Diese Gerichtshöfe sind ausschließlich *Revisionsinstanzen*, die nur angerufen werden können, wenn der Revisionsführer die Verletzung von *Bundesrecht* rügt.

(1) Für die Gebiete der ordentlichen, der Verwaltungs-, der Finanz-, der Arbeits- und der Sozialgerichtsbarkeit errichtet der Bund als oberste Gerichtshöfe den Bundesgerichtshof, das Bundesverwaltungsgericht, den Bundesfinanzhof, das Bundesarbeitsgericht und das Bundessozialgericht.

Art. 95 Abs. 1 zählt die Zweige der Gerichtsbarkeit auf, die damit zwingend und erschöpfend verfassungsrechtlich vorgeschrieben sind. Das bedeutet, der Gesetzgeber darf nicht mehr, aber auch nicht weniger Gerichtszweige einrichten.

Diese *Rechtsprechungszweige* sind die:

– sog. *ordentliche Gerichtsbarkeit* mit dem Bundesgerichtshof (BGH, Sitz: Karlsruhe), zuständig für Zivil- und Strafsachen sowie die freiwillige Gerichtsbarkeit; der 5. Senat für Strafsachen hat seinen Sitz in Leipzig;

– *Verwaltungsgerichtsbarkeit* mit dem Bundesverwaltungsgericht (BVerwG, Sitz: Berlin), zuständig für alle öffentlich-rechtlichen Streitigkeiten, z. B. Klagen der Bürger gegen eine Verwaltungsmaßnahme;

– *Finanzgerichtsbarkeit* mit dem Bundesfinanzhof (BFH, Sitz: München), zuständig vor allem für Steuerfragen;

– *Arbeitsgerichtsbarkeit* mit dem Bundesarbeitsgericht (BAG, Sitz: Erfurt), zuständig für alle Streitigkeiten zwischen Arbeitgeber und Arbeitnehmer;

– *Sozialgerichtsbarkeit* mit dem Bundessozialgericht (BSG, Sitz: Kassel), zuständig für Streitigkeiten über Angelegenheiten der Sozial- und Arbeitslosenversicherung.

(2) Über die Berufung der Richter dieser Gerichte entscheidet der für das jeweilige Sachgebiet zuständige Bundesminister gemeinsam mit einem Richterwahlausschuß, der aus den für das jeweilige Sachgebiet zuständigen Ministern der Länder und einer gleichen Anzahl von Mitgliedern besteht, die vom Bundestage gewählt werden.

Kein Kommentar; nähere Einzelheiten dazu im Richterwahlgesetz v. 1950 i. d. F. v. 30. Juli 1968.

(3) Zur Wahrung der Einheitlichkeit der Rechtsprechung ist ein Gemeinsamer Senat der in Absatz 1 genannten Gerichte zu bilden. Das Nähere regelt ein Bundesgesetz.

Der Gemeinsame Senat hat seinen Sitz in Karlsruhe und entscheidet, wenn ein oberster Gerichtshof in seiner Entscheidung von der eines anderen obersten Gerichtshofes abweichen will.

Art. 96 [Bundesgerichte]

Vorbemerkung:

> Obere Gerichtshöfe sind gegenüber den *obersten Gerichtshöfen* im Instanzenzug nachgeordnet, ihre Urteile können also von den letzteren aufgehoben werden.

(1) Der Bund kann für Angelegenheiten des gewerblichen Rechtsschutzes ein Bundesgericht errichten.

Der Bund hat von dieser Verfassungsermächtigung durch die Errichtung eines *Bundespatentgerichts* (BPatG, Sitz: München) Gebrauch gemacht.

(2) Der Bund kann Wehrstrafgerichte für die Streitkräfte als Bundesgerichte errichten. Sie können die Strafgerichtsbarkeit nur im Verteidigungsfalle sowie über Angehörige der Streitkräfte ausüben, die in das Ausland entsandt oder an Bord von Kriegsschiffen eingeschifft sind. Das Nähere regelt ein Bundesgesetz. Diese Gerichte gehören zum Geschäftsbereich des Bundesjustizministers. Ihre hauptamtlichen Richter müssen die Befähigung zum Richteramt haben.

Wehrstrafgerichte sind nicht eingerichtet worden. Sie wären nur für Soldaten und Offiziere der Bundeswehr zuständig.

(3) Oberster Gerichtshof für die in Absatz 1 und 2 genannten Gerichte ist der Bundesgerichtshof.

(s. Vorbemerkung)

(4) Der Bund kann für Personen, die zu ihm in einem öffentlich-rechtlichen Dienstverhältnis stehen, Bundesgerichte zur Entscheidung in Disziplinarverfahren und Beschwerdeverfahren errichten.

Der Bund hat von dieser Ermächtigung Gebrauch gemacht und den *Bundesdisziplinarhof* (BDH, Sitz: Frankfurt/Main) eingerichtet. Er ist zuständig für alle Personen, die in einem öffentlich-rechtlichen Dienstverhältnis zum Bund stehen, also vor allem für Bundesbeamte, Bundesrichter, Offiziere und Soldaten der Bundeswehr.

(5) Für Strafverfahren auf den folgenden Gebieten kann ein Bundesgesetz mit Zustimmung des Bundesrates vorsehen, dass Gerichte der Länder Gerichtsbarkeit des Bundes ausüben:

1. Völkermord;

2. völkerstrafrechtliche Verbrechen gegen die Menschlichkeit;

3. Kriegsverbrechen;

4. andere Handlungen, die geeignet sind und in der Absicht vorgenommen werden, das friedliche Zusammenleben der Völker zu stören (Artikel 26 Abs. 1);

5. Staatsschutz.

Abs. 5 hat nur Bedeutung im Zusammenhang mit Friedensverrats- und Staatsschutzsachen.

Art. 97 [Unabhängigkeit der Richter]

Vorbemerkung:

Art. 97 bestimmt die sachliche und persönliche Unabhängigkeit der Richter als Voraussetzung für Unbestechlichkeit und Unparteilichkeit bei der Rechtsfindung. Die richterliche Unabhängigkeit ist kein Grundrecht, ist aber ein *grundrechtsähnliches Amtsrecht* des Richters.

(1) Die Richter sind unabhängig und nur dem Gesetze unterworfen.

Abs. 1 bestimmt die sachliche Unabhängigkeit und bedeutet, dass der Richter nur dem Gesetz unterworfen ist und an keinerlei Weisungen der Exekutive oder Urteile anderer (grundsätzlich auch nicht übergeordneter) Gerichte gebunden ist. Er untersteht einer Dienstaufsicht nur in formaler Hinsicht.

Beispiel: Der Präsident eines Amtsgerichts kann einen Richter mahnen, seine Amtsgeschäfte generell zügiger zu erledigen. Er kann aber nicht in einem Einzelfall daraufhin wirken, einen bestimmten Prozess ohne weitere Beweiserhebung „endlich abzuschließen".

Der Abs. 1 soll den Richter auch vor Einflussnahme von nichtstaatlicher Seite schützen – Parteien, Verbänden, Kirchen, Medien, Privaten usw.

Kritik an bereits gefällten Entscheidungen, auch scharfe Kritik – die „Urteilsschelte" – ist dagegen zulässig und unterliegt keiner speziellen Beschränkung. Allerdings sollten sich staatliche Organe, die z. B. über die Beförderung der Richter zu befinden haben, dabei Mäßigung auferlegen, damit nicht der Verdacht der Einflussnahme entstehen kann.

Als Gegenstück zu diesem umfassenden Schutz vor Beeinflussung ist der Richter strikt dem Gesetz unterworfen. Dazu zählt jede gültige Rechtsnorm, also z. B. auch Rechtsverordnungen, allgemeine Regeln des Völkerrechts und für allgemein verbindlich erklärte Tarifverträge. Der Richter muss ein Gesetz auch dann anwenden, wenn es seiner Rechtsauffassung widerspricht; er darf nicht seine, gegenüber dem Gesetzgeber abweichende Ansicht über Gerechtigkeit und Zweckmäßigkeit seiner Entscheidung zugrunde legen (vgl. Art. 100).

(2) Die hauptamtlich und planmäßig endgültig angestellten Richter können wider ihren Willen nur kraft richterlicher Entscheidung und nur aus Gründen und unter den Formen, welche die Gesetze bestimmen, vor Ablauf ihrer Amtszeit entlassen oder dauernd oder zeitweise ihres Amtes enthoben oder an eine andere Stelle oder in den Ruhestand versetzt werden. Die Gesetzgebung kann Altersgrenzen festsetzen, bei deren Erreichung auf Lebenszeit angestellte Richter in den Ruhestand treten. Bei Veränderung der Einrichtung der Gerichte oder ihrer Bezirke können Richter an ein anderes Gericht versetzt oder aus dem Amte entfernt werden, jedoch nur unter Belassung des vollen Gehaltes.

Abs. 2 bestimmt die persönliche Unabhängigkeit und gilt im Gegensatz zu Abs. 1 nur für Berufs- und nicht für ehrenamtliche Richter (Schöffen). Eine erzwungene Entlassung, Zurruhesetzung, Versetzung an einen anderen Dienstort usw. ist nur aus ganz bestimmten, gesetzlich umrissenen Gründen möglich, z. B. nach Begehen einer schweren Straftat. Die Entlassung eines Richters wegen Dienstpflichtverletzung, z. B. wegen vorsätzlicher Rechtsbeugung (Zeugenbestechung, Unterschlagung von Beweismaterial u. Ä.) ist außerordentlich selten.

Art. 98 [Rechtsstellung der Richter]

(1) Die Rechtsstellung der Bundesrichter ist durch besonderes Bundesgesetz zu regeln.

Um die besondere Rechtsstellung der Richter zu betonen, hat der Gesetzgeber das Deutsche Richtergesetz v. 1972 erlassen. Sachzwängen folgend ist es jedoch weitgehend dem allgemeinen Beamtenrecht angepasst.

(2) Wenn ein Bundesrichter im Amte oder außerhalb des Amtes gegen die Grundsätze des Grundgesetzes oder gegen die verfassungsmäßige Ordnung eines Landes verstößt, so kann das Bundesverfassungsgericht mit Zweidrittelmehrheit auf Antrag des Bundestages anordnen, daß der Richter in ein anderes Amt oder in den Ruhestand zu versetzen ist. Im Falle eines vorsätzlichen Verstoßes kann auf Entlassung erkannt werden.

Diese Bestimmung hat keine praktische Bedeutung erlangt.

(3)* Die Rechtsstellung der Richter in den Ländern ist durch besondere Landesgesetze zu regeln, soweit Artikel 74 Abs. 1 Nr. 27 nichts anderes bestimmt.

Die Neufassung wurde notwendig, weil der Bund keine Rahmenvorschriften mehr erlassen kann.

(4) Die Länder können bestimmen, daß über die Anstellung der Richter in den Ländern der Landesjustizminister gemeinsam mit einem Richterwahlausschuß entscheidet.

Von dieser Ermächtigung haben die Länder bisher wenig Gebrauch gemacht.

(5) Die Länder können für Landesrichter eine Absatz 2 entsprechende Regelung treffen. Geltendes Landesverfassungsrecht bleibt unberührt. Die Entscheidung über eine Richteranklage steht dem Bundesverfassungsgericht zu.

(s. Bemerkung zu Abs. 2)

Art. 99 [Verfassungsstreitigkeiten durch Landesgesetz zugewiesen]

Dem Bundesverfassungsgerichte kann durch Landesgesetz die Entscheidung von Verfassungsstreitigkeiten innerhalb eines Landes, den in Artikel 95 Abs. 1 genannten obersten Gerichtshöfen für den letzten Rechtszug die Entscheidung in solchen Sachen zugewiesen werden, bei denen es sich um die Anwendung von Landesrecht handelt.

Von dieser Möglichkeit hat bisher nur das Bundesland Schleswig-Holstein einmal Gebrauch gemacht; alle anderen Bundesländer leisten sich ein eigenes *Landesverfassungsgericht*.

Art. 100 [Verfassungsrechtliche Vorentscheidung]

(1) Hält ein Gericht ein Gesetz, auf dessen Gültigkeit es bei der Entscheidung ankommt, für verfassungswidrig, so ist das Verfahren auszusetzen und, wenn es sich um die Verletzung der Verfassung eines Landes handelt, die Entscheidung des für Verfassungsstreitigkeiten zuständigen Gerichtes des Landes, wenn es sich um die Verletzung dieses Grundgesetzes handelt, die Entscheidung des Bundesverfassungsgerichtes einzuholen. Dies gilt auch, wenn es sich um die Verletzung dieses Grundgesetzes durch Landesrecht oder um die Unvereinbarkeit eines Landesgesetzes mit einem Bundesgesetze handelt.

(2) Ist in einem Rechtsstreite zweifelhaft, ob eine Regel des Völkerrechtes Bestandteil des Bundesrechts ist und ob sie unmittelbar Rechte und Pflichten für den einzelnen erzeugt (Artikel 25), so hat das Gericht die Entscheidung des Bundesverfassungsgerichtes einzuholen.

(3) Will das Verfassungsgericht eines Landes bei der Auslegung des Grundgesetzes von einer Entscheidung des Bundesverfassungsgerichtes oder des Verfassungsgerichtes eines anderen Landes abweichen, so hat das Verfassungsgericht die Entscheidung des Bundesverfassungsgerichtes einzuholen.

Art. 100 behandelt die sog. *konkrete Normenkontrolle*. Sie ist ein gerichtliches Verfahren, in dem Zweifel ausgeräumt oder bestätigt werden, ob in einem konkreten Fall (Ggs.: abstrakte Normenkontrolle, Art. 93 Abs. 1 Ziff. 2) ein bestimmtes Bundes- oder Landesrecht angewandt werden darf, weil es im Widerspruch zum GG stehen könnte. Diese Kontrollbestimmung ist ein richterliches Prüfungsrecht. Der Art. 100 kommt zum Zuge, wenn einem Gericht in einem konkreten, zur Entscheidung anstehenden Einzelfall Zweifel kommen, ob es das zur Entscheidungsfindung notwendige Gesetz überhaupt heranziehen darf. Zweck dieser Vorschrift ist zu verhindern, dass ein einzelnes Gericht sich über den Willen des Bundes- oder Landesgesetzgebers hinwegsetzt, indem es beschlossene Gesetze wegen vermeintlicher Verfassungswidrigkeit einfach nicht anwendet. Die Entscheidung über Gültigkeit oder Ungültigkeit aber soll den Verfassungsgerichten (BVerfG und Länderverfassungsgerichten) vorbehalten bleiben. Sie allein haben das sog. *Verwerfungsmonopol*, d. h. das Recht, ein Gesetz als mit der Verfassung unvereinbar zu erklären.

Art. 101 [Verbot von Ausnahmegerichten]

Vorbemerkung: —————————————————

Art. 101 enthält in Abs. 1 einen Anspruch auf den „gesetzlichen Richter". In Verbindung mit Art. 19 Abs. 4 ist Art. 101 ein *grundrechtsgleiches* Recht, ein sog. *justizielles* (die Justiz betreffendes) *Grundrecht*. Es wird auch *prozessuales Grundrecht* genannt, das ein wesentliches Merkmal des Rechtsstaates ist.

(1) Ausnahmegerichte sind unzulässig. Niemand darf seinem gesetzlichen Richter entzogen werden.

Ausnahmegerichte sind Gerichte, die ausschließlich für einen bestimmten Einzelfall außerhalb aller sonst gegebenen Zuständigkeiten gebildet werden, z. B. militärische Standgerichte.

Die richterliche Zuständigkeit muss im Vorhinein abstrakt – also nicht im Hinblick auf konkret anstehende Einzelfälle – so genau wie möglich bestimmt werden. Das geschieht bei den ordentlichen Gerichten (Zivil- und Strafgerichten) in der Regel durch einen vorherigen, jährlich aufzustellenden *Geschäftsverteilungsplan*.

> **Beispiel:** Strafrichter Müller am Amtsgericht X erhält alle Fälle, in denen die Namen der Angeklagten mit A–K beginnen, Richter Maier die von L–Z. Richter Maier ist folglich der „gesetzliche Richter" des an diesem Gericht angeklagten Fritz Schmidt.

Sinn dieser Bestimmung ist zu verhindern, dass ein bestimmter Fall einem bestimmten Richter nachträglich zur Aburteilung zugeteilt wird, der z. B. als besonders „scharf" bekannt ist.

(2) Gerichte für besondere Sachgebiete können nur durch Gesetz errichtet werden.

> **Beispiel:** Familiengerichte, Jugendgerichte, Schifffahrtsgerichte.

Art. 102 [Abschaffung der Todesstrafe]

Die Todesstrafe ist abgeschafft.

Diese ausdrückliche und für eine Verfassung ungewöhnliche Festlegung ist eine Folge des Missbrauchs der Todesstrafe im Deutschen Reich von 1933–1945. An die Stelle der Todesstrafe ist in der Bundesrepublik Deutschland die Höchststrafe des lebenslänglichen Freiheitsentzuges getreten. Bei der Abschaffung der Todesstrafe ging der *Parlamentarische Rat* (s. Einführung) allerdings stillschweigend davon aus, dass „lebenslänglich" wirklich lebenslänglich ist und nicht eine Entlassung oft schon nach 15 Jahren erfolgt.

Beispiel: Selbst eine wegen dreifachen (!) Mordes zu lebenslänglichem Freiheitsentzug verurteilte Terroristin wurde 1994 nach 22 Jahren „auf Bewährung" aus der Haft entlassen.

Die Formulierung „ist abgeschafft" ist gleichbedeutend mit „ist verboten". Der Art. 102 gehört aber nicht zu den „ewig" garantierten Grundrechten des Art. 79 Abs. 3. Dennoch ist strittig, ob die Todesstrafe durch verfassungsänderndes Gesetz wieder eingeführt werden kann; Art. 2 Abs. 2 (s. Kommentierung dort) könnte dem entgegenstehen.

Art. 103　[Grundrechtsgarantien für das Strafverfahren]

Vorbemerkung:

Das BVerfG hat die drei genannten Rechte (Abs. 1–3) den Grundrechten gleichgestellt. Sie sind wiederum solcher justizieller Art (s. Vorbemerkung zu Art. 101) und dienen dem rechtsstaatlichen Verfahren. Gegen ihre Verletzung kann *Verfassungsbeschwerde* erhoben werden.

So wurde aufgrund einer Verfassungsbeschwerde ein des mehrfachen Mordes beschuldigter Straftäter nach achtjähriger Untersuchungshaft entlassen. Es lag immer noch kein rechtskräftiges Urteil vor. Die 3. Kammer des Zweiten Senats entschied, dass das „Versagen des Staates, die Justiz mit den erforderlichen personellen und tatsächlichen Mitteln auszustatten" nicht zu Lasten des Angeklagten gehen darf. Die Verfassungsrichter erblickten in der unangemessen langen Zeit des Strafverfahrens einen Verstoß gegen Art. 2 Abs. 1 und 2 in Verbindung mit Art. 20 Abs. 3. Das Strafverfahren selbst kann fortgesetzt werden.

(1) Vor Gericht hat jedermann Anspruch auf rechtliches Gehör.

In 75 % aller Verfassungsbeschwerden wird diese Bestimmung als „verletzt" gerügt; von den erfolgreichen Beschwerden stehen sie an erster Stelle, s. Bemerkung zu Art. 93 Abs. 1 Ziff. 4a.

Abs. 1 gibt dem von einem richterlichen Verfahren Betroffenen zunächst Anspruch auf Information über die Meinung der Gegenseite. Der Beteiligte kann verlangen zu wissen, was z. B. in einem Zivilprozess der Kläger will oder was ihm der Staatsanwalt in einem Strafprozess vorwirft.

Ferner gewährt Abs. 1 das Recht zur Äußerung. Der Betroffene muss die Möglichkeit erhalten, vor jeder richterlichen Entscheidung gehört zu werden oder zumindest schriftlich Stellung zu nehmen. Dies Recht leitet sich ab aus dem alten römischen Rechtsgrundsatz des „Audiatur et altera pars" (lat. = Auch der andere Teil soll gehört werden).

Der Anspruch wird als „prozessuales Urrecht des Menschen" (BVerfG) bezeichnet und gilt für alle, die von einer gerichtlichen Entscheidung gleich welcher Art betroffen werden können. Es gebietet, dass z. B. auch der überführte schwerste Verbrecher vor seiner Aburteilung wenigstens angehört werden muss, so unglaubwürdig seine Aussagen auch immer sein mögen.

In mündlichen Verhandlungen muss ein Dolmetscher hinzugezogen werden, wenn einer der Beteiligten, wie der Angeklagte, Kläger, Beklagte oder Zeuge, die deutsche Sprache nicht hinreichend beherrscht.

Vom Gericht gesetzte Fristen müssen so ausreichend bemessen sein, dass der Betroffene tatsächlich zeitlich die Möglichkeit hat, sich noch zu äußern.

Schließlich verlangt Abs. 1, dass der Richter die Einwendungen des Betroffenen auch zur Kenntnis nimmt und in seine Erwägungen einbezieht.

(2) Eine Tat kann nur bestraft werden, wenn die Strafbarkeit gesetzlich bestimmt war, bevor die Tat begangen wurde.

→ Bestimmtheitsgebot („Schranken-Schranke)

Auch Abs. 2 fußt auf einem alten römischen Rechtsgrundsatz „Nullum crimen, nulla poena sine lege" (lat. = Kein Verbrechen, keine Strafe ohne Gesetz).

Das Gleiche gilt von dem Grundsatz „nulla poena sine culpa" (keine Strafe ohne Schuld); das Rechtsstaatsprinzip gebietet den zu bestrafen, der sich schuldig gemacht hat. Strafbarkeit bedeutet eine staatliche Antwort auf ein von der Rechtsordnung missbilligtes Verhalten.

Der Strafzweck ist ein mehrfacher:

1. *Generalprävention* (Vorbeugung), d. h. allgemeine Abschreckung gegen Straftäter;

2. *Spezialprävention*, d. h. auf den Täter zugeschnittenes Strafmaß, z. B. durch Sicherungsverwahrung;

3. *Resozialisierung*, d. h. Wiedereingliederung des Täters, auch eines schweren Verbrechers, in die Gesellschaft, wenn eine günstige Sozialprognose vorliegt – vgl. Bemerkung zu Art. 2 Abs. 1.

Zu Strafen zählen z. B. alle Kriminalstrafen, aber auch Ordnungsstrafen und Disziplinarstrafen.

Gesetz im Sinne des Abs. 2 ist jede schriftliche Rechtsnorm, also auch eine Rechtsverordnung, nicht dagegen Gewohnheitsrecht. Das Gesetz muss einen hohen Bestimmtheitsgrad aufweisen, d. h. der Einzelne soll im Vorhinein wissen können, was verboten ist und welche Strafe ihn erwartet, wenn er dagegen verstößt.

Abs. 2 enthält das sog. *Rückwirkungsverbot:* Danach ist es unzulässig,

– jemanden für eine Handlung zu bestrafen, die zum Zeitpunkt der Tatausführung noch straffrei war;

– ihn höher zu bestrafen, als zur Tatzeit gesetzlich zulässig war;

– den Unrechtsgehalt einer strafbaren Handlung höher zu bewerten, als zur Tatzeit gesetzlich bestimmt war.

Beispiel: Deshalb konnten selbst hohe Funktionsträger der untergegangenen DDR für ihre Taten nur auf der Grundlage des zur Tatzeit gültigen *DDR-Rechts* bestraft werden, wobei noch das mildere Strafrecht der Bundesrepublik Deutschland Vorrang erhielt. Eine Ausnahme bildeten nur Taten, die offensichtlich gegen elementare Gebote der *völkerrechtlich anerkannten Menschenrechte* verstießen, wie z. B. die Anordnung des Schusswaffengebrauchs an der innerdeutschen Grenze.

(3) Niemand darf wegen derselben Tat auf Grund der allgemeinen Strafgesetze mehrmals bestraft werden.

Der hergebrachte Rechtsgrundsatz „Ne bis in idem" (lat. = Nicht zweimal für dasselbe) hat auch bei dieser Bestimmung Pate gestanden.

Das Verbot der Mehrfachbestrafung gilt nur für die Anwendung des Kriminalstrafrechts, nicht dagegen für das Dienststrafrecht oder das Disziplinarrecht u. Ä.

Beispiel: Ein Beamter wird wegen schwerer Veruntreuung zu einer Haftstrafe von zwei Jahren verurteilt. Er kann (und wird) in einem anschließenden Disziplinarverfahren aus dem Amt entlassen werden.

Abs. 3 bedeutet ferner, dass ein rechtskräftig ergangenes Urteil einschl. Freispruch nachträglich nicht mehr aufgehoben werden kann. Ausgenommen ist das Wiederaufnahmeverfahren, wenn neue Beweismittel den Tathergang oder die Schwere der Schuld in einem anderen Licht erscheinen lassen.

Beispiel: Bei einer Wirtshausschlägerei fügt jemand dem X eine schwere Körperverletzung zu, an der dieser stirbt. Der Täter wird wegen schwerer Körperverletzung mit tödlichem Ausgang zu einer mehrjährigen Freiheitsstrafe verurteilt. Ein halbes Jahr später meldet sich ein Zeuge, der glaubhaft behauptet, beweisen zu können, dass der Täter die Schlägerei vorsätzlich mit dem Ziel herbeigeführt hat, bei dieser Gelegenheit den X „umzubringen". Der Strafprozess kann neu eröffnet werden, denn die Anklage lautet nunmehr auf Mord.

Art. 104 [Rechtsgarantien bei Freiheitsentziehung]

Vorbemerkung: _____

Auch dieser Art. ist ein (justizielles) Grundrecht, das bei einer Verletzung mit einer Verfassungsbeschwerde (Art. 93 Abs. 1 Ziff. 4a) verteidigt werden kann.

(1) Die Freiheit der Person kann nur auf Grund eines förmlichen Gesetzes und nur unter Beachtung der darin vorgeschriebenen Formen beschränkt werden. Festgehaltene Personen dürfen weder seelisch noch körperlich mißhandelt werden.

Abs. 1 enthält die _Freiheitsbeschränkung_, die einen Menschen an der völligen Bewegungsfreiheit hindert. Freiheitsbeschränkung ist noch kein Freiheitsentzug gem. Abs. 2.

Beispiel: Die Polizei kann eine verdächtige Person, die sich nicht ausweisen kann, zur Polizeiwache mitnehmen, um dort die Personalien festzustellen.

Satz 2 ist nichts weiter als die Konkretisierung der nach Art. 1 zu schützenden Menschenwürde.

(2) Über die Zulässigkeit und Fortdauer einer Freiheitsentziehung hat nur der Richter zu entscheiden. Bei jeder nicht auf richterlicher Anordnung beruhenden Freiheitsentziehung ist unverzüglich eine richterliche Entscheidung herbeizuführen. Die Polizei darf aus eigener Machtvollkommenheit niemanden länger als bis zum Ende des Tages nach dem Ergreifen in eigenem Gewahrsam halten. Das Nähere ist gesetzlich zu regeln.

Freiheitsentzug bedeutet – im Gegensatz zur Freiheitsbeschränkung gem. Abs. 1 – eine mindestens mehr als eine Stunde dauernde Einengung der persönlichen Bewegungsfreiheit auf engem Raum. Eine solche Freiheitsentziehung kann nur durch einen Richter angeordnet werden, der vor seiner Entscheidung den Betroffenen gem. Art. 103 Abs. 1 anzuhören hat. Der Richter muss ihn zuvor persönlich „kennen lernen", hat ihn anzuhören (vgl. Art. 103 Abs. 1) und seine Einwände zur Kenntnis zu nehmen. Beruht ausnahmsweise die Freiheitsentziehung nicht auf einer richterlichen Anordnung, ist diese „unverzüglich" nachzuholen. Unverzüglich bedeutet hier nicht wie im Sinne des BGB „ohne schuldhaftes Zögern", sondern meint wirklich sofort. Auch eine Fortdauer oder Verlängerung des Freiheitsentzuges bedarf zuvor der richterlichen Anordnung. Satz 3 Abs. 2 setzt eine absolute zeitliche Obergrenze für den Polizeigewahrsam, wenn keine richterliche Anordnung erfolgt, nämlich maximal 48 Stunden.

Beispiel: Die Polizei nimmt einen volltrunkenen Mann zu seinem eigenen Schutz am Montag, 00:00 Uhr zur Ausnüchterung in Polizeigewahrsam. Spätestens am folgenden Dienstag, 24:00 Uhr muss er wieder freigelassen werden.

(3) Jeder wegen des Verdachtes einer strafbaren Handlung vorläufig Festgenommene ist spätestens am Tage nach der Festnahme dem Richter vorzuführen, der ihm die Gründe der Festnahme mitzuteilen, ihn zu vernehmen und ihm Gelegenheit zu Einwendungen zu geben hat. Der Richter hat unverzüglich entweder einen mit Gründen versehenen schriftlichen Haftbefehl zu erlassen oder die Freilassung anzuordnen.

Abs. 3 gibt der Exekutive das Recht, einen Tatverdächtigen „vorläufig festzunehmen", weil er z. B. auf frischer Tat ertappt wurde oder Fluchtgefahr besteht und ein richterlicher Haftbefehl nicht sofort erwirkt werden kann. Die richterliche Entscheidung muss spätestens am darauf folgenden Tag herbeigeführt werden. Dabei spielt es keine Rolle, ob der „Tag nach der Festnahme" ein Sonn- oder Feiertag ist. Der vorläufig Festgenommene muss dem Richter „vorgeführt" werden (vgl. Bemerkung zum vorstehenden Absatz), es muss zu einer Gegenüberstellung kommen.

Schon vor Ablauf der Frist verliert die Polizei das Recht, eine Person festzuhalten, wenn sie es unterlassen hat, die richterliche Anordnung sofort zu beantragen oder der Richter es versäumt hat, die Entscheidung unverzüglich zu treffen. – Im Übrigen gilt auch hier als zeitliche Obergrenze die Bestimmung des Abs. 2 Satz 3.

(4) Von jeder richterlichen Entscheidung über die Anordnung oder Fortdauer einer Freiheitsentziehung ist unverzüglich ein Angehöriger des Festgehaltenen oder eine Person seines Vertrauens zu benachrichtigen.

Mit dieser Bestimmung soll verhindert werden, dass die öffentliche Gewalt Personen „einfach verschwinden lässt". Deshalb besteht eine Benachrichtigungspflicht über jede Anordnung oder Fortdauer einer Freiheitsentziehung, also z. B. auch über die richterliche Zurückweisung einer Haftbeschwerde. „Person seines Vertrauens" kann auch der Wahlverteidiger des Inhaftierten sein. Bei verheirateten Personen ist als Konsequenz aus Art. 6 Abs. 1 auch der Ehegatte, bei (nicht volljährigen) Kindern sind auf jeden Fall die Eltern zu benachrichtigen.

Das Finanzwesen

X

Art. 104a   Tragung der Ausgaben 256

Art. 104b   Finanzhilfen für besonders
bedeutsame Investitionen 259

Art. 105   Gesetzgebungszuständigkeit 260

Art. 106   Steuerverteilung 262

Art. 106a   Personennahverkehr 266

Art. 107   Örtliches Aufkommen 267

Art. 108   Finanzverwaltung 268

Art. 109   Haushaltswirtschaft 270

Art. 110   Haushaltsplan 272

Art. 111   Haushaltsvorgriff 274

Art. 112   Über- und außerplanmäßige
Ausgaben 275

Art. 113   Ausgabenerhöhung,
Einnahmeminderung 275

Art. 114   Rechnungslegung,
Bundesrechnungshof 276

Art. 115   Kreditaufnahme 277

X. Das Finanzwesen

Vorbemerkungen:

Das GG regelt nur die Abgaben in Form von Steuern, nicht dagegen Gebühren und Beiträge (zu den Begriffen s. Erklärung zu Art. 105 Abs. 2).

Abschnitt X behandelt die sog. *Finanzverfassung*, die ihre jetzige Form durch das (verfassungsändernde) Haushalts- und Finanzreformgesetz von 1969 erhielt. Nach der seit dem vorigen Jahrhundert gültigen ökonomischen Gesetzmäßigkeit über „die wachsenden Staatsauf- und -ausgaben" hat die *Finanzwirtschaft der öffentlichen Hand* ständig an Bedeutung gewonnen.

Die Art. 104a bis 109 grenzen die *Finanzhoheit* zwischen Bund und Ländern ab. Die Art. 110 bis 115 enthalten die allgemeinen Grundsätze der Haushaltswirtschaft des Bundes.

Mögen die Grundrechte, die rechtsstaatlichen Normen und der Aufbau der Bundesrepublik Deutschland auch für „die Menschen draußen im Lande" noch einigermaßen verständlich sein, spätestens bei diesem Abschnitt wird für die meisten Leser das Verstehen schwer, wenn nicht gar unmöglich. Die staatliche Finanzwirtschaft gehört zu den komplexesten, auch für Fachleute kaum mehr zu durchschauenden Bereichen der öffentlichen Ordnung. Und kaum ein anderes Thema ist so stark politischen Auseinandersetzungen zwischen Bund, Ländern und Gemeinden unterworfen wie dieses. Schließlich geht es um die wichtigste Voraussetzung für politisches Wirken: um das Geld. *Finanzhoheit* ist vor allem *Steuerhoheit*, denn der moderne Staat ist ein „Steuerstaat". Im Rahmen dieser knappen Kommentierung kann selbstverständlich die ganze Fülle der Probleme nur angerissen werden.

Die Föderalismusreform hat nur wenige Korrekturen an dem komplexen Knoten der Finanzverfassung gebracht; diese soll, weil sie als der schwierigere Teil der Reform gilt, zu einem späteren Zeitpunkt in einem zweiten Schritt der Föderalismusreform geändert werden. Ob dies noch in der laufenden Legislaturperiode geschieht, ist mehr als fraglich, denn beim Geld, um das es hier geht, hört bekanntlich die Gemütlichkeit und damit auch der Reformkonsens auf.

Art. 104a [Tragung der Ausgaben]

Vorbemerkung:

Die Bundesrepublik Deutschland ist nach dem föderativen Prinzip aufgebaut. Die Zuweisung der staatlichen Aufgaben an Bund und Länder ist von der Verfassung im Prinzip eindeutig geregelt. Dieser Regelung entspricht die Trennung der finanziellen Lasten nach dem sog. *Konnexitätsgrundsatz* (= Sachzusammenhang).

Die ursprüngliche Fassung des Grundgesetzes vom 23. Mai 1949 sah ein striktes *Trennsystem* vor, bei dem die Länder eigene Finanzquellen hatten. So besaßen sie die alleinige *Gesetzgebungs- und Ertragshoheit* über die Einkommen- und Körperschaftsteuer. Mit dem *Finanzverfassungsgesetz* von 1955 wurde diese Regelung zu Gunsten eines *Verbundsystems* für die besonders ertragreichen Steuern wie Einkommen- und Körperschaftsteuer und später mit der Finanzreform von 1967/69 auch auf die Umsatzsteuer ausgedehnt und grundsätzlich umgestaltet, s. Art. 106 Abs. 3.

Diese Mischfinanzierung und die Vermischung von Aufgaben und Ausgaben wurde zunehmend zum zentralen Kritikpunkt der geltenden Finanzverfassung und gilt auch nach Auffassung des Bundesrechnungshofes als ineffizient; dennoch gelang die Entflechtung bisher nicht.

(1) Der Bund und die Länder tragen gesondert die Ausgaben, die sich aus der Wahrnehmung ihrer Aufgaben ergeben, soweit dieses Grundgesetz nichts anderes bestimmt.

Dieser im Prinzip einfache und klare Grundsatz lautet: Wer nach der durch das GG bestimmten Aufgabenverteilung zwischen Bund und Ländern eine Aufgabe wahrzunehmen hat, trägt die zu ihrer Erfüllung notwendigen Kosten.

Ausgaben sind alle Finanzmittel zur Erfüllung der staatlichen Aufgaben, seien es Verwaltungskosten oder Ausgaben für bestimmte Zwecke, wie Straßenbau, Schulen, Subventionen. Die Kommunen sind Glieder des betreffenden Landes, ihre Auf- und Ausgaben werden den Ländern zugerechnet.

(2) Handeln die Länder im Auftrage des Bundes, trägt der Bund die sich daraus ergebenden Ausgaben.

Abs. 2 regelt die Ausnahme von dem Konnexitätsgrundsatz des Abs. 1. Der Bund trägt die *Zweckausgaben*, z. B. das Kindergeld, nicht dagegen die zur Auszahlung erforderlichen *Verwaltungskosten*. Diese müssen, wie sich aus Abs. 5 folgern lässt, von den Ländern aufgebracht werden. Der Bund übernimmt Zweckausgaben, aber nur in den vom Grundgesetz ausdrücklich genannten Fällen der Bundesauftragsverwaltung (Art. 85).

(3)* Bundesgesetze, die Geldleistungen gewähren und von den Ländern ausgeführt werden, können bestimmen, daß die Geldleistungen ganz oder zum Teil vom Bund getragen werden. Bestimmt das

Gesetz, daß der Bund die Hälfte der Ausgaben oder mehr trägt, wird es im Auftrage des Bundes durchgeführt.

„Gewähren" bedeutet, dass es sich um freiwillige Leistungen des Bundes an die Länder zu Gunsten Dritter handelt, z. B. Entschädigung für Enteignungen.

(4)* Bundesgesetze, die Pflichten der Länder zur Erbringung von Geldleistungen, geldwerten Sachleistungen oder vergleichbaren Dienstleistungen gegenüber Dritten begründen und von den Ländern als eigene Angelegenheit oder nach Absatz 3 Satz 2 im Auftrag des Bundes ausgeführt werden, bedürfen der Zustimmung des Bundesrates, wenn daraus entstehende Ausgaben von den Ländern zu tragen sind.

Die Bundesratszustimmung ist erforderlich, weil in diesem Fall die Länder per Gesetz verpflichtet werden, finanzielle Aufwendungen auf sich zu nehmen.

(5) Der Bund und die Länder tragen die bei ihren Behörden entstehenden Verwaltungsausgaben und haften im Verhältnis zueinander für eine ordnungsgemäße Verwaltung. Das Nähere bestimmt ein Bundesgesetz, das der Zustimmung des Bundesrates bedarf.

Verwaltungskosten sind die personellen und sachlichen Kosten der staatlichen Tätigkeit. – Der Absatz entspricht dem Konnexitätsgrundsatz (s. Vorbemerkung zu Art. 105a).

(6)* Bund und Länder tragen nach der innerstaatlichen Zuständigkeits- und Aufgabenverteilung die Lasten einer Verletzung von supranationalen oder völkerrechtlichen Verpflichtungen Deutschlands. In Fällen länderübergreifender Finanzkorrekturen der Europäischen Union tragen Bund und Länder diese Lasten im Verhältnis 15 zu 85. Die Ländergesamtheit trägt in diesen Fällen solidarisch 35 vom Hundert der Gesamtlasten entsprechend einem allgemeinen Schlüssel; 50 vom Hundert der Gesamtlasten tragen die Länder, die die Lasten verursacht haben, anteilig entsprechend der Höhe der erhaltenen Mittel. Das Nähere regelt ein Bundesgesetz, das der Zustimmung des Bundesrates bedarf.

Diese als nationaler Solidaritätspakt (s. auch Art. 109 Abs. 5) bezeichnete Bestimmung gilt als wichtigste Neuregelung der Finanzverfassung. Sie klärt, in welchem Verhältnis Bund und Länder bei Verstößen gegen den Europäischen Stabilitätspakt haften, z. B. wegen Verstoßes gegen das Defizitkriterium (maximal 3 % des Bruttoinlandsprodukts) des Gesamtstaatshaushalts.

Verlangt nun die EU eine Reduzierung des Gesamtdefizits, so soll die Finanzlast dieser Korrektur vom Bund mit 15 % getragen werden. 35 % übernehmen die Länder solidarisch, aufgeteilt nach der Einwohnerzahl. Der Rest von 50 % muss von den Ländern getragen werden, die diese Lasten verursacht haben.

So ist ein erster Schritt getan, dass nicht nur der Bund, sondern auch die Bundesländer, die sich übermäßig verschulden, zur Verantwortung gezogen werden. Ob dies aber als Verschuldungsbremse ausreicht, ist fraglich. Denn das bündische Prinzip verpflichtet Bund und Länder zur Hilfe, wenn ein Bundesland in eine extreme Haushaltsnotlage gerät.

Art. 104b* [Finanzhilfen für besonders bedeutsame Investitionen]

(1) Der Bund kann, soweit dieses Grundgesetz ihm Gesetzgebungsbefugnisse verleiht, den Ländern Finanzhilfen für besonders bedeutsame Investitionen der Länder und der Gemeinden (Gemeindeverbände) gewähren, die

1. zur Abwehr einer Störung des gesamtwirtschaftlichen Gleichgewichts oder

2. zum Ausgleich unterschiedlicher Wirtschaftskraft im Bundesgebiet oder

3. zur Förderung des wirtschaftlichen Wachstums erforderlich sind.

Dies ist ein weiteres Beispiel dafür, dass die Mischfinanzierung andauert. Mit diesen Finanzhilfen vermag der Bund die Länder „am goldenen Zügel" zu führen; allerdings sind die Voraussetzungen für diese Hilfen eingeschränkt worden; eine weitere Ausnahme bildet der Hochschulbau (Art. 143c Abs. 1).

Der Ermessensspielraum ist groß, zumal auch Sachverständige sich nicht darin einig sind, ob z.B. eine hohe Arbeitslosigkeit ein Zeichen einer gesamtwirtschaftlichen Störung oder mehr Ausfluss einer Überregulierung etwa beim Arbeitsmarkt ist. Zum Begriff der Störung s. auch Bemerkungen zu Art. 115 Abs. 1.

(2) Das Nähere, insbesondere die Arten der zu fördernden Investitionen, wird durch Bundesgesetz, das der Zustimmung des Bundesrates bedarf, oder auf Grund des Bundeshaushaltsgesetzes durch Verwaltungsvereinbarung geregelt. Die Mittel sind befristet zu gewähren und hinsichtlich ihrer Verwendung in regelmäßigen Zeit-

abständen zu überprüfen. Die Finanzhilfen sind im Zeitablauf mit fallenden Jahresbeträgen zu gestalten.

Diese neue Bestimmung resultiert aus den zum Teil schlechten Erfahrungen mit dem Solidarpakt II. – Die missbräuchliche Mittelverwendung rechtfertigt die zeitliche Begrenzung und die Degression durch jährlich sinkende Beträge sowie die Kontrolle.

> **Beispiel:** Vor allem die neuen Bundesländer (mit Ausnahme des Freistaates Sachsen) allen voran Sachsen-Anhalt und Thüringen haben die Finanzhilfen, die ausschließlich für Investitionen gedacht waren, z.B. zu Personaleinstellungen verwendet ohne Rücksicht auf die langfristigen Folgekosten der Besoldung und Versorgung.

(3) Bundestag, Bundesregierung und Bundesrat sind auf Verlangen über die Durchführung der Maßnahmen und die erzielten Verbesserungen zu unterrichten.

Art. 105 [Gesetzgebungszuständigkeit]

Vorbemerkung: ────────────────────

Art. 105 ist Spezialgesetz zu den Art. 70 bis 74 und geht diesen damit vor. – Zum Begriff der ausschließlichen und konkurrierenden Gesetzgebung s. Bemerkung zu Art. 71 und 72.

(1) Der Bund hat die ausschließliche Gesetzgebung über die Zölle und Finanzmonopole.

Zölle sind staatliche Abgaben nach Maßgabe des Zolltarifs auf den grenzüberschreitenden Warenverkehr. Mit der Schaffung der Europäischen Wirtschaftsgemeinschaft 1957 hat der Bund seine eigene Zollhoheit verloren. Zwischen den 15 Mitgliedstaaten gibt es keine Zölle; gegenüber Drittländern gilt ein gemeinsamer, von der EU festgesetzter „Außentarif" (s. auch Bemerkung zu Art. 106 Abs. 1).

Nach Abschaffung des Zündwarenmonopols (1982) existiert als Finanzmonopol des Bundes heute nur noch das Branntweinmonopol.

(2) Der Bund hat die konkurrierende Gesetzgebung über die übrigen Steuern, wenn ihm das Aufkommen dieser Steuern ganz oder zum Teil zusteht oder die Voraussetzungen des Art. 72 Abs. 2 vorliegen.

Steuern sind Geldleistungen an ein öffentlich-rechtliches Gemeinwesen (Bund, Länder, Gebietskörperschaften wie Gemeinden und Landkreise) ohne besondere (einzelne) Gegenleistung. Vom Bund, den Ländern und den Gebietskörperschaften der Gemeinden werden über 40 verschiedene Steuern erhoben.

Sonderabgaben haben in der Praxis erhebliche Bedeutung erlangt. Sie sind zulässig, wenn davon eine relativ homogene Gruppe der Allgemeinheit betroffen wird, die zugleich von dem damit finanzierten Zweck begünstigt wird, z.B. Berufsausbildungsabgabe, Filmförderungsabgabe u.v.a.m. *Beiträge* sind Abgaben, die zur wenigstens teilweisen Deckung der Kosten öffentlicher Einrichtungen erhoben werden, z.B. die Kurtaxe.

Gebühren sind Geldleistungen, die für eine konkrete, individuell in Anspruch genommene öffentliche Leistung auferlegt werden, um deren Kosten ganz oder teilweise zu decken, z.B. Passgebühren. Es ist unerheblich, ob dem Einzelnen aus der Leistung ein Vorteil erwächst, wie z.B. bei der Gerichtsgebühr.

(2a)* Die Länder haben die Befugnis zur Gesetzgebung über die örtlichen Verbrauch- und Aufwandsteuern, solange und soweit sie nicht bundesgesetzlich geregelten Steuern gleichartig sind. Sie haben die Befugnis zur Bestimmung des Steuersatzes bei der Grunderwerbsteuer.

Praktische Bedeutung hat diese Gesetzgebungskompetenz nur etwa für die Getränkesteuer, Vergnügungssteuer sowie Jagd- und Fischereisteuer. Mit dem letzten Satz wird den Ländern eine sehr begrenzte Steuerautonomie gewährt.

Diese und andere Bestimmungen der Finanzverfassung zu reformieren wird die künftige Aufgabe der Föderalismusreform II sein.

(3) Bundesgesetze über Steuern, deren Aufkommen den Ländern oder den Gemeinden (Gemeindeverbänden) ganz oder zum Teil zufließt, bedürfen der Zustimmung des Bundesrates.

Abs. 3 schreibt für Gesetze über Steuern, deren Aufkommen ganz oder teilweise den Ländern zufließen, die Zustimmungsbedürftigkeit vor (Zustimmungsgesetze nach Art. 77).

Art. 106 [Steuerverteilung]

Vorbemerkung:

Art. 106 regelt die *Ertragshoheit* und die Verteilung der Steuererträge (Steueraufkommen) auf Bund, Länder und Gemeinden. Er bestimmt ferner die sog. *vertikale Ertragsaufteilung* und muss in engem Zusammenhang mit Art. 107 *(horizontale Aufteilung)* gesehen werden. Die Verfassungsbestimmung orientiert sich (wiederum) am Enumerationsprinzip (s. Bemerkung zu Art. 73).

Die Aufteilung der *Ertragshoheit* ist nicht identisch mit der Aufteilung der steuerlichen *Gesetzgebungskompetenz*. Eine Ertragszuteilung kann erfolgen nach:

– dem *Trennsystem;* die Einnahmen aus einer bestimmten Steuer gebühren entweder dem Bund oder den Ländern;

– dem *Verbundsystem;* Bund, Ländern und Gemeinden steht aus dem Steueraufkommen jeweils ein bestimmter Anteil zu.

Die Finanzverfassung des GG beruht insgesamt auf einer *Mischfinanzierung*, bei der die Konflikte programmiert sind. Die Abs. 1, 2 und 6 folgen dem Trennsystem, die Abs. 3 und 5 gehören zum Verbundsystem.

(1) Der Ertrag der Finanzmonopole und das Aufkommen der folgenden Steuern stehen dem Bund zu:

1. die Zölle,

2. die Verbrauchsteuern, soweit sie nicht nach Absatz 2 den Ländern, nach Absatz 3 Bund und Ländern gemeinsam oder nach Absatz 6 den Gemeinden zustehen,

3. die Straßengüterverkehrsteuer,

4. die Kapitalverkehrsteuern, die Versicherungsteuer und die Wechselsteuer,

5. die einmaligen Vermögensabgaben und die zur Durchführung des Lastenausgleichs erhobenen Ausgleichsabgaben,

6. die Ergänzungsabgabe zur Einkommensteuer und zur Körperschaftsteuer,

7. Abgaben im Rahmen der Europäischen Gemeinschaften.

Abs. 1 zählt die *Bundessteuern* auf. Bei den Zöllen ist zu beachten, dass sie seit 1970 den Europäischen Gemeinschaften zustehen (s. Bemerkung zu Art. 105 Abs. 1).

Eine *Ergänzungsabgabe* ist z. B. der Solidaritätszuschlag zur Finanzierung der deutschen Einheit. Sie braucht nicht befristet zu sein. Abgabenrechtlich stellt der Zuschlag trotz seines Namens eine ganz normale Steuer dar, welche auch von den Bürgern in den neuen Bundesländern zu tragen ist.

(2) Das Aufkommen der folgenden Steuern steht den Ländern zu:

1. die Vermögensteuer,

2. die Erbschaftsteuer,

3. die Kraftfahrzeugsteuer,

4. die Verkehrsteuern, soweit sie nicht nach Absatz 1 dem Bund oder nach Absatz 3 Bund und Ländern gemeinsam zustehen,

5. die Biersteuer,

6. die Abgabe von Spielbanken.

Abs. 2 listet die *Ländersteuern* auf. Zur Erbschaftsteuer gehört auch die abgabengleiche Schenkungsteuer. Die Biersteuer ist die einzige Verbrauchsteuer, die – dem Wunsch des Landes Bayern folgend –, allein den Ländern zufließt.

(3) Das Aufkommen der Einkommensteuer, der Körperschaftsteuer und der Umsatzsteuer steht dem Bund und den Ländern gemeinsam zu (Gemeinschaftsteuern), soweit das Aufkommen der Einkommensteuer nicht nach Absatz 5 und das Aufkommen der Umsatzsteuer nicht nach Absatz 5a den Gemeinden zugewiesen wird. Am Aufkommen der Einkommensteuer und der Körperschaftsteuer sind der Bund und die Länder je zur Hälfte beteiligt. Die Anteile von Bund und Ländern an der Umsatzsteuer werden durch Bundesgesetz, das der Zustimmung des Bundesrates bedarf, festgesetzt. Bei der Festsetzung ist von folgenden Grundsätzen auszugehen:

1. Im Rahmen der laufenden Einnahmen haben der Bund und die Länder gleichmäßig Anspruch auf Deckung ihrer notwendigen Ausgaben. Dabei ist der Umfang der Ausgaben unter Berücksichtigung einer mehrjährigen Finanzplanung zu ermitteln.

2. Die Deckungsbedürfnisse des Bundes und der Länder sind so aufeinander abzustimmen, daß ein billiger Ausgleich erzielt, eine Überbelastung der Steuerpflichtigen vermieden und die Einheitlichkeit der Lebensverhältnisse im Bundesgebiet gewahrt wird.

Zusätzlich werden in die Festsetzung der Anteile von Bund und Ländern an der Umsatzsteuer Steuermindereinnahmen einbezogen, die den Ländern ab 1. Januar 1996 aus der Berücksichtigung von Kindern im Einkommensteuerrecht entstehen. Das Nähere bestimmt ein Bundesgesetz nach Satz 3.

Abs. 3 enthält die *Gemeinschaftsteuern* im Verbundsystem. Diese Verbundsteuern machen knapp 75 Prozent des gesamten Steueraufkommens aus, an dem auch die Gemeinden teilhaben, s. Abs. 7. Im Jahre 2001 wurden 141 Mrd. DM Einkommen- und Körperschaftsteuer und 139 Mrd. DM Umsatzsteuer gemeinsam von Bund und Ländern vereinnahmt. Bei der anschließenden Verteilung erhielten Bund und Länder nach Abzug des Anteils für die Gemeinden etwa gleich große Anteile.

Die Berechnung der sog. *Deckungsquoten* gehört zu den schwierigsten Problemen bei Bund-Länder-Verhandlungen. Nicht einmal der Begriff „laufende Einnahmen" ist hinlänglich definiert. Und was sind „notwendige Ausgaben"? Die Auffassungen darüber dürften zwischen Mecklenburg-Vorpommern und Bayern erheblich variieren.

Die Forderung nach *„Einheitlichkeit* der Lebensverhältnisse" ist Ausfluss des *Sozialstaatsprinzips*, ist aber nicht gleichzusetzen mit demselben Lebensstandard, sondern meint nur *Gleichwertigkeit*. Hinzu kommt, dass die Forderung nur als Nebenbedingung von Art. 106 Abs. 3 Ziff. 2 steht; s. dazu auch Kommentierung zu Art. 72 Abs. 2 und Art. 107 Abs. 2.

(4) Die Anteile von Bund und Ländern an der Umsatzsteuer sind neu festzusetzen, wenn sich das Verhältnis zwischen den Einnahmen und Ausgaben des Bundes und der Länder wesentlich anders entwickelt; Steuermindereinnahmen, die nach Absatz 3 Satz 5 in die Festsetzung der Umsatzsteueranteile zusätzlich einbezogen werden, bleiben dabei unberücksichtigt. Werden den Ländern durch Bundesgesetz zusätzliche Ausgaben auferlegt oder Einnahmen entzogen, so kann die Mehrbelastung durch Bundesgesetz, das der Zustimmung des Bundesrates bedarf, auch mit Finanzzuweisungen des Bundes ausgeglichen werden, wenn sie auf einen kurzen Zeitraum begrenzt ist. In dem Gesetz sind die Grundsätze für die Bemessung dieser Finanzzuweisungen und für ihre Verteilung auf die Länder zu bestimmen.

Abs. 4 enthält eine Revisionsklausel mit der Verpflichtung einer Neufestsetzung. An Stelle der Neufestsetzung kann auch eine Finanzzuweisung des Bundes erfolgen.

(5) Die Gemeinden erhalten einen Anteil an dem Aufkommen der Einkommensteuer, der von den Ländern an ihre Gemeinden auf der Grundlage der Einkommensteuerleistungen ihrer Einwohner weiterzuleiten ist. Das Nähere bestimmt ein Bundesgesetz, das der Zustimmung des Bundesrates bedarf. Es kann bestimmen, daß die Gemeinden Hebesätze für den Gemeindeanteil festsetzen.

Mit Abs. 5 bis 7 wird dem Bund eine Mitverantwortung für die Gemeindeeinnahmen auferlegt. Dies folgt aus der bundesstaatlichen Ordnung, welche die Existenz der Gemeinden garantiert (Art. 28).

Von der *Lohn- und Einkommensteuer* erhalten die Gemeinden derzeit 15 %, den Rest teilen sich Bund und Länder je zur Hälfte, wie die Körperschaftsteuer.

(5a) Die Gemeinden erhalten ab dem 1. Januar 1998 einen Anteil an dem Aufkommen der Umsatzsteuer. Er wird von den Ländern auf der Grundlage eines orts- und wirtschaftsbezogenen Schlüssels an ihre Gemeinden weitergeleitet. Das Nähere wird durch Bundesgesetz, das der Zustimmung des Bundesrates bedarf, bestimmt.

Damit wird eine Beteiligung der Gemeinden an der Umsatzsteuer (derzeit 2,2 %) zwingend vorgeschrieben, um ihre *Eigenverantwortlichkeit* zu stärken.

(6) Das Aufkommen der Grundsteuer und Gewerbesteuer steht den Gemeinden, das Aufkommen der örtlichen Verbrauch- und Aufwandsteuern steht den Gemeinden oder nach Maßgabe der Landesgesetzgebung den Gemeindeverbänden zu. Den Gemeinden ist das Recht einzuräumen, die Hebesätze der Grundsteuer und Gewerbesteuer im Rahmen der Gesetze festzusetzen. Bestehen in einem Land keine Gemeinden, so steht das Aufkommen der Grundsteuer und Gewerbesteuer sowie der örtlichen Verbrauch- und Aufwandsteuern dem Land zu. Bund und Länder können durch eine Umlage an dem Aufkommen der Gewerbesteuer beteiligt werden. Das Nähere über die Umlage bestimmt ein Bundesgesetz, das der Zustimmung des Bundesrates bedarf. Nach Maßgabe der Landesgesetzgebung können Grundsteuer und Gewerbesteuer sowie der Gemeindeanteil vom Aufkommen der Einkommensteuer und der Umsatzsteuer als Bemessungsgrundlage für Umlagen zugrunde gelegt werden.

Grund- und Gewerbesteuer sind gemäß früherer Bezeichnung *Realsteuern*, die den Gemeinden zustehen, die eine *Hebesatzgarantie* haben. *Hebesätze* sind Prozentsätze auf den gesetzlich bestimmten *Steuermessbetrag*, der sich aus dem Gewerbeertrag einschließlich Zu- und Abschlägen errechnet.

    Beispiel: Gewerbeertrag 200 000 EUR

                Steuermessbetrag 5 %   10 000 EUR

                Hebesatz 300 %   30 000 EUR (Steuerschuld)

Zum Ausgleich für die Umlage von Bund und Ländern an der Gewerbesteuer mit ihrem von Gemeinde zu Gemeinde krass unterschiedlichem Aufkommen erhalten die Gemeinden eine Einkommensteuerbeteiligung (Art. 106 Abs. 5). Sie behalten aber die Ertragshoheit über die Gewerbesteuer. (Zu den örtlichen Verbrauch- und Aufwandsteuern s. Art. 105 Abs. 2a.)

(7) Von dem Länderanteil am Gesamtaufkommen der Gemein-schaftsteuern fließt den Gemeinden und Gemeindeverbänden ins-gesamt ein von der Landesgesetzgebung zu bestimmender Hun-dertsatz zu. Im übrigen bestimmt die Landesgesetzgebung, ob und inwieweit das Aufkommen der Landessteuern den Gemeinden (Gemeindeverbänden) zufließt.

Die Bestimmung folgt aus der Pflicht zur Gewährleistung der finanziellen Eigenverantwortung gem. Art. 28 Abs. 2 letzter Satz; s. dort.

(8) Veranlaßt der Bund in einzelnen Ländern oder Gemeinden (Gemeindeverbänden) besondere Einrichtungen, die diesen Län-dern oder Gemeinden (Gemeindeverbänden) unmittelbar Mehraus-gaben oder Mindereinnahmen (Sonderbelastungen) verursachen, gewährt der Bund den erforderlichen Ausgleich, wenn und soweit den Ländern oder Gemeinden (Gemeindeverbänden) nicht zugemu-tet werden kann, die Sonderbelastungen zu tragen. Entschädi-gungsleistungen Dritter und finanzielle Vorteile, die diesen Ländern oder Gemeinden (Gemeindeverbänden) als Folge der Einrichtungen erwachsen, werden bei dem Ausgleich berücksichtigt.

Abs. 8 enthält eine Verpflichtung zum Ausgleich von Sonderbelastungen, z. B. indem der Bund Standorte für die Bundeswehr einrichtet.

(9) Als Einnahmen und Ausgaben der Länder im Sinne dieses Arti-kels gelten auch die Einnahmen und Ausgaben der Gemeinden (Gemeindeverbände).

Damit wird lediglich rechtlich verdeutlicht, dass die Gemeindeeinnahmen und -ausgaben als Teil der Ländereinnahmen und -ausgaben zählen.

Art. 106a [Personennahverkehr]

Den Ländern steht ab 1. Januar 1996 für den öffentlichen Personen-nahverkehr ein Betrag aus dem Steueraufkommen des Bundes zu. Das Nähere regelt ein Bundesgesetz, das der Zustimmung des Bun-desrates bedarf. Der Betrag nach Satz 1 bleibt bei der Bemessung der Finanzkraft nach Artikel 107 Abs. 2 unberücksichtigt.

Der Art. steht in Zusammenhang mit der Überführung der Bundesbahn (Art. 87e) in ein *privatrechtliches Wirtschaftsunternehmen* und die Aufhe-bung der Zuständigkeit des Bundes für den Personennahverkehr der Bun-deseisenbahn. Dafür sind nunmehr die Länder verantwortlich, welche die nicht erwirtschafteten Kosten zu tragen haben. Da der Betrag für den Per-sonennahverkehr als zweckgebunden zusätzlich geleistet wird, darf er nicht auf den Finanzausgleich angerechnet werden.

Art. 107 [Örtliches Aufkommen]

Vorbemerkung: _____

Der Art. regelt mit kaum zu überbietender Komplexität die Verteilung des Steueraufkommens zwischen den Ländern, den *horizontalen Finanzausgleich* sowie die *Bundesergänzungszuweisungen*. Die Verfassungsbestimmung soll als Ausdruck des Bundesstaatsprinzips verstanden werden, der ihm „innewohnenden Spannungslage, die richtige Mitte zu finden zwischen der Selbstständigkeit, Eigenverantwortlichkeit und Bewahrung der Individualität der Länder auf der einen und der solidargemeinschaftlichen Mitverantwortung für die Existenz und Eigenständigkeit der Bundesgenossen auf der anderen Seite" (BVerfG).

In der politischen Praxis ist diese Verfassungsregelung ein nie versiegender Quell fortlaufender Auseinandersetzungen von Bund und Ländern einerseits und zwischen den Ländern andererseits.

(1)* Das Aufkommen der Landessteuern und der Länderanteil am Aufkommen der Einkommensteuer und der Körperschaftsteuer stehen den einzelnen Ländern insoweit zu, als die Steuern von den Finanzbehörden in ihrem Gebiet vereinnahmt werden (örtliches Aufkommen). Durch Bundesgesetz, das der Zustimmung des Bundesrates bedarf, sind für die Körperschaftsteuer und die Lohnsteuer nähere Bestimmungen über die Abgrenzung sowie über Art und Umfang der Zerlegung des örtlichen Aufkommens zu treffen. Das Gesetz kann auch Bestimmungen über die Abgrenzung und Zerlegung des örtlichen Aufkommens anderer Steuern treffen. Der Länderanteil am Aufkommen der Umsatzsteuer steht den einzelnen Ländern nach Maßgabe ihrer Einwohnerzahl zu; für einen Teil, höchstens jedoch für ein Viertel dieses Länderanteils, können durch Bundesgesetz, das der Zustimmung des Bundesrates bedarf, Ergänzungsanteile für die Länder vorgesehen werden, deren Einnahmen aus den Landessteuern und aus der Einkommensteuer und der Körperschaftsteuer je Einwohner unter dem Durchschnitt der Länder liegen; bei der Grunderwerbsteuer ist die Steuerkraft einzubeziehen.

Dieser Abs. enthält zwei Verteilungsprinzipien: *Örtliches Aufkommen* und *Einwohnerzahl*. Die Verteilung nach dem örtlichen Aufkommen begünstigt die „reichen" Länder, weil die Wirtschaftskraft sich unmittelbar in der Steuerkraft niederschlägt. Entsprechend werden die „armen" Länder benachteiligt. Die Verteilung nach der Einwohnerzahl vermag demgegenüber einen gewissen Ausgleich zu schaffen.

(2) Durch das Gesetz ist sicherzustellen, daß die unterschiedliche Finanzkraft der Länder angemessen ausgeglichen wird; hierbei sind

die Finanzkraft und der Finanzbedarf der Gemeinden (Gemeindeverbände) zu berücksichtigen. Die Voraussetzungen für die Ausgleichsansprüche der ausgleichsberechtigten Länder und für die Ausgleichsverbindlichkeiten der ausgleichspflichtigen Länder sowie die Maßstäbe für die Höhe der Ausgleichsleistungen sind in dem Gesetz zu bestimmen. Es kann auch bestimmen, daß der Bund aus seinen Mitteln leistungsschwachen Ländern Zuweisungen zur ergänzenden Deckung ihres allgemeinen Finanzbedarfs (Ergänzungszuweisungen) gewährt.

In diesem Absatz ist der *horizontale Finanzausgleich* festgelegt, ergänzt durch Zuwendungen des Bundes. Diese *Ergänzungszuweisungen* sind Bundesmittel für finanzschwache Länder, die nicht zweckgebunden sind.

Mit *Finanzkraft* ist nicht allein die *Steuerkraft* gemeint, sie wird in einem komplizierten Verfahren berechnet. Es ist verständlicherweise schon objektiv schwer und bei den gegensätzlichen Interessen fast unmöglich, für den Finanzausgleich „verlässliche, objektivierbare Indikatoren" zu finden, wie sie das BVerfG fordert. Und was heißt konkret in diesem Zusammenhang „angemessen"? Ist damit wirklich eine Nivellierung bis zu 95 % gemeint? Seit vielen Jahren ist deshalb der Länderfinanzausgleich Gegenstand grundsätzlicher politischer Kontroversen. Einschließlich der Ergänzungszuweisungen des Bundes wird dadurch die Rangfolge in der Finanzkraft fast umgedreht.

Art. 108 [Finanzverwaltung]

Vorbemerkung:

Auf eine nähere Kommentierung kann und muss – s. Vorbemerkungen zu diesem Abschnitt – verzichtet werden.

(1) Zölle, Finanzmonopole, die bundesgesetzlich geregelten Verbrauchsteuern einschließlich der Einfuhrumsatzsteuer und die Abgaben im Rahmen der Europäischen Gemeinschaften werden durch Bundesfinanzbehörden verwaltet. Der Aufbau dieser Behörden wird durch Bundesgesetz geregelt. Soweit Mittelbehörden eingerichtet sind, werden deren Leiter im Benehmen mit den Landesregierungen bestellt.

Abs. 1 regelt Aufbau und Kompetenz der Bundesfinanzverwaltung. Sie ist dreistufig gegliedert. An ihrer Spitze steht der Bundesminister der Finanzen als Oberste Behörde. Mittelbehörden sind die Oberfinanzdirektionen, und untere Stufe sind insbes. die Hauptzollämter. Unmittelbar dem Bundesfinanzministerium als Oberbehörde unterstellt ist z. B. die Bundeswertpapierverwaltung (Sitz: *Bad Homburg*), hinter welcher Bezeichnung sich nichts anderes verbirgt als die Verwaltung der derzeit knapp 950 Mrd. EUR Bundesschulden.

(2) Die übrigen Steuern werden durch Landesfinanzbehörden verwaltet. Der Aufbau dieser Behörden und die einheitliche Ausbildung der Beamten können durch Bundesgesetz mit Zustimmung des Bundesrates geregelt werden. Soweit Mittelbehörden eingerichtet sind, werden deren Leiter im Einvernehmen mit der Bundesregierung bestellt.

Die Landesfinanzbehörden verwalten alle Steuern, soweit sie nicht unter Abs. 1 fallen.

(3) Verwalten die Landesfinanzbehörden Steuern, die ganz oder zum Teil dem Bund zufließen, so werden sie im Auftrage des Bundes tätig. Art. 85 Abs. 3 und 4 gilt mit der Maßgabe, daß an die Stelle der Bundesregierung der Bundesminister der Finanzen tritt.

Abs. 3 verbindet die Bundesauftragsverwaltung (Art. 85) mit der Ertragshoheit des Bundes. Die Auftragsverwaltung gilt auch dann, wenn dem Bund, wie bei den Gemeinschaftsteuern (Art. 106 Abs. 3), das Aufkommen nur zum Teil zufließt.

(4) Durch Bundesgesetz, das der Zustimmung des Bundesrates bedarf, kann bei der Verwaltung von Steuern ein Zusammenwirken von Bundes- und Landesfinanzbehörden sowie für Steuern, die unter Absatz 1 fallen, die Verwaltung durch Landesfinanzbehörden und für andere Steuern die Verwaltung durch Bundesfinanzbehörden vorgesehen werden, wenn und soweit dadurch der Vollzug der Steuergesetze erheblich verbessert oder erleichtert wird. Für die den Gemeinden (Gemeindeverbänden) allein zufließenden Steuern kann die den Landesfinanzbehörden zustehende Verwaltung durch die Länder ganz oder zum Teil den Gemeinden (Gemeindeverbänden) übertragen werden.

(5) Das von den Bundesfinanzbehörden anzuwendende Verfahren wird durch Bundesgesetz geregelt. Das von den Landesfinanzbehörden und in den Fällen des Absatzes 4 Satz 2 von den Gemeinden (Gemeindeverbänden) anzuwendende Verfahren kann durch Bundesgesetz mit Zustimmung des Bundesrates geregelt werden.

(6) Die Finanzgerichtsbarkeit wird durch Bundesgesetz einheitlich geregelt.

(7) Die Bundesregierung kann allgemeine Verwaltungsvorschriften erlassen, und zwar mit Zustimmung des Bundesrates, soweit die

Verwaltung den Landesfinanzbehörden oder Gemeinden (Gemeindeverbänden) obliegt.

Auf eine Kommentierung wird verzichtet, s. letzter Absatz der Vorbemerkung zu Abschnitt X.

Art. 109 [Haushaltswirtschaft]

Vorbemerkung:

> Die in Art. 109 niedergelegten Grundsätze, besonders die des Abs. 1, dürfen nicht isoliert verstanden werden. Sie sind eingebettet in das Prinzip des Bundesstaates, das zu bundes- und länderfreundlichem Verhalten verpflichtet.

(1) Bund und Länder sind in ihrer Haushaltswirtschaft selbständig und voneinander unabhängig.

Selbstständigkeit der Haushaltswirtschaft bedeutet, dass Bund und Länder in eigener Verantwortung ihren Haushalt aufstellen, abwickeln und kontrollieren. Es gibt keine gegenseitige Pflicht zur Anhörung oder Unterrichtung. Die Mitwirkung des Bundesrates bei der Haushaltsverabschiedung in Form eines Gesetzes über den Haushaltsplan (Art. 110) ist keine Ausnahme von dieser Bestimmung, denn der Bundesrat (Art. 50) ist ein Bundes- und kein Länderorgan.

„Unabhängigkeit" der Haushaltswirtschaft bedeutet, dass keine Seite auf die Art der Führung des Haushalts der anderen Seite Einfluss nehmen darf.

(2) Bund und Länder haben bei ihrer Haushaltswirtschaft den Erfordernissen des gesamtwirtschaftlichen Gleichgewichts Rechnung zu tragen.

Eine interfraktionelle Gruppe junger Bundestagsabgeordneter hatte vergeblich einen Gruppenantrag eingebracht, nach dem Absatz 2 verfassungsändernd am Schluss folgenden Wortlaut haben sollte: „... Gleichgewichts, dem Prinzip der Nachhaltigkeit sowie den Interessen der künftigen Generationen Rechnung zu tragen."

(3) Durch Bundesgesetz, das der Zustimmung des Bundesrates bedarf, können für Bund und Länder gemeinsam geltende Grundsätze für das Haushaltsrecht, für eine konjunkturgerechte Haushaltswirtschaft und für eine mehrjährige Finanzplanung aufgestellt werden.

(4) Zur Abwehr einer Störung des gesamtwirtschaftlichen Gleichgewichts können durch Bundesgesetz, das der Zustimmung des Bundesrates bedarf, Vorschriften über

1. Höchstbeträge, Bedingungen und Zeitfolge der Aufnahme von Krediten durch Gebietskörperschaften und Zweckverbände und

2. eine Verpflichtung von Bund und Ländern, unverzinsliche Guthaben bei der Deutschen Bundesbank zu unterhalten (Konjunkturausgleichsrücklagen),

erlassen werden. Ermächtigungen zum Erlaß von Rechtsverordnungen können nur der Bundesregierung erteilt werden. Die Rechtsverordnungen bedürfen der Zustimmung des Bundesrates. Sie sind aufzuheben, soweit der Bundestag es verlangt; das Nähere bestimmt das Bundesgesetz.

Die Verfassungsbestimmungen sind Ausfluss der volkswirtschaftlichen Erkenntnis, dass von der Einnahme- und Ausgabewirtschaft der öffentlichen Hand erhebliche, u. U. entscheidende konjunkturelle Wirkungen ausgehen. Dieser Einsicht müssen Bund und Länder bei ihrer Haushaltswirtschaft Rechnung tragen. Im „Gesetz zur Förderung der Stabilität und des Wachstums der Wirtschaft" i. d. F. v. 1975 kommt die Zielsetzung, eine sog. *Staatszielbestimmung*, zum Ausdruck.

Dieses Ziel wird mit dem „magischen Viereck" umschrieben und umfasst:

– Geldwertstabilität,

– Vollbeschäftigung,

– außenwirtschaftliches Gleichgewicht und

– Wachstum.

Vier Ziele, die in der Praxis noch nie gleichzeitig erreicht wurden und auch nie zusammen erreicht werden können. Sie stellen nur ein Ideal, eben ein Ziel, dar.

Beispiel: Besteht die Gefahr einer zunehmenden Geldentwertung (Inflation), kann die Kreditaufnahme der öffentlichen Hand durch Rechtsverordnungen des Bundes gedrosselt bzw. ganz unterbunden werden, um auf diese Weise eine weitere Ausdehnung des Geld- und Kreditvolumens zu verhindern.

Zur selbstständigen Haushaltswirtschaft ist berechtigt und verpflichtet, wer eine eigene Finanzhoheit hat; dies sind Bund, Länder und die Gebietskörperschaften kraft Verfassung (Abs. 3). Kraft Gesetzes haben auch einige „Sondervermögen" eine eigene Haushaltswirtschaft.

Beispiel: Die öffentlich-rechtlichen Rundfunkanstalten (ARD und ZDF).

(5)* Verpflichtungen der Bundesrepublik Deutschland aus Rechtsakten der Europäischen Gemeinschaft auf Grund des Artikels 104 des Vertrags zur Gründung der Europäischen Gemeinschaft zur Einhaltung der Haushaltsdisziplin sind von Bund und Ländern gemeinsam zu erfüllen. Sanktionsmaßnahmen der Europäischen Gemeinschaft tragen Bund und Länder im Verhältnis 65 zu 35. Die Ländergesamtheit trägt solidarisch 35 vom Hundert der auf die Länder entfallenden Lasten entsprechend ihrer Einwohnerzahl; 65 vom Hundert der auf die Länder entfallenden Lasten tragen die Länder entsprechend ihrem Verursachungsbeitrag. Das Nähere regelt ein Bundesgesetz, das der Zustimmung des Bundesrates bedarf.

Auch diese Bestimmung ist Teil des nationalen Solidaritätspakts (s. dazu Bemerkungen zu Art. 104a Abs. 6). Sanktionen sind finanzielle Strafen, die von der EU wegen mangelnder Haushaltsdisziplin verhängt werden können.

Beispiel: Überschreitet das Defizit des Gesamtstaatshaushalts mehr als 3 % des Bruttoinlandsprodukts, kann die EU-Kommission Sanktionen verhängen. Deren Beträge sind zu 65 % vom Bund zu tragen. 35 % übernehmen die Länder. Davon müssen aber die Bundesländer entsprechend ihrem Anteil, mit dem sie zum Defizit beigetragen haben, 65 % übernehmen. – Mit dem Jahr 2006 hat Deutschland viermal hintereinander die „Latte gerissen", d. h. das Staatsdefizit überstieg die 3 %-Marke. Das von der EU eingeleitete Strafverfahren wurde im September 2006 einstweilen ausgesetzt.

Art. 110 [Haushaltsplan]

Vorbemerkung: ─────────────────────────

Im Gegensatz zur Zeit der konstitutionellen Monarchie, z. B. im Deutschen Reich von 1871–1918, ist das Parlament „Herr des Budgets". Es beschließt den Haushaltsplan nicht nur formell in Form eines Gesetzes, sondern arbeitet bereits an seiner Erstellung, insbes. durch den wichtigen Haushaltsausschuss des Bundestages, mit. Das *Budgetrecht* ist das zentrale Recht des Parlaments zur Kontrolle der Exekutive.

(1) Alle Einnahmen und Ausgaben des Bundes sind in den Haushaltsplan einzustellen; bei Bundesbetrieben und bei Sondervermögen brauchen nur die Zuführungen oder die Ablieferungen eingestellt zu werden. Der Haushaltsplan ist in Einnahme und Ausgabe auszugleichen.

Abs. 1 enthält die klassischen Haushaltsgrundsätze. Diese sind:

– *Vollständigkeit*, das bedeutet ein Verbot „Schwarzer Kassen";

– *Einheitlichkeit*, d. h. Aufstellung der Einnahmen und Ausgaben in einem einzigen Haushaltsplan;

– *Haushaltsklarheit*, das ist vor allem die Anwendung des Bruttoprinzips (erwartete Einnahmen und Ausgaben dürfen bei der Haushaltsaufstellung nicht gegeneinander verrechnet werden).

– *Haushaltsausgleich*, d. h. den formalen, „technischen" Ausgleich von Einnahmen und Ausgaben. Eine Kreditaufnahme (Art. 115) zur Deckung eines Haushaltsdefizits verstößt nicht gegen diesen Ausgleichsgrundsatz.

Das Gliederungsschema des Haushaltsplanes orientiert sich an der Ressortgliederung der Bundesregierung. In dem für jedes Ministerium gesonderten Einzelplan werden genau angegebene Mittel für näher bestimmte Zwecke veranschlagt.

(2) Der Haushaltsplan wird für ein oder mehrere Rechnungsjahre, nach Jahren getrennt, vor Beginn des ersten Rechnungsjahres durch das Haushaltsgesetz festgestellt. Für Teile des Haushaltsplanes kann vorgesehen werden, daß sie für unterschiedliche Zeiträume, nach Rechnungsjahren getrennt, gelten.

In Abs. 2 sind die Grundsätze der *Vorherigkeit* und *Jährigkeit* verankert. Gegen den Grundsatz der fristgerechten Aufstellung des Haushaltsplans vor Ablauf des alten Rechnungsjahres (31. 12.) ist in der vergangenen Zeit wiederholt erheblich verstoßen worden; der Haushaltsplan wird aber deshalb nicht ungültig. Üblich, aber nicht notwendig, ist der jährliche Haushaltsplan. Auch mehrjährige Haushaltspläne sind zulässig. Einige Bundesländer, so Baden-Württemberg, machen von dieser Möglichkeit gem. dem Gesetz über die Grundsätze des Haushaltsrechts des Bundes und der Länder von 1969 Gebrauch (s. Art. 109 Abs. 3).

(3) Die Gesetzesvorlage nach Absatz 2 Satz 1 sowie Vorlagen zur Änderung des Haushaltsgesetzes und des Haushaltsplanes werden gleichzeitig mit der Zuleitung an den Bundesrat beim Bundestage eingebracht; der Bundesrat ist berechtigt, innerhalb von sechs Wochen, bei Änderungsvorlagen innerhalb von drei Wochen, zu den Vorlagen Stellung zu nehmen.

Aus Abs. 3 ergibt sich für Haushaltsvorlagen ein von Art. 76 abweichendes Gesetzgebungsverfahren. Nur die Bundesregierung (nicht dagegen Bundestag und Bundesrat) hat das Initiativrecht zum *Haushaltsgesetz*. Für die Bundesregierung besteht zur Vorlage des Haushaltsentwurfes eine Pflicht.

Der festgestellte *Haushaltsplan* bildet eine Anlage zum Haushaltsgesetz. Dieses förmliche Gesetz bedarf als Einspruchsgesetz (Art. 77 Abs. 3) nicht der Zustimmung des Bundesrates.

(4) In das Haushaltsgesetz dürfen nur Vorschriften aufgenommen werden, die sich auf die Einnahmen und Ausgaben des Bundes und auf den Zeitraum beziehen, für den das Haushaltsgesetz beschlossen wird. Das Haushaltsgesetz kann vorschreiben, daß die Vorschriften erst mit der Verkündung des nächsten Haushaltsgesetzes oder bei Ermächtigung nach Artikel 115 zu einem späteren Zeitpunkt außer Kraft treten.

Abs. 4 enthält das sog. *Bepackungsverbot*. Im monarchischen Staatsrecht sollte es das Parlament hindern, die Zustimmung zum Haushalt von bestimmten Zugeständnissen, z. B. des Königs, abhängig zu machen. In heutiger Zeit dient dieses Verbot nur noch der Trennung finanzwirtschaftlicher von sachlicher Entscheidung.

Art. 111 [Haushaltsvorgriff]

(1) Ist bis zum Schluß eines Rechnungsjahres der Haushaltsplan für das folgende Jahr nicht durch Gesetz festgestellt, so ist bis zu seinem Inkrafttreten die Bundesregierung ermächtigt, alle Ausgaben zu leisten, die nötig sind,

a) um gesetzlich bestehende Einrichtungen zu erhalten und gesetzlich beschlossene Maßnahmen durchzuführen,

b) um die rechtlich begründeten Verpflichtungen des Bundes zu erfüllen,

c) um Bauten, Beschaffungen und sonstige Leistungen fortzusetzen oder Beihilfen für diese Zwecke weiter zu gewähren, sofern durch den Haushaltsplan eines Vorjahres bereits Beträge bewilligt worden sind.

Abs. 1 regelt den Fall, dass der *Haushaltsplan* am Ende eines *Rechnungsjahres* noch nicht durch ein *Haushaltsgesetz* vom Parlament für das folgende Jahr beschlossen worden ist. Die Bundesregierung kann unaufschiebbare, notwendige und gesetzlich vorgeschriebene Ausgaben, z. B. die Besoldung, vornehmen; sie darf aber keine Mittel für die Öffentlichkeitsarbeit bereitstellen.

(2) Soweit nicht auf besonderem Gesetze beruhende Einnahmen aus Steuern, Abgaben und sonstigen Quellen oder die Betriebsmittelrücklage die Ausgaben unter Absatz 1 decken, darf die Bundesre-

gierung die zur Aufrechterhaltung der Wirtschaftsführung erforderlichen Mittel bis zur Höhe eines Viertels der Endsumme des abgelaufenen Haushaltsplanes im Wege des Kredits flüssig machen.

Der Artikel ermächtigt die Bundesregierung, bis zur Verkündung des neuen Haushaltsgesetzes die bisherige Haushaltführung in begrenztem Umfang fortzusetzen. Auf diese Weise soll verhindert werden, dass die staatliche Tätigkeit auf Grund fehlender bewilligter Mittel eingestellt werden muss. Art. 111 Abs. 2 gibt aber keine Grundlage für eine *dauernde* Haushaltsführung, nur weil die notwendige Mehrheit im Bundestag fehlt, den Haushaltsplan zu verabschieden.

Art. 112　[Über- und außerplanmäßige Ausgaben]

Überplanmäßige und außerplanmäßige Ausgaben bedürfen der Zustimmung des Bundesministers der Finanzen. Sie darf nur im Falle eines unvorhergesehenen und unabweisbaren Bedürfnisses erteilt werden. Näheres kann durch Bundesgesetz bestimmt werden.

Grundsätzlich kann die Exekutive nur die gem. Art. 110 festgesetzten Ausgaben leisten. Art. 112 durchbricht diesen Grundsatz für bestimmte Ausnahmefälle, wenn dringend benötigte Mittel durch einen vom Bundestag zu beschließenden Nachtragshaushalt nicht rechtzeitig bereitgestellt werden können.

Die Inanspruchnahme ist an zwei restriktiv (= eng) auszulegende Voraussetzungen geknüpft:

1. Das Bedürfnis muss „unvorhergesehen" sein. Nicht entscheidend ist, ob es auch tatsächlich objektiv unvorhersehbar war. Maßgeblich ist nur, ob es tatsächlich im Haushaltsplan nicht berücksichtigt worden ist.

2. Das Bedürfnis muss „unabweisbar" sein. Diese Bedingung liegt vor, wenn eine Ausgabe „ohne Beeinträchtigung schwerwiegender politischer, wirtschaftlicher oder sozialer Staatsinteressen nicht mehr aufgeschoben werden kann" (BVerfG).

Der *Bundesfinanzminister* besitzt bei der Anwendung dieses Artikels eine verfassungsrechtlich hervorgehobene Stellung. Er hat jedoch auch in diesem Fall die Richtlinienkompetenz des Bundeskanzlers zu beachten (Art. 65 Abs. 1).

Art. 113　[Ausgabenerhöhung, Einnahmeminderung]

(1) Gesetze, welche die von der Bundesregierung vorgeschlagenen Ausgaben des Haushaltsplanes erhöhen oder neue Ausgaben in sich schließen oder für die Zukunft mit sich bringen, bedürfen der

Zustimmung der Bundesregierung. Das gleiche gilt für Gesetze, die Einnahmeminderungen in sich schließen oder für die Zukunft mit sich bringen. Die Bundesregierung kann verlangen, daß der Bundestag die Beschlußfassung über solche Gesetze aussetzt. In diesem Fall hat die Bundesregierung innerhalb von sechs Wochen dem Bundestage eine Stellungnahme zuzuleiten.

(2) Die Bundesregierung kann innerhalb von vier Wochen, nachdem der Bundestag das Gesetz beschlossen hat, verlangen, daß der Bundestag erneut Beschluß faßt.

(3) Ist das Gesetz nach Artikel 78 zustande gekommen, kann die Bundesregierung ihre Zustimmung nur innerhalb von sechs Wochen und nur dann versagen, wenn sie vorher das Verfahren nach Absatz 1 Satz 3 und 4 oder nach Absatz 2 eingeleitet hat. Nach Ablauf dieser Frist gilt die Zustimmung als erteilt.

Die Verfassungsvorschrift enthält eine Beschneidung des *Budgetrechts* des Parlaments. Sie ist ein Schutz der Exekutive gegen vermeintlich oder tatsächlich beim Volk gut „ankommende", sog. populäre, Beschlüsse des Parlaments zur Ausgabenerhöhung, z. B. für Kindergeld oder Steuersenkung (mit der Folge einer Einnahmenminderung). Die Bundesregierung soll davor bewahrt werden, Gesetze zu vollziehen, die den ursprünglich beschlossenen Haushalt aus dem Gleichgewicht bringen.

Art. 114 [Rechnungslegung, Bundesrechnungshof]

(1) Der Bundesminister der Finanzen hat dem Bundestage und dem Bundesrate über alle Einnahmen und Ausgaben sowie über das Vermögen und die Schulden im Laufe des nächsten Rechnungsjahres zur Entlastung der Bundesregierung Rechnung zu legen.

(2) Der Bundesrechnungshof, dessen Mitglieder richterliche Unabhängigkeit besitzen, prüft die Rechnung sowie die Wirtschaftlichkeit und Ordnungsmäßigkeit der Haushalts- und Wirtschaftsführung. Er hat außer der Bundesregierung unmittelbar dem Bundestage und dem Bundesrate jährlich zu berichten. Im übrigen werden die Befugnisse des Bundesrechnungshofes durch Bundesgesetz geregelt.

Der *Bundesrechnungshof* hat seine historische Wurzel in der „General-Rechen-Kammer" Preußens, deren Unbestechlichkeit und minutiöse Sorgfalt unter Friedrich d. Großen (Regierungszeit: 1740–1786) ihr Ansehen begründete.

Der Bundesrechnungshof ist kein Verfassungsorgan, sondern eine Oberste Bundesbehörde (Sitz: Bonn). Er hat gegenüber anderen staatlichen Organen, insbes. gegenüber der Regierung, die Stellung wie ein Gericht. Seine Mitglieder sind unabhängig und an Weisungen nicht gebunden.

Art. 115 [Kreditaufnahme]

Vorbemerkung:

Die Finanzierung der Staatsausgaben aus Kreditmitteln ist im Prinzip ein normaler und von allen Staaten praktizierter Vorgang. Ökonomisch bedeutet eine staatliche Kreditaufnahme, dass die endgültige Lastentragung der Tilgung und Zinszahlung, der sog. *Schuldendienst*, auf die Zukunft verschoben wird. Bei sehr hoher Verschuldung kann der finanzielle Bewegungsspielraum des Staates erheblich eingeengt werden. Seit Jahren stellen die Schuldzinsen nach dem Etatposten für Arbeit und Sozialordnung den zweitgrößten Betrag dar (2006: 40 Mrd. EUR); der vierte Teil aller Bundesausgaben wird nur für Zinszahlungen (nicht Tilgung!) verwendet.

Die Schulden der Länder und Gemeinden sind darin nicht berücksichtigt.

(1) Die Aufnahme von Krediten sowie die Übernahme von Bürgschaften, Garantien oder sonstigen Gewährleistungen, die zu Ausgaben in künftigen Rechnungsjahren führen können, bedürfen einer der Höhe nach bestimmten oder bestimmbaren Ermächtigung durch Bundesgesetz. Die Einnahmen aus Krediten dürfen die Summe der im Haushaltsplan veranschlagten Ausgaben für Investitionen nicht überschreiten; Ausnahmen sind nur zulässig zur Abwehr einer Störung des gesamtwirtschaftlichen Gleichgewichts. Das Nähere wird durch Bundesgesetz geregelt.

Mit Kreditaufnahme ist die *Netto-(Neu-)verschuldung* gemeint, also die zusätzliche Verschuldung. Sie enthält also keine neuen Kredite, die zur Tilgung fälliger Altschulden verwendet werden, weil sich dadurch an der Gesamtschuld nichts ändert.

Eine Kreditaufnahme bedarf der Ermächtigung durch den Gesetzgeber. Ihre Höhe ist gem. Satz 2 begrenzt, die aber zur Abwehr eines gesamtwirtschaftlichen Gleichgewichts (s. Bemerkung zu Art. 104a Abs. 4) auch überschritten werden darf.

Die Kreditaufnahme für Investitionszwecke gilt als gerechtfertigt, weil dadurch die volkswirtschaftliche Produktivität steigt; wobei unterstellt wird, dass diese Kredite nicht in Projekte fließen, die sich später als Investitionsruinen entpuppen, wie sie regelmäßig der Bund der Steuerzahler in seinem jährlich erscheinenden „Schwarzbuch" auflistet.

Die Väter (und Mütter) des Grundgesetzes hätten es sich nicht träumen lassen, dass die Ausnahmebestimmung zur „Abwehr einer Störung des gesamtwirtschaftlichen Gleichgewichts" zur Regelanwendung werden könnte. In den Anfangsjahren der Bundesrepublik gelang es – bei wesentlich bescheidenerem Lebensstandard und im Vergleich zu heute mit einem Bruchteil der Einnahmen der öffentlichen Hand – sparsamen Haushältern, z. B. dem ersten Bundesfinanzminister *Fritz Schäffer*, sogar noch Überschüsse zu erwirtschaften. Doch später kam der Bund trotz absolut und relativ (zum *Bruttoinlandsprodukt*) steigender Steuereinnahmen damit immer weniger aus. Seit Anfang der 70er Jahre gibt es keinen ausgeglichenen Haushalt mehr. Stets berief sich die jeweils amtierende Bundesregierung, gleich welcher Parteizusammensetzung, auf das angeblich fehlende Gleichgewicht, dessen Störung mal mit den Kosten der Wiedervereinigung, mal mit der hohen, aber strukturellen Arbeitslosigkeit begründet wurde. Selbst mit den – nur einmal erzielbaren – Privatisierungserlösen aus *Bundesvermögen* konnte der Etat nicht ausgeglichen werden und zum vierten Mal in Folge verstößt der einstmalige europäische Musterknabe Deutschland im Jahre 2006 vermutlich gegen die *Defizitkriterien* des Maastrichter Stabilitätsvertrages, die freilich keinen Verfassungsrang haben.

Zuzugestehen ist allerdings, dass auch unter Ökonomen umstritten ist, wann tatsächlich eine gesamtwirtschaftliche Störung vorliegt; aber ausgeschlossen werden kann, dass diese über viele Jahre hinweg ununterbrochen anhält. Für das Jahr 2006 entspricht die Neuverschuldung mit 40 Mrd. EUR ziemlich genau der Summe, die der Bund allein für die Zinsen auf die Altschulden aufbringen muss; d. h. von der Nettokreditaufnahme steht für Investitionszwecke eigentlich nichts mehr zur Verfügung. Die Schuldenfalle hat zugeschnappt, denn „die Verschuldung nährt sich aus sich selbst heraus" (*Deutsche Bundesbank*).

(2) Für Sondervermögen des Bundes können durch Bundesgesetz Ausnahmen von Absatz 1 zugelassen werden.

Sonderregelungen sind für Bundesbahn und Bundespost getroffen worden.

Verteidigungsfall

Xa

Art. 115a   Feststellung des
            Verteidigungsfalles 281
Art. 115b   Übergang der Befehls- und
            Kommandogewalt 282
Art. 115c   Konkurrierende Gesetzgebung
            im Verteidigungsfall 282
Art. 115d   Gesetzgebungsverfahren
            im Verteidigungsfall 283
Art. 115e   Befugnisse des
            Gemeinsamen Ausschusses 283
Art. 115f   Einsatz des Bundesgrenz-
            schutzes; Weisungen an
            Landesregierungen 284
Art. 115g   Bundesverfassungsgericht 284
Art. 115h   Ablauf von Wahlperioden,
            Amtszeiten 285
Art. 115i   Befugnisse der
            Landesregierungen 285
Art. 115k   Außerkrafttreten von Gesetzen
            und Rechtsverordnungen 286
Art. 115l   Beendigung des
            Verteidigungsfalles 286

Xa. Verteidigungsfall

Vorbemerkungen:

Abschnitt Xa ist das Kernstück der sog. *Notstandsverfassung* und wurde 1968 zur Zeit der großen Koalition (CDU/CSU-SPD) nach langen politischen und wissenschaftlichen Diskussionen sowie ausführlicher parlamentarischer Beratung in das GG eingefügt. Damit konnten die *Vorbehaltsrechte* der drei westlichen Besatzungsmächte abgelöst werden. Der *Deutschlandvertrag* i. d. F. v. 1954 hatte ihnen nämlich für den Fall eines Notstandes weitgehende Vollmachten eingeräumt. Die Bundesrepublik Deutschland hätte keine Möglichkeit gehabt, auf die Ausübung dieser Rechte durch die Westalliierten nennenswert einzuwirken.

Äußerer Notstand ist der Oberbegriff zu *Spannungsfall* (Art. 80a) und *Verteidigungsfall*. – Zum inneren Notstand s. Art. 91.

Die wichtigsten rechtlichen Auswirkungen für den äußeren Notstand sind:

– Voraussetzungen einer völkerrechtlichen Erklärung gem. Art. 115a Abs. 5.

– Der Gesetzgeber (Art. 115c) und die Bundesregierung (Art. 115f) erhalten erweiterte Befugnisse.

– Das Gesetzgebungsverfahren kann beschleunigt werden, Art. 115d.

– Die Zuständigkeit des Gemeinsamen Ausschusses lebt auf, Art. 115e (s. auch Art. 53a).

– Die Landesbehörden können erweiterte Befugnisse erhalten, Art. 115i.

– Die Verpflichtung zur zivilen Dienstleistung gem. Art. 12a kann beginnen.

Der *Verteidigungsfall* ist die gefährlichste, aber gegenwärtig zugleich unwahrscheinlichste Bedrohung für die Existenz der Bundesrepublik Deutschland, da sie von „Freunden umzingelt" ist. Mit über 50 Friedensjahren hat Deutschland in seinen Kernlanden die längste *Friedensperiode* seiner Geschichte in über 450 Jahren erlebt. Die politisch-praktische Bedeutung der Art. 115a bis 115l dürfte auch für die absehbare Zukunft bedeutungslos sein. Die (kurze) Kommentierung beschränkt sich deshalb auf den Art. 115a.

Art. 115a [Feststellung des Verteidigungsfalles]

(1) Die Feststellung, daß das Bundesgebiet mit Waffengewalt ange-griffen wird oder ein solcher Angriff unmittelbar droht (Verteidi-gungsfall), trifft der Bundestag mit Zustimmung des Bundesrates. Die Feststellung erfolgt auf Antrag der Bundesregierung und bedarf einer Mehrheit von zwei Dritteln der abgegebenen Stimmen, min-destens der Mehrheit der Mitglieder des Bundestages.

Abs. 1 enthält eine sog. *Legaldefinition*. Der Verteidigungsfall ist gegeben, wenn das Bundesgebiet, zu dem auch die zur Hoheitszone gehörenden Küstengewässer und der Luftraum über der Bundesrepublik Deutschland zählen, angegriffen wird. Der Angriff muss mit militärischer Waffengewalt erfolgt sein. Der Verteidigungsfall liegt ferner vor, wenn ein solcher Angriff unmittelbar bevorsteht. Dieser Zeitpunkt wäre gegeben, wenn die Bundes-republik Deutschland eine Kriegserklärung eines anderen Staates erhielte.

Solche förmlichen Kriegserklärungen wurden aber seit dem Ende des Zwei-ten Weltkrieges so gut wie nicht mehr abgegeben, weil der jeweilige Aggressor das Überraschungsmoment für sich nutzen wollte.

Ein Angriff kann ferner drohen, wenn ein Bündnispartner innerhalb des NATO-Bereiches angegriffen wird.

Die Bundesrepublik Deutschland kann den Verteidigungsfall nur „fest-stellen"; eine Kriegserklärung kann sie nicht abgeben, erst recht nicht einen Krieg beginnen (Näheres dazu in der Kommentierung zu Art. 26 und 87a).

Eine auch im Wortsinn neue Dimension des Begriffs „Verteidigung" hat der damalige Bundesverteidigungsminister *Peter Struck* im Jahre 2003 definiert: Freiheit und Sicherheit der Bundesrepublik Deutschland werden „auch am Hindukusch verteidigt", also in Afghanistan (s. auch Art. 87a Abs. 1).

(2) Erfordert die Lage unabweisbar ein sofortiges Handeln und ste-hen einem rechtzeitigen Zusammentritt des Bundestages unüber-windliche Hindernisse entgegen oder ist er nicht beschlußfähig, so trifft der Gemeinsame Ausschuß diese Feststellung mit einer Mehr-heit von zwei Dritteln der abgegebenen Stimmen, mindestens der Mehrheit seiner Mitglieder.

(s. Kommentierung zu Art. 53a)

(3) Die Feststellung wird vom Bundespräsidenten gemäß Artikel 82 im Bundesgesetzblatt verkündet. Ist dies nicht rechtzeitig möglich, so erfolgt die Verkündung in anderer Weise; sie ist im Bundesge-setzblatt nachzuholen, sobald die Umstände es zulassen.

Die Verkündung kann z. B. in Presse, Funk und Fernsehen erfolgen.

(4) Wird das Bundesgebiet mit Waffengewalt angegriffen und sind die zuständigen Bundesorgane außerstande, sofort die Feststellung

nach Absatz 1 Satz 1 zu treffen, so gilt diese Feststellung als getroffen und als zu dem Zeitpunkt verkündet, in dem der Angriff begonnen hat. Der Bundespräsident gibt diesen Zeitpunkt bekannt, sobald die Umstände es zulassen.

Mit Abs. 4 wird die Feststellung des Verteidigungsfalles fingiert. Der Verteidigungsfall gilt als „festgestellt", d. h. seine Feststellung wird als gegeben angenommen, wenn nach einem Überraschungsangriff das Feststellungsverfahren gem. Abs. 1 oder Abs. 2 nicht abgewickelt werden kann.

(5) Ist die Feststellung des Verteidigungsfalles verkündet und wird das Bundesgebiet mit Waffengewalt angegriffen, so kann der Bundespräsident völkerrechtliche Erklärungen über das Bestehen des Verteidigungsfalles mit Zustimmung des Bundestages abgeben. Unter den Voraussetzungen des Absatzes 2 tritt an die Stelle des Bundestages der Gemeinsame Ausschuß.

Sinn der Vorschrift ist, die nach außen wirkende völkerrechtliche Erklärung über den Eintritt des Verteidigungsfalles möglichst lange hinauszuschieben, um Zeit für eine friedliche Konfliktlösung zu gewinnen.

Art. 115b [Übergang der Befehls- und Kommandogewalt]

Mit der Verkündung des Verteidigungsfalles geht die Befehls- und Kommandogewalt über die Streitkräfte auf den Bundeskanzler über.

Zum Begriff s. Erklärungen zu Art. 65a.

Im Übrigen s. für diesen Art. wie für die Art. 115c bis 115l die Vorbemerkungen zum Abschnitt Xa, letzter Absatz.

Art. 115c [Konkurrierende Gesetzgebung im Verteidigungsfall]

(1) Der Bund hat für den Verteidigungsfall das Recht der konkurrierenden Gesetzgebung auch auf den Sachgebieten, die zur Gesetzgebungszuständigkeit der Länder gehören. Diese Gesetze bedürfen der Zustimmung des Bundesrates.

(2) Soweit es die Verhältnisse während des Verteidigungsfalles erfordern, kann durch Bundesgesetz für den Verteidigungsfall

1. bei Enteignungen abweichend von Artikel 14 Abs. 3 Satz 2 die Entschädigung vorläufig geregelt werden,

2. für Freiheitsentziehungen eine von Artikel 104 Abs. 2 Satz 3 und Abs. 3 Satz 1 abweichende Frist, höchstens jedoch eine solche von

vier Tagen, für den Fall festgesetzt werden, daß ein Richter nicht innerhalb der für Normalzeiten geltenden Frist tätig werden konnte.

(3) Soweit es zur Abwehr eines gegenwärtigen oder unmittelbar drohenden Angriffs erforderlich ist, kann für den Verteidigungsfall durch Bundesgesetz mit Zustimmung des Bundesrates die Verwaltung und das Finanzwesen des Bundes und der Länder abweichend von den Abschnitten VIII, VIIIa und X geregelt werden, wobei die Lebensfähigkeit der Länder, Gemeinden und Gemeindeverbände, insbesondere auch in finanzieller Hinsicht, zu wahren ist.

(4) Bundesgesetze nach den Absätzen 1 und 2 Nr. 1 dürfen zur Vorbereitung ihres Vollzuges schon vor Eintritt des Verteidigungsfalles angewandt werden.

Keine Kommentierung. Zur Begründung s. Vorbemerkung zu Art. 115a.

Art. 115d [Gesetzgebungsverfahren im Verteidigungsfall]

(1) Für die Gesetzgebung des Bundes gilt im Verteidigungsfalle abweichend von Artikel 76 Abs. 2, Artikel 77 Abs. 1 Satz 2 und Abs. 2 bis 4, Artikel 78 und Artikel 82 Abs. 1 die Regelung der Absätze 2 und 3.

(2) Gesetzesvorlagen der Bundesregierung, die sie als dringlich bezeichnet, sind gleichzeitig mit der Einbringung beim Bundestage dem Bundesrate zuzuleiten. Bundestag und Bundesrat beraten diese Vorlagen unverzüglich gemeinsam. Soweit zu einem Gesetze die Zustimmung des Bundesrates erforderlich ist, bedarf es zum Zustandekommen des Gesetzes der Zustimmung der Mehrheit seiner Stimmen. Das Nähere regelt eine Geschäftsordnung, die vom Bundestage beschlossen wird und der Zustimmung des Bundesrates bedarf.

(3) Für die Verkündung der Gesetze gilt Artikel 115a Abs. 3 Satz 2 entsprechend.

Keine Kommentierung. Zur Begründung s. Vorbemerkung zu Art. 115a.

Art. 115e [Befugnisse des Gemeinsamen Ausschusses]

(1) Stellt der Gemeinsame Ausschuß im Verteidigungsfalle mit einer Mehrheit von zwei Dritteln der abgegebenen Stimmen, mindestens mit der Mehrheit seiner Mitglieder fest, daß dem rechtzeitigen Zusammentritt des Bundestages unüberwindliche Hindernisse ent-

gegenstehen oder daß dieser nicht beschlußfähig ist, so hat der Gemeinsame Ausschuß die Stellung von Bundestag und Bundesrat und nimmt deren Rechte einheitlich wahr.

(2) Durch ein Gesetz des Gemeinsamen Ausschusses darf das Grundgesetz weder geändert noch ganz oder teilweise außer Kraft oder außer Anwendung gesetzt werden. Zum Erlaß von Gesetzen nach Artikel 23 Abs. 1 Satz 2, Artikel 24 Abs. 1 oder Artikel 29 ist der Gemeinsame Ausschuß nicht befugt.

Keine Kommentierung. Zur Begründung s. Vorbemerkung zu Art. 115a.

Art. 115f [Einsatz des Bundesgrenzschutzes; Weisungen an Landesregierungen]

(1) Die Bundesregierung kann im Verteidigungsfalle, soweit es die Verhältnisse erfordern,

1. den Bundesgrenzschutz im gesamten Bundesgebiete einsetzen;

2. außer der Bundesverwaltung auch den Landesregierungen und, wenn sie es für dringlich erachtet, den Landesbehörden Weisungen erteilen und diese Befugnis auf von ihr zu bestimmende Mitglieder der Landesregierungen übertragen.

(2) Bundestag, Bundesrat und der Gemeinsame Ausschuß sind unverzüglich von den nach Absatz 1 getroffenen Maßnahmen zu unterrichten.

Keine Kommentierung. Zur Begründung s. Vorbemerkung zu Art. 115a.

Art. 115g [Bundesverfassungsgericht]

Die verfassungsmäßige Stellung und die Erfüllung der verfassungsmäßigen Aufgaben des Bundesverfassungsgerichtes und seiner Richter dürfen nicht beeinträchtigt werden. Das Gesetz über das Bundesverfassungsgericht darf durch ein Gesetz des Gemeinsamen Ausschusses nur insoweit geändert werden, als dies auch nach Auffassung des Bundesverfassungsgerichtes zur Aufrechterhaltung der Funktionsfähigkeit des Gerichtes erforderlich ist. Bis zum Erlaß eines solchen Gesetzes kann das Bundesverfassungsgericht die zur Erhaltung der Arbeitsfähigkeit des Gerichtes erforderlichen Maßnahmen treffen. Beschlüsse nach Satz 2 und Satz 3 faßt das Bundesverfassungsgericht mit der Mehrheit der anwesenden Richter.

Keine Kommentierung. Zur Begründung s. Vorbemerkung zu Art. 115a.

Art. 115h [Ablauf von Wahlperioden, Amtszeiten]

(1) Während des Verteidigungsfalles ablaufende Wahlperioden des Bundestages oder der Volksvertretungen der Länder enden sechs Monate nach Beendigung des Verteidigungsfalles. Die im Verteidigungsfalle ablaufende Amtszeit des Bundespräsidenten sowie bei vorzeitiger Erledigung seines Amtes die Wahrnehmung seiner Befugnisse durch den Präsidenten des Bundesrates enden neun Monate nach Beendigung des Verteidigungsfalles. Die im Verteidigungsfalle ablaufende Amtszeit eines Mitgliedes des Bundesverfassungsgerichtes endet sechs Monate nach Beendigung des Verteidigungsfalles.

(2) Wird eine Neuwahl des Bundeskanzlers durch den Gemeinsamen Ausschuß erforderlich, so wählt dieser einen neuen Bundeskanzler mit der Mehrheit seiner Mitglieder; der Bundespräsident macht dem Gemeinsamen Ausschuß einen Vorschlag. Der Gemeinsame Ausschuß kann dem Bundeskanzler das Mißtrauen nur dadurch aussprechen, daß er mit der Mehrheit von zwei Dritteln seiner Mitglieder einen Nachfolger wählt.

(3) Für die Dauer des Verteidigungsfalles ist die Auflösung des Bundestages ausgeschlossen.

Keine Kommentierung. Zur Begründung s. Vorbemerkung zu Art. 115a.

Art. 115i [Befugnisse der Landesregierungen]

(1) Sind die zuständigen Bundesorgane außerstande, die notwendigen Maßnahmen zur Abwehr der Gefahr zu treffen, und erfordert die Lage unabweisbar ein sofortiges selbständiges Handeln in einzelnen Teilen des Bundesgebietes, so sind die Landesregierungen oder die von ihnen bestimmten Behörden oder Beauftragten befugt, für ihren Zuständigkeitsbereich Maßnahmen im Sinne des Artikels 115f Abs. 1 zu treffen.

(2) Maßnahmen nach Absatz 1 können durch die Bundesregierung, im Verhältnis zu Landesbehörden und nachgeordneten Bundesbehörden auch durch die Ministerpräsidenten der Länder jederzeit aufgehoben werden.

Keine Kommentierung. Zur Begründung s. Vorbemerkung zu Art. 115a.

Art. 115k [Außerkrafttreten von Gesetzen und Rechts- verordnungen]

(1) Für die Dauer ihrer Anwendbarkeit setzen Gesetze nach den Artikeln 115c, 115e und 115g und Rechtsverordnungen, die auf Grund solcher Gesetze ergehen, entgegenstehendes Recht außer Anwendung. Dies gilt nicht gegenüber früherem Recht, das auf Grund der Artikel 115c, 115e und 115g erlassen worden ist.

(2) Gesetze, die der Gemeinsame Ausschuß beschlossen hat, und Rechtsverordnungen, die auf Grund solcher Gesetze ergangen sind, treten spätestens sechs Monate nach Beendigung des Verteidigungsfalles außer Kraft.

(3) Gesetze, die von den Artikeln 91a, 91b, 104a, 106 und 107 abweichende Regelungen enthalten, gelten längstens bis zum Ende des zweiten Rechnungsjahres, das auf die Beendigung des Verteidigungsfalles folgt. Sie können nach Beendigung des Verteidigungsfalles durch Bundesgesetz mit Zustimmung des Bundesrates geändert werden, um zu der Regelung gemäß den Abschnitten VIIIa und X überzuleiten.

Keine Kommentierung. Zur Begründung s. Vorbemerkung zu Art. 115a.

Art. 115l [Beendigung des Verteidigungsfalles]

(1) Der Bundestag kann jederzeit mit Zustimmung des Bundesrates Gesetze des Gemeinsamen Ausschusses aufheben. Der Bundesrat kann verlangen, daß der Bundestag hierüber beschließt. Sonstige zur Abwehr der Gefahr getroffene Maßnahmen des Gemeinsamen Ausschusses oder der Bundesregierung sind aufzuheben, wenn der Bundestag und der Bundesrat es beschließen.

(2) Der Bundestag kann mit Zustimmung des Bundesrates jederzeit durch einen vom Bundespräsidenten zu verkündenden Beschluß den Verteidigungsfall für beendet erklären. Der Bundesrat kann verlangen, daß der Bundestag hierüber beschließt. Der Verteidigungsfall ist unverzüglich für beendet zu erklären, wenn die Voraussetzungen für seine Feststellung nicht mehr gegeben sind.

(3) Über den Friedensschluß wird durch Bundesgesetz entschieden.

Keine Kommentierung. Zur Begründung s. Vorbemerkung zu Art. 115a.

Übergangs- und Schlußbestimmungen

XI

Art. 116	Begriff „Deutscher"; Wiedereinbürgerung	289
Art. 117	Übergangsregelung für Artikel 3 und Artikel 11	291
Art. 118	Neugliederung von Baden-Württemberg	291
Art. 118a	Länderneugliederung	291
Art. 119	Flüchtlinge und Vertriebene	292
Art. 120	Besatzungskosten, Kriegsfolgelasten, Soziallasten	292
Art. 120a	Lastenausgleich	293
Art. 121	Begriff „Mehrheit"	293
Art. 122	Aufhebung früherer Gesetzgebungszuständigkeiten	294
Art. 123	Fortgelten bisherigen Rechts; Staatsverträge	294
Art. 124	Fortgelten bei ausschließlicher Gesetzgebung	294
Art. 125	Fortgelten bei konkurrierender Gesetzgebung	294
Art. 125a	Übergangsregelung bei Kompetenzänderung	295
Art. 125b		295
Art. 125c		296
Art. 126	Zweifel über Fortgelten von Recht	296
Art. 127	Recht des Vereinigten Wirtschaftsgebietes	296
Art. 128	Fortbestehen von Weisungsrechten	297

XI

Art. 129 Fortgelten von Ermächtigungen 297
Art. 130 Körperschaften des
öffentlichen Rechts 297
Art. 131 Frühere Angehörige des
öffentlichen Dienstes 298
Art. 132 Öffentlicher Dienst, Rechte 298
Art. 133 Vereinigtes Wirtschaftsgebiet,
Rechtsnachfolge 299
Art. 134 Reichsvermögen,
Rechtsnachfolge 299
Art. 135 Gebietsänderungen,
Rechtsnachfolge 300
Art. 135a Erfüllung alter Verbindlichkeiten 300
Art. 136 Erster Zusammentritt
des Bundesrates 301
Art. 137 Wählbarkeit von Beamten,
Soldaten und Richtern 302
Art. 138 Notariat 302
Art. 139 Befreiungsgesetze 302
Art. 140 Religionsfreiheit,
Religionsgesellschaften 302
Art. 141 Landesrechtliche Regelung
des Religionsunterrichts 305
Art. 142 Grundrechte in
Landesverfassungen 305
Art. 143 Übergangsregelung 306
Art. 143a Umwandlung
Bundeseisenbahnen 307
Art. 143b Umwandlung
Deutsche Bundespost 308
Art. 143c Beträge aus dem Bundeshaushalt . . . 309
Art. 144 Ratifizierung des Grundgesetzes 309
Art. 145 Verkündung des Grundgesetzes 310
Art. 146 Geltungsdauer des Grundgesetzes . . . 311

XI. Übergangs- und Schlußbestimmungen

Vorbemerkungen:

Abschnitt XI enthält eine bunte Sammlung unterschiedlichster Bestimmungen, die zum erheblichen Teil inzwischen zeitlich überholt sind oder an Bedeutung verloren haben. In den Anfangsjahren der Bundesrepublik Deutschland haben sie jedoch beträchtliche rechtliche und politische Wirkung gehabt. Andererseits finden sich in diesem Teil Bestimmungen z. B. über den verfassungsmäßigen Begriff „Deutscher" (Art. 116) und das *Staatskirchenrecht* (Art. 140), die durchaus eine wichtige Bedeutung für das GG haben. In der Reihenfolge ist keine Systematik erkennbar, sie scheint zufallsbedingt bzw. willkürlich zu sein.

Art. 116 [Begriff „Deutscher"; Wiedereinbürgerung]

Vorbemerkung:

Staatsangehörigkeit ist die rechtliche Bezeichnung für die Zugehörigkeit zu einem *Staatsvolk*. Das deutsche Staatsangehörigkeitsrecht hat seine historischen Wurzeln in dem aus der Kaiserzeit stammenden Reichs- und Staatsangehörigkeitsgesetz von 1913 und wurde normalerweise durch Geburt erworben. Ein eheliches Kind ist deutsch, wenn ein Elternteil die deutsche Staatsangehörigkeit besitzt; bei unehelichen Kindern ist die Staatsangehörigkeit der Mutter maßgebend. Ausländer und Staatenlose können auf Antrag unter gesetzlich bestimmten Bedingungen Deutsche werden (Einbürgerung). – Der Rechtsstatus „Deutsche(r)" ist Voraussetzung für einige Rechte, z. B. das Wahlrecht (Art. 38 Abs. 2). Gemäß dem ab 1. Januar 2000 geltenden *neuen Staatsangehörigkeitsrecht* erhalten hier geborene Kinder ausländischer Eltern, die acht Jahre lang rechtmäßig in Deutschland leben, mit der Geburt die *deutsche Staatsangehörigkeit*. Wenn es auf diese Weise zu einer *Doppelstaatsangehörigkeit* kommt, muss sich der *Doppelstaatler* nach Vollendung des 18. Lebensjahres binnen fünf Jahren zwischen der ausländischen und deutschen Staatsangehörigkeit entscheiden. Trifft er keine Entscheidung, wird der Verlust der deutschen Staatsangehörigkeit von Amts wegen festgestellt.

In seinem umstrittenen Urteil zum Schächten (s. Kommentierung zu Art. 4 Abs. 2) hat das BVerfG in schöpferischer Weise den Begriff des „De-facto-Deutschen" kreiert, um das für Deutsche geltende Grundrecht der Berufsfreiheit (Art. 12 Abs. 1) auch für einen dauerhaft in Deutschland lebenden Türken anwenden zu können.

Das Maskulinum „Deutscher" wird selbstverständlich wie im gesamten Text des GG in der herkömmlichen, die Feminina nicht ausschließenden Bedeutung verwendet.

(1) Deutscher im Sinne dieses Grundgesetzes ist vorbehaltlich anderweitiger gesetzlicher Regelung, wer die deutsche Staatsangehörigkeit besitzt oder als Flüchtling oder Vertriebener deutscher Volkszugehörigkeit oder als dessen Ehegatte oder Abkömmling in dem Gebiete des Deutschen Reiches nach dem Stande vom 31. Dezember 1937 Aufnahme gefunden hat.

Der Art. 116 Abs. 1 unterscheidet zwei Kategorien von Deutschen:

1. Deutsche mit deutscher Staatsangehörigkeit.

2. Deutsche ohne deutsche Staatsangehörigkeit, aber mit deutscher Volkszugehörigkeit.

Zu dieser zweiten Gruppe gehören Flüchtlinge und Vertriebene, die in Zusammenhang mit den Ereignissen und Folgen des Zweiten Weltkrieges vor allem aus Russland, den ehemaligen Gebieten der bis 1918 bestehenden Habsburger Monarchie (Österreich-Ungarn) und aus dem Balkan geflohen sind oder vertrieben (ausgewiesen) wurden. Sie besitzen die deutsche Volkszugehörigkeit, wenn sie sich gem. den Bestimmungen des Bundesvertriebenengesetzes i. d. F. v. 1971 zum deutschen Volkstum bekannt und durch Abstammung oder Sprache oder andere kulturelle Merkmale diese Volkszugehörigkeit nachweisen können. Sie gelten als *Statusdeutsche*, als Deutsche im Wartestand, bis sie Aufnahme in der Bundesrepublik Deutschland gefunden haben.

Die Gleichsetzung der vor der Gründung der Bundesrepublik Deutschland erworbenen deutschen Staatsangehörigkeit mit „Deutscher" i. S. des GG beruht auf der Annahme, dass der Bund rechtlich *Nachfolger des Reiches* ist, weil der deutsche Staat juristisch gesehen 1945 nicht untergegangen ist. Die Staatsdoktrin der *DDR* stand dieser Auffassung diametral entgegen, sie kannte eine eigene „DDR-Staatsbürgerschaft".

Die Regelung des GG hatte zur Folge, dass ein Deutscher, der – wie auch immer – aus der DDR in den Bereich des Bundesgebietes gelangte, „automatisch" Deutscher i. S. des Art. 116 Abs. 1 mit allen daraus resultierenden Rechten und Pflichten war.

(2) Frühere deutsche Staatsangehörige, denen zwischen dem 30. Januar 1933 und dem 8. Mai 1945 die Staatsangehörigkeit aus politischen, rassischen oder religiösen Gründen entzogen worden ist, und ihre Abkömmlinge sind auf Antrag wieder einzubürgern. Sie gelten als nicht ausgebürgert, sofern sie nach dem 8. Mai 1945 ihren

Wohnsitz in Deutschland genommen haben und nicht einen entgegengesetzten Willen zum Ausdruck gebracht haben.

Abs. 2 ist ein Teil der *Wiedergutmachung* nationalsozialistischen Unrechts. Allerdings sollte niemand gezwungen werden, die ihm aberkannte deutsche Staatsangehörigkeit wieder anzunehmen. Die von der *Ausbürgerung* betroffene Person muss also einen Antrag auf Wiedereinbürgerung stellen, um die deutsche Staatsangehörigkeit (wieder) zu erwerben.

Wer aber nach dem Ende des Zweiten Weltkrieges seinen Wohnsitz „in Deutschland" (gemeint ist das Gebiet des Deutschen Reiches in den Grenzen vom 31. 12. 1937, s. Abs. 1) genommen hat, gilt als nicht ausgebürgert und damit „automatisch" wieder als deutscher Staatsangehöriger. Einen gegenteiligen Willen muss er ausdrücklich bekunden.

Art. 117 [Übergangsregelung für Artikel 3 und Artikel 11]

(1) Das dem Artikel 3 Abs. 2 entgegenstehende Recht bleibt bis zu seiner Anpassung an diese Bestimmung des Grundgesetzes in Kraft, jedoch nicht länger als bis zum 31. März 1953.

(2) Gesetze, die das Recht der Freizügigkeit mit Rücksicht auf die gegenwärtige Raumnot einschränken, bleiben bis zu ihrer Aufhebung durch Bundesgesetz in Kraft.

(s. Vorbemerkung zu Abschn. XI)

Art. 118 [Neugliederung von Baden-Württemberg]

Die Neugliederung in dem die Länder Baden, Württemberg-Baden und Württemberg-Hohenzollern umfassenden Gebiete kann abweichend von den Vorschriften des Artikels 29 durch Vereinbarung der beteiligten Länder erfolgen. Kommt eine Vereinbarung nicht zustande, so wird die Neugliederung durch Bundesgesetz geregelt, das eine Volksbefragung vorsehen muß.

Diese Spezialvorschrift zu Art. 29 ist mit der Bildung des Landes Baden-Württemberg 1951 gegenstandslos geworden; sie ist erschöpft.

Art. 118a [Länderneugliederung]

Die Neugliederung in dem die Länder Berlin und Brandenburg umfassenden Gebiet kann abweichend von den Vorschriften des

Artikels 29 unter Beteiligung ihrer Wahlberechtigten durch Vereinbarung beider Länder erfolgen.

Diese Vorschrift ist dem vorstehenden Art. 118 deutlich nachgebildet worden; sie ist aber trotz des Scheiterns der Volksabstimmung von 1996 noch nicht erschöpft (vgl. Art. 29 Abs. 8).

Art. 119 [Flüchtlinge und Vertriebene]

In Angelegenheiten der Flüchtlinge und Vertriebenen, insbesondere zu ihrer Verteilung auf die Länder, kann bis zu einer bundesgesetzlichen Regelung die Bundesregierung mit Zustimmung des Bundesrates Verordnungen mit Gesetzeskraft erlassen. Für besondere Fälle kann dabei die Bundesregierung ermächtigt werden, Einzelweisungen zu erteilen. Die Weisungen sind außer bei Gefahr im Verzuge an die obersten Landesbehörden zu richten.

(s. Vorbemerkung zu Abschn. XI)

Art. 120 [Besatzungskosten, Kriegsfolgelasten, Soziallasten]

(1) Der Bund trägt die Aufwendungen für Besatzungskosten und die sonstigen inneren und äußeren Kriegsfolgelasten nach näherer Bestimmung von Bundesgesetzen. Soweit diese Kriegsfolgelasten bis zum 1. Oktober 1969 durch Bundesgesetze geregelt worden sind, tragen Bund und Länder im Verhältnis zueinander die Aufwendungen nach Maßgabe dieser Bundesgesetze. Soweit Aufwendungen für Kriegsfolgelasten, die in Bundesgesetzen weder geregelt worden sind noch geregelt werden, bis zum 1. Oktober 1965 von den Ländern, Gemeinden (Gemeindeverbänden) oder sonstigen Aufgabenträgern, die Aufgaben von Ländern oder Gemeinden erfüllen, erbracht worden sind, ist der Bund zur Übernahme von Aufwendungen dieser Art auch nach diesem Zeitpunkt nicht verpflichtet. Der Bund trägt die Zuschüsse zu den Lasten der Sozialversicherung mit Einschluß der Arbeitslosenversicherung und der Arbeitslosenhilfe. Die durch diesen Absatz geregelte Verteilung der Kriegsfolgelasten auf Bund und Länder läßt die gesetzliche Regelung von Entschädigungsansprüchen für Kriegsfolgen unberührt.

(2) Die Einnahmen gehen auf den Bund zu demselben Zeitpunkte über, an dem der Bund die Ausgaben übernimmt.

(s. Vorbemerkung zu Abschn. XI)

Art. 120a [Lastenausgleich]

(1) Die Gesetze, die der Durchführung des Lastenausgleichs dienen, können mit Zustimmung des Bundesrates bestimmen, daß sie auf dem Gebiete der Ausgleichsleistungen teils durch den Bund, teils im Auftrage des Bundes durch die Länder ausgeführt werden und daß die der Bundesregierung und den zuständigen obersten Bundesbehörden auf Grund des Artikels 85 insoweit zustehenden Befugnisse ganz oder teilweise dem Bundesausgleichsamt übertragen werden. Das Bundesausgleichsamt bedarf bei Ausübung dieser Befugnisse nicht der Zustimmung des Bundesrates; seine Weisungen sind, abgesehen von den Fällen der Dringlichkeit, an die obersten Landesbehörden (Landesausgleichsämter) zu richten.

(2) Artikel 87 Abs. 3 Satz 2 bleibt unberührt.

(s. Vorbemerkung zu Abschn. XI)

Art. 121 [Begriff „Mehrheit"]

Mehrheit der Mitglieder des Bundestages und der Bundesversammlung im Sinne dieses Grundgesetzes ist die Mehrheit ihrer gesetzlichen Mitgliederzahl.

Das Grundgesetz unterscheidet folgende Mehrheiten:

1. Die *einfache* (relative) *Mehrheit*, das ist die Mehrheit der abgegebenen Stimmen. Sie ist der Normalfall für Abstimmungen im Bundestag (Art. 42 Abs. 2). Diese Mehrheit wird auch als konstitutive Mehrheit bezeichnet; s. Bemerkungen zu Art. 24 Abs. 2.

2. Die *qualifizierte Mehrheit*. Sie kann sein:

   – Eine „Mehrheit der Mitglieder" im Sinne des Art. 121 und bedeutet 50 Prozent + 1 Stimme, gerechnet von der Gesamtzahl der Abgeordneten. Nach der Wahl zum 16. Deutschen Bundestag am 18. September 2005 beträgt die gesetzliche Mitgliederzahl 614; 598 zuzüglich 16 Überhangmandate. Zur „Mehrheit der Mitglieder", auch *absolute Mehrheit* genannt, gehören deshalb 308 Stimmen. Dies ist zugleich die *Kanzlermehrheit* (vgl. Art. 63 Abs. 2).

   – Zweidrittelmehrheit der abgegebenen Stimmen (Art. 42 Abs. 1).

   – Zweidrittelmehrheit der Mitglieder. Sie ist z. B. bei verfassungsändernden Gesetzen erforderlich (Art. 79 Abs. 2).

Die gesetzliche Mitgliederzahl der Bundesversammlung (Art. 54 Abs. 3) beträgt, wenn der Bundestag 614 Abgeordnete umfasst, 1 228 Vertreter.

Art. 122 [Aufhebung früherer Gesetzgebungszuständigkeiten]

(1) Vom Zusammentritt des Bundestages an werden die Gesetze ausschließlich von den in diesem Grundgesetze anerkannten gesetzgebenden Gewalten beschlossen.

(2) Gesetzgebende und bei der Gesetzgebung beratend mitwirkende Körperschaften, deren Zuständigkeit nach Absatz 1 endet, sind mit diesem Zeitpunkt aufgelöst.

(s. Vorbemerkung zu Abschn. XI)

Art. 123 [Fortgelten bisherigen Rechts; Staatsverträge]

(1) Recht aus der Zeit vor dem Zusammentritt des Bundestages gilt fort, soweit es dem Grundgesetze nicht widerspricht.

(2) Die vom Deutschen Reich abgeschlossenen Staatsverträge, die sich auf Gegenstände beziehen, für die nach diesem Grundgesetze die Landesgesetzgebung zuständig ist, bleiben, wenn sie nach allgemeinen Rechtsgrundsätzen gültig sind und fortgelten, unter Vorbehalt aller Rechte und Einwendungen der Beteiligten in Kraft, bis neue Staatsverträge durch die nach diesem Grundgesetze zuständigen Stellen abgeschlossen werden oder ihre Beendigung auf Grund der in ihnen enthaltenen Bestimmungen anderweitig erfolgt.

(s. Vorbemerkung zu Abschn. XI)

Art. 124 [Fortgelten bei ausschließlicher Gesetzgebung]

Recht, das Gegenstände der ausschließlichen Gesetzgebung des Bundes betrifft, wird innerhalb seines Geltungsbereiches Bundesrecht.

(s. Vorbemerkung zu Abschn. XI)

Art. 125 [Fortgelten bei konkurrierender Gesetzgebung]

Recht, das Gegenstände der konkurrierenden Gesetzgebung des Bundes betrifft, wird innerhalb seines Geltungsbereiches Bundesrecht,

1. soweit es innerhalb einer oder mehrerer Besatzungszonen einheitlich gilt,

2. soweit es sich um Recht handelt, durch das nach dem 8. Mai 1945 früheres Reichsrecht abgeändert worden ist.

(s. Vorbemerkung zu Abschn. XI)

Vorbemerkung:

Die Art. 125a bis 125c wurden wegen der Föderalismusreform zur Übergangsregelung notwendig. – Sie werden durch Zeitablauf schon bald obsolet und können deshalb hier unkommentiert bleiben.

Art. 125a* [Übergangsregelung bei Kompetenzänderung]

(1) Recht, das als Bundesrecht erlassen worden ist, aber wegen der Änderung des Artikels 74 Abs. 1, der Einfügung des Artikels 84 Abs. 1 Satz 7, des Artikels 85 Abs. 1 Satz 2 oder des Artikels 105 Abs. 2a Satz 2 oder wegen der Aufhebung der Artikel 74a, 75 oder 98 Abs. 3 Satz 2 nicht mehr als Bundesrecht erlassen werden könnte, gilt als Bundesrecht fort. Es kann durch Landesrecht ersetzt werden.

(2) Recht, das auf Grund des Artikels 72 Abs. 2 in der bis zum 15. November 1994 geltenden Fassung erlassen worden ist, aber wegen Änderung des Artikels 72 Abs. 2 nicht mehr als Bundesrecht erlassen werden könnte, gilt als Bundesrecht fort. Durch Bundesgesetz kann bestimmt werden, dass es durch Landesrecht ersetzt werden kann.

(3) Recht, das als Landesrecht erlassen worden ist, aber wegen Änderung des Artikels 73 nicht mehr als Landesrecht erlassen werden könnte, gilt als Landesrecht fort. Es kann durch Bundesrecht ersetzt werden.

Art. 125b*

(1) Recht, das auf Grund des Artikels 75 in der bis zum 1. September 2006 geltenden Fassung erlassen worden ist und das auch nach diesem Zeitpunkt als Bundesrecht erlassen werden könnte, gilt als Bundesrecht fort. Befugnisse und Verpflichtungen der Länder zur Gesetzgebung bleiben insoweit bestehen. Auf den in Artikel 72 Abs. 3 Satz 1 genannten Gebieten können die Länder von diesem Recht abweichende Regelungen treffen, auf den Gebieten des Artikels 72 Abs. 3 Satz 1 Nr. 2, 5 und 6 jedoch erst, wenn und soweit der Bund ab dem 1. September 2006 von seiner Gesetzgebungszuständigkeit Gebrauch

gemacht hat, in den Fällen der Nummern 2 und 5 spätestens ab dem 1. Januar 2010, im Falle der Nummer 6 spätestens ab dem 1. August 2008.

(2) Von den bundesgesetzlichen Regelungen, die auf Grund des Artikels 84 Abs. 1 in der vor dem 1. September 2006 geltenden Fassung erlassen worden sind, können die Länder abweichende Regelungen treffen, von Regelungen des Verwaltungsverfahrens bis zum 31. Dezember 2008 aber nur dann, wenn ab dem 1. September 2006 in dem jeweiligen Bundesgesetz Regelungen des Verwaltungsverfahrens geändert worden sind.

Art. 125c*

(1) Recht, das auf Grund des Artikels 91a Abs. 2 in Verbindung mit Abs. 1 Nr. 1 in der bis zum 1. September 2006 geltenden Fassung erlassen worden ist, gilt bis zum 31. Dezember 2006 fort.

(2) Die nach Artikel 104a Abs. 4 in der bis zum 1. September 2006 geltenden Fassung in den Bereichen der Gemeindeverkehrsfinanzierung und der sozialen Wohnraumförderung geschaffenen Regelungen gelten bis zum 31. Dezember 2006 fort. Die im Bereich der Gemeindeverkehrsfinanzierung für die besonderen Programme nach § 6 Abs. 1 des Gemeindeverkehrsfinanzierungsgesetzes sowie die sonstigen nach Artikel 104a Abs. 4 in der bis zum 1. September 2006 geltenden Fassung geschaffenen Regelungen gelten bis zum 31. Dezember 2019 fort, soweit nicht ein früherer Zeitpunkt für das Außerkrafttreten bestimmt ist oder wird.

Art. 126 [Zweifel über Fortgelten von Recht]

Meinungsverschiedenheiten über das Fortgelten von Recht als Bundesrecht entscheidet das Bundesverfassungsgericht.

(s. Vorbemerkung zu Abschn. XI)

Art. 127 [Recht des Vereinigten Wirtschaftsgebietes]

Die Bundesregierung kann mit Zustimmung der Regierungen der beteiligten Länder Recht der Verwaltung des Vereinigten Wirtschaftsgebietes, soweit es nach Artikel 124 oder 125 als Bundesrecht fortgilt, innerhalb eines Jahres nach Verkündung dieses Grundgesetzes in den Ländern Baden, Groß-Berlin, Rheinland-Pfalz und Württemberg-Hohenzollern in Kraft setzen.

(s. Vorbemerkung zu Abschn. XI)

Art. 128 [Fortbestehen von Weisungsrechten]

Soweit fortgeltendes Recht Weisungsrechte im Sinne des Artikels 84 Abs. 5 vorsieht, bleiben sie bis zu einer anderweitigen gesetzlichen Regelung bestehen.

(s. Vorbemerkung zu Abschn. XI)

Art. 129 [Fortgelten von Ermächtigungen]

(1) Soweit in Rechtsvorschriften, die als Bundesrecht fortgelten, eine Ermächtigung zum Erlasse von Rechtsverordnungen oder allgemeinen Verwaltungsvorschriften sowie zur Vornahme von Verwaltungsakten enthalten ist, geht sie auf die nunmehr sachlich zuständigen Stellen über. In Zweifelsfällen entscheidet die Bundesregierung im Einvernehmen mit dem Bundesrate; die Entscheidung ist zu veröffentlichen.

(2) Soweit in Rechtsvorschriften, die als Landesrecht fortgelten, eine solche Ermächtigung enthalten ist, wird sie von den nach Landesrecht zuständigen Stellen ausgeübt.

(3) Soweit Rechtsvorschriften im Sinne der Absätze 1 und 2 zu ihrer Änderung oder Ergänzung oder zum Erlaß von Rechtsvorschriften an Stelle von Gesetzen ermächtigen, sind diese Ermächtigungen erloschen.

(4) Die Vorschriften der Absätze 1 und 2 gelten entsprechend, soweit in Rechtsvorschriften auf nicht mehr geltende Vorschriften oder nicht mehr bestehende Einrichtungen verwiesen ist.

(s. Vorbemerkung zu Abschn. XI)

Art. 130 [Körperschaften des öffentlichen Rechts]

(1) Verwaltungsorgane und sonstige der öffentlichen Verwaltung oder Rechtspflege dienende Einrichtungen, die nicht auf Landesrecht oder Staatsverträgen zwischen Ländern beruhen, sowie die Betriebsvereinigung der südwestdeutschen Eisenbahnen und der Verwaltungsrat für das Post- und Fernmeldewesen für das französische Besatzungsgebiet unterstehen der Bundesregierung. Diese regelt mit Zustimmung des Bundesrates die Überführung, Auflösung oder Abwicklung.

(2) Oberster Disziplinarvorgesetzter der Angehörigen dieser Verwaltungen und Einrichtungen ist der zuständige Bundesminister.

(3) Nicht landesunmittelbare und nicht auf Staatsverträgen zwischen den Ländern beruhende Körperschaften und Anstalten des öffentlichen Rechtes unterstehen der Aufsicht der zuständigen obersten Bundesbehörde.

(s. Vorbemerkung zu Abschn. XI)

Art. 131 [Frühere Angehörige des öffentlichen Dienstes]

Die Rechtsverhältnisse von Personen einschließlich der Flüchtlinge und Vertriebenen, die am 8. Mai 1945 im öffentlichen Dienste standen, aus anderen als beamten- oder tarifrechtlichen Gründen ausgeschieden sind und bisher nicht oder nicht ihrer früheren Stellung entsprechend verwendet werden, sind durch Bundesgesetz zu regeln. Entsprechendes gilt für Personen einschließlich der Flüchtlinge und Vertriebenen, die am 8. Mai 1945 versorgungsberechtigt waren und aus anderen als beamten- oder tarifrechtlichen Gründen keine oder keine entsprechende Versorgung mehr erhalten. Bis zum Inkrafttreten des Bundesgesetzes können vorbehaltlich anderweitiger landesrechtlicher Regelung Rechtsansprüche nicht geltend gemacht werden.

Die Verfassungsbestimmung ist heute praktisch veraltet und wird deshalb gem. Einigungsvertrag auch für das Beitrittsgebiet „vorerst nicht in Kraft gesetzt". – Dabei dürfte es wahrscheinlich bleiben.

Art. 132 [Öffentlicher Dienst, Rechte]

Vorbemerkung:

Dieser Artikel ist in Verbindung mit Art. 131 zu sehen; beide sind durch Zeitablauf gegenstandslos geworden.

(1) Beamte und Richter, die im Zeitpunkt des Inkrafttretens dieses Grundgesetzes auf Lebenszeit angestellt sind, können binnen sechs Monaten nach dem ersten Zusammentritt des Bundestages in den Ruhestand oder Wartestand oder in ein Amt mit niedrigerem Diensteinkommen versetzt werden, wenn ihnen die persönliche oder fachliche Eignung für ihr Amt fehlt. Auf Angestellte, die in einem unkündbaren Dienstverhältnis stehen, findet diese Vorschrift entsprechende Anwendung. Bei Angestellten, deren Dienstverhältnis kündbar ist, können über die tarifmäßige Regelung hinausgehende Kündigungsfristen innerhalb der gleichen Frist aufgehoben werden.

Diese Bestimmung – in den Volksmund auch als „Trottelparagraf" eingegangen – war praktisch stets bedeutungslos, weil die nach Abs. 4 erforderliche Verordnung erst am 7. Februar 1950 erging und die Sechsmonatsfrist bereits am 4. März 1950 abgelaufen war.

(2) Diese Bestimmung findet keine Anwendung auf Angehörige des öffentlichen Dienstes, die von den Vorschriften über die „Befreiung von Nationalsozialismus und Militarismus" nicht betroffen oder die anerkannte Verfolgte des Nationalsozialismus sind, sofern nicht ein wichtiger Grund in ihrer Person vorliegt.

(3) Dem Betroffenen steht der Rechtsweg gemäß Artikel 19 Absatz 4 offen.

(4) Das Nähere bestimmt eine Verordnung der Bundesregierung, die der Zustimmung des Bundesrates bedarf.

Art. 133 [Vereinigtes Wirtschaftsgebiet, Rechtsnachfolge]

Der Bund tritt in die Rechte und Pflichten der Verwaltung des Vereinigten Wirtschaftsgebietes ein.

(s. Vorbemerkung zu Abschn. XI)

Art. 134 [Reichsvermögen, Rechtsnachfolge]

(1) Das Vermögen des Reiches wird grundsätzlich Bundesvermögen.

(2) Soweit es nach seiner ursprünglichen Zweckbestimmung überwiegend für Verwaltungsaufgaben bestimmt war, die nach diesem Grundgesetze nicht Verwaltungsaufgaben des Bundes sind, ist es unentgeltlich auf die nunmehr zuständigen Aufgabenträger und, soweit es nach seiner gegenwärtigen, nicht nur vorübergehenden Benutzung Verwaltungsaufgaben dient, die nach diesem Grundgesetze nunmehr von den Ländern zu erfüllen sind, auf die Länder zu übertragen. Der Bund kann auch sonstiges Vermögen den Ländern übertragen.

(3) Vermögen, das dem Reich von den Ländern und Gemeinden (Gemeindeverbänden) unentgeltlich zur Verfügung gestellt wurde, wird wiederum Vermögen der Länder und Gemeinden (Gemeindeverbände), soweit es nicht der Bund für eigene Verwaltungsaufgaben benötigt.

(4) Das Nähere regelt ein Bundesgesetz, das der Zustimmung des Bundesrates bedarf.

(s. Vorbemerkung zu Abschn. XI)

Art. 135 [Gebietsänderungen, Rechtsnachfolge]

(1) Hat sich nach dem 8. Mai 1945 bis zum Inkrafttreten dieses Grundgesetzes die Landeszugehörigkeit eines Gebietes geändert, so steht in diesem Gebiete das Vermögen des Landes, dem das Gebiet angehört hat, dem Lande zu, dem es jetzt angehört.

(2) Das Vermögen nicht mehr bestehender Länder und nicht mehr bestehender anderer Körperschaften und Anstalten des öffentlichen Rechtes geht, soweit es nach seiner ursprünglichen Zweckbestimmung überwiegend für Verwaltungsaufgaben bestimmt war, oder nach seiner gegenwärtigen, nicht nur vorübergehenden Benutzung überwiegend Verwaltungsaufgaben dient, auf das Land oder die Körperschaft oder Anstalt des öffentlichen Rechtes über, die nunmehr diese Aufgaben erfüllen.

(3) Grundvermögen nicht mehr bestehender Länder geht einschließlich des Zubehörs, soweit es nicht bereits zu Vermögen im Sinne des Absatzes 1 gehört, auf das Land über, in dessen Gebiet es gelegen ist.

(4) Sofern ein überwiegendes Interesse des Bundes oder das besondere Interesse eines Gebietes es erfordert, kann durch Bundesgesetz eine von den Absätzen 1 bis 3 abweichende Regelung getroffen werden.

(5) Im übrigen wird die Rechtsnachfolge und die Auseinandersetzung, soweit sie nicht bis zum 1. Januar 1952 durch Vereinbarung zwischen den beteiligten Ländern oder Körperschaften oder Anstalten des öffentlichen Rechtes erfolgt, durch Bundesgesetz geregelt, das der Zustimmung des Bundesrates bedarf.

(6) Beteiligungen des ehemaligen Landes Preußen an Unternehmen des privaten Rechtes gehen auf den Bund über. Das Nähere regelt ein Bundesgesetz, das auch Abweichendes bestimmen kann.

(7) Soweit über Vermögen, das einem Lande oder einer Körperschaft oder Anstalt des öffentlichen Rechtes nach den Absätzen 1 bis 3 zufallen würde, von dem danach Berechtigten durch ein Landesgesetz, auf Grund eines Landesgesetzes oder in anderer Weise bei Inkrafttreten des Grundgesetzes verfügt worden war, gilt der Vermögensübergang als vor der Verfügung erfolgt.

(s. Vorbemerkung zu Abschn. XI)

Art. 135a [Erfüllung alter Verbindlichkeiten]

(1) Durch die in Artikel 134 Absatz 4 und Artikel 135 Absatz 5 vorbehaltene Gesetzgebung des Bundes kann auch bestimmt werden, daß nicht oder nicht in voller Höhe zu erfüllen sind

1. Verbindlichkeiten des Reiches sowie Verbindlichkeiten des ehemaligen Landes Preußen und sonstiger nicht mehr bestehender Körperschaften und Anstalten des öffentlichen Rechts,

2. Verbindlichkeiten des Bundes oder anderer Körperschaften und Anstalten des öffentlichen Rechts, welche mit dem Übergang von Vermögenswerten nach Artikel 89, 90, 134 und 135 im Zusammenhang stehen, und Verbindlichkeiten dieser Rechtsträger, die auf Maßnahmen der in Nummer 1 bezeichneten Rechtsträger beruhen,

3. Verbindlichkeiten der Länder und Gemeinden (Gemeindeverbände), die aus Maßnahmen entstanden sind, welche diese Rechtsträger vor dem 1. August 1945 zur Durchführung von Anordnungen der Besatzungsmächte oder zur Beseitigung eines kriegsbedingten Notstandes im Rahmen dem Reich obliegender oder vom Reich übertragener Verwaltungsaufgaben getroffen haben.

(s. Vorbemerkung zu Abschn. XI)

(2) Absatz 1 findet entsprechende Anwendung auf Verbindlichkeiten der Deutschen Demokratischen Republik oder ihrer Rechtsträger sowie auf Verbindlichkeiten des Bundes oder anderer Körperschaften und Anstalten des öffentlichen Rechts, die mit dem Übergang von Vermögenswerten der Deutschen Demokratischen Republik auf Bund, Länder und Gemeinden im Zusammenhang stehen, und auf Verbindlichkeiten, die auf Maßnahmen der Deutschen Demokratischen Republik oder ihrer Rechtsträger beruhen.

Der Absatz wurde im Zusammenhang mit dem *Einigungsvertrag* von 1990 eingeführt, um dem Gesetzgeber einen Ermessensspielraum bei der Regelung der vom Bund übernommenen Schulden der DDR *(Erblasten)* zu geben. Zum Beitrittszeitpunkt war die immense Höhe der Gesamtverbindlichkeiten der untergegangenen DDR noch nicht übersehbar.

Art. 136 [Erster Zusammentritt des Bundesrates]

(1) Der Bundesrat tritt erstmalig am Tage des ersten Zusammentritts des Bundestages zusammen.

(2) Bis zur Wahl des ersten Bundespräsidenten werden dessen Befugnisse von dem Präsidenten des Bundesrates ausgeübt. Das Recht der Auflösung des Bundestages steht ihm nicht zu.

Diese Vorschrift hatte nur für 1949 eine vorübergehende Bedeutung.

Art. 137 [Wählbarkeit von Beamten, Soldaten und Richtern]

(1) Die Wählbarkeit von Beamten, Angestellten des öffentlichen Dienstes, Berufssoldaten, freiwilligen Soldaten auf Zeit und Richtern im Bund, in den Ländern und den Gemeinden kann gesetzlich beschränkt werden.

(2) Für die Wahl des ersten Bundestages, der ersten Bundesversammlung und des ersten Bundespräsidenten der Bundesrepublik gilt das vom Parlamentarischen Rat zu beschließende Wahlgesetz.

(s. Vorbemerkung zu Abschn. XI)

(3) Die dem Bundesverfassungsgerichte gemäß Artikel 41 Abs. 2 zustehende Befugnis wird bis zu seiner Errichtung von dem Deutschen Obergericht für das Vereinigte Wirtschaftsgebiet wahrgenommen, das nach Maßgabe seiner Verfahrensordnung entscheidet.

(s. Vorbemerkung zu Abschn. XI)

Art. 138 [Notariat]

Änderungen der Einrichtungen des jetzt bestehenden Notariats in den Ländern Baden, Bayern, Württemberg-Baden und Württemberg-Hohenzollern bedürfen der Zustimmung der Regierungen dieser Länder.

Statt Baden, Württemberg-Baden und Württemberg-Hohenzollern: Baden-Württemberg; im Übrigen s. Vorbemerkung zu Abschn. XI.

Art. 139 [Befreiungsgesetze]

Die zur „Befreiung des deutschen Volkes vom Nationalsozialismus und Militarismus" erlassenen Rechtsvorschriften werden von den Bestimmungen dieses Grundgesetzes nicht berührt.

(s. Vorbemerkung zu Abschn. XI)

Art. 140 [Religionsfreiheit, Religionsgesellschaften]

Die Bestimmungen der Artikel 136, 137, 138, 139 und 141 der Deutschen Verfassung vom 11. August 1919 sind Bestandteile dieses Grundgesetzes.

Art. 140 regelt das *Staatskirchenrecht*, das ist das durch Verfassung und Gesetz geordnete Verhältnis des Staates zur Kirche. In der Eile der Beratungen zum GG war es dem *Parlamentarischen Rat* 1948/49 nicht möglich eine Neuregelung zu schaffen, so wählte er einen etwas ungewöhnlichen Ausweg. Einzelne Bestimmungen der früheren WRV von 1919 (Art. 136 bis 141) sind „inkorporiert" (übernommen) worden und damit voll gültiger Teil des GG geworden.

Es besteht wie in der WRV keine Staatskirche (Art. 137 Abs. 1). Das Grundgesetz legt damit ein „Gebot staatlicher Neutralität im kirchlichen Bereich" fest (BVerfG).

Die sog. *Kirchenartikel* der Weimarer Verfassung sprechen distanzierend von „Religionsgesellschaften" als Körperschaften des öffentlichen Rechts, „soweit sie solche bisher waren" (Art. 137 Abs. 5 WRV). Der Begriff wurde in den Landesverfassungen zumeist durch „Kirche" und „Religions- und Weltanschauungsgemeinschaften" (so Baden-Württemberg in Art. 4 der Landesverfassung v. 1953) ersetzt.

> **Beispiel:** Die Bestimmung des Art. 139 der WRV hat in Zusammenhang mit der 1999 wieder aufgeflammten Diskussion über die Aufhebung der Ladenschlusszeiten überraschend eine besondere Bedeutung gewonnen. Eine generelle und dauerhafte Freigabe des Sonntagsverkaufs setzt eine Verfassungsänderung voraus, denn an Sonn- und Feiertagen soll nach dem Willen des GG Arbeitsruhe herrschen, weil sie der „seelischen Erhebung" dienen sollen. Unbeschadet der Tatsache, dass mindestens jeder achte Berufstätige mehr oder weniger regelmäßig an diesen Tagen arbeitet.
>
> Das GG verpflichtet den Gesetzgeber nicht, *alle* bestehenden kirchlichen Feiertage anzuerkennen; so war es durchaus *verfassungskonform*, den „Buß- und Bettag" (stets der 3. Mittwoch im November) als bezahlten Feiertag im Rahmen der Lohnfortzahlungsregelung im Krankheitsfalle abzuschaffen.
>
> Selbstverständlich aber ist niemand gehindert und darf daran auch nicht gehindert werden, an diesem Tag Urlaub zu nehmen und Buße zu tun.

Im Übrigen konkretisieren die Weimarer Verfassungsbestimmungen (Art. 136 WRV) die GG-Art. 3 Abs. 3 (Gleichberechtigung), Art. 4 Abs. 1 u. Abs. 2 (Glaubensfreiheit) und Art. 33 Abs. 2 (gleiche staatsbürgerliche Rechte).

Die Bestimmungen der *Weimarer Reichsverfassung* lauten:

Artikel 136

(1) Die bürgerlichen und staatsbürgerlichen Rechte und Pflichten werden durch die Ausübung der Religionsfreiheit weder bedingt noch beschränkt.

(2) Der Genuß bürgerlicher und staatsbürgerlicher Rechte sowie die Zulassung zu öffentlichen Ämtern sind unabhängig von dem religiösen Bekenntnis.

(3) Niemand ist verpflichtet, seine religiöse Überzeugung zu offenbaren. Die Behörden haben nur soweit das Recht, nach der Zugehörigkeit zu einer Religionsgesellschaft zu fragen, als davon Rechte und Pflichten abhängen oder eine gesetzlich angeordnete statistische Erhebung dies erfordert.

(4) Niemand darf zu einer kirchlichen Handlung oder Feierlichkeit oder zur Teilnahme an religiösen Übungen oder zur Benutzung einer religiösen Eidesform gezwungen werden.

Artikel 137

(1) Es besteht keine Staatskirche.

(2) Die Freiheit der Vereinigung zu Religionsgesellschaften wird gewährleistet. Der Zusammenschluß von Religionsgesellschaften innerhalb des Reichsgebiets unterliegt keinen Beschränkungen.

(3) Jede Religionsgesellschaft ordnet und verwaltet ihre Angelegenheiten selbstständig innerhalb der Schranken des für alle geltenden Gesetzes. Sie verleiht ihre Ämter ohne Mitwirkung des Staates oder der bürgerlichen Gemeinde.

(4) Religionsgesellschaften erwerben die Rechtsfähigkeit nach den allgemeinen Vorschriften des bürgerlichen Rechts.

(5) Die Religionsgesellschaften bleiben Körperschaften des öffentlichen Rechts, soweit sie solche bisher waren. Anderen Religionsgesellschaften sind auf ihren Antrag gleiche Rechte zu gewähren, wenn sie durch ihre Verfassung und die Zahl ihrer Mitglieder die Gewähr der Dauer bieten. Schließen sich mehrere derartige öffentlich-rechtliche Religionsgesellschaften zu einem Verbande zusammen, so ist auch dieser Verband eine öffentlich-rechtliche Körperschaft.

(6) Die Religionsgesellschaften, welche Körperschaften des öffentlichen Rechts sind, sind berechtigt, auf Grund der bürgerlichen Steuerlisten nach Maßgabe der landesrechtlichen Bestimmungen Steuern zu erheben.

(7) Den Religionsgesellschaften werden die Vereinigungen gleichgestellt, die sich die gemeinschaftliche Pflege einer Weltanschauung zur Aufgabe machen.

(8) Soweit die Durchführung dieser Bestimmungen eine weitere Regelung erfordert, obliegt diese der Landesgesetzgebung.

Artikel 138

(1) Die auf Gesetz, Vertrag oder besonderen Rechtstiteln beruhenden Staatsleistungen an die Religionsgesellschaften werden durch die Landesgesetzgebung abgelöst. Die Grundsätze hierfür stellt das Reich auf.

(2) Das Eigentum und andere Rechte der Religionsgesellschaften und religiösen Vereine an ihren für Kultus-, Unterrichts- und Wohltätigkeitszwecke bestimmten Anstalten, Stiftungen und sonstigen Vermögen werden gewährleistet.

Artikel 139

Der Sonntag und die staatlich anerkannten Feiertage bleiben als Tage der Arbeitsruhe und der seelischen Erhebung gesetzlich geschützt.

Artikel 141

Soweit das Bedürfnis nach Gottesdienst und Seelsorge im Heer, in Krankenhäusern, Strafanstalten oder sonstigen öffentlichen Anstalten besteht, sind die Religionsgesellschaften zur Vornahme religiöser Handlungen zuzulassen, wobei jeder Zwang fernzuhalten ist.

Art. 141 [Landesrechtliche Regelung des Religionsunterrichts]

Artikel 7 Absatz 3 Satz 1 findet keine Anwendung in einem Lande, in dem am 1. Januar 1949 eine andere landesrechtliche Regelung bestand.

Art. 141 enthält eine Ausnahmebestimmung zum Grundsatz des Art. 7 Abs. 3, nach dem an öffentlichen Schulen, sofern sie nicht bekenntnisfrei sind, Religion als ordentliches Lehrfach zu erteilen ist. Damit wurde vor allem die Bestimmung des Art. 32 der Bremischen Verfassung respektiert (sog. *Bremer Klausel*), nach der in den öffentlichen Gemeinschaftsschulen ein bekenntnisfreier Unterricht in biblischer Geschichte auf christlicher Grundlage erteilt wird.

Art. 142 [Grundrechte in Landesverfassungen]

Ungeachtet der Vorschrift des Artikels 31 bleiben Bestimmungen der Landesverfassungen auch insoweit in Kraft, als sie in Übereinstimmung mit den Artikeln 1 bis 18 dieses Grundgesetzes Grundrechte gewährleisten.

Art. 142 ist eine Ausnahme vom Grundsatz des Art. 31 („Bundesrecht bricht Landesrecht") und sichert Grundrechte in Landesverfassungen, sofern sie sich in Übereinstimmung mit den Art. 1 bis 18 des GG befinden. „Übereinstimmung" liegt auch vor, wenn die Landesgrundrechte weiter gehen als die des GG, ohne zu ihnen in Widerspruch zu treten.

Art. 143 [Übergangsregelung]

Vorbemerkung: ────────────────────────────

Der schon 1951 aufgehobene Artikel wurde mit völlig neuem Inhalt am 23. September 1990 wieder eingefügt.

(1) Recht in dem in Artikel 3 des Einigungsvertrags genannten Gebiet kann längstens bis zum 31. Dezember 1992 von Bestimmungen dieses Grundgesetzes abweichen, soweit und solange infolge der unterschiedlichen Verhältnisse die völlige Anpassung an die grundgesetzliche Ordnung noch nicht erreicht werden kann. Abweichungen dürfen nicht gegen Artikel 19 Abs. 2 verstoßen und müssen mit den in Artikel 79 Abs. 3 genannten Grundsätzen vereinbar sein.

Das in Artikel 3 des Einigungsvertrages genannte Gebiet, das sog. *Beitrittsgebiet*, erstreckt sich auf die Länder in der ehemaligen DDR: Brandenburg, Mecklenburg-Vorpommern, Sachsen, Sachsen-Anhalt, Thüringen sowie Ostberlin.

(2) Abweichungen von den Abschnitten II, VIII, VIIIa, IX, X und XI sind längstens bis zum 31. Dezember 1995 zulässig.

Durch Zeitablauf obsolet (= veraltet).

(3) Unabhängig von Absatz 1 und 2 haben Artikel 41 des Einigungsvertrages und Regelungen zu seiner Durchführung auch insoweit Bestand, als sie vorsehen, daß Eingriffe in das Eigentum auf dem in Artikel 3 dieses Vertrags genannten Gebiet nicht mehr rückgängig gemacht werden.

In Art. 41 des Einigungsvertrages vom 31. August 1990 heißt es, dass „die von der Regierung der Bundesrepublik Deutschland und der Regierung der Deutschen Demokratischen Republik abgegebene Gemeinsame Erklärung vom 15. Juni 1990 zur Regelung offener Vermögensfragen (Anlage III) … Bestandteil dieses Vertrages" ist. In dieser Erklärung lautet Satz 1 der Ziff. 1:

„Die Enteignungen auf besatzungsrechtlicher und besatzungshoheitlicher Grundlage (1945 bis 1949) sind nicht mehr rückgängig zu machen."

Mit dieser Erklärung ist „die historische Entwicklung zur Kenntnis genommen" worden. Die vom Verfassungsgesetzgeber – Bundestag und Bundesrat – mit Art. 143 Abs. 3 beschlossene Einfügung in das GG versucht damit klarzustellen, dass das Grundrecht auf Eigentum für die genannte Zeit nicht rückwirkend auf das Gebiet der Sowjetischen Besatzungszone geltend gemacht werden kann. Die Regelung gilt nicht nur für Enteignungen durch die sowjetische Besatzungsmacht, sondern auch für solche, die von deutschen sowjetzonalen Stellen z. B. im Rahmen der sog. *Bodenreform* durchgeführt wurden. Das BVerfG hat bereits 1991 entschieden, dass diese Enteignungen irreversibel sind, weil die enteignenden „Stellen" aus räumlichen und zeitlichen Gründen nicht an das GG gebunden waren. Den Geschädigten oder ihren Rechtsnachfolgern kann aber unter Berücksichtigung der knappen Finanzlage eine mäßige Entschädigung gezahlt werden.

Im Übrigen s. Kommentierung zu Art. 14 Abs. 3.

Art. 143a [Umwandlung Bundeseisenbahnen]

Vorbemerkung:

Der Art. muss in Verbindung mit Art. 87e verstanden werden. Die Verselbstständigung der Bundeseisenbahnen gilt als Vorstufe zur völligen Privatisierung; vgl. Art. 143b.

(1) Der Bund hat die ausschließliche Gesetzgebung über alle Angelegenheiten, die sich aus der Umwandlung der in bundeseigener Verwaltung geführten Bundeseisenbahnen in Wirtschaftsunternehmen ergeben. Artikel 87e Abs. 5 findet entsprechende Anwendung. Beamte der Bundeseisenbahnen können durch Gesetz unter Wahrung ihrer Rechtsstellung und der Verantwortung des Dienstherrn einer privat-rechtlich organisierten Eisenbahn des Bundes zur Dienstleistung zugewiesen werden.

Die ausschließliche Gesetzgebungskompetenz (s. Art. 71) über die mehrheitlich im Eigentum des Bundes stehenden Eisenbahnen gebührt gem. Art. 73 Abs. 6a dem Bund. Die vorstehende Bestimmung sichert dieses Recht auch für den Umwandlungsprozess. Damit soll auch die *soziale Besitzstandswahrung* der Bediensteten gesichert werden, wozu vor allem das Recht auf Unkündbarkeit gehört.

(2) Gesetze nach Absatz 1 führt der Bund aus.

Damit ist die Ausführung als bundeseigene Verwaltung vorgesehen; s. Art. 86 mit den Bemerkungen dort.

(3) Die Erfüllung der Aufgaben im Bereich des Schienenpersonennahverkehrs der bisherigen Bundeseisenbahnen ist bis zum 31. Dezember 1995 Sache des Bundes. Dies gilt auch für die entsprechenden Aufgaben der Eisenbahnverkehrsverwaltung. Das Nähere wird durch Bundesgesetz geregelt, das der Zustimmung des Bundesrates bedarf.

Die Bundeseisenbahnen firmieren seit 1994 als *Deutsche Bahn AG*.

Art. 143b [Umwandlung Deutsche Bundespost]

Vorbemerkung:

Der Art. muss in Verbindung mit Art. 87f verstanden werden. Absicht der neuen Verfassungsbestimmungen ist die Überführung der Tochterunternehmen der Deutschen Bundespost in privatrechtlich geführte Wirtschaftsunternehmen.

(1) Das Sondervermögen Deutsche Bundespost wird nach Maßgabe eines Bundesgesetzes in Unternehmen privater Rechtsform umgewandelt. Der Bund hat die ausschließliche Gesetzgebung über alle sich hieraus ergebenden Angelegenheiten.

Gem. Art. 73 Ziff. 7 hat der Bund die ausschließliche Gesetzgebungskompetenz für das Postwesen und die Telekommunikation. Die Vorschrift des Art. 143b Abs. 1 bestimmt lediglich, dass diese Zuständigkeit auch für den Umwandlungsprozess der Bundespost in private Unternehmensformen gilt, der am 1. Januar 1995 vollzogen wurde.

(2) Die vor der Umwandlung bestehenden ausschließlichen Rechte des Bundes können durch Bundesgesetz für eine Übergangszeit den aus der Deutschen Bundespost POSTDIENST und der Deutschen Bundespost TELEKOM hervorgegangenen Unternehmen verliehen werden. Die Kapitalmehrheit am Nachfolgeunternehmen der Deutschen Bundespost POSTDIENST darf der Bund frühestens fünf Jahre nach Inkrafttreten des Gesetzes aufgeben. Dazu bedarf es eines Bundesgesetzes mit Zustimmung des Bundesrates.

Im Gegensatz zur Regelung bei der Deutsche Bahn AG (vgl. Art. 87e Abs. 3) kann, aber muss nicht, der Bund beim Nachfolgeunternehmen POSTDIENST seine Kapitalmehrheit zu Gunsten privater Anteilseigner aufgeben. Die Frage wird nicht zuletzt auch in Zusammenhang mit dem anbrechenden europäischen Wettbewerb zu entscheiden sein. Das zur Bildung der privaten Kapitalmehrheit erforderliche Bundesgesetz ist im Zuge der Stärkung der Länderrechte zum zustimmungspflichtigen Gesetz bestimmt worden.

(3) Die bei der Deutschen Bundespost tätigen Bundesbeamten werden unter Wahrung ihrer Rechtsstellung und der Verantwortung des Dienstherrn bei den privaten Unternehmen beschäftigt. Die Unternehmen üben Dienstherrenbefugnisse aus. Das Nähere bestimmt ein Bundesgesetz.

Die Leitungen der künftigen privaten Unternehmen – unabhängig davon, wer die Kapitalmehrheit hält – üben gegenüber den weiterbeschäftigten Bundesbeamten Weisungs- und Disziplinarbefugnis aus. Die Bediensteten wahren aber ihren sozialen Besitzstand, vor allem die Unkündbarkeit, wofür der Bund als (früherer) Dienstherr die Verantwortung trägt; vgl. Bemerkung zu Art. 143a Abs. 1.

Art. 143c* [Beträge aus dem Bundeshaushalt]

Vorbemerkung:

Diese neue Verfassungsbestimmung ist nur eine zeitliche Übergangsregelung. Sie wurde wegen der Verfassungsänderungen im Rahmen der Föderalismusreform erforderlich. Sie wird mittelfristig obsolet und kann deshalb unkommentiert bleiben.

(1) Den Ländern stehen ab dem 1. Januar 2007 bis zum 31. Dezember 2019 für den durch die Abschaffung der Gemeinschaftsaufgaben Ausbau und Neubau von Hochschulen einschließlich Hochschulkliniken und Bildungsplanung sowie für den durch die Abschaffung der Finanzhilfen zur Verbesserung der Verkehrsverhältnisse der Gemeinden und zur sozialen Wohnraumförderung bedingten Wegfall der Finanzierungsanteile des Bundes jährlich Beträge aus dem Haushalt des Bundes zu. Bis zum 31. Dezember 2013 werden diese Beträge aus dem Durchschnitt der Finanzierungsanteile des Bundes im Referenzzeitraum 2000 bis 2008 ermittelt.

(2) Die Beträge nach Absatz 1 werden auf die Länder bis zum 31. Dezember 2013 wie folgt verteilt:

1. **als jährliche Festbeträge, deren Höhe sich nach dem Durchschnittsanteil eines jeden Landes im Zeitraum 2000 bis 2003 errechnet;**

2. **jeweils zweckgebunden an den Aufgabenbereich der bisherigen Mischfinanzierungen.**

(3) Bund und Länder überprüfen bis Ende 2013, in welcher Höhe die den Ländern nach Absatz 1 zugewiesenen Finanzierungsmittel zur Aufgabenerfüllung der Länder noch angemessen und erforderlich sind. Ab dem 1. Januar 2014 entfällt die nach Absatz 2 Nr. 2 vorgesehene Zweckbindung der nach Absatz 1 zugewiesenen Finanzierungsmittel; die investive Zweckbindung des Mittelvolumens bleibt bestehen. Die Vereinbarungen aus dem Solidarpakt II bleiben unberührt.

(4) Das Nähere regelt ein Bundesgesetz, das der Zustimmung des Bundesrates bedarf.

Art. 144 [Ratifizierung des Grundgesetzes]

(1) Dieses Grundgesetz bedarf der Annahme durch die Volksvertretungen in zwei Dritteln der deutschen Länder, in denen es zunächst gelten soll.

Von den in Art. 23 genannten 12 Ländern haben in der Zeit vom 16. bis 22. Mai 1949 zehn Volksvertretungen zugestimmt. Damit war die erforderliche Mehrheit von zwei Dritteln gegeben. Allein der Bayerische Landtag hat das GG abgelehnt, zugleich aber erklärt, dass er die Mehrheitsentscheidung der Länder als auch für Bayern verbindlich betrachtet. – Zu „Groß-Berlin" s. Abs. 2.

(2) Soweit die Anwendung dieses Grundgesetzes in einem der in Artikel 23 aufgeführten Länder oder in einem Teile eines dieser Länder Beschränkungen unterliegt, hat das Land oder der Teil des Landes das Recht, gemäß Artikel 38 Vertreter in den Bundestag und gemäß Artikel 50 Vertreter in den Bundesrat zu entsenden.

Abs. 2 bezieht sich ausschließlich auf Berlin, das nach Kriegsende nicht Teil einer der vier Besatzungszonen war, sondern unter die sog. *Viermächteverantwortung* gestellt wurde. Demgemäß konnten die drei Westsektoren, also das Land Berlin (W), nicht Vollmitglied der Bundesrepublik Deutschland werden. In West-Berlin wurde die Annahme des GG vom Abgeordnetenhaus „beschlossen". Dieser Beschluss durfte wegen der alliierten Vorbehaltsrechte nicht als Zustimmung gem. Abs. 1 gewertet werden.

Die Verfassungsbestimmung ist mit der Beendigung der Viermächte-Rechte am 3. Oktober 1990 gegenstandslos geworden und hätte zusammen mit dem alten Art. 23 aufgehoben werden müssen. In diesem früheren Art. wurden – bis auf das Saarland wegen seiner erst späteren Zugehörigkeit – die alten Bundesländer genannt. Das Versäumnis ist auf die Arbeitsüberlastung im Zusammenhang mit der Phase der Ausarbeitung des Einigungsvertrages zurückzuführen, die Streichung also schlicht vergessen worden.

Der gesamte Art. 144 hat heute nur noch verfassungshistorische Bedeutung.

Art. 145 [Verkündung des Grundgesetzes]

(1) Der Parlamentarische Rat stellt in öffentlicher Sitzung unter Mitwirkung der Abgeordneten Groß-Berlins die Annahme dieses Grundgesetzes fest, fertigt es aus und verkündet es.

In seiner Sitzung v. 23. Mai 1949 hat der Parlamentarische Rat festgestellt, dass das GG mit der erforderlichen Mehrheit gem. Art. 144 Abs. 1 angenommen worden ist. Er fertigte die Originalurkunde aus, und der Präsident des Parlamentarischen Rates *(Konrad Adenauer)* verkündete mündlich die „Verfassung für die Bundesrepublik Deutschland". Wegen der alliierten Vorbehaltsrechte (s. Bemerkung zu Art. 144 Abs. 2) konnten die Berliner Vertreter nur „mitwirken".

(2) Dieses Grundgesetz tritt mit Ablauf des Tages der Verkündung in Kraft.

Das GG trat am 24. Mai 1949 um 0:00 Uhr in Kraft. Für das *Saarland* galt das GG ab dem 1. Januar 1957 und für die neuen Bundesländer als Beitrittsgebiet trat es am 3. Oktober 1990 in Kraft; jeweils 0:00 Uhr.

(3) Es ist im Bundesgesetzblatt zu veröffentlichen.

Die Veröffentlichung hatte nur noch eine deklaratorische (= bekanntmachende) Bedeutung. Die Verkündung selbst war bereits am 23. 5. 1949 gem. Abs. 1 erfolgt.

Art. 146　[Geltungsdauer des Grundgesetzes]

Dieses Grundgesetz, das nach Vollendung der Einheit und Freiheit Deutschlands für das gesamte deutsche Volk gilt, verliert seine Gültigkeit an dem Tage, an dem eine Verfassung in Kraft tritt, die von dem deutschen Volke in freier Entscheidung beschlossen worden ist.

In der hektischen Zeit des Wiedervereinigungsprozesses konnte faktisch keine neue Verfassung erarbeitet werden; ja, ein solches Vorhaben hätte diesen Prozess belastet, wenn nicht gar gefährdet.

Auch nach der (kleinen) Grundgesetzreform vom November 1994, wie sie auf Vorschlag der *Gemeinsamen Verfassungskommission* (GVK) von den verfassungsgesetzgebenden Körperschaften – Bundestag und Bundesrat – beschlossen wurde, ist das Grundgesetz nicht einer Volksabstimmung unterworfen worden. Eine verfassungsrechtliche Verpflichtung dazu bestand und besteht nicht. Bundestag und Bundesrat waren frei in der Entscheidung, mit Zweidrittelmehrheit zu beschließen, das geänderte Grundgesetz dem Volk zur Abstimmung vorzulegen.

Viele Gründe sprachen gegen ein solches Verfahren, so dass auch die SPD, die anfänglich in der GVK für eine Volksabstimmung eintrat, davon abrückte. Die CDU/CSU war von Anfang an dagegen. Diese Gründe sind – kurz aufgelistet – folgende:

1. Das Grundgesetz ist seit über 45 Jahren in Kraft, und es hat sich nach übereinstimmender Meinung bewährt. Die erste frei gewählte Volkskammer hat am 23. August 1990 mit einer Mehrheit von über 80 % den Beitritt der DDR zum Geltungsbereich dieses Grundgesetzes beschlossen. Bundestag und Bundesrat haben die Grundgesetzänderungen im Herbst 1994 mit den vorgeschriebenen verfassungsändernden Mehrheiten beschlossen. Eine Volksabstimmung könne also kaum zu einer noch höheren Legitimität führen, eine zusätzliche „Weihe" sei überflüssig.

2. Die beschlossenen Änderungen seien zu marginal, als dass nunmehr das gesamte Grundgesetz einer Volksabstimmung für würdig befunden werden könnte. – Hinter diesem Argument steckt der stillschweigende Vorbehalt, den Art. 146 für einen späteren Zeitpunkt zu reservieren, an dem die politische Konstellation für eine *Große Verfassungsreform* günstig ist. Denn wenn über das gültige Grundgesetz per Volksabstimmung entschieden wird, ist der Art. 146 „erschöpft".

3. Würde das nun geänderte Grundgesetz einer Volksabstimmung unterworfen, bestünde die Möglichkeit der Ablehnung, obwohl im Grunde nur eine Minderheit dagegen ist.

   Beispiel: 11 % der Abstimmenden lehnen ab, weil ihnen die Änderungen und Ergänzungen nicht weit genug gehen; 15 % dagegen stimmen mit „nein", weil ihnen diese Veränderungen zu weit gehen. Insgesamt haben also 26 % der Abstimmenden das Grundgesetz abgelehnt. Eine Volksabstimmung ist gültig, wenn sich mindestens die Hälfte der Wahlberechtigten daran beteiligt. Auf die Zahl der *Stimmberechtigten* bezogen, wären diese 26 % Ablehnenden rd. 13 %. Das geänderte Grundgesetz würde also scheitern, obwohl sich insgesamt nicht mehr als 13 % der Wahlberechtigten dagegen ausgesprochen haben.

4. Eine Ablehnung durch den Souverän (= das Volk) würde das Grundgesetz „beschädigen"; es erlitte einen Ansehensverlust.

5. Bei einer Ablehnung bliebe es bei der alten Fassung des GG; es träte auf keinen Fall oder zu keinem Zeitpunkt eine verfassungslose Zeit an. Aber dem Verfassungsgesetzgeber wäre nun die schwere Aufgabe erteilt zu entscheiden, welche der Änderungen abgelehnt bleiben und welche, weil unabweisbar notwendig, trotzdem auf dem Wege der verfassungsgemäßen Parlamentsentscheidung beschlossen werden müssen.

6. Historiker weisen darauf hin, dass die älteste geschriebene und bewährte Verfassung der Welt, die der USA von 1787, auch keinem Volksentscheid unterworfen worden ist.

Der Artikel ist in sich nicht völlig widerspruchsfrei. Das GG gilt bereits nach „Vollendung der Einheit und Freiheit Deutschlands für das gesamte deutsche Volk". Warum sollte also eine neue Verfassung geschaffen werden? Einen Auftrag dazu enthält der Art. nicht. Das GG wird vom Vorläufigen zum Endgültigen, auch wenn die Möglichkeit einer neuen Verfassung, die einer Volksabstimmung unterworfen werden müsste, rein rechtlich noch nicht erschöpft ist.

Wie auch immer die „endgültige" deutsche Verfassung eines fernen Tages aussehen mag, sie wird sich an den schon traditionellen Werten und Normen des Grundgesetzes der Bundesrepublik Deutschland orientieren.

Stichwortverzeichnis

Soweit nichts anderes angegeben, beziehen sich die Zahlen auf die jeweiligen GG-Artikel mit ihren Kommentarteilen. Die Ziffer hinter dem Komma gibt den Absatz an. – Die meisten Begriffe tauchen in den Erläuterungen mehrfach auf, genannt wurde deshalb der Artikel, bei dem das Stichwort vorrangig kommentiert wird, ggf. erstmalig erscheint.

Abweichungsregel 72, 3
Abwehrrechte 1, 1
Ämterpatronage 33, 2
Amtshaftung 34
Amtshilfe 35
Angriffskrieg 26, 1
Arbeitsplatzwahl 12, 1
Arbeitszwang 12, 2
Asylrecht 16a
Ausbildungswahl 12, 1
Ausbürgerung 116, 2
Ausfertigung (Gesetz) 82, 1
Ausführung (Gesetz) Abschn. VIII
Ausgaben 112
Ausgabentragung 104a
Ausländer 20, 2
Auslieferung 16, 2
Ausnahmegerichte 101, 1
Auswärtige Beziehungen 32, 1

Beamtenbesoldung 74, 1
Befehlsgewalt 65a
Beglaubigung 59, 1
Begnadigung 60, 2
Behinderung 3, 3
Beiträge 105, 2
Beitrittsgebiet 145
Bekenntnisfreiheit 4, 1
Berufsbeamtentum 33, 5
Berufsfreiheit 12, 1
Bindungswirkung 1, 3
Bremer Klausel 141
Briefgeheimnis 10, 1

Budgetrecht 113
Bündnisfall 80a, 3
Bürgerrechte 8, 1
Bund Abschn. II
Bundesarbeitsgericht 95, 1
Bundesaufsicht 84
Bundesauftragsverwaltung 85
Bundesbank 88
Bundesbehörden 85, 3
Bundesdisziplinarhof 96, 4
Bundeseigenverwaltung 87
Bundeseisenbahnen 143a
Bundesfarben 22
Bundesfinanzhof 95, 1
Bundesflagge 22
Bundesgebiet 29
Bundesgerichte 96
Bundesgerichtshof 95, 1
Bundeshauptstadt 22, 1
Bundeskanzler 62
Bundeskanzlerwahl 63, 1
Bundesländer 28, 1
Bundesminister 64
Bundesoberbehörden 87, 3
Bundespatentgericht 96, 1
Bundespolizei 87, 1
Bundespräsident Abschn. V
Bundesrat Abschn. IV
Bundesratspräsident 52, 1
Bundesrechnungshof 114, 2
Bundesrecht 31
Bundesregierung Abschn. VI
Bundesrepublik 20, 1

Bundessozialgericht 95, 1
Bundesstaatsprinzip 23
Bundessteuern 106, 1
Bundesstraßen 90
Bundestag Abschn. III
Bundestagsauflösung 63, 4
Bundestagspräsident 40
Bundestagswahl 38
Bundestreue 20, 1
Bundesverfassungsgericht 93
BVerfG-Gesetz 94
Bundesversammlung 54, 1
Bundesverwaltung 86
Bundesverwaltungsgericht 95, 1
Bundeswasserstraßen 89
Bundeswehr 87a
Bundeswehrverwaltung 87b
Bundeszwang 37

DDR-Recht 103, 2
Deckungsquoten 106, 3
Deutsche Bundespost 143b, 1
Deutscher 116, 1
Diäten 48, 3
Direktmandate 38, 3
Diskontinuität 39, 1
Diskriminierung 33, 2
Doppelgrundrecht 9
Doppelstaatsangehörigkeit 116
Doppelzuständigkeit 30
Dritte Gewalt Abschn. IX
Drittstaatenregelung 16a, 2
Drittwirkung 1, 3
Durchsuchung 13, 2

Ehe 6, 1
Ehre 5, 2
Eid 56
Eigenstaatlichkeit 23
Eigentum 14, 1
Einheitlichkeit 106, 3
Einigungsvertrag 14, 3
Einsatz (Bundeswehr) 87a, 2

Einspruchsgesetze 77, 3
Einwohner 51, 2
Eisenbahnverwaltung 87e
Elternverantwortung 6, 2
Empfängerländer 107, 2
Enteignung 14, 3
Enumerationsprinzip 73
Enquete-Kommission 44, 1
Erbrecht 14, 1
Ergänzungsabgabe 106, 1
Ergänzungszuweisungen 107, 2
Ermächtigung 80, 1
Ersatzdienst 12a, 2
Ertragshoheit 106
Erziehung 6, 2
EU-Ausschuss 45
EU-Bürger 28, 1
Europäische Union 23
Europäische Zentralbank 88
Europakammer 52, 3a
„Ewigkeitsgarantie" 79, 3
Ewigkeitsklausel 79, 3
Exekutive 20, 3

Familie 6, 1
Feiertage 140
Festnahme 104, 2
Finanzausgleich
    – horizontaler 107, 2
    – vertikaler 106
Finanzhilfen 104b, 1
Finanzhoheit Abschn. X
Finanzmonopol 105, 1
Finanzverfassung Abschn. X
Finanzverwaltung 108
Finanzwesen Abschn. X
Finanzzuweisungen 106, 4
Föderalismus Abschn. II
Förderalismusreform Abschn. VII
Fraktion 38, 1
Freiheitsbeschränkung 104, 1
Freiheitsentfaltung 2, 1
Freiheitsentziehung 104

Freiheitsentzug 104, 2
Freiwilligenarmee 12a, 4
Freizügigkeit 11, 1
Friedensicherung 24, 2
Fünf-Prozent-Klausel 38, 3

Gebühren 105, 2
Gegenzeichnung 58
Geltungsdauer (GG) 146
Gemeinden 28, 1
Gemeindesteuern 106, 6
Gemeingefahr 13, 4
Gemeinsamer Ausschuss 53a
Gemeinschaftsaufgaben
   Abschn. VIIIa
Gemeinschaftsrecht 24, 1
Gemeinschaftsteuern 106, 3
Generalprävention 103, 2
Gerichtshöfe 95
Gerichtsorganisation 92
Geschäftsordnung 40, 1
Gesetzgebung
   – ausschließliche 73
   – konkurrierende 74
Gesetzesinitiative 76, 1
Gesetzesvorbehalt 20, 3
Gesetzesvorlagen 76
Gesetzgebungsnotstand 81
Gesetzgebungsverfahren 77
Gesetzlicher Richter 101, 1
Gewaltenteilung 20, 2
Gewissensentscheidung 4, 3
Gewissensfreiheit 4, 1
Gewohnheitsrecht 25
Glaubensfreiheit 4, 1
Gleichbehandlung 3, 1
Gleichheit vor Gesetz 3
Gleichstellung 3, 2
Gleichwertigkeit 72, 2
Grundgesetzänderung 79
Grundordnung 18
Grundpflichten 6, 2
Grundrechte Abschn. I

Grundrechtsbindung 1, 3
Grundrechtseinschränkung 19, 1
Grundrechtsgehalt 19, 2
Grundrechtskollision Abschn. I
Grundrechtsschranken 19, 1
Grundrechtsträger 19, 3
Grundrechtsverpflichtete 19, 3
Grundrechtsverwirkung 18

Haftbefehl 104, 3
Handelsflotte 27
Handlungsfreiheit 2, 1
Haushaltsdisziplin 109, 5
Haushaltsgesetz 110, 3
Haushaltsgrundsätze 110, 1
Haushaltsplan 110
Haushaltsvorgriff 111
Haushaltswirtschaft 109
Hebesatz 106, 6
Hoheitsrechte 24, 1
Hoheitstransfer 23, 1
Homogenitätsklausel 28, 1

Immunität 46, 2
Indemnität 46, 1
Inhaftierung 104, 2
Initiativrecht 76, 1
In-Kraft-Treten
   – Gesetz 82, 2
   – Grundgesetz 145, 2
Institutsgarantie 33, 4
Interpellationsrecht 43, 2

Jedermannsrecht 5, 1
Judikative 20, 3
Jugendschutz 5, 2
Juristische Personen 19, 3
Justizielles Grundrecht 101, 1

Kampfeinsätze 24, 2
Kanzlermehrheit 63, 2
Kanzlerprinzip 65
Kernenergie 87c

Kirchenartikel 140
Koalitionsfreiheit 9, 3
Kollegialprinzip 65
Kollisionsklausel 31
Kommandogewalt 65a
Kompetenzklausel 30
Konnexitätsgrundsatz 104a, 1
Kreditaufnahme 115, 1
Kriegsdienstverweigerung 4, 3
Kriegswaffen 26, 2
Kriminalpolizei 73, 1
Kunstfreiheit 5, 3

Ladenschluss 74, 1
Länder Abschn. II
Länderneugliederung 29, 1
Ländersteuern 106, 2
Ländervorrang 30
Landesbehörden 85, 2
Landeseigene Verwaltung 84
Landeskompetenz 30
Landesrecht 30
Landesverfassung 28, 1
Landesverfassungsgericht 99
Landesverteidigung 12a, 1
Lauschangriff 13, 3–5
Lebensgrundlagen 20a
Lebenspartnerschaft 6
Lebensverhältnisse 72, 2
Legislative 20, 3
Luftverkehrsverwaltung 87d

Mandatsfreiheit 38, 1
Magisches Viereck 109, 4
Mängelrüge 84, 4
Mehrfachbestrafung 103, 3
Mehrheit 121
Mehrheitsprinzip 42, 2
Meinungsfreiheit 5, 1
Menschenrechte 1, 2
Menschenwürde 1, 1
Mischfinanzierung Abschn. X
Missbrauchsgebühr 93, 1–4a

Misstrauensvotum 67, 1
Minderheitskanzler 63, 4
Ministerien 64, 1
Mittelbehörden 85, 2
Mitwirkungsklausel 50
Mutterschutz 6, 4

Nationalfeiertag 70
NATO 24, 2
NATO-Klausel 80a
Negativrecht 9, 3
Neugliederung 118a
Neuverschuldung 115, 1
Normenkontrolle
    – abstrakte 93, 1
    – konkrete 100
Notparlament Abschn. IVa
Notstand
    – äußerer 80a
    – innerer 91
Notstandsgesetzgebung 91
Notstandsverfassung 91
Numerus clausus 12, 1

Obere Gerichtshöfe 96, 1
Oberste Gerichtshöfe 95
Öffentlicher Dienst 33
Öffentlichkeitsgrundsatz 42, 1
Organstreitigkeiten 93, 1

Paraphierung 59, 1
Parlamentsvorbehalt 20, 1
Parteien 21
Parteienfinanzierung 21, 1
Parteienprivileg 21, 2
Passive Gewalt 8, 2
Personennahverkehr 106a
Persönlichkeitsentfaltung 2, 1
Persönlichkeitsrecht 2, 1
Petitionsausschuss 45c
Petitionsrecht 17
Polizeigewahrsam 104, 2
Postdienst 143b, 2

Postgeheimnis 10, 1
Postreform 87f
Postverwaltung 87f
Privatschulen 7, 4

Quotenregelung 3, 2

Rahmenplanung 91a, 3
Rathausparteien 21, 1
Ratifikation 59, 1
Ratifizierung (GG) 144, 1
Rechnungslegung 114, 1
Rechnungsjahr 111, 1
Recht auf Leben 2, 2
Rechtliches Gehör 103, 1
Rechtshilfe 35, 1
Rechtsprechung Abschn. IX
Rechtssicherheit 20, 3
Rechtsstaatsprinzip 20, 2
Rechtsstellung (Richter) 98
Rechtsweg 19, 3
Rechtsverordnungen 80
Regeldichte 94, 2
Religionsartikel 140
Religionsausübung 4, 2
Religionsmündigkeit 6, 2
Religionsunterricht 7, 3
Repräsentation 38, 1
Resozialisierung 2, 1
Ressortprinzip 65
Richterwahl 94, 1
Richtlinienkompetenz 65
Rückwirkungsverbot 103, 2

Sanktionsverfahren (EU) 109, 5
Schlussbestimmungen Abschn. XI
Schulaufsicht 7, 1
Schuldendienst 115
Schulwesen 7
Selbstauflösungsrecht 68
Selbstbestimmung 2, 2
Selbstverteidigung 12a, 4
Sittengesetz 2, 1

Solidaritätspakt 104a
Sonderabgaben 105, 2
Sonntagsruhe 140
Souveränität 24, 1
Sozialisierung 15
Sozialbindung 14, 2
Sozialpflichtigkeit 14, 2
Sozialstaatsgebot 20, 1
Sozialstaatsprinzip 20, 1
Spannungsfall 80a
Spezialprävention 103, 2
Staatenverbund 23
Staatsangehörigkeit 116, 1
Staatskirchenrecht 140
Staatsleitung Abschn. VI
Staatsoberhaupt Abschn. V
Staatssymbole 22
Staatsvertrag 32, 2
Staatsvolk 20, 2
Staatszielbestimmung 20a
Steuerarten 106
Steuerhoheit Abschn. X
Steuerkraft 107, 1
Steuern 105, 2
Steuerverteilung 106
Streitkräfte 87a, 1
Subsidiaritätsprinzip 23, 1

Tatsachenbehauptung 5, 1
Teilhaberrecht 12, 1
Telekom 143, 2
Telekommunikation (Verwaltung) 87f
Terrorismus 73, 1
Tierschutz 20a
Todesstrafe 102
Trennsystem 106

Übergangsbestimmungen Abschn. XI
Überhangmandate 38, 3
Übermaßverbot 20, 2
Umweltschutz 20a
Unabhängigkeit (richterliche) 97, 1
Unantastbarkeit 1, 1

Unionsbürgerschaft 28, 1
Untersuchungsausschüsse 44, 1
Unterzeichnung 59, 1
Unverletzlichkeit 13, 1
Unversehrtheit 2, 2

Verbundsystem 106, 3
Vereinigungsfreiheit 9, 1
Verfassungsänderung 79, 1
Verfassungsauslegung 79, 2
Verfassungsbeschwerde 93, 1
Verfassungsgeber 146
Verfassungsgesetzgeber 79
Verfassungsordnung 20, 3
Verfassungsrechtskollision Abschn. I
Verfassungsschranken Abschn. I
Verfassungstreue 5, 3
Verfassungswandel 79, 1
Verfolgte (politisch) 16a
Verhältnismäßigkeit 20, 3
Verhältniswahl 38, 3
Verkündung
– Gesetz 82, 1
– Grundgesetz 145
Vermittlungsausschuss 77, 2
Vermutungsregel 5, 1
Versammlungsfreiheit 8
Verteidigungsausschuss 45a, 2
Verteidigungsfall Abschn. Xa
Vertragsrecht 25
Vertrauensfrage 68, 1
Vertretungsmacht 59, 1
Verwaltungskompetenz 83, 1
Veto 77, 3
Vizekanzler 69, 1
Völkerrecht 25
Volk 20, 2
Volksbefragung 29, 5
Volksbegehren 29, 4

Volksentscheid 29, 3
Volkssouveränität 20, 2
Volkszugehörigkeit 116, 2

Waffendienst 12a, 4
Wahlberechtigung 38, 2
Wählervereinigungen 21, 1
Wahlgrundsätze 38, 1
Wahlperiode 39, 1
Wahlprüfung 41
Wahlsystem 38, 3
Währungsunion 23, 3
Wehrbeauftragter 45b
Wehrdienst 17a
Wehrhafte Demokratie 91, 1
Wehrpflicht 12a, 1
Wehrverfassung 87a
Weimarer Reichsverfassung 140
Werturteile 5, 1
Wesentlichkeitstheorie 20, 3
Widerstandsrecht 20, 4
Wiedereinbürgerung 116, 2
Wirtschaftsunternehmen 87e
Wissenschaftsfreiheit 5, 3
Wohnungsfreiheit 13, 1
Wohnungsüberwachung 13, 3

Zensur 5, 1
Zentralnotenbank 88
Zeugnisverweigerungsrecht 47
Zitiergebot 19, 1
Zitierrecht 43, 1
Zölle 106, 1
Zulassungsvoraussetzungen 12, 1
Zustandekommen (Gesetz) 78
Zuständigkeitsvermutung 30
Zustimmungsgesetze 77, 2
Zwangsarbeit 12, 3

Literaturauswahl

Avenarius, Hermann: Die Rechtsordnung der Bundesrepublik Deutschland. Neuwied, 1995

Badura, Peter: Staatsrecht. München, 3. Aufl. 2003

Böckenförde, Ernst-Wolfgang: Staat, Verfassung, Demokratie. Frankfurt/Main, 1991

Fangmann, Helmut; Blank, Michael; Hammer, Ulrich: Grundgesetz, Basiskommentar. Köln, 2. Aufl. 1996

Grimm, Dieter: Die Zukunft der Verfassung. Frankfurt/Main, 1994

Hesse, Konrad: Grundzüge des Verfassungsrechts der Bundesrepublik Deutschland. Heidelberg, 20. Aufl. 1995

Hesselberger, Dieter: Das Grundgesetz. Kommentar für die politische Bildung. Neuwied, 9. Aufl. 1995

Jarass, Hans-D.; Pieroth, Bodo: Grundgesetz für die Bundesrepublik Deutschland, Kommentar. München, 4. Aufl. 1997

Kilper, Heiderose; Lhotta, Roland: Föderalismus in der Bundesrepublik Deutschland. Opladen, 1996

Kirchhof, Paul: Stetige Verfassung und politische Erneuerung. Goldbach, 1995

Lamprecht, Rolf: Vom Untertan zum Bürger: Die Erfolgsgeschichte der Grundrechte. Baden-Baden, 1999

Model, Otto; Creifelds, Carl; Lichtenberger, Gustav: Staatsbürger-Taschenbuch. München, 28. Aufl. 1995

Model, Otto; Müller, Klaus: Grundgesetz für die Bundesrepublik Deutschland. Taschenkommentar. Köln, 11. Aufl. 1996

Pfetsch, Frank R.: Verfassungspolitik der Nachkriegszeit. Darmstadt, 1985

Säcker, Horst: Das Bundesverfassungsgericht. Bonn, 1989

Schade, Peter: Wirtschafts- und Rechtsbegriffe Europas. Regensburg, 1994

Seifert, Karl-Heinz; Hömig, Dieter (Begr./Hrsg.): Grundgesetz für die Bundesrepublik Deutschland. Taschenkommentar. Baden-Baden, 9. Aufl. 2005

Wesel, Uwe: Der Gang nach Karlsruhe. München, 2004

Zeitungen, Zeitschriften

Der Spiegel, Hamburg

Frankfurter Allgemeine Zeitung, Frankfurt/Main

Neue Juristische Wochenschrift, Frankfurt/Main

Wochenzeitung *Das Parlament*, mit Beilage *Aus Politik und Zeitgeschichte*, Bonn

Wichtige Internetadressen

www.bundesbank.de

www.bundesgerichtshof.de

www.bundeskanzlerin.de

www.bundespraesident.de

www.bundesrat.de

www.bundesrechnungshof.de

www.bundesregierung.de

www.bundestag.de

www.bundesverfassungsgericht.de